民生经济概论

袁纯清 等 著

人民日报出版社

图书在版编目（CIP）数据

民生经济概论/袁纯清等著. — 北京：人民日报出版社，2018.9
ISBN 978-7-5115-5414-7

Ⅰ.①民… Ⅱ.①袁… Ⅲ.①人民生活—研究—中国 Ⅳ.①D669.3

中国版本图书馆 CIP 数据核字（2018）第 197517 号

书　　名：	民生经济概论
作　　者：	袁纯清　等
出 版 人：	董　伟
责任编辑：	曹　腾　高　亮
封面设计：	主语设计
版式设计：	大有艺彩
出版发行：	人民日报出版社
社　　址：	北京金台西路 2 号
邮政编码：	100733
发行热线：	（010）65369527　65369509　65363528　65369846
邮购热线：	（010）65369530　65363527
编辑热线：	（010）65369523
网　　址：	www.peopledailypress.com
经　　销：	新华书店
印　　刷：	大厂回族自治县彩虹印刷有限公司
开　　本：	710mm×1000mm　1/16
字　　数：	365 千
印　　张：	23.25
印　　次：	2019 年 4 月第 1 版　　2019 年 4 月第 1 次印刷
书　　号：	ISBN 978-7-5115-5414-7
定　　价：	58.00 元

序　言
民生为要　人民至高

袁纯清

　　感谢人民日报出版社出版早在2013年年初就已经成文的《民生经济概论》一书。作为该书主题的主要创制者、主要思路的谋划者，感到有必要向读者对该著作的来龙去脉做一叙述，以便于读者感受笔者的心路历程，激起对这一课题的兴趣，体会该著作的现实价值。

　　早在2007年年中，陕西省委决定由省委省政府领导班子成员牵头开展陕西科学发展的调研活动。时任省长的我，将"扩大公共服务，提高城乡居民生活水平"确定为自己主持组织的调研课题。自7月初始，历经两个多月时间，经由财政厅具体牵头，省政府办公厅、发改委、民政厅、劳动厅、教育厅等23个省直部门的同志参加，通过深入调查论证，在9月底形成了《推进民生八大工程，实施十个重点项目，着力扩大政府公共服务，全面提升人民生活水平》的总报告，并由省政府会议正式讨论通过，成为政府的重要决策和工作任务。这项工程型工作具有三大突出特点。一是"编制"民生预算，创新财政保障机制。为此编制了2008—2012年"八大民生工程"预算，五年财政投入829亿元，人均2242元，为前五年的2.6倍，在陕西历史上是空前的。二是实施项目管理，创新工作推进机制。民生八大工程包括教育工程、住房保障工程、基础设施建设工程、公益性文化体育设施建设工程、社区服务体系建设工程等，共40个项目。这些项目确定了质量标准、推进和完成时间、资金来源，确保目标任务完成。如教育工程中的中等职业教育项目，确定的目标是，五年内确保全省所有从初中未升入高中、高中未升入大学的学生都能到职业学校就读，并实行免交学费。为此经过详尽测算，对需增加的教育设施的土地供给、资金来源、师资配置一一进行了计划，具体下发到县和相关学校执行，并做到项目上网，可咨询、可查核，确保工作有序有效推进。三是改革运行模式，创新服务经营机制。民生工程首先是政府的责任，同时又有较强的社会性，有必要调动社会力量参与。"民生八大工程"总预算投入1118.15亿元，仅由政府投资无疑负担太重。经由政策引导，鼓励引导企业、社会组织、个人资金投入等方式，其中社会投入289亿元，形成了政府主导、多元投入的格局。同时引入市场化管理机制，确保工程项目建得好、畅运行、可持续。如在集中解决全省1300多万农村人口饮水困难和安全的项目中，同步理顺供水管理体制机制，实行有偿用水，确保供水设施持续正常运转。为此，我曾向时任国务院总理的温家宝同志进行了报告，得到了他的肯定，并指出，围绕民生进行课题研究，目标明确，任务具体，群众明白，坚持下去必有成效。

尽管在2010年我调任山西工作，但我仍然十分关注陕西的"民生八大工程"推进工作，据陕西的同志告知，其工程的实施远远超出了我们的预想。随着党和国家政策的不断加强和陕西自身财力的大幅提高，民生建设的投入都有大幅增加，所确定的目标任务都有超越和突破，使陕西的城乡基础教育水平和职业教育水平、公共卫生服务水平、低收入群众住房保障水平、社区服务水平显著提高，居西部地区前列，且大多达到全国平均水平。而且，陕西这些年经济社会发展的步伐加快，经济总量在全国各省的位次前移。这也印证了我们的一个重要理念：民生工程，不仅仅是一项惠民工程，更是一项发展工程。

在"民生八大工程"的推进过程中，引起了我对一些经济社会问题的思考。例如，陕北黄土高原和渭北旱塬，长期干旱，农民大多只能利用屋顶、场坪收集雨水窖水，时间长了，储藏的饮用水变质，严重影响农民健康；有的地方尽管塬下的水沟渠里有水，但是塬高沟深，农民要从塬上到沟底取水，不仅要走好几里地，而且道窄路陡，到了冬天，冰冻路滑，有的农民就是因担水摔伤致残；因为缺水，人的吃水都成问题，更谈不上用水来解决牲畜的饮水，无形中制约了畜牧业的发展。由此可见，解决老百姓的一些基本的民生问题，已经超出了社会福利的范畴，实则是解决好老百姓的生产生活条件问题，是一个关乎人民群众降低生产生活成本的问题，是一个提高农民健康水平的问题。又如，不少贫困户的孩子读完初中后就中止了学业，要么待在家里，要么进入农民工的行列，如何让他们就读职业学校，使他们成为合格的就业者，获得必要的劳动技能，这涉及教育公平和人力资本投资问题。如此等等，推动我联系到我们党为民服务的宗旨，联系到政府的职能，联系到科学发展观，联系到经济社会发展与改善民生的诸种关系，有一种更为深入的理论研究，做出一些理论说明，得出一些新的认识，提出一些具有一般理论性意义的观点。由此，我牵头以"民生经济研究"为主题，向全国哲学社会科学规划办公室申请了国家社会科学基金项目，组织开展了专题研究，2012年8月结题，其研究成果获得认证批准。

正是有了陕西实施"民生八大工程"的实际工作和对"民生经济研究"的专题理论探讨，为今天呈现在读者面前的《民生经济概论》一书提供了坚定的实践基础和理论框架及理论观点的支撑。尽管时间有点长，但这也是一个由实践到理论必经的过程，更有一点历久而弥珍的意味。

最近我又细研了《民生经济概论》的书稿，再次唤起了对这一课题的热情，感到书中所提的一些理论观点仍不乏新颖，一些政策建议仍符合党的十九大的要求，一些材料仍具有参资的作用，有点手不忍释、弃之不甘的感觉，如能原样出版，反映的是一种过去的真实，也是对现实正确性的印证。为此，我从学习习近平新时代中国特色社会主义思想的感受和贯彻党的十九大精神的角度，对《民生经济概论》做一简要的解析。

一、《民生经济概论》符合习近平新时代中国特色社会主义思想，契合党的十九大精神，具有现实性价值。

其一，《民生经济概论》将以人为本作为民生经济的基本价值取向，符合习近平总书记提出的以人民为中心的思想。习近平总书记在十九届中共中央政治局常委同中外记者见面时的讲话中指出："坚持以人民为中心的发展思想，努力抓好保障和改善民生各项工作，不断增强人民群众的获得感、幸福感、安全感，不断推进全体人民共同富裕。"以人民为中心是习近平总书记在党的十八大后提出的重要思想，在党的十九大报告中作为构成新时代坚持和发展中国特色社会主义十四条基本方略的第二条，成为我党治国理政的重要方针。《民生经济概论》以人是生产力中最革命最能动最核心的因素为出发点，强调切实尊重劳动者在经济发展中的主体地位，强调以人的全面自由发展作为经济发展的根本目的，主张把以人为本贯穿经济发展始终，努力在三个层次上满足劳动者的需求：一是在物质层面提高劳动者的收入、福利水平，提高其收入在社会总收益中的比重；二是在精神层面提高劳动者的文化素质，提高其精神状态、社会地位和满足感；三是在发展层面提供公平的发展机会。这些无疑都符合以人民为中心的思想在经济发展中的要求。

其二，《民生经济概论》秉承科学发展的要求，提出了某些新的发展观点，符合新时代新发展理念。创新、协调、绿色、开放、共享的发展理念是习近平新时代经济思想的核心内容，也是坚持和发展中国特色社会主义的一条基本方略。《民生经济概论》最为突出的是强调劳动者要成为发展的平等创造者和平等获益者，共享发展成果。而且从劳动者的平等性这一基本点出发，论述了获益权利的平等性，形成了一种新的科学逻辑，为劳动者劳动成果所具有的共享性提供了重要的理论性支撑。

其三，《民生经济概论》以跨越"中等收入陷阱"为现实主题，构建起我国当下经济发展状况下的发展策略路径和框架，无疑符合"两个一百年"目标所要解决的现实难题。早在2010年，中国人均GDP达到4400美元，已经进入中等收入国家行列，已经开始面临跨越"中等收入陷阱"的问题；时至2017年，中国人均GDP已经超过8000美元，进入中高收入国家行列，中国比历史以往任何时候都更接近于现代化强国的目标，更接近于伟大民族复兴的梦想。但"中等收入陷阱"仍然是我们不得不面对和跨越的门槛。《民生经济概论》把通过大力改善劳动者，特别是中低收入劳动者的生产生活条件，提高其在发展和收益中的平等性，激发其积极性和创造力，使之成为中国经济发展的新动力和内生动力，成为新的发展动能，形成新的发展方式，进而为跨越"中等收入陷阱"提供强大的动力源泉，这不能不是积极而又现实性的路径。

其四，《民生经济概论》提出了"中国经济发展可能出现的最大问题将是供给不足"，"短期内需求问题比较突出，中长期而言供给问题将成为焦点"。认为长期以来"廉价劳动力和资源环境的粗放投入"已经难以为继。还认为"民生问题不仅仅是需求问题，更是供给问题"，要从供给的角度，提升劳动者的劳动能力，以为经济可持续发展提供不竭的动力。这些认识和观点，可以为供给侧结构性改革的重大战略提供一种先期的认识基础。《民生经济概论》把供给问题作为民生经济研究的重要内容，顺应了党中央所确定的供给侧结构性改革的大方向。

其五，《民生经济概论》把研究的着力点放在中低收入劳动者上，应合了党的十九大对我国社会主要矛盾的重大科学判断。党的十九大对我国现阶段的社会主要矛盾界定为，人民日益增长的美好生活需求和不平衡不充分的发展之间的矛盾。改革开放40年来，我国生产力水平极大提高，社会财富极大增长，人民生活水平极大改善；但是，城乡之间发展不平衡，一部分社会成员和另一部分社会成员收入差距有拉大的趋势，社会中还存在数以亿计的中低收入的劳动者，尤其是还有几千万贫困人口。这种不平衡性也是不充分性成为整个经济社会发展的短板，成为我国可持续健康发展的现实严重制约。《民生经济概论》开宗明义地把着力点放在大力改善劳动者，特别是中低收入劳动者的生产生活条件上，并由此构划出相关的改革举措、政策建议。可以认为，这些都契合解决我国社会主要矛盾的大格局，是解决人民日益增长的对美好生活需求所遇到的不平衡不充分问题的积极路径。

二、《民生经济概论》进行了充分的理性思考，进行了比较研究，提出了一些创新性观点，具有重要的理论性价值。

我们将"民生经济"定义为：民生经济是通过改善劳动者，特别是中低收入劳动者的生产生活条件，使之成为社会主义市场经济的平等创造者和平等享有者，从而更好地提升全体社会成员的素质，激发全体社会成员的创造力，实现资源的更优化配置，为经济发展提供强大的内生动力，实现可持续发展的经济发展模式。通观全篇，我们在实际上是将民生经济作为一种经济理论来研究的，是作为一种经济发展模式来探讨的。

从"民生经济"定义中，其内涵可理解为：民生经济已不限于改善民生，同时也是发展民生；民生经济既是经济民生，也是民生经济；民生经济不单纯是使社会成员成为民生政策的享有者，同时每个人都应作为民生经济的生产者和创造者；保障和改善民生，不仅是经济发展的重要目的，而且是经济发展的重要内容和动力；不仅是一个有益的社会投入过程，而且是一个持续的社会发展过程。由此，可以把"民生经济"看成是民生主体经济，是发展经济，是共生经济，是共享经济，是以人民为中心的发展思想的经济实现形式。

民生经济的核心内涵是平等性改善，而平等性的来源基于社会主义的中国公民都是经济社会生活中的平等一员，享有平等的权利；而平等的权利体现在平等的参与和平等的享有，在现行的经济社会条件下，这种平等的实现又依赖社会成员的劳动能力。由此，必须加快转变政府职能，完善市场经济体制，为全体社会成员创造平等的发展环境，给予社会成员平等接近和运用生产资料的机会和能力，激励他们提高自身素质，积累人力资本（劳动能力），在自我发展中实现平等的创造和享有，从而形成一个自我强化的良性循环，持续推进经济发展。这可以理解为民生经济的实践逻辑和理论逻辑。

民生经济引入了"劳动意愿"的概念。在经济学中，经济发展的要素一般是指土地、资本、劳动力。随着经济的发展和科技的进步，技术和管理成为重要的生产力要素，以舒尔茨的1960年《人力资本的投资》的演讲为标志，人力资本成为重要的生产力要素，并发挥出越来越重要的作用。但"劳动者意愿"这一重要的经济社会现象，一直没有引起人们的重视，缺少这方面的理论研究。《民生经济概论》中特别强调了劳动者意愿问题，把劳动者的积极性（劳动者意愿）放到与劳动者能力同等重要的位置，这是因为，劳动者的积极性是一种最为活跃的生产力，它和劳动能力相互促进，演发为创造力，而这又和劳动者的平等性社会地位、社会参与、社会享有形成正相关。我们认为，社会主义制度为劳动者的平等构建了政治基础，为以人民为中心的思想提供了思想导向，需要站在这样的理论和思想高度，焕发劳动者的意愿，形成我国经济社会发展的良好精神状态和干劲热情，体现出社会主义制度的优越性，体现出中国人民的强大力量。我们认为，将劳动者意愿纳入民生经济研究的理论范畴是具有重要的理论意义和现实意义的。

为了使有关让劳动者成为平等的劳动创造者和劳动成果的平等享有者，以及由此所造成的持久性生产动力的观点更具理论的说服力，我们建立了一个动态一般均衡的人力资本积累和经济增长模型，通过数理分析来描绘民生投入和经济发展之间的动态关系。通过对模型的分析和预测，我们发现通过大力改善劳动者，特别是中低收入劳动者的生产生活条件，使之成为社会主义市场经济平等创造者和平等获益者，可以有效地提升全社会成员的素质，激发全体社会成员的创造力，实现资源的更优化配置，为经济发展提供强大的内生动力，实现可持续的经济发展。我们认为，《民生经济概论》中所提出的理论观点，是具有严密的科学性的，在实践中具有理论指导意义。

三、汇集了详尽的数据材料，既具历史年限的长度，又有经济社会层面的广度，具有重要的史料参资价值。

本著作论及行政管理体制、教育、社会管理、财税金融、收入分配、社会保障、法治等诸多方面，同时，进行了较为广泛的国际比较，涉及这些方面大量的数据和实证；目的在于，从历史的发展过程的梳理中，在翔实的数据中，在对相关国家情况的比较中，能找到一些带有规律性的东西，能探寻出问题的主要症结。如为了说明我国在教育、医疗卫生、社会保障、就业等方面的公共财政投入不足的差距，我们引用了德国、日本、挪威、瑞典、荷兰、英国、美国等十国自1870年、1913—1920年、1930年前后、1960年、1980年、1990年政府支出项目占GDP比重的数据。在比较中，中国2011年公共财政支出、教育支出占GDP比重为3.49%，接近1960年十国均值；医疗保险、社会保障和就业支出均大幅低于1960年十国均值。企以表明我国在公共服务的支出尽管有显著的增长，但仍存在相当的差距。著作中对大量的数据和资料作为一个历史时段的详细归集，无论是对读者的学术研究，或是实际工作的参用，都是不可多得的。序言似乎有点长，一气下来竟超过了半万字，有点王婆卖瓜、自卖自夸的感觉，我以为自夸的道理在于民生问题国之大事,所以我着意用"民生为要,人民至高"作为序言的题目。民生既是实际现实,更是理论课题,只有将它的经济社会中的内涵、地位、作用、路径搞清楚了,才能体现出它所具有的时代和社会价值与意义。作为一种责任,才有了我们的《民生经济概论》,才有我喋喋不休地推呈《民生经济概论》。

再次感谢人民日报出版社的垂惠。

2018 年 1 月 13 日

目 录

绪 论
一、本书背景 / 001
二、主要观点 / 007
三、创新成果 / 010
四、研究方法 / 018
五、基本结构 / 019

上 篇 理论篇

第一章 概念的提出
第一节 定义与内涵 / 023
一、定义 / 023
二、内涵 / 023
第二节 主要特征 / 025
第三节 当前中国发展民生经济的必要性、紧迫性和可行性 / 033

第二章 理论的阐述
第一节 人在经济发展中的地位和作用 / 039
一、马克思主义的观点 / 040
二、西方经济学的观点 / 042
第二节 劳动能力和劳动意愿 / 046
一、劳动能力:作用、构成和获取 / 047

二、劳动意愿：地位、作用和源泉 / 049

第三节 关于社会平等的分析 / 053

一、关于平等与增长关系的理论回顾 / 053

二、民生经济理论关于社会平等的认识 / 056

三、社会平等对劳动能力和劳动意愿的影响 / 059

四、关于实现社会平等的途径 / 064

第三章 模型的分析

第一节 基准模型 / 067

一、异质性个体 / 068

二、生产部门 / 071

三、政府 / 072

四、动态演化和一般均衡 / 072

第二节 模型的分析 / 074

一、模型的求解 / 074

二、人力资本投资对劳动者劳动意愿的激励作用 / 078

第三节 模型的动态演化 / 079

一、政府平均分配公共资本时期 / 079

二、政府按照产出最大化原则配置公共资本时期 / 081

三、政府的政策调整 / 083

第四节 数值模拟 / 086

一、参数选取 / 087

二、数值模拟结果 / 088

三、敏感性分析 / 091

第四章 国际的比较

第一节 "中等收入陷阱"：主要表现与原因分析 / 094

一、主要表现 / 094

二、一些国家和地区陷入"中等收入陷阱"的原因
分析 / 097

第二节 机会平等和资源平等：跨越"中等收入
陷阱"的关键 / 101

一、教育不平等 / 101

二、劳动力市场的不平等 / 107

三、收入分配不公 / 111

下篇 政策篇

第五章 改革行政体制

第一节 以机构改革为主要标志的行政体制改革
历程回顾 / 121

一、新中国成立以后至改革开放前的机构改革 / 122

二、改革开放后至2008年的六次机构改革 / 125

三、2013年机构改革和职能转变有关情况 / 129

第二节 当前我国行政体制存在的主要问题 / 131

一、行政管理体制存在的主要问题 / 131

二、行政区划存在的弊端 / 135

第三节 关于进一步深化行政体制改革的政策
建议 / 137

一、关于机构改革和职能转变 / 138

二、关于推进行政区划改革 / 141

三、关于加强行政权力监督 / 143

第六章 提升教育公平

第一节 提升教育公平的主要历程和成就 / 148

第二节 教育公平面临的问题和挑战 / 153

一、地区差距仍然明显 / 154

二、城乡差距尚未明显缩小 / 155

三、区域内校际差距不可小视 / 156

四、大量制度性障碍有待消除 / 158

第三节 进一步提升教育公平的政策建议 / 159

一、全力促进义务教育均衡发展 / 159

二、大力发展职业教育 / 164

三、进一步提升高等教育发展水平 / 167

四、更加重视学前教育对教育公平的作用 / 171

第七章 创新社会管理

第一节 我国社会管理体制发展沿革 / 175

一、高度社会管控阶段（1949—1978年）/ 176

二、社会管理碎片化阶段（1978—2003年）/ 176

三、综合治理阶段（2003年至今）/ 179

四、社会管理体制变迁的主要特征 / 181

第二节 当前社会管理的突出问题与成因分析 / 182

一、社会管理基本理念共识不足 / 182

二、社会管理核心问题和紧急问题混淆 / 183

三、服务型政府行动尚不到位 / 183

四、社会组织发育不良 / 184

五、社会管理体制条块分割、协同不足 / 186

六、当前我国社会管理领域存在问题的成因分析 / 186

第三节 完善和创新社会管理的政策建议 / 188

一、优先发展公共服务市场 / 188

二、大力发展社会组织 / 189

三、积极推进基本公共服务均等化 / 192

四、推进城镇化建设过程中，优先解决流动人口问题 / 193

第八章 改革财税体制

第一节 我国财税体制改革历程回顾 / 195
一、从新中国成立到改革开放之前,高度集中的财税体制 / 195

二、1978—1993 年,以放权让利为主线的财税体制改革 / 197

三、1994—1998 年,以经济性分权为特征的财税体制改革 / 200

四、1998 年至今,以公共财政为导向的财税体制改革 / 202

第二节 "民生财政"建设面临的突出问题 / 205
一、阻碍经济增长和转型的主要问题 / 206

二、阻碍民生改善和分配公平的问题 / 207

三、可能构成系统风险和发展陷阱的突出问题 / 210

第三节 进一步推进财税体制改革的政策建议 / 211
一、进一步理顺财税体制,切实提高调控经济、改善民生能力 / 212

二、进一步优化公共财政支出,加快实现基本公共服务均等化 / 217

三、以财税体制改革为突破口和主线索推动全面改革 / 220

第九章 完善市场体系

第一节 我国市场结构的建立历程 / 223
一、土地改革与非公有制经济的建立 / 223

二、国有企业的改革 / 227

三、价格体系的理顺 / 229

第二节 当前我国市场体系存在的主要问题 / 233
一、行政干预严重 / 233

二、农村土地产权不明晰,受益主体有失偏颇 / 234

三、国有企业长期处于垄断地位 / 235

四、地方保护主义盛行 / 236

五、要素市场发育不足，价格紊乱 / 237

第三节 进一步完善社会主义市场体系的政策建议 / 238

一、深化行政体制改革，推进政府职能转变 / 238

二、加大土地制度改革力度 / 239

三、打破国有企业垄断，促进民营经济发展 / 240

四、破除地方保护主义，建立全国统一市场 / 242

五、进一步完善价格形成机制 / 243

第十章 消除金融抑制

第一节 改革开放以来我国金融业实现快速发展 / 245

一、层次丰富、功能健全的金融市场体系基本形成 / 245

二、利率市场化改革有序推进 / 248

三、金融业对外开放不断深化 / 251

四、金融市场环境和法制基础不断改善 / 253

五、金融业在经济社会发展中发挥积极作用 / 253

第二节 目前金融体系存在的问题 / 255

一、商业银行经营同质化引发金融供给不平衡的问题 / 256

二、资金价格双轨现象降低社会资金配置效率 / 257

三、金融市场对中小企业的支持不足 / 258

四、金融市场基础建设尚不完善 / 261

第三节 关于进一步增强融资公平性的政策建议 / 264

一、完善综合配套措施，稳步推进利率市场化改革 / 265

二、加快健全社会信用体系 / 267

三、积极推进银行分类监管，扩大民间资本进入
　　金融业　/ 268

四、加大对中小企业的扶持力度　/ 270

五、发展多层次直接融资市场　/ 271

六、深入推进财税体制改革和国有企业改革　/ 273

第十一章　调节收入分配

第一节　我国收入分配格局的演变历程　/ 276

一、1978年以前的收入分配——差距小效率低　/ 276

二、1978—2000年间的收入分配——差距拉大效率
　　提高　/ 277

三、2000年至今的收入分配——差距拉大效率受损　/ 280

第二节　当前收入分配领域存在的主要问题　/ 283

一、劳动者劳动意愿下降，削弱经济增长的内生
　　动力　/ 283

二、收入流动性下降，引发社会对立　/ 284

三、城乡区域差距扩大，经济社会难以均衡发展　/ 285

第三节　调整收入分配的政策建议　/ 286

一、以提高劳动报酬为重点，逐步提高居民收入
　　在国民收入分配中的比重　/ 286

二、以促进基本公共服务均等化为重点，逐步调整
　　政府收入在国民收入分配中的比重　/ 289

三、进一步规范收入分配秩序　/ 291

第十二章　强化社会保障

第一节　我国社会保障体系的演变历程　/ 293

一、国家—单位（集体）保障制构建阶段（1949—1966
　　年）/ 294

二、政府全包的集中保障时期（1966—1976年）/ 295

三、以社会保险为重点的社会保障改革探索阶段
（1976—2003 年）／296

四、社会保障制度建设完善时期（2004 年至今）／297

第二节 当前我国社会保障体系存在的主要
问题 ／300

一、社会保障支出水平总体偏低，对居民储蓄、人力
资本投资等经济决策行为的影响十分有限 ／300

二、各项社会保障制度都存在覆盖面不足、保障水平偏低
等问题，居民生活仍然面临较大经济风险 ／301

三、制度分割、衔接不畅，削弱了社会保障促进公平
发展、劳动力自由流动的能力 ／301

四、社会保险基金的自我平衡、良性循环问题突出，削弱了
基金积累制度对个人努力的激励作用 ／302

第三节 关于加强社会保障的政策建议 ／303

第十三章 营造法治环境

第一节 当前我国法治环境总体状况 ／310

第二节 当前法治建设中存在的突出问题 ／313

一、重点领域立法亟待加强 ／313

二、行政管理水平有待提升 ／314

三、司法公信力不足 ／316

四、权力运行制约和监督体系需进一步加强 ／319

第三节 营造良好法治环境的政策建议 ／321

一、加快重点领域立法，充分发挥立法工作的引领
推动作用 ／321

二、加快推进法治政府建设，确保建设目标如期
完成 ／322

三、推进司法公正和司法公开，提升司法公信力 ／324

四、创造条件，让人民更好地监督权力 ／326

附录一：我国近年来关于"中等收入陷阱"问题的研究综述

一、关于"中等收入陷阱"概念 ／328

二、关于"中等收入陷阱"产生的原因 ／329

三、关于我国面临"中等收入陷阱"的风险与对策 ／330

附录二：各种经济学思想对人的发展与经济发展关系的认识

一、人的发展是经济发展的原因、内容和必然归宿 ／333

二、西方主流经济学对人的发展与经济发展关系的认识经历了一个曲折的过程 ／342

后　记 ／351

绪 论

一、本书背景

2010年，中国人均国内生产总值达到4400美元，按照世界银行标准，进入中等收入国家行列①，同时也更为迫切地面临跨越"中等收入陷阱"②的重要课题。如果成功跨越，将成为位居世界前列的经济强国，实现中华民族伟大复兴的中国梦；如果跨越失败，将失去这个历史性的机遇，无可避免地导致经济衰退和社会动荡，国家、民族将面临重大危机。

"中等收入陷阱"问题在中国引起高度重视，相关的研究讨论层出不穷。③ 综合政府和学术界的主流看法，加快转变经济发展方式，是针对"中等收入陷阱"最重要的对策。多年来，党中央国务院一直不遗余力推动这一工作，"十五"规划中已提出转变经济发展方式，党的十七大明确提出加快转变经济发展方式的战

---

① 2011年国内生产总值471564亿元，总人口135404万人，按当期汇率计算人均国内生产总值超过5500美元；2012年国内生产总值519322亿元，总人口135404万人，按当期汇率计算人均国内生产总值超过6100美元，保持上升趋势，但仍属中等收入国家。有关数据参见《中华人民共和国2011年国民经济和社会发展统计公报》和《中华人民共和国2012年国民经济和社会发展统计公报》。
② 2006年，世界银行《东亚经济发展书》首先提出"中等收入陷阱"（Middle Income Trap）概念。它是指一个经济体的人均收入达到世界中等水平后，由于不能顺利实现发展战略和发展方式转变，导致新的增长动力特别是内生动力不足，经济长期停滞不前；同时，快速发展中积聚的问题集中爆发，造成贫富分化加剧、产业升级艰难、城市化进程受阻、社会矛盾凸显等。从世界范围看，拉美、东南亚一些国家早就是中等收入国家，之后却陆续掉进了"陷阱"，至今仍未进入高收入国家行列，有的在中等收入阶段滞留时间已长达四五十年。
③ 参见本书附录一"我国近年来关于'中等收入陷阱'问题的研究综述"。

略任务，指出"要坚持走中国特色新型工业化道路，坚持扩大国内需求特别是消费需求的方针，促进经济增长由主要依靠投资、出口拉动向依靠消费、投资、出口协调拉动转变，由主要依靠第二产业带动向依靠第一、第二、第三产业协同带动转变，由主要依靠增加物质资源消耗向主要依靠科技进步、劳动者素质提高、管理创新转变"①。经历了国际金融危机的冲击，全党上下对此有了进一步深刻的认识。2011年3月党的十一届全国人大四次会议通过的《中华人民共和国国民经济和社会发展第十二个五年规划纲要》明确指出，要"以科学发展为主题，以加快转变经济发展方式为主线，深化改革开放，保障和改善民生，巩固和扩大应对国际金融危机冲击成果，促进经济长期平稳较快发展和社会和谐稳定，为全面建设小康社会打下具有决定性意义的基础"②；并特别强调，"以加快转变经济发展方式为主线，是推动科学发展的必由之路，是我国经济社会领域的一场深刻变革，是综合性、系统性、战略性的转变，必须贯穿经济社会发展全过程和各领域，在发展中促转变，在转变中谋发展"③。党的十八大报告明确提出，"在当代中国，坚持发展是硬道理的本质要求就是坚持科学发展。以科学发展为主题，以加快转变经济发展方式为主线，是关系我国发展全局的战略抉择。要适应国内外经济形势新变化，加快形成新的经济发展方式，把推动发展的立足点转到提高质量和效益上来，着力激发各类市场主体发展新活力，着力增强创新驱动发展新动力，着力构建现代产业发展新体系，着力培育开放型经济发展新优势，使经济发展更多依靠内需特别是消费需求拉动，更多依靠现代服务业和战略性新兴产业带动，更多依靠科技进步、劳动者素质提高、管理创新驱动，更多依靠节约资源和循环经济推动，更多依靠城乡区域发展协调互动，不断增强长期发展后劲"④。由此，加快转变经济发展方式进一步成为全党全国的共识。党的十八届三中全会通过《中共中央关于全面深化改革若干重大问题的决定》，明确指出，全面深化改革的总

---

① 《十七大报告学习辅导百问》，党建读物出版社、学习出版社2007年版，第21页。
② 张平主编，《〈中华人民共和国国民经济和社会发展第十二个五年规划纲要〉辅导读本》，人民出版社2011年版，第10页。
③ 同上。
④ 党的十八大报告第四部分。

目标是完善和发展中国特色社会主义制度，推进国家治理体系和治理能力现代化。必须更加注重改革的系统性、整体性、协同性，加快发展社会主义市场经济、民主政治、先进文化、和谐社会、生态文明，让一切劳动、知识、技术、管理、资本的活力竞相迸发，让一切创造社会财富的源泉充分涌流，让发展成果更多更公平惠及全体人民。对深化改革、加快转变经济发展方式做出了全面部署，进一步指明了转型发展的方向。

应该看到，"十五"以来特别是党的十七大以来，全国上下为加快转变经济发展方式付出了巨大努力，取得了明显成就，但内外需失衡、过于依赖投资拉动、产业结构不合理、能源消耗过高、资源浪费等问题仍然比较严重。有效解决这些问题，关键还是要在理论基础和体制基础上找原因、求突破。借鉴日本的经验，正如速水佑次郎和神门善久所言，"日本在现代化的进程中，就依据其不同于西方的文化和社会传统，创造出一种相当独特的经济组织形式。这个独特的制度，使日本有能力赶上西欧和北美的经济强国。……当今的发展中国家要赶超发达经济体，必须开发出与它们独特的文化和社会传统相适宜的有效的经济体制，以及它们的发展战略"①。

从现象上看，作为矛盾复杂性的重要表现和加快转变经济发展方式的重要障碍，当前中国经济运行中存在大量"两难"问题，比如，扩大消费要求增加劳动报酬，但这就意味着提高生产成本，加大企业经营难度，可能导致增长速度的减慢；又如，优化经济结构要求降低投资率，但这就意味着要素投入减少，在减慢增长速度的同时更可能提高失业率，进而减少劳动报酬总量；再如，减轻通货膨胀压力要求降低流动性，但这就意味着加大企业特别是中小企业融资难度，阻碍经济发展，等等。从实质上看，这些"两难"问题来自调结构与保增长之间的冲突，来自转变发展方式与保证发展速度之间的冲突。发展速度意味着就业，意味着财政，没有一定的发展速度就无法保证政府与社会的有序运转。而保持发展速度总离不开高投资、高消耗的发展路径，这种路径依赖则意味着不平等的资源分

---

① [日] 速水佑次郎、神门善久，《发展经济学——从贫困到富裕》（第三版），社会科学文献出版社 2009 年版，第 7 页。

配和低下的效率，长此以往，难以为继。转方式意味着降低速度，提高失业率，意味着可能难以承受的社会压力，甚至从一定意义上讲，速度减慢到一定程度本身就是跌入"中等收入陷阱"的表现①。但是，如果发展方式迟迟不转变，增长速度的放慢终将演变为停滞甚至倒退，从而引发更大、更难以承受的社会、政治危机。2013年以来，我国经济发展速度减慢。各方面普遍认为这是一个很难逆转的趋势②，更引发了对发展速度的关注。因此，问题的关键是在转方式的同时找到替代高投资、高投入的强劲发展动力，保持必要的发展速度，维护稳定的社会环境，让全社会共同积极承担调整的阵痛。如此则转型代价将被控制在最小程度，限制在可以承受的范围；否则，加快转变经济发展方式就是一句空话，中国只能眼睁睁跳入"中等收入陷阱"。③

针对这一要求，目前有两种思路比较流行。

一种思路是大力推进科技创新，实现产业结构和产品结构升级，提高全要素生产率，占据产业链高端，可以称之为"科技跨越论"。④ 这个思路大方向是正确的。科技创新的重要性和紧迫性当然无可置疑，特别是随着第三次工业革命的到来，以数字化制造（3D打印）、新能源、新材料应用以及计算机网络为代表的新的生产方式的发展，已经把我国这样的制造业大国逼到了"不进则垮"的地步。问题的关键在于如何才能成功实现创新。科技进步的过程不是孤立发生的，需要相应的社会、经济条件作为基础，单纯聚焦于增加科技投入，加大研发力度，而

---

① 《四发达省市增速垫底：率先遭遇"中等收入陷阱"？》，载《21世纪经济报道》2011年8月8日。
② 正如国家统计局中国经济景气监测中心副主任潘建成所言，"今后，我们要习惯中国经济的一位数增长，8%以下的增速将是一种常态"。见《中国经济将告别高增长时代情况分析》，2013年5月2日中国行业研究网（http://www.chinairn.com）。
③ 如果不能实现经济社会发展方式的转变，中国的发展前景可能比现在已经跌入"中等收入陷阱"的一些国家还要灰暗。如郑永年指出，"在菲律宾、泰国、马来西亚等国家……政府没有有效的产业升级政策，导致经济不能持续发展。到现在为止，这些国家经济发展主要是社会（企业界）本身驱动的，呈现出藏富于民的态势。如果政府决策得当，就会取得长足经济发展……但中国的发展是通过国家动员而取得的，是建立在社会资源的大量消耗上的。如果社会改革找不到突破口，得不到深化，那么经济发展也可能甚至比这些已经陷入中等收入陷阱的国家更为困难。"见郑永年《中国政治改革的理想路径》，载吴敬琏、俞可平、[美]芮效俭等《改革共识与中国未来》，中央编译出版社2013年3月版，第131—132页。
④ 参见李春景《依靠科技创新突破"中等收入陷阱"——基于韩国、巴西的比较研究》，载《学习时报》2011年7月25日。

不在思想认识和体制机制上做出重大调整改进，特别是一味把主要的创新资源投入少数大企业特别是垄断性企业，或者由政府直接运用（这一幕在很多地方正在上演）①，尽管也可能产生一些重要创新成果，但因为广大中小企业和普通劳动者被排斥于这一过程之外，无法分享其中的资源和成果，必将极大降低创新的总体效率。更为重要的是，从本质上讲，科技创新（包括科学研究以及相关成果的产业化运用）也是劳动的一部分。如果不能充分激发劳动的积极性、创造的积极性，科技创新本身就是无源之水、无本之木。单纯关注科技进步，并不能从根本上解决最广泛有效提升社会各个阶层特别是中低收入阶层的劳动能力，调动起全社会的劳动积极性的问题，因此也不能全面解决发展动力的替代问题。

由此又产生了一种重要的思路：改进收入分配，缩小收入差距，从而提高中低收入阶层的消费能力，维护社会稳定，增强内需。可以称之为"福利跨越论"。有学者指出，"分配问题解决不好，发展问题就不可能解决好，严重时还会因消费能力不足而使发展动力衰减，影响经济发展；因贫富差距扩大而引发社会矛盾，影响社会稳定。2010年年底召开的中央经济工作会议提出，要研究制定收入分配改革方案，努力扭转收入差距扩大趋势。贯彻落实中央的决策部署，深化收入分配制度改革，调整收入分配关系，坚定不移地走共同富裕道路，使发展成果惠及全体人民，现在正当其时"②。有学者疾呼，"十二五"时期是中国从国富优先向民富优先发展转变的关键5年，要尽快出台国民收入倍增计划，实现收入分配制

---

① 比如，现在很多地方政府加快转变经济发展方式的思路，大量投入资源，盲目规划建设一些看似高端的发展项目。其中很多项目已经超越了一般意义上的技术进步概念，而是在产业结构上的"跃进"。比如，目前我国国内至少有30多个城市提出建设金融中心。其中，上海、北京要建设"国际金融中心"，昆明、南宁和乌鲁木齐分别要建设"泛亚金融中心""区域性国际金融中心"和"中亚区域金融中心"，其余20多个城市也雄心勃勃提出建设所在区域的"金融中心"。事实上，国际金融中心城市一般需要10%以上的人口从事金融服务业，而目前上海这个比例也只有1%。任何金融中心的发展，都需要经历培育产业链、优化制度环境和积累人才的较长过程，不能像抓农业、工业项目那样"大干快上"。这样加快转变经济发展方式，是用旧的发展思路、旧的发展体制经营新的发展项目，仍然建立于政府对经济资源的高度控制、对经济生活的深度介入之上，有转方式之"形"而无转方式之"魂"，最终的效果可以想见。参见熊建、蔡华伟《我们需要30个"金融中心"吗？》，载《人民日报》2011年7月20日第10版。
② 杨宜勇，《努力扭转收入差距扩大趋势》，载《人民日报》2011年2月1日第7版。

度改革的实质性突破。① 应该承认，较之单纯依靠科技进步转变经济发展方式而言，调整收入分配的思路更加接近问题的实质。但是，我们认为仅仅关注收入的分配，也就是结果的分配是远远不够的。在缺乏对全体社会成员平等创造权利和机会有效保障的情况下，把注意力集中在结果分配上必然导致三个方面的负面后果：其一，尽管中低收入社会成员的实际收入有所提升，但对社会财富的创造和分配机制仍然很不满意，对社会公平以及自己未来的发展仍然缺乏信心，从而难以调动起充分的学习和创造积极性。其二，在缺乏公正有力的经济、政治、社会权利分配和保障机制的情况下，收入分配改革的成本主要将由中小企业主和中产阶层承担——这两个群体本来是重要的社会创造力来源②。反之，造成社会收入差距急剧扩大的一些高收入群体，却由于财富的极大不透明以及操控政策制定和执行的强大能力成为较少受到抑制打击的对象。最后的结果是不仅不能缩小社会不平等，反而会加剧不平等；不仅不能提高全社会的创造积极性，反而会抑制全社会的创造积极性。其三，为了在较短时期内达到缩小收入差距的结果，政府将更加有理由干预具体经济过程，必将极大增加过度干预的危险和寻租的空间，从而扩大社会的不平等，抑制经济发展的活力。

由上述分析可以看出，依靠增强科技创新能力，调整优化产业结构或者改革收入分配，缩小收入差距，都会对跨越"中等收入陷阱"起到至关重要的作用，但问题是如何从原动力上提高科技创新的能力，形成更为科学的经济发展方式。本书的研究目的，就是通过紧密结合中国实际，对经济思想史进行梳理，超越现有思路，寻找推动中国经济持续发展的新动力，为加快转变经济发展方式，跨越"中等收入陷阱"，实现全面建成小康社会目标提出具有扎实理论基础和现实基础的可行方案。

---

① 迟福林，《中国需要尽快出台国民收入倍增计划》，载中国新闻网 2011 年 2 月 26 日。另参见《中国应该有国民收入倍增计划》，载《中国青年报》2007 年 4 月 17 日；《拉美陷阱逼近中国 国民收入倍增计划箭在弦上》，载《南方都市报》2010 年 12 月 6 日。
② 比如，提高员工待遇，包括提高最低工资标准、推行工资集体协商以及提高社会保障费用缴纳水平等被广泛认为是调整收入分配最有效而便利的手段，鉴于中小企业吸纳了 90% 以上的就业，中小企业主必然成为主要的成本承担者。而就中产阶层而言，由于收入相对较高而透明，便于监控，必将成为税负增加的主要承受者。

二、主要观点①

针对加快转变经济发展方式，跨越"中等收入陷阱"面临的问题，本书提出"民生经济"的概念，并以此为核心建构了一套分析当前我国经济发展状况和下一步发展策略的模型框架。②

本书提出，民生经济是通过大力改善劳动者，特别是中低收入劳动者的生产生活条件，使之成为社会主义市场经济的平等创造者和平等获益者，从而更好地提升全体社会成员的素质，激发全体社会成员的创造力，实现资源的更优化配置，为经济发展提供强大的内生动力，实现可持续发展的经济发展模式。提出民生经济的概念，本质上是从改善民生向发展民生转变，从经济民生向民生经济转变，从社会成员是单纯的民生政策享受者向每个人都成为民生经济的生产者和创造者转变。保障和改善民生，不仅是经济发展的重要目的，而且是经济发展的重要内容和动力；不仅是一个有益的社会投入过程，而且是一个持续的社会发展过程。因此，应把保障和改善民生作为一种发展形态和模式，把大力发展民生经济作为贯彻落实科学发展观，实现全面建成小康社会目标的战略选择。

民生经济的核心内涵，是通过平等性的改善，使全体社会成员特别是中低收入社会成员成为社会主义市场经济的平等创造者和平等享有者，从而增强持续、内生的发展动力，解决投资和外需下降情况下发展动力走衰的问题，提高发展质量和发展可持续性。

上述认识的基本逻辑是：人是生产力中最革命最能动最核心的因素—劳动创

---

① 本书的主要观点于2009年由"民生经济学"课题负责人发表于《人民日报》，参见袁纯清《民生经济——科学发展的战略选择》，载《人民日报》2009年8月17日第7版。
② 需要强调的是，作为整个理论论述的前提，本书的分析主要针对当前和今后一个时期的中国。当然，对整个人类行为特别是市场经济条件下人类行为的研究成果都值得我们借鉴，同时，我们的研究成果也必然涉及更广泛的人类行为。但是，必须时刻提醒自己，本课题的研究对象是正在全面建立市场经济制度的中国和中国人，面对的主要问题是如何完成跨越"中等收入陷阱"这一特定的历史任务。这一限定不仅让我们充分认识研究的局限性，对于保证理论分析的科学性也非常必要。

造价值的成效取决于人的劳动能力和劳动意愿—人的劳动能力和劳动意愿与社会平等状况严格正相关。由此,社会平等状况的改善提升人的劳动能力和劳动意愿—劳动能力和劳动意愿的增强提升劳动效率—劳动效率的提升增加国民收入也即社会总福利—社会总福利的增加进一步为扩大平等创造更加有利条件,从而形成一个自我强化的良性循环,源源不断推进经济发展。

在这一逻辑链条中,扩大平等处于核心位置。我们对平等的实质进行了明确界定,提出平等是社会成员接近和运用生产资料,创造财富的机会与能力之间不存在差别(当然这是一种理想状态,现实中不可能完全达到,可以努力的是尽量缩小这种差别)。我们强调,平等既是客观的状态,也是主观的评估,是社会成员基于在发展机会、能力、结果等方面实际存在的不同,综合评估当前与未来、自己与他人之间的差异等各方面因素在内的综合判断①。我们还强调,平等的关键是创造的平等、供给的平等而非分配的平等、需求的平等。只有前者的平等,才能实现后者的平等。前者是源,后者是流;前者是因,后者是果②。平等的缺失是当前中国面临的首要问题。这一问题的实质是在快速发展的情况下,国家资源禀赋和技术的变化大大快于人们的价值体系和组织原则的调整所导致的冲突。③为此,必须加快转变政府职能,完善市场经济体制,为全体社会成员创造平等的发展环境,实现包括经济权利、政治权利、社会权利、文化权利在内的广泛而普遍的平等,给予社会成员平等接近和运用生产资料的机会和能力,激励全体社会成员自觉提高自身素质,积累人力资本(劳动能力),提升劳动积极性(劳动意愿),从而激发出巨大的创造能量④。

由此,改善民生与发展经济形成高度一致的互动关系。具体而言,着力发展

---

① 强调"平等"的主观性是本书的一个重要创新观点,参见本书第二章第二节的分析。
② 我们赞成世界银行关于"贫困"的定义,即"贫困不仅包括缺乏购买力,还包括一系列经济、社会和政治权利被剥夺"。参见[日]速水佑次郎、神门善久《发展经济学——从贫困到富裕》(第三版),社会科学文献出版社2009年版,第253—254页。
③ 同上书,第24—25页。
④ 有学者指出,"从低收入国家跨入高收入国家的门槛,每个人的劳动生产率至少要提高5倍以上"。(见汤敏《中国经济 警惕黑天鹅》,电子工业出版社2013年版,第28页。)无疑,这只能源自劳动者劳动能力和劳动意愿的提升。

和改善民生，大力促进社会平等是增强发展动力的迫切要求。只有不断扩大社会公平，提高人民群众特别是中低收入群众的收入水平（包括报酬水平和保障水平），才能有效扩大消费，助推发展；只有不断提升劳动者的健康水平和受教育程度，积累人力资本，增强劳动意愿，才能从根本上提高创新能力，保持发展后劲。着力发展和改善民生，大力促进社会平等是拓展发展空间的迫切要求。只有充分尊重广大人民群众特别是中低收入群众的生存权和发展权，保护生态环境，合理分配资源，才能切实有效缓解资源、环境压力；只有大力发展居民消费，扩大国内市场，才能从根本上摆脱国际市场的控制，以更加游刃有余的姿态参与国际经济竞争与合作。着力发展和改善民生，大力促进社会平等是调整发展结构的迫切要求。只有取消歧视性政策，放宽准入条件，加大扶持力度，民营企业、中小微企业、个体工商户才能蓬勃发展；只有加大政策、资金倾斜力度，大力推进西部地区、老少边贫地区发展，我国经济社会发展才能呈现出异彩纷呈的生动局面。着力发展和改善民生，大力促进社会平等是改善发展环境的迫切要求。只有努力缩小收入差距，落实公民权利，提高广大社会成员特别是中低收入成员的平等感和尊严感，才能从根本上缓解转型期复杂、尖锐的社会矛盾，构建和谐社会，为经济社会又好又快发展创造良好环境。

总之，民生经济主张把发展与平等紧密地联系在一起①，通过把发展视为改善和扩展相互联系的实质性社会平等的一个综合过程，从根本上改变"见物不见人"的发展观念。同时，正如阿玛蒂亚·森所言，"自由不仅是发展的首要目的，也是发展的首要手段"②，民生经济认为不仅有效的发展改善平等，平等的改善也推动发展，两者是相互促进相互加强的关系。我们相信，大力发展民生经济，在不断扩大平等中推进发展，在不断加快发展中改善平等，是转变发展方式的迫切要求，是科学发展观在经济社会发展战略层面的有力体现，是中国跨越"中等收入陷阱"的必然选择。

---

① 对此经济学界曾长期争论不休，参见本书第二章第三节关于平等与增长关系的理论回顾。
② [印] 阿玛蒂亚·森，《以自由看待发展》，中国人民大学出版社2002年版，第7页。

三、创新成果

本书坚持辩证唯物主义和历史唯物主义的认识论,以马克思主义(特别是马克思主义政治经济学)为指导,密切结合当前中国经济社会发展实际,全面吸收西方经济学有益成果,系统阐明了民生经济的基本定义、理论内涵、历史定位和主要内容,构建了全新的民生经济理论框架,具有填补空白的理论创新意义①;通过对国内外有关现实问题的深入总结和理性思考,对发展民生经济的必要性、紧迫性和可行性进行了科学分析,系统提出了发展民生经济的政策建议,使本书具有很强的现实针对性和可操作性。具体而言,以下几个方面创新成果比较突出。

一是关于民生问题定位的新认识。目前民生问题已引起各级政府和社会各界的广泛关注,也被列为加快转变经济发展方式的重要内容。但是,仔细分析,对于民生问题的关注主要集中在两个方面。其一是通过改善民生维护社会稳定,从而维护良好的发展环境。从这种观点出发,发展和改善民生被视为花钱买平安,是支出而非收益。这样就可以在维稳和民生之间进行替代选择,事实上很多地方目前就选择了在维稳上加大投入,而不愿意在改善民生方面真正下功夫。因为假如两者可以相互替代的话,显然后者相对而言投入更多,难度更大,见效更慢,总体而言更难以把握,对于任期基本上仅为3~5年的地方党政领导而言,很难成为最优选择。其二是通过改善民生增强居民消费能力,扩大内需以替代出口需

---

① 面对当前我国改革发展存在的巨大机遇和挑战,很多有识之士提出了大量真知灼见。例如"包容性增长""共享式改革"等思想都强调了机会公平的重要性,强调要把弱势群体的受益,把解决收入分配问题考虑在经济增长的政策之中,等等,与"民生经济"思想有很多相通之处,可以说"与我心有戚戚焉"。但是民生经济关于平等内涵的分析,关于劳动能力和劳动意愿的研究以及在此基础上建立的整体理论架构,在目前视野所及范围内,仍然具有明显的独创性。有关包容性增长的分析,参见汤敏《中国经济 警惕黑天鹅》,电子工业出版社2013年版,第46—58页;增长与发展委员会《增长报告——可持续增长和包容性发展的战略》,中国金融出版社2008年版。

求①。这是一种比较普遍的看法，通过把民生与经济发展联系起来，在一定程度上也切中了问题的实质，但存在以偏概全的危险。需求与供给的关系是经济学中一个永恒的话题，把总需求还是总供给作为经济发展中的关注重点也是宏观经济学中一个重要的分野。凯恩斯主义以及新古典综合、新剑桥学派等更多强调需求管理，供给学派等更多重视供给问题。对于今天的中国而言，首当其冲的似乎是需求问题，因为我们面临着内外需的严重失衡，而外需的萎缩几乎已成定局。一方面是因为国际金融危机带来的欧美等西方国家消费能力的下降，另一方面更实质性的原因在于利用廉价劳动力和资源环境粗放式投入形成的出口优势不可持续。为此，在调整经济结构中把需求结构调整作为一个重点，核心是扩大内需特别是消费需求。本书不反对扩大消费需求，也由衷赞成据此形成的提高中低收入居民收入、构筑社会保障网等相关政策，但强调不可因此误判了中国经济发展可能出现的最大问题将是供给不足。20世纪60年代以来西方国家的发展实践和宏观经济学理论史已经证明，单纯的需求管理无力解决经济发展问题，并非有需求就一定有供给，正如并非有供给就一定有需求，两者的匹配性极度复杂。不应忘记，判断经济增长的走势，一般短期看需求（消费、投资、出口），长期看供给（劳动力、资本存量、生产效率）②。根据这一逻辑，在中国下一步经济发展中，短期内需求问题会比较突出，中长期而言供给问题将成为焦点。过去30年中国经济高速增长的动力主要来自人口红利、制度变革红利和全球化红利③，不可否认的是很大程度上来自廉价劳动力和资源环境的粗放式投入，这种投入方式已经难以为继。正如有学者所指出的，近几年的增长率下降不仅和外部需求疲弱有关，更重要的是反映了供给潜力放缓的内在需求。④ 今后的发展动力在哪里，是中国

---

① 例如有学者撰文指出，许多陷入"中等收入陷阱"的国家，当进入中等收入发展阶段后，由于收入差距迅速扩大导致中低收入居民消费严重不足，消费需求对经济增长的拉动作用减弱，造成经济停滞不前。同时，收入差距扩大导致社会问题丛生、社会矛盾激化，甚至出现社会动乱，成为严重拖累经济增长的重要原因。因此，跨越"中等收入陷阱"的重点在于努力发展社会事业、实现社会公平。见《收入差距扩大严重拖累经济发展》，载《人民日报》2013年6月9日。
② 彭文生，《渐行渐远的红利——寻找中国新平衡》，社会科学文献出版社2013年版，第7页。
③ 同上书，第1页。
④ 彭文生，《渐行渐远的红利》，载《21世纪经济报道》2013年5月27日第23版。

经济面临的最本质的问题。① 当然，无论是强调需求还是强调供给，缩小收入差距，提高中低收入社会成员的收入水平，包括工资、社会保障、教育医疗等都是必选项目。但是，就供给而言，加快完善市场经济机制，建立公平合理的市场竞争秩序，给予每个社会成员特别是中低收入成员平等的创造机会更为关键。如果过于聚焦在需求维度，这些问题的紧迫性就明显不如扩大当期的社会福利、提升工资水平等更为快捷但也更表面化的一些政策需求。我们特别认为，中国在跨越"中等收入陷阱"时最需要警惕的是"滞胀"风险，而这恰恰是最强调"需求管理"的凯恩斯主义的命门②。假如出现"滞胀"局面，通胀率和失业率同时居高不下，社会必将激烈动荡，国家民族将面临重大危险，对此必须高度警惕，未雨绸缪③④。防止这一问题的出现，必须从实质上增强中国经济发展的动力，这只能来自全要素生产率的提高，来自技术和管理创新，来自广大劳动者（包括管理人

---

① 2012 年年底，以财政部财科所所长贾康领衔的"新供给学派研究小组"发表《中国式新供给经济学》；几乎与此同时，万博经济研究院院长滕泰发表《新供给主义宣言》，提出了"淡化总需求管理，从供给侧推动改革"的宏观政策主张。此外，中国社科院副院长李扬等人也在不同场合呼吁更多地从供给面管理中国经济。这些动向都体现出经济学界和宏观经济管理部门对供给问题的充分重视。参见贾康《新供给经济学的政策主张》，载财新网 2013 年 3 月 4 日；滕泰《新供给主义宣言》，载和讯网 2012 年 11 月 9 日；陆宇《供给学派的中国经济"药方"》，载《21 世纪经济报道》2013 年 6 月 29 日。

② 按凯恩斯主义的标准理论，通货膨胀的原因在于强制流通的纸币和信用货币对商品和劳务的需求（以货币代表的社会总需求）超过了按现行价格可得到商品和劳务的总供给量，也即"需求拉动的通货膨胀"理论。由于需求过度和需求不足不可能同时在经济生活中发生，因此"滞胀"是不可能出现的。参见蒋自强、史晋川等《当代西方经济学流派》（复旦大学出版社 2009 年第三版）第 32、33 页相关论述。然而，从 20 世纪 60 年代末到 70 年代，资本主义经济恰恰掉入了"滞胀"怪圈，生产停滞、通货膨胀和失业增加碰头叠加，使处于主导地位的凯恩斯主义陷入困境。这也导致以货币主义、供给学派等为代表的新自由主义理论迅速崛起，逐渐取代凯恩斯主义成为西方经济学的主流。关于这一段历史的生动描述，参见[美]尼古拉斯·韦普肖特《凯恩斯大战哈耶克》，阎佳译，机械工业出版社 2013 年版。

③ 当前，国际大宗商品价格的暴涨、美欧等西方国家为走出金融危机采取的量化宽松政策以及我国国内流动性控制上存在的一些问题，都是推高通货膨胀率的强大力量，而由于产业结构偏"重"（就业吸纳力较强的第三产业产值比重一直停滞在 30% 左右），工资总额占 GDP 比重较低且行业差距不断拉大等原因，我国就业弹性（当其他因素不变时，每一单位的经济增长带动的就业增长比例）20 多年来处于下降趋势，目前大致为 0.1。相比之下，据国际劳工组织数据计算，2007 年欧盟地区总就业弹性为 0.78，OECD 国家为 0.48，1992—2004 年巴西为 0.9，印度为 0.3，俄罗斯为 0.2，我国处于最低水平。两方面因素相叠加，"滞胀"风险不可忽视。参见宋晓梧《高度重视我国就业弹性下降问题》（内部研讨资料）；孙剑《中国经济滞胀之忧》，载《经济观察报》2012 年 1 月 30 日第 16 版。

④ 国家统计局数据显示，2013 年 6 月我国 CPI 同比上涨 2.7%，PPI 同比下降 2.7%（PPI 已经连续 15 个月负增长），两者的背离已经产生了类似"滞胀"的现象。在这种情况下，依靠继续举债扩大需求来维持过剩产能显然不可取，深化改革，推动企业优胜劣汰、提高效率迫在眉睫。参见《量力去杠杆以防经济"滞胀"》，载《21 世纪经济报道》2013 年 7 月 10 日第 2 版。

员、科研人员、生产人员)更加积极主动地发挥自身创造性,更加吃苦耐劳地投入生产过程。这种积极性和创造性当然是与他们的现实处境和心理状态分不开的,与相关的制度改进分不开的。由此,民生问题不仅仅是需求问题,更是供给问题。解决民生问题的关键,是要通过改善民生、扩大平等,提升广大劳动者的劳动意愿和劳动能力,从供给角度为经济持续发展提供强大的不竭动力。

二是关于民生问题本质的新分析。本书把民生问题定位为以平等求效率的问题,认为当前中国通过解决民生问题可以实现平等与效率的统一,这是民生经济与一般的民生主张最本质的不同①,对于西方经济学中广泛认同的平等与效率的对立关系②也是一个突破。本书认为,公平与效率的对立不是抽象的、永恒的,而是具体的、历史的③。在一个成熟的市场经济体制下,两者确实存在一定的对立关系,原因在于"规则的公平久已是既成事实,起点的公平则因那里的竞争早已越过了起点状态而难于追溯。另一方面,由于在那里契约关系久已取代依附关系,形式上的公民权利等久已取代等级、身份壁垒,因而那种'非竞争性的结果不平等'至少在理论上久已消失。现存的'结果不平等'基本上只为自由竞争所造成。这样,结果平等与竞争自由的矛盾便十分突出"④。但是在一个不完善的市场经济体制中,公平与效率的一致性远远高于冲突性,因为在这样的条件下,大量"竞争结果"的"不平等",其实本质上仍是非竞争性的⑤,只有大力完善公

---

① 例如,李稻葵把经济体制改革的讨论者分为两类,"偏爱尊重个人自由、个人意志的分析者更愿意强调改革目标应该是市场主导的经济体制;相反,偏爱社会的公平和秩序而非个人自由和意志的论述者则强调,中国未来经济体制应该是政府干预下的市场体制"。这种两分法实际上反映了认为公平与效率相对立的认识。见李稻葵《中国需要什么样的经济改革》,载吴敬琏、俞可平、[美]芮效俭等《改革共识与中国未来》,中央编译出版社2013年版,第79—80页。
② 参见余斌、张国玉编《被交锋——公平与效率的苦斗》,东方出版社2011年版,第13—17页。
③ 秦晖很深刻地指出,正如机会垄断下的"竞争"实际上只是"伪竞争"一样,那种否定个人自由发展权利而由大家长所赐予的"公平"实际上也是"伪公平"。而不公平的"伪竞争"与反竞争的"伪公平"往往高度对立。换言之,真正的"公平"和"竞争"是相互包容和促进的关系。参见秦晖"公平竞争与社会主义——'桑巴特问题'引发的讨论",载秦晖《市场的昨天与今天》,东方出版社2012年版,第190—191页。
④ 秦晖,《经济竞争中的"规则"与"起点"》,载秦晖《市场的昨天与今天》,东方出版社2012年版,第241页。
⑤ 秦晖,《经济竞争中的"规则"与"起点"》,载秦晖《市场的昨天与今天》,东方出版社2012年版,第242页。

平的规则,营造公平的环境,消除非竞争性因素,才能维护市场的正常运转,从而切实提高效率。今天的中国正处于社会主义市场经济体制亟待完善的阶段,在这个阶段公平与效率的统一而非对立是矛盾的主要方面。确立公平合理的市场经济规则和秩序,是提升经济发展效率的基本前提。

我们认为,很多关于平等与效率关系的分析之所以存在问题,很大程度上是对平等的内涵认识不够深刻,被一种静态、孤立、绝对、片面的平等观所支配。本书强调的是一种动态、联系、相对、全面的平等观,一种主观与客观相结合的平等观①。具体而言,相对于在谈及平等特别是经济平等时把更多的注意力集中于收入分配,集中于福利平等和结果平等,集中于横向比较的、客观的当期平等状况②,本书认为,更为重要的是能力平等和机会平等,是纵向比较的、主观的动态平等改善③。比如,对比第一代农民工和新生代农民工不难看出,第一代农民工的收入水平、生活状况远远不如新生代农民工,但相比各自原有的生活状况和未来的发展前景(对于第一代农民工而言指进城后不久的时间),第一代农民工的平等状况实际上要好于新生代农民工。又比如,相比计划经济年代,改革开放后中国社会的收入差距明显增大,但是相比严格的城乡二元社会结构以及政府对生产资料的高度垄断,改革开放后中国社会的发展机会明显增多,社会平等的程度实际上明显上升而非下降,这也是改革开放以来中国经济高速发展最重要的

---

① 正如张千帆所言,没有人否认,人是主要受利益驱动的理性动物,但看似"客观"的利益是通过人的认知才发挥作用的,而认知带有一定的个体性和主观性,并受制于特定社会的历史情境之影响。所谓"外因通过内因起作用",利益只是外因,人所识别的利益及其产生的心理反应才是驱动行为的内因……同样是贫富差距巨大,但是这一现象在中国或在印度可能产生完全不同的社会心理,进而造成全然不同的社会效果。见张千帆《革命是如何发生的》,载《财经》2013年第15期。
② 参见[英]理查德·威尔金森、[英]凯特·皮克特《不平等的痛苦——收入差距如何导致社会问题》,新华出版社2010年版。
③ 本书非常赞成吴敬琏的精彩论述,"在应当怎样对待社会公正的问题上,有一些模糊的认识需要澄清。不少人根据美国经济学家奥肯提出的'平等与效率相替换'的原理,认为平等和效率是绝对对立的。由此他们得出了'左'的(市场经济追求高效率,就必然造成不平等的加剧)或'右'的(既然中国迫切地需要提高效率,就应当纵容贫富差距的扩大)错误结论。这种理论的失误在于混淆了机会的平等(不平等)和结果的平等(不平等)两种平等(不平等)。奥肯所说的与效率有着替换关系的平等,指的是结果的平等。至于机会的平等,则大体上是同效率相互促进的"。见吴敬琏《呼唤法治的市场经济》,生活·读书·新知三联书店2007年版,第102—103页。

动力源泉。① 因此，平等与否不能只看一定时刻绝对或相对的收入差距，必须联系社会成员自身发展的主客观状况，从纵向、横向进行比较，才能得出正确的认识。判断平等与否，分配的结果固然重要，但更重要的是分配的过程和机制。民生经济的实质，就是通过深入、全面地改善平等状况，即全体社会成员，特别是中低收入社会成员接近和运用生产资料的机会和能力，提升全社会整体效率，增进全社会整体福利。② 据此我们认为，中国不能盲目效仿西方建立无所不包的福利制度，即建设所谓"福利国家"。从能力上讲，我们可能也无法具备相应的财力基础，从意愿上讲，西方福利国家的种种弊端，特别是基于结果分配的过于完备的社会保障对效率的抑制，是我们必须吸取的教训。当今中国需要努力建立的，是基于机会公平、权利公平、规则公平基础上的民生保障和改善机制，唯此才能为经济持续发展和民生持续改善提供不竭的内生动力。

三是关于民生问题解决途径的新探讨。在这一方面，本书突出强调了"劳动意愿"③ 这一长期被忽视的重要因素在促进经济发展中的作用。我们发现，在人力资本即劳动能力的研究日益成为一门显学时，关于劳动意愿(或者说劳动积极性)的研究却相对匮乏。人力资本理论对此很少涉及。从范畴上看与之更为接近

---

① 我们认为，30年中国改革开放最大的成功，就是从思想上、制度上赋予了广大社会成员参与市场经济的平等权利，(相比改革开放之前而言)极大扩展了广大社会成员参与社会生产和财富创造的自由。目前，中国经济遇到的种种问题，表面上看是经济结构不合理、内需不足、投入粗放、效率低下等，实际上归根结底是随着收入差距的不断拉大，社会分层的日益固化，广大中低收入社会成员参与市场经济的平等权利受到了损害，进行财富创造和分享的自由(相对改革开放之初和中间很长阶段，比如20世纪八九十年代而言)受到越来越大的抑制。正是因为平等和权利的逐渐缺失是当前影响中国经济发展所有问题的症结，所以大力发展民生经济以扩大社会平等，提高劳动效率，是当代中国跨越"中等收入陷阱"的关键所在。

② 必须高度重视对平等的不同理解，重大的政策差异往往由此起步。一个非常值得警惕的教训是"民粹主义陷阱"(这也是"中等收入陷阱"的一个组成部分)，其典型代表是阿根廷的庇隆政府。庇隆政府力图保护中低收入群体，发展民族工业。其具体政策取向是政府主导下的进口替代工业化、提高社会福利、强化工会地位等，主要后果却导致公共部门包括国有企业极大扩张，社会福利开支巨大且刚性极强，而大规模现代产业并未建立，广大中小企业、私人资本举步维艰，政府负债累累，最终出现恶性通货膨胀和金融危机，社会严重动荡。我们由此可以得出教训，扩大平等最重要的是全体劳动者权利和机会的平等，最关键的是营造人人有机会、有能力参与市场活动的环境，激发每个人的积极性和创造力，而非由政府主导下的福利分配的平等。一般意义下，政府过于深度的介入本身就会加剧社会的不平等，降低社会总效率。参见苏振兴、徐文渊主编《拉丁美洲国家经济发展战略研究》，经济管理出版社2007年版，第34—50页。

③ 我们并不低估劳动能力(人力资本)在经济发展中的重要作用，更广泛而言也不忽视扩大内需的意义(这一点前文已明确论及)，本书对"劳动意愿"的强调主要因为这是至今没有得到应有重视的一个极其重要的方面。

的制度经济学在这方面研究也十分有限。比如,在制度经济学的经典著作《制度、制度变迁与经济绩效》中只有一处提到了"态度"问题,即"劳动市场的独特性在于:制度的设计必须考虑到产出的数量与质量将受到生产要素的**态度**的影响——因此,鼓舞士气能在一定程度上替代在监督方面的更多投入"①。(着重号是摘者加的——摘者注)奥肯的名著《平等与效率》提出了"努力"问题的重要性,在回答"是什么决定着一个公民在竞争市场上的服务价值"这个问题时,奥肯指出,"我在一个假设的竞争市场上所能出售的生产性服务贡献取决于四个因素:(1)我一生中所获得的技能和资产;(2)我的能力和天赋;(3)**我愿意花费的努力**;(4)与我能提供的服务有关的其他服务的供求状况"②。(着重号是摘者加的——摘者注)然而,实事求是地说,奥肯关于"努力"问题的论述过于简略且主要侧重于伦理学意义上的"公平",对于决定"努力"的经济学原因以及怎样激发"努力"几乎没有什么分析。发展经济学中对分配问题的关注涉及了对国家发展能力的影响,但主要强调对资产的平等分配能够确保人们有能力去贷款,去获得教育,从而提高生产率,也就是说,强调的是生产资料的合理配置和人力资本的提升,但完全没有涉及"劳动意愿"③。对激励问题给予比较强关注的是供给学派,但是其强调的主要是高税率抑制投资者和劳动者的投资欲望与工作欲望,"导致在劳动大军不断扩大的同时劳动生产率却不断下降"④。本书认为,仅考虑劳动能力或曰人力资本完全不足以准确估计劳动创造价值的状况,劳动的成果不仅取决于我"能"干什么,更取决于我"愿意"干什么。这种意愿主要来源于社会平等状况对劳动者和投资者的心理影响(高税率问题只是其中一个方面,而且只强调了政府与社会的分配,没有区分社会内部各阶层之间的不平等状况)。为达到提升切实劳动意愿的效果,本书对政府干预与自由市场的关系给予了高度关

---

① [美]道格拉斯·C.诺斯,《制度、制度变迁与经济绩效》,格致出版社、上海三联书店、上海人民出版社2008年版,第93页。
② [美]阿瑟·奥肯,《平等与效率——重大抉择》,华夏出版社2010年版,第49—50页。
③ [美]斯图亚特·R.林恩,《发展经济学》,格致出版社、上海三联书店、上海人民出版社2009年版,第29页。
④ [美]乔治·吉尔德,《财富与贫困》,上海译文出版社1985年版,第29页。

注(这对关系在经济学中长期占据着核心位置①,同时也构成了过去几十年我国经济体制改革最核心的内容②)。凯恩斯主义包括新剑桥学派力主政府干预,货币主义、供给学派、哈耶克等力主自由市场。我们认为,这是一个理论问题,更是一个实践问题。总体看政府干预是不可少的,世界银行增长与发展委员会研究了"二战"以来13个在25年或更长时间内年均经济增长率达到或超过7%的经济体,发现所有成功案例都有一个共同之处,"那就是有一个能力日益增强,敢作敢为和值得信赖的政府"。相关报告认为,"要在如此长的时间内保持如此快速的增长,需要政治领导人发挥强有力的作用,决策者必须选择增长战略,向公众传达自己的目标,使人民相信值得为将来的回报而付出努力、节省资金、忍受经济剧变"③。关键在于干预的前提是什么,在特定的时空条件下干预什么以及如何干预④。本书强调,政府的干预必须建立在市场发挥资源配置基础性作用的前提下⑤,同时认为,在不同的国家,不同的社会发展阶段,政府应该干预的问题和力度是不同的。今天的中国既需要政府干预也并不缺少政府干预,问题在于市场的基础性地位仍未完全确立和巩固,而有些地方政府干预又过于集中于具体经济活动本身,甚至依靠政府的垄断地位破坏了平等的市场环境,实际上严重抑制了

---

① 正如何帆所言,"如果说爱情是文学家最喜爱的主题,那么自由放任和政府干预之争就是经济学家最喜爱的主题"。见[美]尼古拉斯·韦普肖特《凯恩斯大战哈耶克》推荐序二,闫佳译,机械工业出版社2013年版。
② 见高尚全《经济体制改革的核心是处理好政府与市场的关系》,载高尚全主编《改革是中国最大的红利》,人民出版社2013年版,第77页。
③ 增长与发展委员会,《增长报告——可持续增长和包容性发展的战略》,中国金融出版社2008年版,第3页。
④ 必须指出的是,即使是主张政府干预的主帅级人物凯恩斯,在干预的时机和分寸上也是十分小心翼翼的。比如,他反复强调,只有在经济周期的底部或是经济衰退期间,政府出资舒缓失业才能算得恰当。一旦经济恢复,继续往系统内注入资金就不妥当了。参见[美]尼古拉斯·韦普肖特《凯恩斯大战哈耶克》,闫佳译,机械工业出版社2013年版,第132页。
⑤ 中央文件关于宏观调控的表述变化生动说明了这一观念的发展过程。党的十四大提出,"社会主义市场经济就是要使市场在社会主义国家宏观调控下发挥基础作用";党的十四届三中全会通过的《中共中央关于建立社会主义市场经济体制若干问题的决定》改为"社会主义市场经济就是要使市场在国家调控下发挥基础性作用";党的十六届三中全会通过的《中共中央关于完善社会主义市场经济体制若干问题的决定》进一步改为"更大程度地发挥市场在资源配置中的基础性作用"。关于讨论修改的过程,参见高尚全《经济体制改革的核心是处理好政府与市场的关系》,载高尚全主编《改革是中国最大的红利》,人民出版社2013年版,第79页。

社会总体效率的提升。因此，当前的关键不是一般意义上讨论政府干预问题，而是针对我国国情，研究如何把重点放在加快完善市场经济体制，减少不合理的政府干预，使政府集中精力于营造良好的市场环境，如法治环境、公平竞争等问题上面。简而言之，就是要把市场的职能还给市场，把社会的作用还给社会，把劳动者的权利还给劳动者，把政府的职责留给政府。

在深入进行理论分析的基础上，本书系统提出了发展民生经济，跨越"中等收入陷阱"的政策主张。总体而言，我们主张进一步深化社会主义市场经济体制改革，加快转变政府职能，合理配置社会资源，不断改善社会平等程度，通过提升全体社会成员特别是中低收入成员的劳动能力（人力资本）和劳动意愿（就业创业积极性），实现社会生产率和整体福利水平的提高。具体而言，本书重点阐述了9个方面的政策主张：一是改革行政体制，二是提升教育公平，三是创新社会管理，四是改革财税体制，五是完善市场体系，六是消除金融抑制，七是调节收入分配，八是强化社会保障，九是营造法治环境。以上9个方面的政策紧紧围绕民生经济的基本思想展开，构成一份进一步深化改革、推进发展的路线图。

四、研究方法

文献分析：我们通过系统研究马克思主义政治经济学、西方经济学理论以及我国有关研究成果，形成比较完整的文献回顾和整理，为研究工作奠定了扎实的理论基础。

数学建模：我们运用目前国际先进的建模技术，构建民生经济模型并予以验证，切实增强了整体研究工作的科学性。

实地调研：我们专门到陕西省实地考察"民生八大工程"开展情况，夯实了研究的实践基础。

五、基本结构

本书由上、下两篇组成。

上篇为理论篇,包括4章。

第一章:概念的提出 提出并阐述民生经济概念的定义、内涵、特征,分析当前中国发展民生经济的必要性、紧迫性和可行性。

第二章:理论的阐述 全面阐述民生经济的理论框架。

第三章:模型的分析 建立民生经济的数学模型并予以验证。

第四章:国际的比较 对比日本、韩国等成功跨越"中等收入陷阱"国家和拉美、东南亚等失败国家的经验教训。

下篇为政策篇,包括9章。

第五章:改革行政体制

第六章:提升教育公平

第七章:创新社会管理

第八章:改革财税体制

第九章:完善市场体系

第十章:消除金融抑制

第十一章:调节收入分配

第十二章:强化社会保障

第十三章:营造法治环境

此外,开头以绪论介绍本书的写作背景、基本观点、主要创新和总体框架;结束语以"建设一个坚强有力的党"为题论述党建工作。我国近年来关于"中等收入陷阱"问题的研究综述和各种经济学思想对人的发展与经济发展关系的认识两部分内容分别作为本书的附录一和附录二。

上篇

理论篇

第一章 概念的提出

本章提出"民生经济"这一全新的概念,系统阐述其内涵,全面分析其特征并深入探讨当前发展"民生经济"的必要性、紧迫性和可行性。

第一节 定义与内涵

一、定义

我们认为,民生经济是通过大力改善劳动者,特别是中低收入劳动者的生产生活条件,使之成为社会主义市场经济的平等创造者和平等享有者,从而更好地提升全体社会成员的素质,激发全体社会成员的创造力,实现资源的更优化配置,为经济发展提供强大的内生动力,实现可持续发展的经济发展模式。

二、内涵

民生经济的核心内涵是通过改善和扩大社会平等,形成持续、内生的发展动力,提高发展质量和发展的可持续性。使全体社会成员特别是中低收入社会成员成为社会主义市场经济的平等创造者和平等享有者是民生经济的核心主张。我们认为,只有不断改善和扩大社会平等,抑制和缩小社会不平等,才能切实提升全社会的劳动能力和劳动意愿，从而为经济发展提供不竭动力。

平等是一个历史悠久、内涵丰富也充满争议的概念，"是一个既受人喜爱又令人费解的政治理想"①。本书拟在尽可能简明的状态下使用这一概念。我们赞成这样的观点，相比福利平等，资源平等更能说明平等的本质。②而在资源平等中，最重要的是指社会成员在机会和能力上的平等，包括两层含义：一是全体社会成员享有平等的生存、发展等权利，二是全体社会成员行使权利的能力都得到平等的培育和保护。与之相应，社会不平等也包含两个方面的含义：一是社会成员特别是中低收入社会成员没有获得应有的生存、发展等权利；二是虽然在形式上获得了权利，但是行使权利的能力受到不公正的限制，导致权利实质上无法实现。因此，平等问题不等于分配问题，更不等于收入分配问题，收入差距持续扩大只是不平等的表象，其实质是社会低收入群体的发展需求无法得到满足，并由此丧失了向上流动的基本路径。因此，正如德沃金所指出的，"如果我们真想把人们作为平等的人来对待，我们就必须设法做到，使他们的生活对于他们来说同等地值得欲求，或给予他们做到这一点的手段，而不只是让他们的银行账户上有相同的数字"③。解决收入分配问题的政策举措不应局限于分配本身，而应通过为低收入群体提供机制化的福利服务使之享有平等的社会参与和自由流动机会，进而实现社会收入均等化。保证不同社会群体具有平等的社会参与能力和机会，进而实现社会整合是其中的关键。④

---

① [美] 罗纳德·德沃金，《至上的美德：平等的理论与实践》，江苏人民出版社2007年版，第1页。
② 参见 [美] 罗纳德·德沃金《至上的美德：平等的理论与实践》的论述，特别是第58、131、303、320、321页的相关内容。必须说明的是，尽管德沃金主张"人格和非人格资源本身的平等，而不是人们用这些资源实现福利的能力的平等"，但他同时强调"人们需要资源不仅是为了拥有它们，而且是为了用它们来做某些事情"。由此，平等与创造之间搭起了一座桥梁。在本书看来，无论资源平等还是能力平等或机会平等，最关键的一点是一致的，就是创造的平等而非结果的平等。这恰恰是"民生经济"关于平等最主要的关注所在。
③ 同上书，第7页。
④ 正如阿玛蒂亚·森所指出的，"经济学专业一直趋于偏离对自由的关注，转而聚焦于效用、收入和财富"。他通过对"'最终成果'（那就是，只看最后的结果，不看如何达到那里的过程，包括对自由的行使）和'综合结果'（注意导致最终成果的过程）"的分析来强调"自由"的重要性，这一分析同样适用于本书所关注的"平等"。参见 [印] 阿玛蒂亚·森《以自由看待发展》，中国人民大学出版社2002年版，第20页。

民生经济所提倡的社会平等主要体现在以下三个主要方面：

第一，全体社会成员获得人力资本的平等，主要包括平等接受教育和平等获得医疗卫生保障的机会与能力。

第二，全体社会成员参与社会生产的平等，主要包括平等就业和平等创业的机会与能力。

第三，全体社会成员参与社会分配的平等，主要包括平等获取劳动报酬和平等获得财产性收入的机会与能力。

以上三个方面的内容，构成了民生经济的基本主张。我们相信，真正实现这三个方面的平等，就能够从根本上激发广大社会成员特别是中低收入社会成员的积极性和创造力，形成经济社会发展强大、持续的内生动力，从而极大改善发展结构，优化发展环境，提高发展质量，增强发展的可持续性。反之，如果不能实现以上三个方面的平等（无论是形式上合法权利的缺失还是实质上行使权利的限制），从而不能使全体社会成员成为社会主义市场经济的平等参与者和平等受益者，中国经济社会发展的结构将进一步趋于失衡，环境将日益恶化，动力将面临衰竭，发展质量将无法保证，最终将难以持续，从而跌入"中等收入陷阱"。

第二节 主要特征

民生经济具有以下主要特征：

1. 以人为本。以人为本是民生经济的基本价值取向。民生经济强调切实尊重劳动者在经济发展中的主体地位，强调以人的全面自由发展作为经济发展的根本目的。民生经济全部理论和现实主张的出发点即人是生产力中最革命最能动最核心的因素。经历了漫长的探索和实践，这一观点越来越成为经济学中的共识。[①]

[①] 参见本书第三章第一节和附录二的讨论。

由于资源禀赋结构的关系，在中国改革开放开始后的很长一个时期，资本获得了相对于劳动力而言很高的比价，在分配中获得了很高的份额。这一状况在当时有其客观原因和一定的合理性。正如有学者所言，回眸20世纪70年代末80年代初，那时最受关注的除了政治上的拨乱反正外，最大的挑战莫过于温饱和致富问题，亿万民众对基本物质生活的渴求成为改革最大的追求，在此基础上的全民近乎一致的民意诉求成为保证改革不断发展前行的根本力量。① 然而，随着经济发展水平的提高和资源禀赋的变化，这种绝非天然合理的状态必然也必须得到纠正。马九器指出，30年后，民意诉求发生了根本变化，这也导致改革的根本目标发生质的变化，各种权利的保障、财富的公平分配、发展机会的平等、公共品的更多供给……民意诉求已然从单一呈现多元化，低层级的简单物质诉求向高层级的权利、文化、法治等利益层级蜕变。在文明不断演进的过程中，这是必然的人性诉求，也是必然的社会发展趋势，人的发展越来越成为时代的主体和主题，建立在权利自由基础上的人的各种利益福祉的保障与丰富，正成为社会根本的发展逻辑，所有改革发展的合法性、持久性、稳固性都将以人的利益的调整为目标②。近年来，各地以加薪为主要诉求的停工停产屡屡发生，劳资冲突明显增多，同时"民工荒"问题在一些沿海发达地区逐步凸显，这都是社会自发纠错努力的典型表现。面对这一情况，目前政府的很多作为并不能让社会满意、让群众满意。董保华认为，"这是升级版的员工碰上了初级版的政府"③。这种不满意的深层逻辑在于，由于针对二元分割的户籍制度、强大的行政垄断，以及民生开支在财政总支出中占比过低等涉及政府自身的改革推进不够有力，广大劳动者没有真正成为社会主义市场经济平等的参与者和获益者，收入差距的扩大只是这一本质问题一个比较显性的表现。为此，民生经济主张把以人为本贯穿经济发展的始终，在三个层次上努力满足劳动者的需求：一是在物质层面提高劳动者的收入、福利水平，提高其收入在社会总收益中所占的比重；二是在精神层面提高劳动者的文化素

---

① 马九器，《后改革时代，利益调整是一场更大的革命》，载新浪网2009年12月26日。
② 同上。
③ 董保华，《贫富分化持续拉大原因分析：户籍制等障碍待破除》，载《新民周刊》2010年8月11日。

质，提升其精神状态、社会地位和满足感；三是在发展层面提供公平的发展机会，包括劳动者本人及其后代的发展机会。通过上述努力，帮助劳动者真正成为经济发展中的平等主体，充分参与社会主义市场经济并分享发展成果。

2. 平等为基。前文已述，民生经济强调全体社会成员特别是中低收入劳动者平等参与市场经济并平等获得收益是经济发展持续、内生的动力源泉，这一观点突破了西方经济学中把平等与效率相割裂、相对立的认识。在思想史上，很多经济学家坚信调整收入分配对于经济发展具有积极意义，如福利经济学的大师庇古指出，"任何使穷人手中的实际收入的绝对份额有所增加的因素，在从任何角度判断均未造成国民收入减少的情况下，一般来说都将使经济福利增大"①。理查德·威尔金森和凯特·皮克特通过大量实证研究证明，"对所有人的心理健康造成最大影响的因素是不平等程度，而不是家庭、宗教、价值观、教育程度等其他因素"②。"富裕国家中的问题不是由于不够富裕（甚至正是由于太富裕）引起的，而是由于各国内部人口所拥有的物质差异过大引起的，起作用的是人们在一个国家中相对于其他人的位置。"③ 同时也一直有很多经济学家认为分配问题并不重要，比如西蒙斯在反对罗斯福新政时谈道，"我们的首要问题是生产。和普通人或一般家庭的利益息息相关的是我们的总收入，而不是各种可能的收入再分配"④。更多的西方经济学论述则把平等与效率的冲突当作不言而喻的前提。正如奥肯所言，"社会面临着选择：或者以效率为代价的稍多一点的平等，或是以平等为代价的稍多一点的效率。照经济学家的习惯用语来说，出现了平等与效率之间的抉择"⑤。改革开放以来关于中国经济社会政策的分析中，也有很多类似于"抉择"的论述。然而，我们认为这种观点并非理所当然。从理论上看，平等与效率并非零和关系。阿玛蒂亚·森在其名著《以自由看待发展》中，深入论述了

---

① [英] 庇古，《福利经济学》，华夏出版社 2007 年版，第 70 页。
② [英] 理查德·威尔金森、[英] 凯特·皮克特，《不平等的痛苦——收入差距如何导致社会问题》，新华出版社 2010 年版，第 5 页。
③ 同上书，第 25 页。
④ [美] 亨利·西蒙斯，《自由社会的经济政策》，转引自 [美] 马丁·布朗芬布伦纳《收入分配理论》，华夏出版社 2009 年版，第 5 页。
⑤ [美] 阿瑟·奥肯，《平等与效率——重大抉择》前言，华夏出版社 2010 年版，第 2 页。

发展与自由之间不可分割的互动关系,有力指出"发展可以看作是扩展人们享有的真实自由的一个过程","这些实质性自由(政治参与的自由,或者接受基本教育或医疗保健的机会)是发展的组成部分"①。如果说,在极其抽象的条件下对人类活动的一般规律所做的纯粹思辨的分析中,平等与效率是否冲突还可以存在争议的话,那么以下判断则是无可辩驳的,即在机会不平等的条件下,争取平等与提高效率是完全一致、相互促进的。正如奥肯所精辟论述的,"职业上的种族和性别歧视,以及借贷时普遍的凭好恶来对待的现象,都呈现出显而易见的机会不平等状况。而对它们,可以用增进收入平等和效率两方面的公共政策来减轻。在这种情况下,社会可以更多地得到这两样好东西(平等与效率——摘者按),而不是为了一个去牺牲另一个"②。不难发现,在迄今为止的社会形态中,机会不平等是普遍存在的,未来很长的历史时期还将继续存在下去,那么,我们有什么理由不相信追求平等可以提高效率是一个普遍存在的规律呢?必须强调的是,本书完全认同机会不平等的情况在不同社会形态下,不同历史时期、不同具体条件下呈现极大不同的严重程度。正因为如此,我们认为对于当前中国发展而言,平等与效率的一致性更加明显,因为在经济社会急剧发展变化的今天,机会不平等的情况比很多时候、很多情况下都要严重。因此,民生经济认为扩大平等对促进经济发展至关重要,但平等不限于庇古所谈及的缩小收入分配差距,而是扩大至包括收入分配在内以经济发展权利、机会为主要内容的平等,重点是后者,即权利、机会和规则的平等。③ 民生经济认为这些因素极大影响生产力的供给,对经济发展的作用更为持久深入,因而,对这些因素的把握必须成为当前和今后很长时期推动中国经济发展的政策基础。

3. **市场导向**。从发展方向看,民生经济坚持社会主义市场经济的改革方向,

---

① [印] 阿玛蒂亚·森,《以自由看待发展》,中国人民大学出版社 2002 年版,第 1、3 页。
② [美] 阿瑟·奥肯,《平等与效率——重大抉择》,华夏出版社 2010 年版,第 90 页。
③ 如果单纯把平等理解为收入平等、福利平等,根据著名的 Lewis-Ranis-Fei 二元经济模型,在刘易斯转折点到来后(中国正接近这个拐点),工资率与利润率出现严格对立,平等与效率无法一致。参见 [日] 速水佑次郎、神门善久《发展经济学——从贫困到富裕》(第三版),社会科学文献出版社 2009 年版,第 73—76 页。

强调必须强化市场在资源配置中的基础性地位，消除体制障碍，促进劳动力、资本等各种生产要素自由流动，并通过市场机制合理定价；强调从当前要素禀赋条件出发，通过市场机制选择适宜的产业结构；强调政府要加快转变职能，从经济建设型政府向公共服务型政府发展，从直接干预经济活动特别是个别企业的经济活动转变为修正不合理的生产要素比价，维护公正透明的市场环境和良好的市场秩序，充分发挥社会服务职能，为市场经济提供良好外部环境，正确发挥引领作用。在经济学家特别是自由主义经济学家中，把市场秩序与公平正义问题对立起来的不乏其人。哈耶克曾写道："正义的概念如此普遍并且随时都被用于收入分配，这完全是把社会拟人化地解释为一个组织而不是一种自发秩序的影响……没有人通过市场秩序来分配收入……所以说分配公不公正是没有意义的……因此，所有为保证分配'公正'而作出的努力必然会将市场自发秩序变成……一种集权的秩序。"① 民生经济不同意这种看法。我们认为实际存在的市场经济秩序绝非纯粹、神圣、无懈可击，而是存在大量扭曲的情况（所谓市场失灵就是扭曲的重要表现），特别是大量不平等状况的存在，极大损害市场经济的效率。政府介入这些问题十分必要，这不仅无损于市场经济的声誉，反而有助于市场经济的完善。民生经济主张在以下层次和程度上对市场经济进行干预，即巩固市场经济的法治基础，强化市场经济的平等属性，同时坚决反对不利于市场经济自由发展的干预，这是对市场的维护而非损害，是坚持市场导向而非相反。同理，我们非常警惕借发展和改善民生之名破坏市场秩序的行为。比如，民生经济非常欢迎政府向缩小收入差距的方向努力，但反对因此破坏甚至颠覆自由企业制度。主张政府的主要责任是消除歧视、扩大平等，为每个劳动者、每个市场主体创造公平参与市场经济的条件，而不是直接干预企业经营。直接干预的后果不仅短期效果有限，长期而言更是与公平分配的初衷相悖。正如有学者所言，工资应该由市场形成，通过司法裁决，罢工权可以与自由企业并存，成为市场机制的一部分，但政府指导工资很难与市场结合。必须避免政府在二次分配和消除歧视方面行动不力，却获得

---

① 哈耶克，《自由社会秩序原理》，转引自［美］马丁·布朗芬布伦纳《收入分配理论》，华夏出版社 2009 年版，第 10 页。

干预企业经营的权力。中国需要的不仅是加薪。对基尼系数贡献最大的城乡二元体制和行业垄断,必须通过扩大民众的政治参与、限制政府权力等才能消除。政府和企业需要各自面对各自的问题。①

4. 强调效率。供给学派的著名经济学家保罗·克雷·罗伯茨曾经说过,"在'里根革命'中,充实着这样一批决策者,他们认为减税是在以其他政策使经济恢复活力之后所得的报酬"。"他们没有把减税看作是强化经济的一种手段。"② 这种分析逻辑同样适用于民生经济,很多人的错误在于认为扩大社会平等、促进社会和谐是通过其他政策使经济快速发展之后所得的报酬,而事实上扩大社会平等、促进社会和谐是推动经济发展的强大动力。民生经济不是福利经济,更不是单纯扶危济困,而是强调通过改善社会成员特别是中低收入劳动者的生产生活条件,创造平等的发展机会,提升其素质,激发其创造力,从根本上提高国民经济的发展效率和发展质量。吴敬琏指出,如果不理顺由初次分配所决定的基本分配关系,主要依靠政府的再分配措施来矫正基本分配关系的重大扭曲,虽然能够在某种程度上抚慰缓解由贫富悬殊、贪污腐败等引起的大众愤懑,但是,其消极后果也是不容忽视的,主要包括:政府大量提供补贴必然造成大幅度增加财政收入的需要,由此引致的税负增加和货币超发,会妨碍经济发展和导致"蛋糕做小"。过分地用财政税收手段来"拉平"地区之间的收入差距,会由于价值创造和价值获得的地区分离而损害各地增收节支以及为社会努力创造财富的积极性。用对工资实施行政干预的办法提高低收入职工收入水平,较之采用完善劳动市场、消除就业障碍和为小企业创造更大的发展空间和更好的经营环境的办法来促进就业和提高工资,可谓弊多利少。因此,分配改革不能止于政府抑富扶贫的零散措施,而应是一整套完善经济和社会体制的系统努力,它至少包括:改变粗放经济发展模式,转而依靠知识、技术创新和劳动效率。这样,劳动者的收入水涨船高,促进消费,扩大内需,形成良性循环。政府依法行政,取缔非法设立的行政许可和

---

① 参见《贫富分化持续拉大原因分析:户籍制等障碍待破除》,载《新民周刊》2010年8月11日。
② [美] 保罗·克雷·罗伯茨,《供应学派革命:华盛顿决策内幕》,格致出版社、上海人民出版社2011年版,第3页。

行政审批,铲除寻租的制度基础。下决心破除特权既得利益和传统意识形态的阻碍,继续推进国有经济的改革,把被少数人和少数企业占用的社会资源从垄断部门的行政垄断下解放出来,通过企业之间的平等竞争实现有效配置,为社会大众创造财富。完善财税体制,为社会低成本地提供公共物品和实现公共服务的均等化。建立能够持续运转的社会保障体系,为全民提供基本的医疗、养老等保障。改善教育体系,使每一个要求上进的公民都有通过学习提高自己的知识和能力的机会。① 虽然吴敬琏所讨论的主要是收入分配问题,但是他已经深入到了这样一个重要观点,即改善收入分配本身并不是目的,根本目的是提高发展效率,应以此为出发点设计相关政策措施。笔者完全赞成这种观点。

5. 注重和谐。民生经济强调实现经济发展与社会发展的统一、城乡发展的统一、区域发展的统一,通过发展民生经济,促进社会和谐。我们认为,民生经济以改善和扩大社会平等为全部主张的起点,这一平等既存在于人与人之间,同样也存在于地区与地区之间、行业与行业之间、阶层与阶层之间,等等。广泛存在的平等是和谐的基础,和谐是平等的表现。据世界银行的报告,目前中国1%的家庭掌握了全国41.4%的财富;另外,劳动者收入占国民收入的比重从1980年的65%下降到1997年的53.4%,2007年再下降到39.7%,大大低于世界平均水平。反映分配不平等程度的基尼系数在20世纪90年代中期突破0.4的警戒线以后继续攀升,国家统计局统计,2003年至2011年保持在0.47~0.49。② 这样的状况下,实现和谐当然困难重重。但是,笔者并不认为完全的收入均等意味着和谐,也不认为仅仅通过缩小收入差距可以实现和谐。笔者主张着眼于加大平等参与和平等创造的力度,通过过程的和谐实现结果的和谐。正如李稻葵所指出的,"经过30年快速发展,中国社会难免会积累一系列社会矛盾,同时,随着民众全面素质的提高,参与政治和社会治理的意愿会不断上升。发展必须有更大包容性、和谐性,而包容性、和谐性不是政府花钱、埋单所能够达到的境界,相反,需要不

---

① 吴敬琏,《分配改革不能止于抑富扶贫零散措施》,载财新网2011年7月1日"吴敬琏专栏"。
② 朱剑红、张芳曼,《0.47—0.49 统计局首次发布十年基尼系数略高于世行计算的数据》,载《人民日报》2013年1月19日第4版。

断地在制度上进行创新,逐步纳入更多和更高质量的公众参与,调节社会各阶层的矛盾,这也是科学发展的基本欲求"①。俞可平也谈道:"中国的现代化是一个整体的社会变迁过程,不仅包含巨大的经济进步,也包含着重大的政治进步和文化进步。政治对于经济的推动作用,在中国甚至比在西方国家要更加明显,没有旨在民主化的政治改革,中国的现代化绝不可能成功……中国的改革开放过程,是一个包括社会的经济生活、政治生活和文化生活在内的整体性社会变迁过程。"②本书赞成以上主张,强调发展民生经济绝不仅仅意味着收入分配更加合理,而是要全面提高社会的公平程度,进而提升社会和谐水平。

6. 永续发展。从基本内容看,民生经济把提高改善和发展民生作为经济发展的重要组成部分,作为保持经济持续健康发展的必要条件和不竭动力,贯穿经济发展的各个环节,使之成为能够自我循环的完整经济过程。在生产环节,民生经济主要表现为制定符合当前要素禀赋结构特征的经济发展战略和产业政策,适时转变经济增长方式,调整产业结构,大力支持中小企业,扩大就业,鼓励创业,提高劳动者工资收入和财产性收入,以提高劳动者劳动能力和劳动意愿为中心增强经济发展动力;在分配环节,主要表现为改革税制,严格征收,健全社会保障网络,建设保障性住房体系,扩大和公平享有教育医疗资源,缩小城乡、地区、阶层收入差距;在消费环节,主要表现为通过政府的适当投入和政策引导,营造鼓励消费的良好环境,为中低收入群体扩大消费提供支持和保障。最终,实现生产、分配、消费各个环节良性互动,促进经济社会又好又快发展。

概括而言,发展民生经济是以科学发展观为指导,针对当前中国发展阶段特点的重要战略选择,是在实现全面建成小康社会目标过程中必须采取的发展模式,是走中国特色社会主义道路,跨越"中等收入陷阱"的必由之路。

---

① 李稻葵,《对未来30年的展望》,载吴敬琏等《中国未来30年》,中央编译出版社2011年版,第49页。
② 俞可平,《民主在中国:挑战还是机遇》,载吴敬琏等《中国未来30年》,中央编译出版社2011年版,第103—104页。

第三节　当前中国发展民生经济的必要性、紧迫性和可行性

第一，发展民生经济是当前中国加快转变经济发展方式的必然要求。传统发展方式的问题根源在于不合理的要素比价结构，资本比价过高，劳动力、资源比价过低，从而引导企业选择粗放型的发展战略，减少技术创新投入，依靠低廉的劳动力、廉价资源以及对环境的破坏获取利润。同时，劳动者收益低，生活压力过大，必然导致内需难以旺盛，经济对外依存度畸高。从本质上讲，不同生产要素参与分配的不合理比例反映的是不同社会成员参与财富创造和分配的不平等待遇。通过大力发展民生经济，提高劳动力要素比价，提高广大中低收入社会成员收益水平，进而提高其创业、生产的积极性，一方面可以为经济增长注入新的动力；另一方面则可以迫使依赖劳动力、环境、资源的不合理比价而生存的企业无利可图，退出市场，引导企业把注意力集中到加强自主创新、提高技术水平上来，从而为实现经济增长方式从粗放型向集约型、从资源投入型向全要素生产率提高型、从外生性增长向内生性增长的转变奠定重要基础。随着改革开放以来中国社会需求结构由生存型向发展型转变的重大变化，人对自身发展的追求越来越成为经济社会发展的核心目标。① 通过人力资本的提升，通过广泛了解公共信息、合理表达利益诉求、有效参与公共事务，从而获得公平的发展机会而带来的劳动积极性的提升，对经济发展的作用远远高于仅仅依靠物质要素的投入，特别是粗放式投入，这正是发展民生经济对加快转变经济发展方式最重大的意义所在。

第二，发展民生经济是当前中国合理调整经济结构的迫切需要。通过大力发展民生经济，提高劳动者素质，加强技能培训，简化审批，发展金融服务，鼓励社会成员特别是中低收入社会成员积极创业，将有力推动民营经济、中小企业、

---

① 迟福林，《以公平与可持续为目标　转变我国发展方式》，载中国经济网（北京）2010年6月11日。

个体工商户蓬勃发展,推动第三产业、服务业迅速发展。众所周知,政府投资对民间资本有"挤出效应",表现在:"政府对一些国有企业大力扶持,资源无偿或者低偿拨给和授予国企,通过租金向企业进行利益输送,把资源要素租金变成垄断者的超额利润,有的还要对其'亏损'给予补贴。"① 对此应保持足够警惕。世界各国的发展经验告诉我们,中小企业(在中国98%以上是非公有制企业)是市场经济最具有活力的主体,大力发展中小企业、非公有制企业,充分发挥其作用,是改善中国经济结构的必然要求。目前的情况是,中小企业、非公有制企业发展面临着诸多困难,事实上,即使没有国际金融危机冲击,也是危局难免。自2008年以来,由于原材料价格上涨、《劳动合同法》实施、人民币升值、银根紧缩等因素,大量中小企业特别是制造业企业已经举步维艰。在这样的情况下,很多民营资本为保值增值只好投入楼市、股市②。从整体上讲,既增加了经济泡沫,又降低了经济活力。因此,加大对中小企业、非公有制企业的支持力度,合理降低行业准入门槛,打破国企对一些行业不合理的垄断控制,放宽融资限制,拓展投资渠道,既是大力发展民生经济的题中应有之义,也是优化当前中国经济结构的迫切要求。

第三,发展民生经济是当前中国有效促进消费、扩大内需的根本途径。当前,投资率过高、消费率过低已成为中国经济发展不平衡、不协调、不可持续的重要方面。中国的投资率自2001年以来不断上升达到43%,远高于主要经济体工业化进程中的峰值水平(日本在1970年、韩国在1991年的产能扩张顶峰时期,投资率也低于40%)。与此相反,从1997—2007年,中国的消费率从59%下降至48.8%,其中居民消费率更从45.3%下降至36.7%;不仅远低于发达国家居民消费率正常水平70%左右,甚至大大低于发展中国家,如印度(55%)③。从根本上讲,消费率的提高依靠两个方面的努力,一是降低投资率,二是提升消费倾向。就投资率而言,由于今天的中国正处在大规模建设和快速发展时期,还必须保持

---

① 马海涛、王爱君,《后危机时代经济应对方略研究——从罗斯福新政谈起》,载财新网2010年4月19日。
② 同上。
③ 同上。

较高水平的投资率，更重要的是投资率的降低必须以不严重损害经济增长速度为前提。为此，如前文所述，大力发展民生经济，通过改善社会平等状况提高劳动者的劳动能力和劳动意愿，从而提升劳动效率成为必然选择。就消费倾向而言，根据凯恩斯的精辟论述，相对于收入量、消费量的刚性较强，变动较小，"较高的绝对量的收入水平显然也会扩大收入和消费之间的差距"①，可见消费倾向与收入水平成反比关系，一个社会贫富差距越大，财富越集中，总体消费倾向也将越低。收入分配在很大程度上是政策作用的结果。黄亚生认为，20世纪80年代中国的改革是倾向于农村、个体企业和民营经济的，到了90年代，中国经济改革的重点由农村转向城市，政策取向由扶助个体私有制转向扶持国有经济。这其中主要的区别不在于产值，而在于真正获利的是哪些人。不同的政策产生了不同的结果。20世纪80年代，中国农村人均家庭收入每年以超过10%的速度增长，这10年也是中国脱贫成就最显著的时期，按照世界银行的标准，中国在这个时期共有1.44亿人口脱离贫困状态。到了90年代，农村收入从80年代的两位数增长急剧下滑到4%左右，脱贫人口也只有6200万人。② 由此可见不同政策取向对社会收入的巨大影响。当前，只有大力发展民生经济，增加平等就业创业机会，提升中低收入阶层社会成员的实际收入，提高劳动收益在社会总收益中的分配比例，扩大内需才具备坚实的基础。只有把政府财力优先运用于公共支出，建立完备的社会保障网络、良好的保障性住房体系、全民共享的医疗卫生和教育体系，广大人民群众才能够降低风险预期，积极扩大消费，共享发展成果。

第四，发展民生经济是当前中国切实推进政府职能转变的重要动力。政府在经济生活中能否正确发挥作用，对经济发展至关重要。由于历史、体制的原因，中国政府承担了大量经济、社会职能，也占用了大量资源。中国社科院财贸经济研究所高培勇主持的课题组和中央党校研究室周天勇的测算分别显示，2009年中国政府收入占GDP的比重为32.2%和34.06%。北京大学林肯研究院满燕云教授

---

① 参见［英］约翰·梅纳德·凯恩斯，《就业、利息和货币通论》（重译本）第102—104页的相关论述，商务印书馆1999年版。
② 参见《贫富分化持续拉大原因分析：户籍制等障碍待破除》，载《新民周刊》2010年8月11日。

负责的课题组则计算出2007年中国政府收入占GDP比重已达32.28%。① 必须看到，目前的中国政府，特别是各级地方政府，是典型的经济建设型政府，用于经济事务的财政支出2008年已占总支出的21.2%，远远高于发达工业国家5%~10%的水平。同时，地方政府投融资平台债务规模飙涨，仅银行信贷资金就达10.7万亿元，政府经济支出的比重由此进一步提高。② 另一部分资金则用于政府自身运作，根据财政部综合司的研究书，1978—2006年，中国行政管理费支出年均增长19.3%，明显高于同期财政支出13.7%和国内生产总值（现价）15.6%的年均增速。迟福林的研究发现，从1978年到2006年，财政支出中用于行政管理的费用增长了143倍，其占财政总支出的比重，从1978年的4.71%上升到2006年的18.73%，远高于一般国家的比例。③ 财政部、发改委和国家统计局调研数据显示，2005年以来，我国财政行政事业公用经费支出每年增加1000多亿元，2007年以来，该项经费支出已接近9000亿元，其中每年公务用车消费支出1500亿~2000亿元（不包括医院、学校、国企、军队以及超编配车）。每年公务用车购置费支出增长率为20%以上④。必须看到，政府占用资源和支出的规模以及用途，都已经到了必须改变的时候。过于大量的资源被政府掌握和运用，在一定时期可以发挥集中力量办大事的优势，但从根本上讲无法避免产生严重的腐败和低效。只有按照发展民生经济的要求，加快实现各级政府从管理型政府、经济建设型政府向公共服务型政府的转变，逐步脱离具体的经济活动，集中精力制定发展战略、产业规划，同时大力营造公平、透明的市场环境，完善公共服务，修正不合理的分配格局，才能为经济社会持续快速发展奠定扎实有效的制度基础。另外，随着民生经济的发展，政府公共服务职能的凸显，政府行为与广大人民群众切身

---

① 见《新世纪周刊》2010年11月15日。
② 根据渣打银行统计，2011年到期的地方政府和相关融资平台债务到期规模在2.5万亿元以上，而未来2012—2015年到期的债务规模接近5万亿元，此后到期的债务规模亦在3万亿元以上。鉴于地方财政已经捉襟见肘，土地出让收入短期无法填补债务，问题只会随着利息支付和本金到期而日益严重。见《四发达省市增速垫底：率先遭遇"中等收入陷阱"?》，载《21世纪经济报道》2011年8月8日。
③ 见《新世纪周刊》2010年11月15日。
④ 李欣欣，《我国行政事业单位每年公务车支出近两千亿》，载《瞭望》2010年1月4日。

利益关联度越来越高，必然引起广大人民群众对政府公开、透明、廉洁、高效施政越来越强烈的关注，从而形成对政府改进施政方式、提高施政效率的重要压力，进一步促进政府管理方式的转变。

第五，国际金融危机冲击进一步凸显了发展民生经济的必要性和紧迫性。2008年下半年以来，受国际金融危机快速蔓延和世界经济增长明显减速的影响，加上中国经济生活中尚未解决的深层次矛盾和问题，中国经济运行困难增加，经济下行压力加大。2011年以来，随着欧洲主权债务危机的发展和美、日经济复苏疲软态势的加重，世界经济二次探底的风险逐步上升。在此影响下，中国经济社会发展中一些结构性问题明显暴露。比如，出口明显下降，使得一些企业单纯依靠压低工资、浪费资源、破坏环境取得利润的经营模式难以为继，同时更凸显扩大内需的重要性；农民工大量失业、大学生就业困难，对完善社会保障、加强职业技能培训提出了更迫切的要求，等等。大力发展民生经济，对于理顺中国社会主义市场经济中各种主体之间的关系，建立更为合理有效顺畅的市场经济机制，完善经济发展战略，调整经济增长方式，在保增长、保民生、保稳定的同时，调结构、上水平、促改革，最终真正实现化危为机，实现经济社会又好又快发展具有重要意义。

本书认为，当前中国已基本具备确立"民生经济"战略的条件。

首先，党中央的坚定决心为发展民生经济提供了根本前提。党中央一贯高度重视解决民生问题，随着形势的发展，中央对民生问题的认识日益深化，解决思路日益清晰。党的十五大报告提出"坚持效率优先，兼顾公平"，十六大报告提出"初次分配注重效率，再分配注重公平"，十七大报告提出"初次分配和再分配都要处理好公平与效率的关系，再分配更加注重公平"。党的十八大报告提出，"要坚持社会主义基本经济制度和分配制度，调整国民收入分配格局，加大再分配调节力度，着力解决收入分配差距较大问题，使发展成果更多更公平惠及全体人民，朝着共同富裕方向稳步前进"。这一发展历程充分体现出党中央坚持解放思想、实事求是的思想路线，在关于民生与发展的关系问题上不断深入思考，与时俱进，为发展民生经济提供了最根本的政治和思想前提。

2013年5月15日，中共中央总书记、国家主席、中央军委主席习近平在天津考察时强调，保障和改善民生是一项长期工作，没有终点站，只有连续不断的新起点，要实现经济发展和民生改善良性循环。这一光辉论断为当前和今后发展民生经济提供了有力支撑，指明了前进方向。

其次，社会共识的逐步凝聚相容为发展民生经济提供了坚实的基础。随着城乡、地区、阶层收入差距扩大，各种社会问题、环境问题的出现甚至在一些地方出现激化、恶化的情况，广大人民群众对科学发展观的理解不断加深，对改变经济增长方式、调整利益格局、理顺各种市场主体之间关系的愿望日益强烈，发展民生经济的激励相容度日渐提高。

最后，国家和社会财力的大幅增长为发展民生经济提供了坚强保证。从国家财力看，2012年全国公共财政收入已达117253亿元，其中中央本级收入56175亿元。从社会财力看，截至2012年年底，各项存款余额已达91.7万亿元，其中居民个人存款总额达到41.1万亿元。[①] 国家和社会财力的大幅增长为提高政府公共支出的充分性、有效性，为调整收入结构提供了坚强保证和巨大的政策空间。

---

① 数据来源：财政部网站，http://gks.mof.gov.cn/zhengfuxinxi/tongjishuju/201201/t20120120_624316.html；http://www.pbc.gov.cn/publish/html/2011s03.htm。

第二章 理论的阐述

在本章中,将系统阐述民生经济理论的逻辑框架,即,人是生产力中最革命最能动最核心的因素—劳动创造价值的成效取决于人的劳动能力和劳动意愿—人的劳动能力和劳动意愿与社会平等状况严格正相关。由此,社会平等状况的改善提升人的劳动能力和劳动意愿—劳动能力和劳动意愿的增强提升劳动效率—劳动效率的提升增加国民收入也即社会总福利—社会总福利的增加进一步为扩大平等创造更加有利条件。由此形成一个自我强化的良性循环,形成源源不断的强大动力以推进经济发展。

第一节 人在经济发展中的地位和作用[①]

把经济发展归结为人的发展,是经济学作为一门学说诞生以来,众多伟大的经济思想家共同的认识。最彻底地坚持这个观点的首先当数马克思主义经济学。马克思和恩格斯明确把劳动作为生产力各因素中最能动的因素,并以劳动价值论为基础,充分论证了劳动者的自由发展是社会发展的必然归宿。同时,在西方主流经济学的发展长河中,从亚当·斯密开始,就已经把劳动者的发展当作经济增长的重要原因,虽然此后经历了李嘉图劳动价值论的解体,以及边际学派、新古

---

① 关于这部分内容的详细论述,参见本书附录二《各种经济学思想对人的发展与经济发展关系的认识》。

典主义等学派对劳动发展的忽略,但最后仍然伴随着现代经济增长理论的发展特别是人力资本理论的发展,再次成为经济学讨论的核心内容。

一、马克思主义的观点

人的发展是经济发展的原因、内容和必然归宿,始终是马克思主义经济学旗帜鲜明的理论观点。马克思主义作为关于人类解放的学说,始终是从"现实的人"出发分析解释社会发展和经济发展,从劳动者发展和劳动形式发展的角度来理解经济发展的历史过程,这种思想和方法论集中体现在以下两个方面:

1. 马克思关于生产力的理论充分阐述了人的发展对生产力发展的重要意义。第一,劳动是构成生产力诸因素中的重要方面。马克思在《资本论》中提出了生产力的基本构成要素和主要因素。在劳动过程中构成生产力的基本要素主要包括"有目的的活动或劳动本身,劳动对象和劳动资料"[1]。在劳动过程中诸要素的有机结合,形成了现实的生产力。在这里,"有目的的活动或劳动本身"被作为第一个构成要素,这种把人的因素作为生产力重要因素的观点,是马克思针对当时资产阶级经济学普遍见物不见人的观念所做出的革命性的变革。第二,劳动是构成生产力诸要素中最能动的要素。人不仅是生产过程的主体,还是生产工具的创造者、使用者,生产活动的发起者,是生产力中活的要素。生产力中的其他要素只有同人相合,才能形成现实的生产力。在《资本论》中,马克思提出影响生产力发展的因素主要包括:工人的平均熟练程度,科学的发展水平和它在工艺上应用的程度,生产过程的社会结合,生产资料的规模和效能以及自然条件。这里前三个因素都与劳动者的教育、健康等体力智力发展紧密相关。此外,人的社会交往的发展将创造新的生产力。分工和竞争是马克思常用的社会交往的例证,他认为:"许多人在同一生产过程中,或在不同的但互相联系的生产过程中,有计划地一起协同劳动,这种劳动形式叫作协作。"[2]"单个劳动者的力量的机械总和,与

---

[1] 马克思,《资本论》,《马克思恩格斯全集》第23卷,人民出版社1972年版,第202页。
[2] 同上书,第362页。

许多人手同时共同完成同一不可分割的操作（例如举重、转绞车、清除道路上的障碍物等）所发挥的社会力量有本质的差别。在这里，结合劳动的效果要末是个人劳动根本不可能达到的，要末只能在长得多的时间内，或者只能在很小的规模上达到。这里的问题不仅是通过协作提高了个人生产力，而且是创造了一种生产力，这种生产力本身必然是集体力。"① 第三，由于人的发展本身既是生产力发展的必然内容，同时也是生产力发展的推动力量和发展结果，因而必然是衡量经济发展的重要尺度。马克思认为，"一旦人们不再把工业看作买卖利益而是看作人的发展，就会把人而不是把买卖利益当作原则"②。在这种新的发展观念下，经济增长的意义只能存在于对人的发展的促进之中。

2. 马克思的劳动价值理论坚持"劳动是商品价值的唯一源泉"，为分析人的发展和劳动者平等权利的历史趋势奠定了最坚实的理论基础。首先，劳动是人类社会生存的基础。马克思认为：社会主义"是从把人和自然界看作本质这种理论上和实践上的感性意识开始的"③。而劳动，作为人类社会与自然界之间的物质交换过程，把这二者联系起来，并使自然界成为对人来说的一种存在。其次，劳动构成了人的"类生活"即人的社会属性。马克思认为："通过实践创造对象世界，即改造无机界，证明了人是有意识的类存在物，也就是这样一种存在物，它把类看作自己的本质，或者说把自身看作类存在物。"④"正是在改造对象世界中，人才真正地证明自己是类存在物。这种生产是人的能动的类生活。通过这种生产，自然界才表现为他的作品和他的现实。"⑤ 最后，劳动的发展构成人类历史发展的本质，劳动形式的变化构成了历史的发展变化。马克思认为："在社会主义的人看来，整个所谓世界历史不外是人通过人的劳动而诞生的过程，是自然界对人说来的生成过程，所以，关于他通过自身而诞生、关于他的产生过程，他有直观的、

---

① 马克思，《资本论》，《马克思恩格斯全集》第 23 卷，人民出版社 1972 年版，第 362 页。
② 马克思，《评弗里德里希·李斯特的著作〈政治经济学的国民体系〉》，《马克思恩格斯全集》第 42 卷，人民出版社 1979 年版，第 258 页。
③ 马克思，《1844 年经济学哲学手稿》，《马克思恩格斯全集》第 42 卷，人民出版社 1979 年版，第 131 页。
④ 同上书，第 96 页。
⑤ 同上书，第 97 页。

无可辩驳的证明。"①

总的来讲，马克思"从劳动是生产的真正灵魂"这一点出发，在此基础上构建了劳动价值一元论，表现了马克思对人的价值的重视。而对我们的研究最有价值的是马克思把劳动的发展构成人类历史发展的本质，认为劳动形式的变化构成了历史的发展变化的观点。这一观点是马克思以劳动为基础构建价值论的最核心的原因，也是迄今为止仍有很强生命力的观点。从这一点出发，我们可以认为，劳动者以怎样的形式、怎样的地位参与生产过程，能够获得怎样的发展状态，其实是衡量社会发展水平、判断社会进步程度的核心指标。

二、西方经济学的观点

从西方的古典经济学时代以来，在各个时期主流经济学的代表人物对劳动、劳动者在经济发展中的地位和作用的论述中，劳动从商品价值的唯一源泉和物质财富的重要创造者，逐步下降为生产过程中所投入的若干种生产要素之一，后来又上升为推动经济持续内生增长的首要因素——人力资本，表现出一种曲折的发展过程。

1. 18世纪古典政治经济学对劳动和劳动者给予高度评价，把劳动作为价值的唯一源泉，把劳动者的发展作为推动生产力增长的重要力量。从古典经济学的发展脉络来看，在古典经济学开创之前，普遍的经济思想是重商主义，它认为财富就是货币甚至是黄金等贵金属本身，此后兴起的重农主义对此进行了批判，魁奈明确提出："构成国家财富的是人。"英国早期古典派的威廉·配第则提出了"土地是财富之母，劳动是财富之父"的著名论断，标志着古典经济学时期对劳动重要性的不断提升的认识。亚当·斯密作为古典经济学理论体系的创立者，也是最早对劳动生产力和劳动价值论进行系统阐述的经济学家。斯密在其代表作《国富论》中，一开篇就明确地提出："一国国民每年的劳动，本来就是供给他们每年消

---

① 马克思，《1844年经济学哲学手稿》，《马克思恩格斯全集》第42卷，人民出版社1979年版，第131页。

费的一切生活必需品和便利品的源泉。"① 这从根本上扭转了重商主义见物不见人的错误,把劳动和劳动生产力置于经济理论的核心位置。在讨论了分工、交换之后,斯密鲜明、完整地提出了他的劳动价值论。他认为:"只有劳动才是价值的普遍尺度和正确尺度,换言之,只有用劳动作标准,才能在一切时代和一切地方比较商品的价值。"② 古典经济学的另一位集大成者大卫·李嘉图在其《政治经济学及赋税原理》一书中第一句话也是,"一件商品的价值或用它交换其他任何商品的数量取决于生产它所必需的相对劳动量,而不是取决于支付这种劳动的报酬是多少"③。不仅在"原始"社会,一切产品都是劳动的产物从而劳动是价值的唯一源泉,就是在资本(李嘉图谈论的"资本"始终是机器设备等生产工具)出现以后,劳动仍然是价值的唯一源泉。

2. 19世纪末随着劳动价值论逐步退出西方主流经济学,劳动在新古典经济学时期主要被看作成本方面的投入要素之一,对劳动数量增减的关注远远超过了对劳动者发展的关注。由于欧洲资本主义生产秩序逐步稳定下来并确立了牢固的统治地位,也因为李嘉图学派的劳动价值论不能解决劳动与资本如何等价交换、等量资本如何获取等量利润这两个根本问题,主流经济学的研究重点逐步从对价值创造的讨论转向对经济运行的分析。特别是随着边际学派兴起,对投入—产出的数量分析逐步取代了对劳动—资本关系的分析,主流经济学在这一时期主要从成本角度来讨论劳动的作用。萨伊是最早、最系统地把亚当·斯密的学说介绍到欧洲大陆的经济学家,在他的主要著作《政治经济学概论》中,从一开始就混同了价值创造过程和财富创造过程,混同了价值和使用价值。他认为:"物品的效用就是物品价值的基础,而物品的价值就是财富所由构成的"④,"财富是由协助自然力和促进自然力的人类的劳动所给予各种东西的价值组成的"⑤。在此基础上,萨伊更主要地从财富创造的角度,提出了他的生产要素价值论,他认为:"所生产出

---

① [英]亚当·斯密,《国民财富的性质和原因的研究》上卷,商务印书馆1972年版,第1页。
② 同上书,第32页。
③ [英]大卫·李嘉图,《政治经济学及赋税原理》,光明日报出版社2009年版,第3页。
④ [英]萨伊,《政治经济学概论》,陈福生、陈振骅译,商务印书馆1963年版,第59页。
⑤ 同上书,第69页。

来的价值,都是归因于劳动、资本和自然力这三者的作用和协力,其中以能耕种的土地为最重要因素但不是唯一的因素。"①

整个19世纪,随着李嘉图学派的不断解体,特别是在约翰·穆勒经济学为代表的折中主义统治下,劳动创造价值的观点在主流经济学中不断被弱化,劳动在推动经济增长中的重要性也日益淡化。19世纪70年代兴起的边际学派,把主流经济学的研究推进到了一个没有劳动价值的时代。英国的杰文斯、奥地利的门格尔、瑞士的瓦尔拉斯在不同的国家几乎同时系统地阐述了边际效用价值论,认为经济研究的核心不是生产过程,而是消费过程,即"人类欲望的满足";决定物品价值的,不是投入其中的劳动,而是个人对物品效用的主观评价。这样,劳动的作用就被排除在了经济学研究的核心范围之外。

3. 20世纪50年代以来,主流经济学对经济增长因素认识的深化以及人力资本理论的提出,再次把劳动者自身发展作为推动经济持续内生增长的主要动力。"二战"以后,西方经济得到了快速发展,但是经济学界对经济增长原因的认识却出现了一些困惑,特别是一些经济学家在研究美国经济增长时发现,美国的产出增长率大大高于劳动和资本等要素投入的增长率之和,形成所谓的增长"余值"。爱德华·丹尼森在《美国经济增长之源与我们面临的选择》一书中,对1929—1957年间美国经济增长源泉进行了计量分析,并得出结论认为:美国年经济增长率的23%归功于美国教育的发展。这一研究成果表明主流经济学已经不再把劳动投入单纯地看作一种简单的数量投入,而是包含了此前被忽略的强劲增长源泉。这一时期,西奥多·W.舒尔茨、加里·贝克尔等人提出了现代人力资本理论,系统地阐述了蕴含在劳动者身上,除了简单劳动之外,还存在推动经济增长的人力资本这一思想,使人们对经济增长的认识有了质的提升,也使得人们对劳动推动经济持续内生增长的重要作用有了更加明确的认识。舒尔茨在1960年美国经济学会年会上发表了题为《人力资本的投资》的演讲,标志着现代人力资本理论的诞生。在这次演讲中,舒尔茨对人力资本在推动经济增长中的作用给予了

---

① [英]萨伊,《政治经济学概论》,陈福生、陈振骅译,商务印书馆1963年版,第76页。

高度评价，他认为人力资本对经济增长的贡献大于物质资本，人力资本是生产要素中最主要的要素。舒尔茨利用美国1929—1957年间的经济增长数据，专门针对人力资本中最重要的教育这一因素进行了投资收益率的测算，并得出结论认为教育投资所形成的人力资本对美国这一时期经济增长的贡献率高达33%。贝克尔则主要是从主流经济学关于微观经济主体决策问题的基本模型出发，分析了个人进行人力资本投资的行为路径以及推动经济增长的微观机制，极大地推动了人力资本理论成为主流经济学的经典理论。

4. 20世纪50年代以来西方经济增长理论的发展演变过程表明，劳动、劳动者作为经济持续内生增长的首要动力已经得到主流经济学的普遍认同。"二战"以来西方经济增长理论的发展经历了以哈罗德—多马模型为代表的起步阶段，以索洛模型为代表的新古典增长理论阶段，以罗默的内生增长模型和卢卡斯等人的人力资本增长模型为代表的现代新增长理论阶段。从这些具有代表性的经济增长模型可以看出，经济学界关于劳动因素对经济增长贡献的认识不断发展并已达到了一个比较成熟完善的水平。① 特别是20世纪90年代以来，主流经济学的新增长理论沿着两条路径，拓展了对劳动要素如何促进经济持续内生增长的研究。第一条路径是把知识的积累作为生产过程的一部分，认为社会在进行商品生产的同时，还在进行知识的生产，并且社会可以通过增加知识积累的力度，实现经济内生增长。这类模型的基本公式是：

$$Y = [(1 - a_K) K]^\alpha [A(1 - a_L) L]^{1-\alpha} \quad (1)$$

$$\dot{A} = G(a_K K, a_L L, A) \quad (2)$$

其中，(1) 是社会商品生产函数，(2) 是知识 A 的生产函数。这两个基本公式表明，一个经济体把 a_K 份额的物质资本 K 和 a_L 份额的劳动力 L 投入知识 A 的生产过程中，然后利用这些知识，加上 $1-a_K$ 的资本和 $1-a_L$ 的劳动力来生产商品。经济体可以通过调节知识生产的规模来实现经济的稳定增长，这样，经济的长期增长就可以用知识这一内生变量来解释。

---

① 有关详细分析参见本书附录二《各种经济学思想对人的发展与经济发展关系的认识》。

第二条路径就是把劳动者理解为劳动力和人力资本两种要素的拥有者,把人力资本的积累作为社会生产过程的一部分。这类模型的基本公式是:

$$Y = K^{\alpha} H^{\beta} (AL)^{1-\alpha-\beta} \tag{1}$$

$$\dot{K} = s_K Y \tag{2}$$

$$\dot{H} = s_H Y \tag{3}$$

其中,(1)是社会的生产函数,表示社会生产既需要物质资本 K、劳动力 L 等传统意义上的生产要素的投入,还需要人力资本 H 的投入。(2)和(3)则表明,社会把总产出的 s_K 份额用于增加物质资本,把总产出的 s_H 份额用于增加人力资本。这样,即使人口数量和传统意义上的技术进步是外生的,经济体也可以通过调整物质资本和人力资本的积累速度和方式,来实现经济的稳定持续增长。

这两条研究路径及其基本模型,成为此后主流经济学研究经济增长问题的基本方法,众多经济学家在此基础上发展起了对教育、科技研发、干中学等社会行为的研究,并较好地解释了不同国家、地区、人群之间经济增长和收入增长的差异性。这些丰富的研究成果,一方面表明劳动因素对经济增长的关键性作用已经得到主流经济学的共同认可;另一方面也为我们研究中国当前和未来的经济增长问题提供了可供参考借鉴的研究路径。

第二节　劳动能力和劳动意愿

人作为生产力中最能动最革命最核心的因素,其对于经济发展关键性作用的发挥取决于两个主要方面的状况,即劳动能力和劳动意愿[①]。

[①] 本书在宽泛的意义上使用"劳动"的概念,既包括简单劳动,也包括复杂劳动。

一、劳动能力：作用、构成和获取

本书对劳动能力的定义是劳动者在参与社会生产过程中自身拥有和运用的整体素质，具体包括身体健康状况、受教育程度、学习和研究能力、实际操作技能，等等。对此，人力资本理论做出了比较系统完整的分析。

上一节中，已简要探讨了舒尔茨的人力资本理论。本节中，我们主要从人力资本理论的理论渊源和现实发展的维度，特别是人力资本构成和作用（也即劳动能力的构成和作用）的角度做一些分析。

早在17世纪，威廉·配第就在其代表作《政治算术》中提出"土地是财富之母，劳动是财富之父"①的著名论断，为人力资本理论奠定了基础。亚当·斯密首先较为系统地论述了人力资本思想，他指出，"学习是一种才能，须受教育，须进学校，须做徒弟，所费不少。这样费去的资本，好多已经实现并固定在学习者的身上。这些才能对于他个人自然是财富的一部分，对于他所属的社会，也是财富的 部分"②。让·萨伊在其代表作《政治经济学概论》中进一步指出："人不是一生下来就有足够的身长和足够的力气来搞甚至最简单的劳动，他要到大约15岁或20岁才取得这种能力，因此可把它看作一项资本，这项资本由每年用以教养他的款项累积而成。"马歇尔在《经济学原理》中对人的能力作为一类资本的经济意义提出了新的认识，认为"人类的才能与其他任何种类的资本一样，同样是重要的生产手段"。他将人的能力分为"通用能力"和"特殊能力"两种，前者指决策能力、责任力、通用的知识与智力，后者指劳动者的体力与劳动熟练程度。他认为，随着体力劳动逐渐被机器劳动所取代，通用能力在生产中的重要性不断加强。在此基础上，马歇尔提出了"所有资本中最有价值的是对人本身的投资"的经典论断。

第二次世界大战后，一些发展中国家为摆脱落后与贫穷，大量吸引外资，提

---

① [英] 威廉·配第，《政治算术》，商务印书馆1978年版。
② [英] 亚当·斯密，《国民财富的性质和原因的研究》，商务印书馆1979年版，第301页。

高资本积累率,然而事与愿违,大部分并未取得预期的经济增长。与此形成鲜明对照的是那些在战争中受到重创的国家(如西德、日本等)的国民经济奇迹般地快速恢复并发展,其国民收入的增长幅度一直高于国家投入的自然资源、物质资本和劳动人时的增长幅度,而诸如丹麦、瑞士这些资源条件很差的国家也能取得经济腾飞的成功。由此引发了西方经济学界对经济增长的性质及根源的探究。如前所述,舒尔茨的现代人力资本理论应运而生。舒尔茨指出,劳动力的获得不是无代价的。作为资本和财富转换形态的人的知识和才能的获得需要消耗稀缺资源,即需要消耗资本投资。人力资源作为一种生产能力,已经超过了一切其他形态的资本生产能力的总和。舒尔茨的另一相关论证,是将科技进步视为经济增长的关键因素,视人力资本为内生变量,不把技术与资本人为区分开来。在他看来,技术变革意味着资本结构的根本性改变,人们在技术变革中所获得的经济价值,一方面表现为劳动力掌握新技能、新知识而转化为新的人力资本形态,另一方面又以新技术、新材料、新方法等物化方式转变为新的非人力资本形态。正是技术的这种动态、异质性和规模报酬递增效应成为现代经济内生性增长的主要源泉。[1]贝克尔则明确指出,劳动者的知识、技能、体力(健康状况)等构成了人力资本的基本内容,并以一定的存量(包括数量和质量)凝结在劳动者身上。[2] 与之相对应,贝克尔认为"对于人力的投资是多方面的,其中主要是教育支出、保健支出、劳动力国内流动的支出或用于移民入境的支出等形成的人力资本"[3]。肯尼斯·阿罗提出了"干中学"(Learning by Doing)模型,把从事生产的人获得知识的过程内生于模型。他从普通的 Cobb-Douglas 生产函数,导出一个规模收益递增的生产函数,并把其归结为学习过程和知识的外部效应。由此把工作过程中的学习提高归入人力资本的范畴[4]。雅各布·明塞尔于 1958 年发表《论人力资本投资

---

[1] [美] 西奥多·W. 舒尔茨,《人力资本投资——教育与研究的作用》,蒋斌、张蘅译,商务印书馆1990年版,第34、35页。
[2] 参见 [美] 贝克尔《家庭经济学》,彭松建译,华夏出版社1987年版。
[3] [美] 贝克尔,《人力资本——特别是关于教育的理论与经验分析》,梁小民译,商务印书馆1987年版,第5—11页。另参见 Becker, G. S. Human Capital. 2nd ed. NewYork: NBER, 1975.
[4] Kenneth J. Arrow, *The Economic Implications of Learning by Doing*. Review of Economic Studies, 1962 (29).

与个人收入分配》一文，系统论述了人力资本及人力资本投资与个人收入及其变化之间的关系，提出了人力资本投资收益模型①，再现了诸如教育程度、在职培训、劳动流动等因素对个人收入的影响。1988年，罗伯特·卢卡斯在《论经济发展机制》一文中将人力资本作为独立的因素纳入经济增长模型，运用更加微观的分析技术，将舒尔茨的人力资本和索罗的技术进步概念结合起来，形成一个新的概念——专业化的人力资本，并且认为这是经济增长的原动力。②

正如美国经济学家哈比森所言："不是资本，不是收入，也不是物质资源，而是人力资源构成了各国财富的最终基础。资本和物质资源是生产的被动因素，人则是积累资本，输出自然资源，建立社会、经济和政治组织并推动国家发展的能动主体，显然，如果一个国家不能发展它的人民的技能和知识，并使其有效地被利用在国民经济中，它就不可能发展任何别的东西。"③ 这可以被视为对劳动能力在社会生产和经济发展中地位、作用与获取的精辟概括。

二、劳动意愿：地位、作用和源泉

本书突出强调劳动意愿在社会生产中的重要性。简而言之，劳动意愿就是劳动者对于参与社会生产的积极性。前文已述，在现有的宏观经济学理论中，很少触及这一问题。一个重要的原因可能在于"意愿""态度""积极性"等概念过于主观，难以进行数量化分析。但是，鉴于"意愿"问题在经济生活中的重要作用，我们认为这不能构成进行回避的理由④。

本书认为，劳动意愿问题之所以重要，根本原因在于人是生产力中最革命最

---

① Jacob Mincer, *A study of Personal Income Distribution*, Ph. D. dissertation, Columbia University, 1957. 另参见[美]雅各布·明塞尔《人力资本研究》，张风林译，中国经济出版社2001年版，第67—95页。
② Lucas Jr., R. E. *On the mechanics of economic development*. Journal of Monetary Economics, 1988 (22).
③ Frederich H. Harbison, *Human Resources as the Wealth of Nations*, 1973 (3), 转引自周景彤《收入不均等对人力资本的影响研究》，经济科学出版社2009年版，第9页。
④ 纵观经济学思想史，很长时间里心理状态一直得到关注。凯恩斯主义甚至被列为"用心理状态来解释危机的类型"。然而，随着数量经济学革命的发生和发展，对此的研究也日渐式微。见[英]约翰·梅纳德·凯恩斯《就业、利息和货币通论》（重译本）译者导读，商务印书馆1999年版，第23页。

能动最重要的因素，同时人又是具有很强主体性的社会角色。人不是缺少自我意识的机器，不是只会被动接受管理的工具，而是有思维、有判断、有情绪的生产主体。人的主观意愿决定人的行为方式乃至行为的后果，人的劳动意愿决定人从事劳动的方式和劳动的后果，即效率。事实上，进入20世纪90年代后，人们越来越充分地认识到由于人力资本是一种主动性的资本，调动人力资本的积极性对企业价值的创造至关重要，对人力资本进行激励成为人力资本理论研究的一个主要方向。这就体现了对劳动意愿的关注[1]。那么，人的劳动意愿由什么决定呢？我们认为，人的劳动意愿由三个方面的因素决定，一是个人品性的差别，经济学思想史告诉我们，劳动是有负效用的行为，"即由于劳动而带来的不舒服之处，如疲倦、精神紧张等"，而"据说对性质相同的劳动（如一小时的木工），不同的人具有不同的负效用；懒惰的人负效用较高，而勤奋的人负效用较低"[2]。二是成本收益的比较，面对劳动的负效用，每一个劳动者都会审视既定的实际工资水平是否能够带来足够的补偿，如果能够得到补偿，就会愿意就业，积极地参加生产；如果不能得到补偿，就会出现自愿失业的情况，即使就业，其劳动积极性也会比较低落。[3] 以上两点在经济思想史中都得到了比较充分的论述和比较广泛的认同。本书特别强调第三点，即平等程度的差别[4]，对劳动意愿具有重要的影响。概括地说，劳动意愿既可以来自劳动效用的提高（劳动者实际收入的上涨），也可以来自劳动负效用的降低（在实际收入并未改变的情况下，由于相对过去已经发生

---

[1] 研究表明，对人力资本进行激励，除了短期的现金报酬激励以外，长期的股权激励显得越来越重要。加尔布雷思、埃德文森、沙利文、斯图尔特等人认为：如果人力资本产权遭到破坏，其价值将立即降低或荡然无存。但是类似分析主要局限于微观层面，即企业内部的激励。宏观经济学中仍然缺乏相关研究。
[2] [英] 约翰·梅纳德·凯恩斯，《就业、利息和货币通论》（重译本）译者导读，商务印书馆1999年版，第5页。
[3] 与收益密切相关的一个概念是产权。进入20世纪90年代以后，理论界开始研究人力资本如何在企业中发挥作用的问题，很快发现如果试图对人力资本进行激励，除了短期的现金报酬激励以外，长期的股权激励显得越来越重要。简而言之，如果人力资本产权遭到破坏，比如失去了自由求职的权利、按照劳动付出获得合理报酬的权利等，其价值将立即降低或荡然无存。原因就是一旦失去产权，人力资本所有者获得应有收益的可能性大大降低。
[4] 从宽泛的意义上说，平等程度的差别带来的劳动意愿的变化也可以被视为成本收益分析的一种结果，因为负效用的克服或强化有赖于劳动者心理状态的变化，而无论这种变化是由自我纵向比较还是与他人的横向比较产生，都是成本收益分析的结果。详见本章第三节第四部分的分析。

的提高或者未来可能发生的提高而导致的劳动者心理的满足,或者是尽管实际收入没有变化,但是相对周围其他社会成员而言较高或不低带来的心理满足,这些都可以降低劳动的负效用)。具体而言,如果不同社会成员之间取得资源,创造财富的机会和权利存在重大差别,这种差别甚至具有很强的代际传递性,处于劣势的社会成员会产生强烈的挫败感和绝望感,认为劳动无法改变自己以及后代的生活,无法改变自己以及后代的命运,其劳动意愿(包括提高自身劳动能力的意愿)就会极大衰退,直至衰退到取得的收入仅仅满足自身再生产需求的水平。调查显示,很多新生代农民工热衷于打短工,有一点收入就去吃喝、上网,钱花完了再应聘打几天工。原因是"即便打工100年也买不起城里的房子,他们失去了希望,所以才过着这种'今朝有酒今朝醉'、及时行乐的生活"[1]。这就是一种由于发展机会的不平等分配——落实到很多劳动者身上就是发展机会的缺失——所导致的劳动意愿的下降。如果说成本收益分析是劳动者针对自身的分析判断,平等程度则是与其他社会成员进行比较的分析判断。

　　劳动意愿的重要性在今天的欧美可以得到充分的验证。面对欧洲经济发展问题重重,主权债务危机日趋严重的情况,诺贝尔经济学奖得主福格尔做出了入木三分的分析,他指出,"欧洲的文化使经济学家们无可奈何。欧洲富国的公民们不喜欢多劳多得。相反,欧洲文化一直是宁愿鼓励长假、提早退休、减少每周工作时间,也不愿通过加班获得更多的物质奖励。……欧洲是否能给我们一个惊喜,就是其可持续增长率比我预测的高?……这也是有可能的。这既要靠欧洲人削减假期和午睡,赋予工作更多的热情,也要靠更多的年轻女性和她们伴侣的性爱观念更偏向宗教,而不是电影明星(指提高生育率——摘者注)。一切皆有可能,但也别过于指望它——欧洲人似乎认为他们的生活方式非常好,而且他们也早已

---

[1] 日本《朝日新闻》报道,《"月光"农民工迷失在城市中》,见《参考消息》2011年9月19日第15版。值得一提的是,报道中采访的"月光族"农民工收入水平达到每月5000元人民币,然而仍然不足以调动这些新生代农民工的工作和学习热情。由此也证明收入水平并不是决定劳动意愿的最关键因素,更重要的是要看到平等的机会,看到奋斗的希望。

放弃了称霸世界的梦想"①。由此我们可以从两个方面进一步深化对劳动意愿的分析。其一，社会福利水平的高低与劳动意愿并非完全正相关。过低的社会福利水平固然抑制劳动意愿，过高的社会福利水平同样不利于劳动意愿的提升。因此，本书坚决反对把解决民生问题与单纯提供社会福利相等同。我们主张通过改善社会平等状况，提升劳动意愿和劳动能力，从而从根本上解决经济发展的效率问题和民生福利的增长问题。否则，一方面政府无法持续支撑过高的福利支出；另一方面劳动者无法提升劳动意愿，最终必将陷入无以为继的窘境。拉美国家20世纪后半段民粹主义与军事独裁交替出现的局面就是前车之鉴。正是在这样的动荡与混乱中，这些国家彻底掉入了"中等收入陷阱"，至今也没有完全缓过劲来。② 其二，平等的现实状况即横向比较固然重要，但平等的改善即纵向比较也不可或缺。对于欧洲而言，社会平等程度显然高于很多发展中国家，但由于社会长期处于缓慢发展甚至停滞状态，社会成员在纵向比较中得到的平等满足感较差，甚至有倒退的可能。③ 由此，相对于很多发展中国家，特别是正处于上升期的新兴工业国家而言，欧洲人的劳动意愿并不能得到更好的激发。

相对欧洲而言，美国由于人口结构（这在很大程度上得益于其丰富的自然资源和灵活的移民政策）、社会观念（美国人对福利主义相对而言不那么推崇，个人奋斗的意识和勤奋工作的清教传统更为流行）等方面的原因，经济发展的活力相对更加旺盛一些，但同样面临着严重的劳动意愿缺失的问题。正如塔伯特所指出的："我们正在危险地接近那一天——辛劳的美国人再也不肯听从起床铃声的召唤，那一天不会太远了，许多人届时只会在床上翻个身、平整一下枕头，咕哝一声：'那么干真不值得！'"④ 问题的根源在哪里呢？在于缺少平等的经济机会，没有经济机会，就没有希望。正是因为意识到了这个问题的严重性，时任美国总统

---

① [美] 罗伯特·W. 福格尔，《预警：2040年中国经济总量将达到123万亿美元》，载吴敬琏等《中国未来30年》，中央编译出版社2011年版，第133—135页。
② 参见本书第四章《国际的比较》中关于拉美国家的分析。
③ 关于横向比较的平等和纵向比较的平等，详见下一节分析。
④ [美] 约翰·R. 塔伯特，《奥巴马经济学——公平的经济前景如何改变贫富差异》，中国轻工业出版社2008年版，第45页。

奥巴马在竞选中高度重视劳动意愿问题,他指出,对一个有效的经济体系而言,保持其<u>参与者的充沛动力</u>是关键性的因素①(下划线是摘者加的——摘者注)。为此,最重要的就是使所有美国人在经济上和个人生活上都获得同等的发展与成功的机会,包括强化公民权利、对抗就业领域的多种歧视,等等。②

第三节 关于社会平等的分析

民生经济以造就社会主义市场经济平等的创造者和平等的享有者为核心,把改善和扩大社会平等作为全部理论和政策主张的基石。这一主张建立在对经济思想史的系统梳理和当前中国实际情况的深入分析之上,并通过区分平等的状况与平等的改善,在研究角度上做出了重要创新,为进一步深刻认识这一长期争论不休的问题提供了有益的探索,并以此为依据对解决本书的中心课题——跨越"中等收入陷阱"指出了前进方向。

一、关于平等与增长关系的理论回顾

平等与增长的关系,一直是经济学家关注的重要问题。在古典经济学的时代,这个问题主要表现为对分配问题的研究。斯密、李嘉图等古典经济学家曾把分配理论视为经济理论的核心,认为收入分配取决于劳动与资本之间以及各阶级之间的功能性分配。新古典经济学家继承了古典经济学家从生产要素角度研究分配规律的传统,发展了现在已经成为经济学教科书基本组成部分的生产要素分配理论。

直到20世纪50年代以后,大量的经济增长模型为研究提供了数学工具支持。

---

① [美]约翰·R.塔伯特,《奥巴马经济学——公平的经济前景如何改变贫富差异》,中国轻工业出版社2008年版,第59页。
② 同上书,第58页。

收入分配研究的重心转向个人收入分配理论，即从国民收入在工资、利润间的分配转向由基尼系数描述的个体之间收入分配的不平等，并重点研究这种不平等与经济增长间的关系，收入分配问题成为经济理论研究的一个热点。1954年，刘易斯提出二元经济模型，认为经济发展初期存在二元经济结构，这会加剧收入分配不平等，但随着经济的发展，二元结构会逐渐削弱，收入差距开始缩小①。1955年库茨涅兹提出的倒U型理论则第一次直观地描述了收入分配与经济增长之间的关系，他认为收入分配与经济增长在经济水平不同阶段呈现出倒U型变化趋势，在经济的起步阶段，收入分配比较平等，随着工业化进程的推进，收入分配不平等程度先扩大后缩小②。50多年来，经济学家运用不同的数据集对这一问题进行了大量的计量研究，然而结论却模棱两可。总的说来，20世纪80年代以前的计量研究一般认为不平等有利于经济增长，而此后的计量研究持否定态度的居多。比如，1996年，伯纳布总结了1992—1996年间13个计量研究，其中9个结论是不平等显著损害经济增长③。戴尼格尔和斯凯尔研究发现，尽管初始收入不平等对增长的影响不显著，但初始的土地不平等确实与低的增长相联系④。正如斯图亚特·林恩所言，"流行的观点是收入的不平等促进了增长：只有富人有足够的钱来储蓄，而这些储蓄为增长所需的投资奠定了基础。……（但是）近来许多经济学家称一种新的平等——更平等地获得资源，如土地、信贷以及教育——已伴随着高的经济增长率出现。他们的结论是，在必要的地方，市场必须由政府政策作出补充，使穷人可以更容易地得到这些资源。因此某些种类的平等与市场机制相容，并能促进增长"⑤。

计量研究结论的模糊给理论家以很大的想象空间，他们从不同角度研究了收入分配不平等对经济增长的影响机制。在20世纪50年代主要关注储蓄—投资渠

---

① Lewis, W. A. *Economic Development with Unlimited Supplies of Labor*, The Manchester School 22, 1954, pp. 139-91.
② Kuznets Simon. *Economic Growth and Income Inequality*, American Economic Review, XLV, 1955, pp. 1-28.
③ Benabou, R. *Inequality and Growth*, NBER Macroeconomics Annual. 11, 1996, pp. 11-74.
④ Deininger, K and L. Squire. *New Ways Looking at Old Issues: Inequality and Growth*, Journal of Development Economics, 1998, 57 (2), pp. 259-87.
⑤ [美]斯图亚特·林恩，《发展经济学》，格致出版社、上海三联书店、上海人民出版社2009年版，第14页。

道，认为由于富人的储蓄率比其他阶层高，储蓄和投资主要来源于富裕阶层，因此收入分配不平等有助于提高储蓄和投资率，从而促进经济增长。当代收入分配理论则拓宽了收入分配影响经济增长的渠道，深入研究了包括政治经济、社会稳定性和国内市场规模在内的多种机制。佩洛蒂指出，在教育决策方面，由于信贷市场是不完善的，富有家庭人力资本投资较高，贫穷家庭人力资本投资较低。而生育决策是父母对其人力资本的机会成本和抚养小孩的直接成本权衡的结果。人力资本高的父母抚养子女的机会成本大，其子女的教育成本也大，从而对子女数量的需求小；人力资本低的父母抚养子女的机会成本小，子女的教育成本也小，其对子女数量的需求大。因此不平等的经济中穷人比例大，人力资本投资低，经济中人口出生率高。这样则收入分配不平等与人口出生率正相关，与人力资本投资和经济增长负相关[1]。也有文献认为收入分配不平等可能引发社会冲突，导致产权保护薄弱，从而妨碍经济增长。

在上述模型中收入分配格局都是外生的、稳定的。然而假定收入分配格局不变，显然过于简化，为了深入理解现实中的收入分配问题，必须研究在经济发展过程中收入分配的动态演化。收入分配格局描述的是经济在某一时刻的状态，为了研究收入分配格局的动态演化，一般应该分析从一种收入分配格局到另一种格局的传导机制（变量）。初始分配格局决定当期传导变量值，后者对不同个人的当期收入产生不同影响，从而使得期末收入分配格局发生变化，这种变化反过来又改变下期传导变量值。正是在与传导变量的这种交互作用的过程中，收入分配格局得以动态化。现代收入分配理论研究有代表性的传导机制包括人力资本投资、工资和利率等。如在保罗[2]和伯纳布模型[3]中，传导机制是财政政策，他们假定财政再分配是穷人越过投资门槛的唯一希望。在他们的政治决策规则下，分配不平等的加剧会减少再分配的比例，恶化穷人的预算约束，减少社会升迁从而使

---

[1] Perotti, R. *Growth, income distribution and democracy: What the data say*, Journal of Economic growth. 1996, 1 (2), pp. 149-87.

[2] Saint Paul, G. 1994, *The Dynamics of Exclusion and Fiscal Conservatism*, July. London, England: Center for Economic Policy Research Discussion pp. 998.

[3] Benabou, R. *Inequality and Growth*, NBER Macroeconomics Annual. 1996 (11), pp. 11-74.

得收入分配不平等持久化。

二、民生经济理论关于社会平等的认识

通过以上对思想史的简要回顾可以看出,长期以来,在西方经济学关于平等与增长关系的研究中,平等主要被定义为分配平等、福利平等,理解为收入水平、客观状况的平等。民生经济理论则认为,平等既是客观的状态,也是主观的评估,是社会成员基于在发展机会、能力、结果等方面实际存在的不同,综合评估当前与未来、自己与他人之间的差异等各方面因素在内的综合判断。判断的结论,也就是平等与否主要来自比较。

(一)从比较的内容看,可以区分结果的平等和过程的平等

应该承认,分配平等和福利平等确实是平等的重要组成部分,也是最容易度量的内容,甚至还可以被视为影响其他方面平等的重要因素。人们在进行比较时,首先关注的往往也是现实状况的差别,比如收入状况、消费状况、身体状况、教育状况、生活状况等,归根结底都是收入分配的差异。同时,不可忽视的是大家也会非常重视比较路径的差别,即不同的收入分配是如何形成的。我们认为,对于平等而言,过程和机制比结果更加重要。原因在于,首先,过程和机制的平等可以极大保证结果的平等,或者说,极大缩小结果的不平等。因为就自然状态而言,人类的体力、智力乃至机遇整体并无根本差异。如同赛跑,在同一起点、同一终点、同一跑道、同一规则下,多数选手撞线的时间是大体相当的;反之,假如起点不一、终点不一、跑道不一、规则不一,那选手的成绩必然差异极大。正如阿玛蒂亚·森所指出的:"生活水准的价值乃取决于过各种各样生活的可行能力,尽管所选择的实际生活方式应当具有特别的重要性,但是有能力作出其他的选择也具有某种价值。"[①]"有很好的理由把贫困看作是对基本的可行能力的剥夺,

---

[①] [印] 阿玛蒂亚·森等,《生活水准》,上海财经大学出版社2007年版,第45页。根据森的定义,"功能活动"是指我们能够或不能够实现的各种各样的生活状况——处于某种状态或正在做某件事情,是人的存在状态的特征,而"可行能力"是指我们实现"功能活动"的能力。

而不仅仅是收入低下。对基本的可行能力的剥夺可以表现为过早死亡、严重的营养不良（特别是儿童营养不足）、长期流行疾病、大量的文盲以及其他一些失败。"① 其次，过程和机制的平等可以极大提升人们的平等感。即使可行能力的增强并不直接、即时意味着生活状态的改变，但如果有的人获得了一定的可行能力，有的人却没有，这比最终达致的生活水准更容易形成不平等的判断。比如，在今天的中国，绝大多数人都不会反感比尔·盖茨，尽管他富可敌国，这种结果的差距却不会引发强烈的不平等感；但是任何一个贪官污吏、不法商人的财富，尽管远远少于盖茨，却会引起极强烈的不平等感，因为其依靠非法获得接近、运用资源的机会而致富，这种获得财富的机制和过程令人极为愤怒。有学者指出，根据国家统计局数据，2008年全国居民可支配收入总额不足13万亿元，住户可支配收入总额却为18.2万亿元，其中至少遗漏了5.3万亿元。如果再与其他宏观统计数据比较，全国居民储蓄总额在2008年为3.5万亿元，而当年仅城乡居民在金融机构的储蓄存款就增加了4.5万亿元，加上居民当年购买商品住宅支出（扣除银行贷款），在股市、债市和实体经济的投资，手持现金等，实际的居民储蓄应该在11万亿~11.5万亿元（未计算居民在国外的存款和投资），是按居民收入统计数据计算的3.5万亿元储蓄的3倍以上。② 如此巨额灰色收入的存在，正反映了当前中国收入分配中最重要的一个问题——大量收入来源和途径的非正当性，这种非正当性（而不仅仅是这个惊人的数字）无疑是对社会平等最直接而严重的践踏。这一方面反映出我们跌入"中等收入陷阱"的巨大危险，另一方面也凸显出发展民生经济的紧迫需要。

（二）从比较的角度看，可以区分社会平等的状况与社会平等的变化

在进行平等的比较时，比较常见的是横向比较，即不同社会成员、社会集团之间进行比较，这种比较可以清楚地反映在一个固定的时间点上或时间段内，社

---

① ［印］阿玛蒂亚·森，《以自由看待发展》，中国人民大学出版社2002年版，第15页。
② 王小鲁，《收入分配不能躺在虚假数据上分析——答王有捐、施发启对灰色收入研究的商榷》，载中证网2010年9月6日。同时参见中国经济体制改革研究会课题报告《灰色收入与国民收入分配》，载《比较》第48辑；《居民收入统计局两套数据打架 5.3万亿元差距待解》，载《第一财经日报》2010年8月30日。

会平等的状况。民生经济强调，在进行横向比较即社会平等状态评估的同时，社会成员还会进行纵向比较，即同一社会成员、同一社会集团在自己的现在与过去、将来之间进行的比较，通过纵向比较可以有效判断社会平等的变化。我们认为，对于最终形成的平等与否的判断而言，社会平等变化的情况与平等的状况同样重要。具体而言，即使一个人或一个社会集团的绝对收入甚至相对收入（与其他人、其他社会集团比较）有了增长，但并不意味着平等程度得到了相应提高。首先，货币收入与实际收入的差别决定了绝对收入的增长很可能与相对收入的下降同时发生；其次，即使相对收入与绝对收入同步上升，社会成员接近和运用生产要素创造财富的机会和能力也可能下降，从而导致不平等程度上升。在这方面，第一代农民工和新生代农民工的对比具有很强的典型性。改革开放之前，尽管收入差距很小，但绝大多数社会成员——如果不是全部成员的话，都不具有平等获得生产资源，自由从事劳动并致富的权利。① 特别是对占全国人口80%以上的农民而言，城乡二元分割的户籍制度、统购统销政策等几乎完全剥夺了任何劳动致富的可能性，处于极端贫困状态。因此，尽管改革开放之初以及此后很长时间，第一代农民工获得的收益相对资本所有者而言是极低的，但是相对从事农业生产而言，收益得到了极大提升（这就是纵向比较的一部分，与自己的历史比较也即向前比较）。更为重要的是，通过获得前所未有的致富权利和机会，大量第一代农民工感觉到了改变生活状况的极大可能性，因此，对未来的发展怀有比较充分的信心（这是纵向比较的另一部分，与自己的未来比较也即向后比较）。在这种情况下，虽然收入差距在不断扩大②，但相比改革开放之前，社会平等程度却得

---

① 正如科斯、王宁所述，"虽然社会主义高举人人平等的旗帜，（改革开放前的）中国社会却是金字塔结构。身处金字塔底部的百姓缺乏激励机制，积极性和主动性淡泊"。见［英］罗纳德·哈里·科斯、王宁《变革中国——市场经济的中国之路》，中信出版社2013年版，第10页。
② 比如，2000年政府、企业和居民三者的可支配收入分配比例分别为18.9%、15.6%和65.5%，到2008年变为21.3%、21.6%和57.1%。9年间，政府收入比重上升了2.4个百分点，企业收入比重上升了6个百分点，居民收入比重下降了8.4个百分点。同时，城乡居民收入差距持续扩大，2000年农村居民家庭纯收入为城镇居民可支配收入的35%，2009年下降到30%；城镇居民收入分配差距也进一步扩大，2000年最高收入组的人均收入是最低收入组的5.02倍，2008年达到8.91倍。见北京大学中国国民经济核算与经济增长研究中心《2011中国经济增长报告——克服中等收入陷阱的关键在于转变发展方式》，中国发展出版社2011年版，第92—93、100—102页。

到明显提升。相比之下，虽然新生代农民工的收入相比其父辈刚刚进城时大幅提高，但由于自身起点的上升（不再以从事农业生产的生活水平为初始比较项），其纵向比较中与自己的历史比较也即向前比较部分的得分明显下降①；同时，社会阶层日渐固化导致新生代农民工的发展机会减少，其纵向比较中与自己的未来比较也即向后比较部分的得分也随之下降。总体看，对新生代农民工而言，社会平等程度明显低于第一代农民工。这种降低与收入分配差距的扩大（客观横向比较）相关，但是更为重要的是反映了社会成员发展机会和权利受到抑制的加剧，以及社会成员对这一抑制的判断（主观纵向比较）。

三、社会平等对劳动能力和劳动意愿的影响

基于对社会平等更为广泛、全面而深入的认识，可以继续讨论社会平等对劳动能力和劳动意愿的影响。

社会平等对劳动能力的影响首先体现在对人的健康状况的影响上。一方面，社会不平等的存在和扩大必然造成中低收入特别是低收入社会成员物质生存条件的匮乏，比如不能获得足够的营养、充分的医疗保障等，从而影响其健康状况，缩短其寿命。这已经成为全球范围内得到广泛关注的一种社会现象。相比之下，另一方面的问题则没有引起足够重视。研究表明，人的健康状况不仅取决于物质条件，而且与社会关系和精神状态密切相关，而社会不平等不仅损害人的物质生活，而且损害人的精神生活。阿玛蒂亚·森指出，"在欧洲存在的大量失业（在许多主要欧洲国家高达 10% 到 12%），造成了在收入分配统计中没有充分反映出

---

① 调查表明，"第一代农民工外出就业的目的相对单纯——挣钱，因而对劳动权益的诉求也相对较低，甚至认为只要能够按时足额领到劳动报酬，社会保障和职业健康等其他劳动权益可有可无。而对于新生代农民工而言，就业背景、家庭环境和个人文化技能水平的不同，为他们外出就业创造了相对宽松的环境，他们对劳动权益的诉求向更高层次发展。用他们的话来说，那种工资不高、吃住不包、合同不签、保险不上、发展不大的单位，只有傻瓜才去。他们就业选择不仅看重工资，更看中福利待遇、工厂环境、企业声望乃至发展机会等。而且新生代农民工比传统农民工有更强的平等意识和维权意识，对获得平等的就业权、劳动和社会保障权、教育和发展权、政治参与权、话语表达权，以及基本公共服务权等方面，都比父辈有更高的期待，并表现出维权态度由被动表达向积极主张转变"。见《新生代农民工调查》，载《半月谈》2011 年 7 月 14 日。

来的剥夺，这些剥夺常常被轻视，理由是欧洲的社会保障体系（包括失业保险）通常对失业造成的收入损失提供补偿。但是失业造成的收入减少并不是仅仅由政府提供的转移支付就能够弥补（转移支付造成高额财政成本，自身也可以是一种非常严重的负担）；失业还会对失业者的个人自由、主动性和技能产生范围广泛的副作用。这些多方面的副作用包括：失业助长对某些群体的'社会排斥'，导致人们丧失自立心和自信心，损害人们的心理和生理健康"[1]。森还发现，尽管非洲裔美国人的收入（即使按生活费用调整后）比中国或印度克拉拉邦（这个邦在印度以社会平等程度高而著名[2]）的人们要高得多，但是就生存下来进入高龄组而言，男性中国人或印度克拉拉邦人要明显高于非洲裔美国人。按照森的论断，"非洲裔美国人不仅就人均收入而言，与白人相比遭受到相对剥夺，而且就生存下来进入高龄而言，与低收入的印度克拉拉邦人（男女两性）和中国人（男性）相比受到绝对剥夺（着重号是原作加的——摘者注）。造成这些差别（在人均收入与在生存下来进入高龄的能力上的差别）的原因包括社会安排和社群关系，诸如医疗服务覆盖面、公共保障、学校教育、法律和社会秩序、暴力的泛滥程度，等等"[3]。理查德·威尔金森和凯特·皮克特的研究得出了相同的结论，"即在不同的社会，对于大多数种类的疾病来说，低下的社会地位对身体健康产生了明确的影响，而且不仅仅影响到那些处于社会最底层的人"[4]。"那些地位比我们高的人健康状况比我们好，那些地位比我们低的人健康状况比我们差，从最底层到最上层都是这种状况。理解这一健康梯度意味着能够理解为什么高级管理人员比职业人士和行政执行人员活得长，也能够理解为什么穷人的健康状况则更糟糕。"[5]与森的研究类似，他们通过对美国和希腊婴儿预期寿命的对比发现，尽管美国比希腊富裕许多，人均收入高1倍，年人均医疗支出（6000美元）也是希腊（3000

---

[1] [印] 阿玛蒂亚·森，《以自由看待发展》，中国人民大学出版社2002年版，第15页。
[2] 参见 [印] 阿玛蒂亚·森在《以自由看待发展》《生活水准》等著作中的介绍。
[3] [印] 阿玛蒂亚·森，《以自由看待发展》，中国人民大学出版社2002年版，第16—18页。
[4] [英] 理查德·威尔金森、[英] 凯特·皮克特，《不平等的痛苦——收入差距如何导致社会问题》，新华出版社2010年版，第75页。
[5] 同上。

美元）的2倍，但美国出生的婴儿寿命预期比希腊出生的婴儿短1.2年。事实上，更广泛的统计表明，尽管美国的富裕程度最高，人均年医疗支出远远高于其他西方国家，但其预期寿命仅高于葡萄牙、丹麦和爱尔兰，而明显低于日本、英国、法国、德国、荷兰、比利时、瑞士、挪威、以色列、希腊、新加坡等十几个国家。①

社会平等对劳动能力的影响还体现在对学习状态的影响上。与健康状况类似，一方面，不平等造成的贫困显然剥夺了很多低收入家庭孩子接受教育的权利。多恩布什的研究表明，国家的人均GDP与该国国民平均受教育年限呈正相关关系。美国、日本的平均学校教育年限达到11~12年，而孟加拉国为2年。② 另一方面，社会不平等对低收入群体自信心的抑制极大损害学习能力的发挥。2004年，世界银行进行了一项实验。专家从印度各地的村庄分别挑选了642名11岁至12岁的男孩，其中一半是高种姓，一半是低种姓，让他们解迷宫题。最初，孩子们在互相不知道其他人种姓的情况下解题，此时，低种姓孩子做得与高种姓孩子一样好，甚至还要稍微好一些。接下来，要求孩子们证实自己的姓名、村庄、父亲和祖父的名字以及种姓，在此之后继续重复实验，低种姓孩子的表现大幅下降。由此证明，"在一项教育任务中，一个人的表现和行为会受到自我感觉他人如何看待和评价自己的巨大影响。当一个人感觉他人视自己低人一等时，这个人的能力会下降"。③

健康和知识构成劳动能力的基本来源，上述研究表明，社会平等程度越高，劳动能力越强；反之则越弱。

下面我们进入更为复杂的一个领域，即社会不平等与劳动意愿的关系。速水佑次郎和神门善久认为："不平等的增长会造成穷人的不满和受挫情绪，这可能

---

① [英]理查德·威尔金森、[英]凯特·皮克特，《不平等的痛苦——收入差距如何导致社会问题》，新华出版社2010年版，第79页。
② [美]多恩布什，《宏观经济学》（第七版），转引自周景彤《收入不均等对人力资本的影响研究》，经济科学出版社2009年版，第9页。
③ [英]理查德·威尔金森、[英]凯特·皮克特，《不平等的痛苦——收入差距如何导致社会问题》，新华出版社2010年版，第110页。

会导致混乱和内战,从而毁坏经济活动的社会和政治基础"。① 这一看法非常敏锐但实质简单。"穷人的不满和受挫情绪"更容易产生的后果是劳动意愿(包括学习意愿)的降低,这样理解让我们注重从经济发展的内部来看待平等问题,而非简单地将其归于对外部环境的影响。

我们认为,社会平等对劳动意愿的影响可以通过成本收益的比较来进行分析。前文已述,劳动是具有负效用的活动,就绝大多数人而言,由于劳动的负效用,初始的劳动意愿是负的,即不愿意从事劳动。克服这种负效用,形成正的劳动意愿需要激励,激励越大,劳动意愿越高;激励越小,劳动意愿越低。

激励从何而来?来自劳动所获得的收益,更准确而言,来自劳动收益与付出的比较②。对此,可以从三个方面做出分析。

首先需要分析的,是当前的纯粹物质性收益与付出的比较,也即从事现有劳动所得到的实际收入(工资或实物)与付出(体力与智力)的比较。我们认为,社会的平等程度对此具有深刻影响。具体而言,平等是指社会成员接近和运用生产要素,创造财富的机会与能力之间不存在差别。在迄今为止的实际生活中,这种差别是普遍存在的。由此,导致劳动者不能按照自己的付出获取相应的实际收入。以劳动力为例,在所有生产要素中,对于劳动者而言最基本也最易接近的就是劳动者自身具有的劳动力,而纵览历史和现实,存在大量劳动者自身劳动力的产权遭受不合理剥夺的情况,这是社会不平等的重要表现,也造成劳动者实际收入的大幅降低,从而形成对劳动意愿的极大抑制。比如,蔡昉、王德文和都阳指出,"(人民公社制度下)生产队集体劳动的特点是大呼隆、大锅饭,每个劳动力的工分标准是固定的,生产队通过记录出工天数决定年终分配(口粮和现金),一个劳动力付出更多努力所产生的生产结果,将被生产队全体成员平均分享,而偷懒所造成的损失也将由全体成员分摊。因此,出工不出力是人民公社固有的弊

---

① [日] 速水佑次郎、神门善久,《发展经济学——从贫困到富裕》(第三版),社会科学文献出版社 2009 年版,第 161 页。
② 前文中分析了劳动意愿的三个主要来源,即个人品性的差别、成本收益的比较和平等程度的差别,个人品性具有明显的偶然性,此处不作为分析对象。成本收益的比较和平等程度的差别都可以视为激励的来源,统一于收益与付出的比较中进行分析。

端，导致农业生产效率低下"。也就是说，这种对劳动意愿的抑制来自于劳动力产权的不合理丧失而导致的劳动收益的不合理丧失，即劳动成果被显性或隐性占有其劳动力产权的社会成员所剥夺。①

与当期收益同样重要的，是未来产生收益的机会。作为理性的行为者，人们在从事一种劳动时，必然会试图追求收益更高的劳动选择。新的劳动选择可能来自不同的行业，也可能来自不同的地域。对这种选择机会的剥夺，是社会不平等的另一种重要表现，也如减少当期实际收入一样，降低总的劳动收益。改革开放前我国在二元结构下实行的农业经济体制，即"三级所有，队为基础"的人民公社制度，就是一个典型的例子。蔡昉、王德文和都阳分析道，"这种组织形式把全部农村生产要素归并到一起，画地为牢，不再有流动的自由，对农村劳动力来说，既没有退出人民公社的选择权，也没有流动的自由，因而劳动激励机制受到了极大的损害"②。由于劳动者被剥夺了流动的自由，失去了选择劳动机会、提高劳动收益的权利，由此必将极大提升其对现有劳动活动（被迫选择的劳动活动）的厌恶，从而抑制劳动意愿。

与物质性收益同样重要的，是劳动者的愉悦、自尊等精神层面的收益。比如，福格尔和恩格曼的研究表明，尽管美国黑奴以实物计量的消费高于——肯定不低于——自由农业工人的收入，其寿命期望值相对来说也不是特别低——"几乎等同于法国和荷兰那样的发达国家"的寿命期望值，而且"远远高于美国和欧洲自由的城市工业工人的寿命期望值"，但是，黑奴还是逃跑。"奴隶获得自由之后，很多庄园主试图在付工资的基础上重组他们的作业组。尽管事实上向这些自由人提供的工资超过他们当奴隶时所得的百分之百，但是这种努力总是失败。庄园主发现，只要他们被剥夺了使用暴力的权利，就算给予额外工资也不可能维持那种

---

① 显性占有的典型案例当然首选奴隶社会中奴隶主对奴隶的占有，隐性占有的典型案例可以包括集体主义生产模式，如人民公社体制下劳动者对自身劳动成果占有和处置权利的极大丧失。后者告诉我们，"平均"不等于"平等"，尽管改革开放前中国收入差距（基尼系数）明显小于改革开放后，但依照本书关于"平等"的定义，随着改革开放的进行，与之前相比社会平等程度是上升了而非下降了。当然，目前又出现了平等程度下降的趋势，这正是当前和今后一个时期需要应对的重点。
② 蔡昉、王德文、都阳，《中国农村改革与变迁：30年历程和经验分析》，格致出版社、上海三联书店、上海人民出版社2008年版，第53页。

作业组制度。"① 正如阿玛蒂亚·森所指出的,"否定参与劳动市场的自由,是把人们保持在受束缚、被拘禁状态的一种方式"。"今天在许多发展中国家对发展的严重挑战,就包括使劳动者从公开与隐蔽的禁止进入劳动市场的束缚中解放出来。类似地,禁止进入成品市场常常是许多小农和贫穷的生产者由于传统性安排和限制而遭受的一种剥夺。参与经济交换的自由,在社会生活中发挥一种基本的作用。"② 失去了自由,就丧失了作为人的基本尊严。这种损失对劳动者劳动收益的影响,并不亚于物质收益的作用。

综合以上三个方面的分析,当期和未来的物质性与精神性的收益,构成了对劳动者形成激励,进而形成劳动意愿的基本来源。社会不平等的存在,对以上收益造成剥夺,降低了激励水平,抑制了劳动意愿。

需要特别指出的是,当前中国正面临着刘易斯转折点逐步逼近的重大挑战,目前的研究主要聚焦于劳动力数量的下降。而通过上述分析可以发现,即使存在相当数量的剩余劳动力,但由于不平等加剧导致劳动意愿的削弱,劳动者提供劳动的数量和质量都将随之下降。这也就意味着刘易斯转折点相比一般预想的更为提前到来。由此,进一步凸显出社会不平等对我国经济发展的威胁,也表明解决这一问题的紧迫性正在急速上升。

四、关于实现社会平等的途径

基于以上分析,我们所提倡的平等是基于激励创造、扩大供给的平等,是包括经济权利、政治权利、社会权利、文化权利在内的广泛的普遍的平等。实现社会平等是一个复杂的系统工程,需要从经济、政治、社会、文化等各个方面全面推进。在此过程中,需要特别注意处理好以下几个方面的关系。

一是大力缩小收入差距与努力实现社会平等的关系。我们认为,缩小收入差

---

① Fogel and Engerman, *Time on the Cross* (1974), pp. 237-238, 转引自 [印] 阿玛蒂亚·森《以自由看待发展》,中国人民大学出版社 2002 年版,第 21 页。
② [印] 阿玛蒂亚·森,《以自由看待发展》,中国人民大学出版社 2002 年版,第 4 页。

距是实现社会平等的一个重要方面，但绝非全部内容和根本目的。前文已述，平等的关键是创造的平等、供给的平等而非分配的平等、获得的平等。前者是源，后者是流；前者是因，后者是果。因此，我们主张通过保障社会成员参与生产活动的权利，改善其参与财富创造的机会和条件来扩大社会平等，从而激励全体社会成员自觉提高自身素质，积累人力资本（增强劳动能力），提升劳动积极性（劳动意愿），强调通过这一平等进程的推进实现收入差距的缩小，同时收入差距的缩小为权利和机会的平等创造条件。

二是充分发挥政府作用与准确把握政府定位的关系。我们认为政府在实现社会平等的过程中承担着决定性的责任。离开了政府的监控和调整，市场不可能自发形成平等。正如保罗·克鲁格曼所指出的，推动（美国）不平等状况加剧的不是市场力量，而是"机构、标准和政治力量的改变"。理查德·威尔金森和凯特·皮克特也强调，所有国家收入分配的主要变化几乎都不是简单地由影响工资水平的市场力量引起的，而是一种政治后果。比如，在第二次世界大战之前和期间西方国家收入差距的明显缩小，主要原因是大萧条背景下前所未有的高失业率和日益增加的社会动荡迹象，以及由此带来的对共产主义扩散的恐惧和凝聚全民力量打赢战争的需要。战后这一趋势之所以终止，则"与政治舆论的右倾明显相关，赞美自由市场益处和以货币经济学为主导的新右派把持了美国里根政府和英国撒切尔政府的政治领导权，共产主义已经不再是一个真实的威胁"[①]。反过来，对不平等状况的改变也不能仅仅甚至主要依靠市场的自发力量，而必须从政治上做出努力。我们需要缩小的，并非简单的收入差距，还包括政治权利、社会权利等各方面的权利和机会的差距。政府作用的重要性可以运用集体行动的基本原理得到有力证明。奥尔森指出，"由于较小的集团常常能自愿组织起来采取行动支持其共同利益，而大集团则通常做不到这一点，因此，社会中各集团之间的政治斗争的结局并不对称。务实的政界、报界人士早就懂得'特殊利益'小集团，或者说'既得利益者'，具有异乎寻常的力量……较小的集团（特权和中介集团）

---

① [英] 理查德·威尔金森、[英] 凯特·皮克特，《不平等的痛苦——收入差距如何导致社会问题》，新华出版社 2010 年版，第 225—226 页。

常常能战胜大集团（潜在集团）……因为前者一般是有组织的、积极的，而后者则通常是无组织的、消极的"[1]。由此可以看出，指望市场经济中的大多数，也就是普通劳动者（同时也是消费者）依靠自发的力量战胜"特殊利益"集团，从而赢得平等的发展权利和机会，基本上是不可能的，需要更加有组织的力量采取更加积极有力的措施，才能抗衡"特殊利益"集团，这种力量就是一个公开透明、高效运转的政府[2]。与此同时，也必须警惕把政府的作用无限扩大并引导到错误的方向上。政府在推动实现社会平等中的作用，主要应体现在营造公平、法治、透明、运转良好的市场环境上，而不是深度介入经济活动本身。政府介入具体经济活动越多，寻租空间就越大，社会不平等程度就越高。

三是正确处理低收入阶层、中产阶层和特权阶层的关系。社会不平等的本质，是社会成员参与生产和财富创造的机会与权利分配存在差距，其最主要的后果，是抑制了通过诚实劳动、积极创新获取财富的可能性，从而引导各种社会资源向投机、寻租等领域集中，强化社会中不劳而获、投机寄生的力量和风气，降低社会的总体效率和总体福利。因此，实现社会平等，必须找准扶持和抑制的对象。在今天的中国，低收入阶层（产业工人、低端服务业从业人员等）和中产阶层（中小企业主、专业技术人员、中低层管理人员）是诚实劳动的主要承担者，也是各种社会不平等因素的主要承受者。在推进社会平等时，必须充分考虑运用各种政策措施加大对这两个阶层的支持力度，而尽量避免对其造成损害。在当前，尤其要防止以维护低收入群体的名义损害中产阶层的利益。反之，特权阶层即依靠垄断、寻租等手段获得大量财富的社会群体，是社会不平等的主要根源，必须采取有力措施，严厉打击，绝不姑息；否则，社会平等就是一句空话，"中等收入陷阱"就是一个无法逃避的选择。

---

[1] [美] 曼瑟尔·奥尔森，《集体行动的逻辑》，格致出版社、上海三联书店、上海人民出版社 1995 年版，第 151—152 页。
[2] 就中国而言，各级共产党组织也包括在内。

第三章　模型的分析

在本章中，我们将建立一个动态一般均衡的人力资本积累和经济增长模型，通过此模型来刻画民生投入和经济发展之间的动态关系。我们的模型所刻画的民生投入具体包括教育投入、税收调节、消除城乡差距等措施。我们力图通过此模型以及模型的数值模拟来预测这些民生投入对长期经济增长可能产生的效果。通过对模型的分析和预测，我们发现通过大力改善劳动者，特别是中低收入劳动者的生产生活条件，使之成为社会主义市场经济的平等创造者和平等获益者，可以有效地提升全体社会成员的素质，激发全体社会成员的创造力，实现资源的更优化配置，为经济发展提供强大的内生动力，实现可持续发展的经济发展模式。

第一节　基准模型

在这一部分，我们首先建立一个包含人力资本积累的内生增长模型。我们这里的人力资本是包括教育、医疗条件、社会保障等方面的广义概念，用来刻画劳动者所具有的劳动能力。我们的模型由具有异质性的个体组成。每个个体的生命经历两期：少年期和成年期。在少年期，个人接受家庭或者政府提供的教育，同时自身也付出努力进行学习，从而积累形成人力资本。到了成年期，这些代表性个体进入劳动力市场，获得劳动收入，进行自身消费，同时支付下一代的教育花费。来自不同收入家庭的个人接受的私人教育投入和父母的代际影响是不同的,于是形成了不同的人力资本水平,这是同一代成年人唯一的差异,并将决定其收入的不平等。在模型中,企业雇佣具有不同人力资本水平的个人,同时接受政府提供的生产性投资进行生产,并按照人力资本的高低支付相应报酬。政府对个人收入征收所得税,将税收收入分别用于公共消费、公共投资和公共教育三个方面。

一、异质性个体

我们假设时间是离散的,从 0 到 ∞,用下标 t 表示。模型中每个个体存活两期:少年期和成年期。在成年期,个人只会生育一个后代,因此社会总人口 P_t 保持不变。因此我们将总人口 P_t 标准化为 1。每个个体在成年期具有不同的人力资本水平,记为 h_t。我们假设人力资本水平是同一代成年人的唯一差异,其分布服从于 PDF 分布函数 $F_t(h_t)$。

我们把在 t 期出生的个人叫作第 t 代人。在其少年期,第 t 代人不进入劳动力市场,而是接受家庭或者政府提供的教育,通过个人付出努力进行学习来积累人力资本。进入成年期后,他将在劳动力市场上提供一单位的劳动,获得与其人力资本相匹配的劳动收入。假设个人在其少年期具有一单位的时间禀赋,他将其中的 l_t 部分用于学习,进行人力资本积累;其余的 $1-l_t$ 部分用于休闲,可以直接带来效用。因此,l_t 事实上表明个人在少年时期的努力程度,也就是个人作为劳动者和财富创造者的意愿。在 $t+1$ 期,即他的成年期,他将获得劳动收入,并把收入的一部分进行自身的消费 c_{t+1},获得效用;而另一部分收入被用于对后代的教育投入,记为 e_{t+1}。与 Glomm 和 Ravikumar 一致[①],我们假设每个个体关心其后代的教育,具有利他主义(Altruism)的动机。在模型中,这体现在个体对后代的教育

---

① Glomm, Gerhard and B. Ravikumar. *Public versus Private Investment in Human Capital*; *Endogenous Growth and Income Inequality*, Journal of Political Economics, Vol. 100, No. 4 (Aug., 1992), 1992, pp. 818-834.

投入e_{t+1}直接进入其效用。① 在模型中，个人不但通过购买消费品获得效用，而且会享受到政府提供的公共产品和公共服务，例如公共设施、环境保护、国防等。我们在文章中把这类政府支出定义为公共消费。类似Turnovsky的设定②，我们把$t+1$期政府提供的公共消费记为G_{t+1}，直接给每个个体提供效用。③

我们假设每一代人效用函数的形式都是相同的。根据上文的设定，在t期出生的个人，其一生的效用为：

$$U_t = \log c_{t+1} + \beta \log G_{t+1} + \eta \log e_{t+1} + \gamma \log(1-l_t) \tag{1}$$

这里，$\eta > 0$是常数，表示成年个人对于后代教育的关心程度。$\gamma > 0$是常数，表示少年时的休闲对于个人一生效用的贡献程度。$\beta > 0$是常数，与Turnovsky一致，衡量了政府提供的公共消费对于个人效用的贡献程度。

政府在每一期同时也投资公共教育，从而加速每个人的人力资本积累过程。我们假设每个在t期出生的个人在少年期的人力资本积累方程为：

$$h_{t+1} = B[(1-\theta)h_t^\kappa + \theta(e_t + E_t)^\kappa l_t]^{1/\kappa} \tag{2}$$

其中，$B > 0$，$0 \leq \theta \leq 1$，$\kappa \leq 1$均为常数。h_t是其父母的人力资本，E_t表示个人享受的公共教育。④ 其中，参数B衡量了这个社会的人力资本积累效率。

在（2）式中，我们通过$(1-\theta)h_t^\kappa$的部分的设定引入了人力资本在代际之间的转移，这部分代际转移既可包括父母对子女的先天性的遗传，也包括父母在后天性的生活中对子女人力资本潜移默化的影响。$\theta(e_t+E_t)^\kappa l_t$的部分代表了教育对

---

① Becker和Barro（1988）认为，利他主义体现在子女的效用直接进入到父母的效用函数中。由于子女的效用和其收入、人力资本水平直接相关，之后的研究中比较常见的是，子女的人力资本或者教育投入直接进入到父母的效用函数中，如Glomm和Ravikumar（1992）。事实上，将本文模型中父母关心子女的教育投入改为人力资本水平或者效用只会增加计算的复杂，而不会改变基本的经济机制。
② Turnovsky, Stephen J. *Optimal Tax, Debt, and Expenditure Policies in a Growing Economy*, Journal of Public Economics, 1996, 60, pp.21–44.
③ 需要指出的是，考虑到公共品的拥挤效应，当经济中人口越多时，每个人可以享受到的公共服务就越少。因此严格来说应当是G_{t+1}/P_{t+1}进入个人的效用。但是由于在我们模型中，P_{t+1}是常数，并且标准化为1，因此，我们的设定不考虑公共品的拥挤效应。事实上，从后文的分析可知，考虑公共品的拥挤效应并不会改变模型的基本结论，因为本文考虑的政府关注的目标是长期增长率和不平等情况，而非单期的效用水平。
④ 值得注意的是，与政府的公共消费不同，公共教育具有拥挤效应。政府投资的公共教育资源会按照总人口平均分配给每个受教育个体，因此在式（2）中，应当是人均公共教育E_t/P_t影响个人的人力资本积累。由于我们将人口标准化为1，并且随着时间不变，所以我们在式（2）中直接用E_t代替了E_t/P_t。

人力资本形成的作用。可以看到,个人的努力程度,即其劳动意愿 l_t 与教育资源投入对于人力资本形成的贡献程度是互补关系,而私人教育资源投入和公共教育资源投入是完全替代的。对于收入不同的家庭来说,享受的公共教育都是相同的,而差异体现在家庭的不同程度的教育资源投入,二者共同决定了其后代可以获得的教育资源。

根据(2)式的设定,父母人力资本的代际转移和个人接受到的教育是人力资本形成的两种要素,并且以 CES 函数的形式相互作用。其中,参数 θ 和 $1-\theta$ 分别衡量了教育资源投入和家庭遗传对于人力资本形成的贡献程度。θ 越大,教育资源对人力资本形成的贡献越大,而家庭因素对人力资本形成的贡献越小,父母与子女在人力资本形成的相关性越弱,这说明社会流动性越大。参数 κ 的大小决定了这两种要素替代或者互补的关系,κ 越大,人力资本的代际传递和后天教育之间的替代性就越强。[①]

第 t 代的个人通过上一代的遗传、后天接受教育以及付出个人努力,在少年期的期末形成人力资本 h_{t+1}。进入成年期,他提供劳动,获得劳动收入 $m_{t+1}(h_{t+1})$,而劳动收入是人力资本的函数,其高低直接取决于其人力资本水平 h_{t+1}。在基准模型中,我们假设政府对所有劳动个体征收相同税率的收入税,税率记为 τ_{t+1}。于是,第 t 代的个人面临的预算约束为:

$$c_{t+1} + e_{t+1} = (1 - \tau_{t+1}) m_{t+1} \tag{3}$$

由于人力资本水平是每一期个人的唯一差异,因此每一期全社会人力资本水平的分布也就决定了收入水平的分布,人力资本的不平等和增长趋势也就体现了全社会的收入不平等和增长趋势。而且,由于人力资本积累的一个重要来源是上一代的代际传递,因此人力资本的不平等具有一定的持久性。简单来说,由于上一代的不平等,使得新一代个人在少年期就有着一定程度的不平等。但是这种不平等可以通过后天的教育投入和个人努力来加以弥补和克服。

[①] 注意到当 $\kappa<0$ 时,教育是进行人力资本积累不可缺少的投入。而现实中,个人可以不接受教育而同样获得人力资本,因此,在以下的分析中,我们进一步假设 $0 \leq \kappa \leq 1$。

二、生产部门

我们的模型包括无穷多的厂商。我们把厂商的总数量标准化为 1。每一个厂商只雇佣具有同一类型人力资本的个人进行生产。因此,我们可以用 $y_t^{h_t}$ 表示在 t 期雇佣人力资本为 h_t 的劳动者的厂商的产出水平,上标 h_t 表示厂商的类型,这体现了每一个厂商与每一类劳动者一一对应。社会总产出 Y_t 是所有厂商的产出加总,即

$$Y_t = \int_0^\infty y_t^{h_t} dh_t \tag{4}$$

厂商雇佣人力资本为 h_t 的个体进行生产,这些人的劳动生产率为 $\mu_t^{h_t}$,其生产函数为:

$$y_t^{h_t} = \mu_t^{h_t} h_t f_t(h_t) \tag{5}$$

这里,$f_t(h_t) = dF_t(h_t)/dh_t$ 是人力资本的分布密度函数,表示类型为 h_t 的劳动者的数量。①

我们假设厂商的劳动生产率取决于生产过程中可以获得的公共资本数量:劳动生产时的公共资本与劳动的比值,即人均公共资本越多,那么生产率就会越高。这里的公共资本不仅包括政府为了经济发展而提供的公共品,例如交通、电力等基础设施,还包括政府对企业各种显性和隐性的直接投入和补贴。这些公共资本的投入对于企业生产率的提高甚至企业的生存发展都是极其重要的。

我们用 $K_t^{h_t}$ 表示雇佣劳动者人力资本为 h_t 的厂商的生产过程中可以利用的公共资本,可以得到该厂商的劳动生产率如下:

$$\mu_t^{h_t} = A\left(\frac{K_t^{h_t}}{f_t(h_t)}\right)^\alpha = A(k_t^{h_t})^\alpha \tag{6}$$

这里,$A > 0$ 是常数,代表全社会总体生产率;$0 < \alpha < 1$ 表示公共资本对于产出的

---

① 这一设定隐含的假设是分布函数 $F_t(h_t)$ 是可微的,这一假设只是为了计算和表达的便利,即使分布函数不可微,总产出、公共资本、公共投资的形式也是不变的,表达上只需要将 $F_t(h_t) dh_t$ 变为 $dF_t(h_t)$。

贡献率。$k_t^{h_t} = K_t^{h_t}/f_t(h_t)$ 表示厂商所获得的人均公共资本。

由此，社会总产出可以表示为：

$$Y_t = \int_0^\infty A(k_t^{h_t})^\alpha h_t f_t(h_t) dh_t \tag{7}$$

我们用 $w_t^{h_t}$ 表示雇佣劳动者人力资本为 h_t 的厂商支付的"有效"工资率，即每单位人力资本的劳动回报。于是该厂商的利润为：

$$\pi_t^{h_t} = A(k_t^{h_t})^\alpha h_t f_t(h_t) - w_t^{h_t} h_t f_t(h_t) \tag{8}$$

三、政府

在每一期，政府的收入来自对劳动收入征收的比例税。在基准模型下，我们假设个人所得税的税率为 τ_t，这一税率不随个人收入而变化，因此是平滑税。在之后的政策分析中，我们会考虑当税制变成累进税以及采取不同累进税方案时的情况。由（3）式可知，政府总的税收收入为 $\tau_t \cdot \int_0^\infty m_t(h_t) f_t(h_t) dh_t$。政府将这些税收收入分别用于公共消费 G_t、公共投资 I_t 和公共教育 E_t。我们假设政府在每一期确保预算平衡，即

$$G_t + I_t + E_t = \tau_t \cdot \int_0^\infty m_t(h_t) f_t(h_t) dh_t \tag{9}$$

四、动态演化和一般均衡

对于具有不同人力资本水平 h_t 的个人来说，其后代的人力资本水平 h_{t+1} 也是不同的。给定 t 期社会人力资本分布函数 $F_t(h_t)$，下一期的社会人力资本分布函数满足：

$$F_{t+1}(h_{t+1}) = \int_0^\infty q(h_{t+1} \leq h_t) f_t(h_t) dh_t \tag{10}$$

这里，$q(\cdot)$ 是逻辑判断函数。当 $h_{t+1} \leq h_t$ 时，取值为 1，否则取值为 0。需要指出

的是，(10) 式中的 h_{t+1} 是 h_t 的函数。

用 K_t 表示第 t 期全社会的公共资本存量，我们可以得到如下的资源约束条件：

$$K_t = \int_0^\infty K_t^h f_t(h_t) dh_t \tag{11}$$

我们这样的设定表明，类似公共教育，政府向企业的公共资本也具有排他性。这样的假定是合理的，因为即便是基础设施，政府也需要决定投资在哪些地区、哪些行业，而政府对企业的补贴和其他各种投入更具有竞争性和排他性。

政府每一期的公共投资 I_t 用于积累公共资本 K_t。而 $I_t^{h_t}$ 表示雇佣劳动者人力资本为 h_t 的厂商所获得的公共投资，由此可得：

$$I_t = \int_0^\infty I_t^{h_t} f_t(h_t) dh_t \tag{12}$$

我们设定公共投资在形成公共资本的过程中存在调整成本，并且调整成本与 $I_t^{h_t}$ 成比例。于是，雇佣劳动者人力资本为 h_t 的厂商的公共资本的积累方程设为：

$$K_{t+1}^{h_{t+1}} = K_t^{h_t} + \left[1 - \delta\left(\frac{I_t^{h_t}}{K_t^{h_t}}\right)^\phi\right] \cdot I_t^{h_t} \tag{13}$$

这里，$\delta > 0$，$\phi > 1$ 为常数。可以看到，由于存在调整成本，只有 $1 - \delta\left(\frac{I_t^{h_t}}{K_t^{h_t}}\right)^\phi$ 比例的公共投资转化为公共资本。因此，$\delta\left(\frac{I_t^{h_t}}{K_t^{h_t}}\right)^\phi$ 可以看成单位调整成本。我们进一步假设当 $\delta\left(\frac{I_t^{h_t}}{K_t^{h_t}}\right)^\phi > 1$ 时，$K_{t+1}^i = K_t^i$，因为此时的投资会带来负收益，理性的政府不会投资。[1]

根据以上设定，我们可以定义这个模型的动态一般均衡如下：

给定初始的人力资本分布函数 $F_0(h_0)$，初始的公共资本 K_0，动态一般均衡定义为工资率序列 $\{w_t^h\}$，劳动回报序列 $\{m_t(h_t)\}$，分布函数序列 $\{F_t(h_t)\}$，公

---

[1] 这里为了简化模型，我们假设资本折旧为 0。如果加入资本折旧，那么公共资本将更快达到稳态，模拟的效果也因此更加显著。

共资本水平序列 $\{K_t\}$，政府的支出结构序列 $\{G_t, I_t, E_t\}$，政府的税率序列 $\{\tau_t\}$，以及个人的决策序列 $\{c_{t+1}, e_{t+1}, l_t\}$ 满足：

1. 给定劳动回报 $m_{t+1}(h_{t+1})$，私人教育投入 e_t，政府的税率 τ_{t+1} 和公共教育投入 E_t，个人在（2）式和（3）式的约束下，通过选择 c_{t+1}，e_{t+1} 和 l_t 最大化自身的效用（1）式。

2. 给定公共资本 $K_t^{h_t}$，工资率 $w_t^{h_t}$，厂商通过选择 $h_t f_t(h_t)$ 最大化其利润（8）式。

3. 工资率 $w_t^{h_t}$ 使得劳动力市场出清。

4. 政府在每一期预算平衡，即（9）式满足。公共资本与公共投资满足资源约束，即（11）式和（12）式满足。

5. 人力资本分布和公共资本水平按照（10）式和（13）式动态演化。

第二节　模型的分析

在这一部分，我们首先求解以上基准模型，分别分析不同政策目标下的政府行为、企业行为和个人最优化行为，给出不同政策目标下个人储蓄、消费、学习意愿的最优选择和人力资本增长路径。在此基础上通过比较静态，我们分析不同情况下人力资本投资对于个人学习努力意愿的激励作用。

一、模型的求解

1. 政府的资源配置与劳动者的收入

首先，由厂商利润最大化的一阶条件可知，有效工资率 $w_t^{h_t}$ 等于人力资本的平均产出，即

$$w_t^{h_t} = \mu_t^{h_t} = A(k_t^{h_t})^{\alpha} \tag{14}$$

可以看到，厂商的有效工资率取决于该厂商的人均公共资本存量。厂商可以使用的公共资本水平越多，有效工资率就越高。因此，政府可以通过在不同的厂商中配置公共资本的决策来影响具有不同人力资本的劳动者的工资率。

政府根据其政策目标的不同，有两种配置公共资本的方式：一种是更强调平等，因此会将公共资本平均分配到不同厂商；另一种分配方式着眼于效率，因此会以产出最大化为目标将公共资本配置于不同厂商。

我们首先考虑第一种即平均分配公共资本的方式，此时由于厂商总数标准化为1，因此对于任一厂商可知：

$$k_t^{h_t} = K_t \tag{15}$$

将其代入（14）式可知，所有部门的工资率都相等，即

$$w_t = A(K_t)^\alpha$$

对于人力资本水平是 h_t 的个人，其劳动收入是：

$$m_t(h_t) = w_t h_t = A(K_t)^\alpha h_t \tag{16}$$

可以看到，在政府平均配置公共资本的情况下，每个人的收入与其人力资本水平呈线性关系。

政府第二种配置公共资本的方式是以产出最大化为目标将公共资本配置于不同厂商。此时政府的最优化问题为：

$$\max_{\{k_t^{h_t}\}} \int_0^\infty A(k_t^{h_t})^\alpha h_t f_t(h_t) dh_t$$

受约束于

$$K_t = \int_0^\infty k_t^{h_t} f_t(h_t) dh_t$$

为了求解政府的最优化行为，定义拉格朗日函数为：

$$L = \int_0^\infty A(k_t^{h_t})^\alpha h_t f_t(h_t) dh_t - \lambda_t \int_0^\infty k_t^{h_t} f_t(h_t) dh_t$$

这里，λ_t 是拉格朗日因子。计算 $k_t^{h_t}$ 的一阶条件 $\partial L/\partial k_t^{h_t} = 0$，我们得到政府的最优的公共资本配置满足：

$$k_t^{h_t} = \left(\frac{\alpha A}{\lambda_t}\right)^{\frac{1}{1-\alpha}} (h_t)^{\frac{1}{1-\alpha}} \tag{17}$$

将（17）式代入资源约束，我们可以求解出 λ_t。

从上面的计算可以看到，厂商生产过程中雇佣的劳动者的人力资本水平越高，政府配置的人均公共资本水平越高。将（17）式代入（14）式，可以得到：

$$w_t^{h_t} = A^{\frac{1}{1-\alpha}} \left(\frac{\alpha}{\lambda_t}\right)^{\frac{\alpha}{1-\alpha}} (h_t)^{\frac{\alpha}{1-\alpha}}$$

可见，人力资本水平高的劳动者，由于生产过程中利用的公共资本更多，其有效工资率也更高。其劳动收入是：

$$m_t(h_t) = w_t^{h_t} h_t = A^{\frac{1}{1-\alpha}} \left(\frac{\alpha}{\lambda_t}\right)^{\frac{\alpha}{1-\alpha}} (h_t)^{\frac{1}{1-\alpha}} \tag{18}$$

不同于第一种平均配置公共资本时收入与人力资本水平的线性关系，在这种情形下，收入是人力资本的凸函数，即随着人力资本增长，收入水平呈现加速增长的趋势。

2. 政府支出

当政府采取第一种方式平均分配公共资本时，我们将（16）式代入（9）式，可知政府在每一期的支出为：

$$\tau_t \cdot \int_0^\infty m_t(h_t) f_t(h_t) dh_t = \tau_t \cdot \int_0^\infty A(K_t)^\alpha h_t f_t(h_t) dh_t$$

将（5）、（6）、（15）式代入（4）式，可得总产出：

$$Y_t = \int_0^\infty A(k_t^{h_t})^\alpha h_t f_t(h_t) dh_t = \int_0^\infty A(K_t)^\alpha h_t f_t(h_t) dh_t$$

于是，政府每一期的支出为 $\tau_t Y_t$。

当政府采取第二种方式即以产出最大化为目标配置公共资本时，我们将（17）式代入（9）式，可知政府在每一期的支出为：

$$\tau_t \cdot \int_0^\infty m_t(h_t) f_t(h_t) dh_t = \tau_t \cdot \int_0^\infty A^{\frac{1}{1-\alpha}} \left(\frac{\alpha}{\lambda_t}\right)^{\frac{\alpha}{1-\alpha}} (h_t)^{\frac{1}{1-\alpha}} f_t(h_t) dh_t$$

将（5）、（6）、（16）式代入（4）式，可得总产出为：

$$Y_t = \int_0^\infty A(k_t^{h_t})^\alpha h_t f_t(h_t) dh_t = \int_0^\infty A^{\frac{1}{1-\alpha}} \left(\frac{\alpha}{\lambda_t}\right)^{\frac{\alpha}{1-\alpha}} (h_t)^{\frac{1}{1-\alpha}} f_t(h_t) dh_t$$

同样地，政府每一期的支出为 $\tau_t Y_t$。我们分别用 τ_t^e 和 τ_t^i 表示政府公共教育与公共投资占当期总产出的份额，于是有：

$$I_t = \tau_t^i Y_t \tag{19}$$

$$E_t = \tau_t^e Y_t \tag{20}$$

所以，政府的公共消费 τ_t^g 占当期总产出的份额是 $\tau_t^g = \tau_t - \tau_t^e - \tau_t^i$。

3. 个人的最优选择和人力资本增长

在这一节我们求解个人的最优化问题。首先，效用最大化的一阶条件给出 $c_{t+1} = \frac{1-\tau_{t+1}}{1+\eta} m_{t+1}(h_{t+1})$，$e_{t+1} = \frac{\eta(1-\tau_{t+1})}{1+\eta} m_{t+1}(h_{t+1})$。我们把 c_{t+1}，e_{t+1} 和（2）式代入（1）式，个人的效用最大化问题等价于：

$$\max_{l_t} (1+\eta)\chi \log[(1-\theta)h_t^\kappa + \theta(e_t + E_t)^\kappa l_t]^{1/\kappa} + \gamma \log(1-l_t)$$

这里，由于政府配置资源的方式不同，m_{t+1} 关于 h_{t+1} 的表达式也不同。当政府平均分配公共资本时，m_{t+1} 取（16）式的形式，于是 $\chi = 1$；当政府按照产出最大化的原则配置公共资本时，m_{t+1} 取（18）式的形式，于是 $\chi = 1/(1-\alpha)$。

通过关于 l_t 的一阶条件，我们求得个人的最优学习时间为：

$$l_t = \frac{(1+\eta)\chi}{(1+\eta)\chi + \gamma\kappa} - \frac{\gamma\kappa}{(1+\eta)\chi + \gamma\kappa} \cdot \frac{1-\theta}{\theta}\left(\frac{h_t}{E_t + e_t}\right)^\kappa$$

$$= \frac{(1+\eta)\chi}{(1+\eta)\chi + \gamma\kappa} - \frac{\gamma\kappa}{(1+\eta)\chi + \gamma\kappa} \cdot \frac{1-\theta}{\theta}\left(\frac{h_t}{\tau_t^e Y_t + \frac{\eta(1-\tau_t)}{1+\eta}m_t}\right)^\kappa \tag{21}$$

我们定义个人的人力资本增长率为 $g_t(h_t) \equiv \frac{h_{t+1}}{h_t}$。当政府平均配置资源时，将（16）式代入（21）式可以得到：

$$g_t(h_t) = \Omega_1 \cdot \left[(1-\theta) + \theta\left(\frac{\tau_t^e Y_t}{h_t} + \frac{\eta(1-\tau_t)A(K_t)^\alpha}{1+\eta}\right)^\kappa\right]^{1/\kappa} \tag{22}$$

其中，$\Omega_1 = B\left(\frac{1+\eta}{1+\eta+\gamma\kappa}\right)^{1/\kappa}$ 为常数。

当政府按照产出最大化原则配置资源时，将（18）式代入（21）式，可以得到：

$$g_t(h_t) = \Omega_2 \cdot \left[(1-\theta) + \theta \left(\frac{\tau_t^e Y_t}{h_t} + \frac{\eta(1-\tau_t)A^{\frac{1}{1-\alpha}}(\alpha)^{\frac{\alpha}{1-\alpha}}}{(1+\eta)\lambda_t^{\frac{\alpha}{1-\alpha}}} h_t^{\frac{\alpha}{1-\alpha}} \right) \right]^{1/\kappa} \quad (23)$$

其中，$\Omega_2 = B \left(\dfrac{1+\eta}{1+\eta+(1-\alpha)\gamma\kappa} \right)^{1/\kappa}$ 为常数。

二、人力资本投资对劳动者劳动意愿的激励作用

我们由（21）式可知，$\partial l_t/\partial E_t > 0$，$\partial l_t/\partial e_t > 0$，即劳动者的劳动意愿 l_t 随着 E_t 和 e_t 的上升而上升。这说明，获得的教育资源投入越多，个人付出每单位努力学习所能获得的人力资本提升就越大，那么个人就愿意花更多的时间付出更多的努力进行学习，从而人力资本积累就会越快。这体现了人力资本投资对劳动者劳动意愿的激励作用。[①]

由（21）式还可知，$\partial l_t/\partial h_t < 0$，即劳动者的劳动意愿 l_t 随着 h_t 的上升而下降。这说明上一代人力资本越高，这一代个人付出每单位努力学习所能获得的人力资本提升反而越小，那么在同等条件下这一代的个人较不愿意花时间付出努力进行学习，从而人力资本积累相对较慢。进一步地，同样由（21）式可知，$\partial l_t^2/(\partial \tau_t^e \partial h_t) < 0$。这说明政府加大公共教育投入，提高 τ_t^e，对不同家庭的劳动者的激励作用是不同的。来自低收入家庭的个人，公共教育投入对于个人的激励作用更强，于是，个人在少年期会花更多的时间和努力进行学习，从而能够在成年期获得更多的人力资本，缩小与高收入家庭后代的差距。因此，通过教育、医疗、社会保障等方面的人力资本投资，激发劳动者的劳动意愿，是促进经济可持续发展、缩小贫富差距的有效途径。

[①] 如果教育投入相对于人力资本水平较低，即 $\dfrac{h_t}{E_t+e_t} > \left(\dfrac{\theta}{1-\theta} \cdot \dfrac{\gamma\kappa}{(1+\eta)\chi} \right)^{1/\kappa}$，$l_t = 0$，出现角点解，个人不会花时间接受教育进行人力资本积累。为了分析的简单，我们假设对于所有的个体都不存在角点解，这一假设便于对政府政策的分析，而不会改变模型的基本结论。

第三节 模型的动态演化

根据上节的分析,在政府不同的配置公共资本方式下,个人收入和人力资本增长率是不同的。于是,人力资本积累路径、经济增长路径和收入分配路径的动态演化也是不同的。为了更好地分析中国过去 60 年来经济发展轨迹,并对未来经济发展趋势做出理论预测、对政府政策选择提出理论建议,我们首先假设政府在经济发展初期平均分配公共资本,这类似于中国在改革开放前强调公平优先的经济发展模式,分析并模拟在此情况下人力资本、经济增长和收入分配的动态演化路径。之后,政府为了促进经济增长,遵循效率优先的目标,按照产出最大化的原则优化公共资本配置。这类似于中国改革开放以来的经济发展。我们将从理论上分析在这一政策背景下,人力资本、经济增长与收入分配的动态演化路径,并证明这种增长模式的不可持续性。

一、政府平均分配公共资本时期

1. 公共教育与收入分配的动态演化

当政府平均配置公共资本时,由(22)式可知,当 $\tau_t^e = 0$,对于所有的个人,其人力资本增长率 g_t 都相等。而当 $\tau_t^e > 0$ 时,有 $dg_t/dh_t < 0$。这表明,在政府平均配置公共资本的政策下,经济的不平等程度不会扩大。而是否收敛取决于政府是否提供公共教育。如果教育全部由私人进行投入,那么整个经济的收入分配将一直维持不变。而只要存在公共教育,那么来自低收入家庭的个人的人力资本增长率更快,而上一代人力资本较高的个人的人力资本增长率会相对较慢。于是,每一代之间的人力资本差距,也就是收入的差距在缩小,整个社会收入分配不平等程度将逐步下降。

由（22）式可知，给定 τ_t，对于所有的 h_t，$\dfrac{\partial g_t(h_t)}{\partial \tau_t^e} > 0$。这说明政府加大公共教育投入可以加速促进人力资本的积累。进一步地，对于任意的 $h_{1t} > h_{0t}$，$\dfrac{\partial [g_t(h_{0t})/g_t(h_{1t})]}{\partial \tau_t^e} > 0$。这说明，如果政府加大公共教育的投入，$\tau_t^e$ 上升，那么低收入家庭子女的人力资本增长率将更加快于高收入家庭的子女，这意味着全社会收入不平等程度将加速下降。所以，在政府平均分配公共资源的情况下，政府加大公共教育投入不但可以促进个人的人力资本积累，加快全社会经济增长，并且还有利于更快地降低不平等程度。

2. 公共资本的积累与经济增长

对于在第 t 期雇佣人力资本为 h_t 的劳动者的厂商，我们分别用 $g_t(y_t^{h_t})$、$g_t(K_t^{h_t})$ 和 $g_t(h_t)$ 表示其产出 $y_t^{h_t}$、公共资本水平 $K_t^{h_t}$ 和劳动者人力资本水平 h_t 的增长率。由（5）式和（6）式可知，$g_t(y_t^{h_t}) = [g_t(K_t^{h_t})]^\alpha g_t(h_t)$，即产出的增长率取决于公共资本增长率和人力资本增长率。在政府平均配置公共资本的情况下，根据（15）式，所有厂商得到相同的公共资本。于是我们可以去掉上标 h_t，即 $g_t(K_t^{h_t}) = g_t^K$，$K_t^{h_t} = K_t$，$I_t^{h_t} = I_t$。

由（13）式可知：

$$g_t^K = 1 + \left[1 - \delta\left(\dfrac{I_t}{K_t}\right)^\phi\right] \cdot \dfrac{I_t}{K_t}$$

上式对 I_t 求导可得，当 $\delta\left(\dfrac{I_t}{K_t}\right)^\phi < \dfrac{1}{1+\eta}$ 时，$\dfrac{dg_t^K}{dI_t} > 0$，政府加大公共投资可以提高公共资本的增长速度；当 $\delta\left(\dfrac{I_t}{K_t^g}\right)^\phi > \dfrac{1}{1+\eta}$ 时，$\dfrac{dg_t^K}{dI_t} < 0$；特别地，当 $\delta\left(\dfrac{I_t}{K_t^g}\right)^\phi \geq 1$ 时，$g_t^K = 1$。此时，政府加大公共投资不会提高公共资本存量，而公共资本存量最终会收敛到稳态水平。

由（19）式和（20）式可知，给定政府的支出结构 $\{\tau_t^i, \tau_t^e\}$，政府的公共投资 I_t 随着总产出 Y_t 的增加而增加。当总产出的增长率 $g_t^Y > g_t^K$ 时，I_t 的增长始终快

于 K_t 的增长，于是 $\frac{I_t}{K_t}$ 逐渐上升。当经济发展到了一定阶段，$\delta\left(\frac{I_t}{K_t}\right)^\phi > \frac{1}{1+\eta}$，公共资本的增长速度放缓，最终会收敛到稳态水平。此时，$g_t(y_t^{h_i}) = g_t(h_t)$，经济增长完全由人力资本的积累来推动。

通过以上的分析可以看到，在这种情况下经济增长的动力来自公共资本和人力资本的积累。在经济发展的初期，总产出 Y_t 比较低，政府通过税收将产出的 τ_t^i 部分用于公共投资，因此单位调整成本 $\delta\left(\frac{I_t}{K_t}\right)^\phi$ 比较低。此时，增加 τ_t^i 对于调整成本 $\delta\left(\frac{\tau_t^i Y_t}{K_t}\right)^\phi$ 的影响比较小，政府加大公共投资，有利于公共资本的快速积累，从而促进经济增长。

随着经济逐步发展，公共资本存量逐渐增加，单位调整成本逐渐上升，使得公共投资转化成公共资本的比例在下降，公共资本的积累速度开始放缓。最终，公共资本维持在一定的水平，在这一稳定水平下，政府的生产性支出不再对增长有作用，经济增长不再依赖于政府的作用，而只是来自人力资本的积累。

所以，根据以上分析，在政府平均分配公共资本的政策环境下，在经济发展初期，经济增长由于政府投资的驱动逐渐加速；而由于调整成本，政府的公共资本最终将收敛，于是，公共投资推动经济增长的作用逐步减弱，经济增长将逐步放缓。而整个过程中，由于政府公共资本的平均配置，收入分配不会恶化。所以，经济的发展最终将维持在经济增长率和收入分配不平等程度都很低的稳态水平。我们模型的理论分析结果可以解释在改革开放之前中国经济发展的基本模式。

二、政府按照产出最大化原则配置公共资本时期

1. 公共资本的积累与经济增长

我们由第二部分的分析可知，政府平均配置公共资本并不是最有效率的，如果政府改革公共投资的分配方式，按照产出最大化的原则重新配置公共资本，那

么由（17）式可以看到这种政策转变将带来更快的经济增长。因此，类似于中国在改革开放初期的发展历程，政府将公共资本较多地分配给人力资本水平高的个人或者厂商，有利于促进经济高速增长。所以，这一阶段的经济增长模式是以政府投资为主要驱动的，其实现方式是迅速的资本积累与资本深化。

然而，我们在上一部分关于公共资本的分析同样适用于此，公共资本调整成本的存在最终使得公共资本收敛到稳态水平，政府公共投资推动经济增长的作用将减弱。这就是说，我国在改革开放时期采取的政府主导的加快投资和资本积累的经济发展模式同样也只能在一段历史时期内促进经济增长。而这种粗放型、投资拉动型的经济增长模式无法持续，经济增长会逐渐放缓，最终会遇到瓶颈，这就是我们通常所说的"中等收入陷阱"。而打破"中等收入陷阱"、使得经济持续高速增长的唯一出路在于人力资本的积累。在下文中我们将详细分析加速人力资本积累、打破"中等收入陷阱"的具体政策措施及其实施效果。

2. 不平等的动态演化

当政府按照产出最大化原则配置资源时，由（23）式可知，人力资本增长率 g_t 与上一代人力资本水平 h_t 的关系是非单调的。当 τ_t^e 比较小，也就是政府公共教育投入不足时，$dg_t/dh_t>0$。这时，由于人力资本水平高的劳动者的有效工资率较高，不同人力资本水平间的收入差距更大，使得私人教育的差异比在政府平均分配资源的情形下更大。于是，高收入家庭的个人的人力资本积累更快，全社会收入不平等程度逐渐扩大。所以，在这种情形下，政府为了追求生产效率，为人力资本水平较高的个人或者厂商配置更多的公共资本，虽然有利于产出的扩大，但是收入不平等程度也会相应地上升。

因此，不同于政府平均配置公共资本的情形，当政府为了追求经济效率而重新配置公共资本时，如果公共教育投入不足，那么，就会出现收入分配不平等程度的上升。

结合上一小节的分析可知，这一阶段在政府投资的有效推动下，经济在发展初期将达到较高水平的增长率，但是不平等程度也将扩大。而最终经济增长将放缓，经济将进入经济发展缓慢而收入分配恶化的阶段。这种状况类似于很多发展中国家目前面临的"中等收入陷阱",也正是我国经济发展可能面临的风险。

三、政府的政策调整

根据上面两节的分析,类似于中国过去 30 年来的改革开放和经济发展进程,通过打破平均主义的分配模式,加快投资和资本积累,我国虽然实现了经济以较快速度增长,但是收入分配不平等的状况也逐步恶化。并且,随着资本存量逐步提高,政府通过资本积累的方式推动经济增长的作用逐渐减弱,经济增速将不可避免地放缓,最终会维持在低增长率、高不平等的状态。为了改变这一情形,我们在这一部分考虑打破"中等收入陷阱"的可能的政策选择,包括加大公共教育与改变所得税制,研究这两种政策对于促进经济可持续增长和降低收入分配不平等的影响。

1. 加大公共教育

由(23)式可知,给定 τ_t,对于所有的 h_t,$\dfrac{\partial g_t(h_t)}{\partial \tau_t^e} > 0$。这意味着,政府加大公共教育投入可以促进人力资本的积累。根据上一小节的分析,当公共资本存量积累到一定程度以后,公共投资转化成公共资本的效率降低,政府应当随之减少公共投资。而由于这时人力资本水平相对于公共资本变得更为稀缺,对于经济增长的贡献也相应地越来越大。如果政府增加公共教育投入,会提高人力资本积累速度,这对经济增长的促进作用会逐步超越公共资本积累对经济增长的促进作用。最终,经济增长将全部依赖于人力资本积累,而加大公共教育可以加速人力资本的积累,促使经济可持续地高速增长。

进一步地,如果政府提高 τ_t^e,加大公共教育支出到一定水平,就会使得 $dg_t/dh_t < 0$。高收入家庭的个体其人力资本增长率会较低,收入不平等会因此而下降。可见,在改革初期,政府为了最大化经济增长,从效率角度配置资源,无法兼顾到收入分配问题,会造成收入分配不平等加剧。而如果政府可以加大公共教育,那么就可以减小收入差距,降低收入不平等程度,使得经济发展初期积累

的收入分配不平等的问题逐步得到解决,从而使国民经济进入平稳和谐的可持续发展道路。

2. 政府的最优税制

在第二部分的模型中,我们设定政府对所有人收取相同的所得税率,不管个人人力资本和工资水平的高低。但是从(22)式和(23)式可以看到,对不同收入的个人,税率 τ_t 的改变对其努力程度和人力资本增长的边际影响是不同的。因此,如果政府可以调整收入税制,对不同收入的人收取不同的税率,那么就有可能在不减少税收收入的情况下,提高经济增长率。并且,税收制度的改变直接影响了个人的可支配收入,因此也是政府调节收入分配的一种工具。在这一小节,我们主要研究政府在不改变支出结构和规模的情况下,如何通过调整税制,最大化促进经济增长,缩小收入分配不平等。

由(4)、(5)、(6)式和(17)式可知,在政府配置公共资本的情形下,总产出为:

$$Y_t = M_t H_t^{\psi}$$

这里,$\psi = \frac{1}{1-\alpha} > 1$ 是常数。而由上文可知,$M_t = \left(\frac{\alpha}{\lambda_t}\right)^{\psi-1} A^{\psi}$,其中 λ_t 由公共资本的资源约束方程决定。又可知 $H_t = \left[\int_0^{\infty} h_t^{\psi} dF_t(h_t)\right]^{1/\psi}$,这可以看成是社会平均的人力资本水平。因为 M_t 由政府的支出结构和规模决定,于是,政府如果只是通过调整税制最大化 Y_t 的增长,就等价于最大化 H_t 即社会平均的人力资本的增长。

由(23)式可知,当人力资本水平为 h_t 的个人面临税率为 $\tau_t(h_t)$ 时,其人力资本增长率为:

$$g_t(h_t) = \Omega_2 \cdot \left[(1-\theta) + \theta M_t^{\kappa} \left(\frac{\tau_t^e}{x_t^{\psi}} + \frac{\eta(1-\tau_t(h_t))}{1+\eta}\right)^{\kappa} h_t^{(\psi-1)\kappa}\right]^{1/\kappa}$$

其中,$x_t = h_t/H_t$,表示相对人力资本水平。

所以,政府的最优税收制度选择问题实际上就是在税收收入 $\tau_t \cdot \int_0^{\infty} m_t(h_t) f_t(h_t) dh_t$、支出结构 τ_t^i 和 τ_t^e 保持不变的情况下,最大化人力资本增长率

$g_t^H = H_{t+1}/H_t$。用 τ_t^x 表示相对人力资本水平是 x_t 的个人面临的收入税税率,政府的最优化问题即为:

$$\max \int_0^\infty \Omega_2 \cdot \left[(1-\theta) + \theta M_t^\kappa \left(\frac{\tau_t^e}{x_t^\psi} + \frac{\eta(1-\tau_t^x)^\kappa}{1+\eta} h_t^{\psi-1} \right)^\kappa \right]^{\psi/\kappa} x_t^\psi f_t(h_t) dh_t$$

受约束于:

$$\int_0^\infty \tau_t^x h_t^\psi f_t(h_t) dh_t = \tau_t \cdot \int_0^\infty h_t^\psi f_t(h_t) dh_t \tag{24}$$

通过一阶条件可知,对于任意的 x_{1t}、x_{2t},我们有如下关系:

$$\frac{\left[(1-\theta)x_{1t}^\kappa + \theta M_t^\kappa \left(\frac{\tau_t^e}{x_{1t}^\psi} + \frac{\eta(1-\tau_t^{x_{1t}})}{1+\eta} \right)^\kappa h_{1t}^{(\phi-1)\kappa} \right]^{\frac{\phi-\kappa}{\kappa}} h_{1t}^{(\phi-1)\kappa}}{\left(\frac{\tau_t^e}{x_{1t}^\psi} + \frac{\eta(1-\tau_t^{x_{1t}})}{1+\eta} \right)^{1-\kappa}}$$

$$= \frac{\left[(1-\theta)x_{2t}^\kappa + \theta M_t^\kappa \left(\frac{\tau_t^e}{x_{2t}^\psi} + \frac{\eta(1-\tau_t^{x_{2t}})}{1+\eta} \right)^\kappa h_{2t}^{(\phi-1)\kappa} \right]^{\frac{\phi-\kappa}{\kappa}} h_{2t}^{(\phi-1)\kappa}}{\left(\frac{\tau_t^e}{x_{2t}^\psi} + \frac{\eta(1-\tau_t^{x_{2t}})}{1+\eta} \right)^{1-\kappa}} \tag{25}$$

(24)式和(25)式共同决定了政府的最优所得税。政府通过调整所得税税制,改变了个人的可支配收入。于是不同收入的个人获得的私人教育投入也会不同,这将促进人力资本积累,从而带来更快的经济增长率。

特别地,当 $\kappa = 1$ 时,(25)式变为:

$$(1-\theta)h_{1t} + \theta M_t \left(\frac{\tau_t^e}{x_{1t}^\psi} + \frac{\eta(1-\tau_t^{x_{1t}})}{1+\eta} \right) h_{1t}^\psi = (1-\theta)h_{2t} + \theta M_t \left(\frac{\tau_t^e}{x_{2t}^\psi} + \frac{\eta(1-\tau_t^{x_{2t}})}{1+\eta} \right) h_{2t}^\psi$$

可以看到 $d\tau_t^x/dx > 0$,对于高收入的个人,收取的税率也应该越高,使得所有人到了下一期达到相同的人力资本水平。

而当 $\kappa \neq 1$ 时,直接对(25)式进行比较静态分析,可以知道 $d\tau_t^x/dx$ 既可能大于 0,也可能小于 0。所以在不同的经济条件下,最优税制是不同的。但是当 κ 接近于 1 时,教育与人力资本的代际传递的替代性更强,这时最优税收制度应该更偏向于向低收入阶层减税,而增加高收入阶层的税负。在这种税制下,低收入和高收入者之间的代际转移程度被教育投入的差距缩小所部分地消除，不平等也会随之下降。

在这一部分，我们虽然通过（24）式和（25）式从理论上给出了最优税制，并且分析得出在这一税制下，政府可以实现经济更快地增长，并且有可能降低不平等程度，改善收入分配现状；但是在现实中，税制还要受到便利性等条件的约束，（24）式和（25）式给出的税制很难在实际征收中操作。所以，我们将在数值模拟部分给出比较接近于现实经济中累进税的税收制度，与原有的平滑税制进行比较，分析其对于经济增长和收入分配的影响。

第四节　数值模拟

在上文的分析中，由于模型较为复杂，我们无法计算完整模型的解析解并分析不同政策对模型结果的影响，只能针对不同的政策分析对模型做不同的简化，进行定性分析。在这一部分，通过选取适当的参数，我们可以对模型的不同情况进行数值模拟，分析不同政策造成的动态路径和均衡结果的差异。我们将首先分析政府采取平均分配公共投资情况下的经济增长和收入分配的动态路径，说明在这种情况下经济增长会逐步停滞，收入分配不平等程度将逐步缩小，最终经济会收敛到均等化、低增长的稳态点。接下来我们将模拟出政府改变公共投资分配模式、采取以最大化社会总产出为目标的方式分配公共投资，模拟在这种情况下政策改变导致经济高速增长，但是最终逐渐减缓，而收入分配不平等趋势逐步加大的动态轨迹。最后，我们模拟当政府调整支出结构、加大公共教育投入以及政府采取累进税的征税方式对经济增长和收入分配的动态轨迹，预测政策的改变是否可以使得经济走出"中等收入陷阱"，缩小贫富差距，从而进入健康的、可持续的高速增长路径。

一、参数选取

我们选取 1 期的时间为 15 年，模拟 6 期也就是 90 年的经济增长与收入分配的动态演化路径。要进行数值模拟，首先要确定模型中涉及的各参数的数值。我们主要依靠现有文献的研究确定相关参数数值。对于一些无法在文献中获得的参数，我们进行敏感性检验，即对这些参数取不同数值，看模拟结果是否受到比较大的影响。

具体来说，参数 α 衡量了公共资本对经济增长的贡献程度。相关的实证研究表明，政府生产性支出即公共资本，对于不同地区经济增长的作用是不同的。所以，我们首先选取 $\alpha = 0.45$，之后改变 α 的取值，进行敏感性分析。$1 - \theta$ 决定了人力资本的代际转移程度，当 κ 取值比较小时，$1 - \theta$ 同时也是代际收入弹性，即子女收入对于父母收入的弹性。王海港利用中国社会科学院"城乡居民收入分配课题组"的调查资料，估计了 1995 年我国居民代际收入弹性为 0.424[1]。于是，我们选取 $\theta = 0.576$。模型参数 η 决定了教育支出与其他消费之间的关系。根据国家统计局的统计，2009 年我国居民平均每人全年的消费性支出是 12264.55 元，其中教育支出 645.89 元，约占 5.3%。因此在数值模拟中我们选取 $\eta = 0.05$。参数 κ 决定了人力资本的代际转移和教育投入的替代关系，直接的实证研究还很少，这里我们首先选取 $\kappa = 0.25$，之后我们将尝试 κ 的不同取值，进行敏感性分析。由（21）式可知，政府平均分配公共资本时，个人用于学习的努力时间的最大值为 $\frac{1+\eta}{1+\eta+\gamma\kappa}$，我们通过选取参数 $\gamma = 1.91$，使得个人努力的上限是 0.8，这意味着个人理论上最长的学习时间是 12 年。参数 δ 和 ϕ 决定了公共资本的调整成本，我们分别取 $\phi = 2$，$\delta = 0.02$，使得公共资本积累在第 4 期开始放缓。总产出的全要素生产率 A 和人力资本的全要素生产率 B 决定了经济增长率的绝对值，

---

[1] 王海港，《中国居民收入分配的代际流动》，载《经济科学》2005 年第 2 期。

但是数值大小对经济系统的性质并无影响。因此我们取值 $A = B = 10$，使得经济年增长率在 5% 到 10% 之间，更接近于现实的数字。参数 β 只是影响福利水平，由于本文关心的是经济增长，所以参数 β 不会进入数值模拟的过程。表 1 给出了我们选取的所有参数值。

表 1　参数取值

参数	α	δ	ϕ	θ	η	κ	γ	A	B
取值	0.45	0.02	2	0.576	0.05	0.25	1.91	10	10

我们进一步假设初始的人力资本分布服从对数正态分布，即 $\log h_0 \sim N(0, \sigma^2)$，因此标准差 σ 将决定初始的不平等程度。我们通过选取 σ，使得初始的基尼系数在 0.25 左右。给定初始的人力资本分布，初始的公共资本 K_0^g 将决定初始的经济增长率，我们选取 $K_0^g = 55$，使得初始的年经济增长率在 5% 左右。

二、数值模拟结果

基于我国经济改革和发展的过程，我们按照每两期即 30 年作为一个阶段，将 6 期分为三个阶段。

在第一阶段的两期内，政府大力进行公共投资，并且向厂商平均分配公共资本，同时投入少量的公共教育。这一阶段类似于中华人民共和国成立之后第一个 30 年经济发展的历程。在第 3 期，也就是第二阶段的前半段，政府的发展模式类似于我国改革开放 30 年的经济发展历程：加大公共投资，资本积累迅速加快；同时政府按照产出最大化的原则重新配置公共资本，优先发展沿海地区以及具有比较优势的工业部门，但是对公共教育的投入仍然很少。从第 4 期开始，政府的公共投资回到平均分配，但是由于第 3 期公共资本的择优分配，使得之后公共资本的配置仍然具有差异。我们将这一发展路径作为基准模型，以此为基础分析政府政策选择对经济增长和收入分配路径的影响。

为了分析政府增加公共教育投入的影响，我们考虑在第 4 期时政府的政策发生变化，政府开始减少公共投资，而相应地增加公共教育投入。为此，我们需要对其中一些参数进行赋值。李扬和殷剑锋根据中国资金流量表估计了我国居民的可支配收入占国民收入的比重，结果表明，从2000年起，我国居民的可支配收入占比在60%到65%之间。① 因此我们选取初始的 $\tau_t = 0.4$，使得居民的可支配收入占总产值的60%。在统计数据中，很难从政府支出中将公共消费和公共投资分离，所以我们取初始的 $\tau_t^i = 0.05$，在第3期增加到 $\tau_t^i = 0.2$。对于公共教育，我们选取初始的 $\tau_t^e = 0$，在第4期 τ_t^e 增加到0.02，而相应的生产性支出 τ_t^i 降低到0.18。

1. 政府支出结构的变化

在政府维持支出结构但是加大公共教育投入下，经济增长率和收入不平等的动态过程模拟中，经济增长和不平等的演化过程与我们在前文中的理论分析是一致的。

在第一阶段，政府平均分配公共资本，并且公共投资水平较低，此时经济增长缓慢，前两期维持在5%左右。而收入不平等程度较低，并且不会出现恶化。这样的经济发展模式类似于中华人民共和国成立后前30年的经济发展历程。

在第二阶段，政府发挥资源配置的优势，以产出最大化为目标，优先发展人力资本水平较高的地区和产业部门，同时加大对于公共资本的投资规模，于是经济增长开始加速，到了第4期GDP增速高达9%以上。但是，由于政府资源的重新配置，使得收入分配恶化，基尼系数很快上升到0.4以上。这种模式类似于改革开放30年以来我国经济发展的道路。

随着经济发展到第三阶段，公共资本积累到了一定程度，政府通过公共投资带动经济增长的主导作用开始降低，经济增长缺乏可持续的动力。而与此同时，收入分配的恶化造成了不同收入家庭的教育投入的差距上升，于是不同家庭人力资本的差距越来越大，基尼系数将逐年上升。中低收入家庭由于收入水平低，人力资本

---

① 李扬、殷剑锋，《中国高储蓄率问题探究——1992—2003年中国资金流量表的分析》，载《经济研究》2007年第6期。

的增长率也较低。所以在这一阶段，由于公共资本的积累和中低收入者人力资本增长开始放缓，经济将出现增长率降低和不平等加剧的局面，如果不采取相应的对策，经济有可能陷入"中等收入陷阱"。这种情况类似于我国当前经济增长面临的风险。

为了改变这一经济增长放缓和收入分配不平等恶化的局面，政府可以改变支出结构，减少投资，而相应地增加教育投入。公共教育投入不但可以促进人力资本积累，而且由于这样的投入对于中低收入家庭的影响更大，更有利于激发中低收入家庭劳动者的劳动意愿和积极性，从而加快促进这一群体的人力资本积累，最终降低收入分配不平等程度。政府改变支出结构、加大教育投入可以维持经济增长在 9% 以上，同时有效地降低了不平等程度，基尼系数降低到了 0.35 左右。

2. 政府收入税制的变化

虽然我们在上一部分通过（24）式和（25）式从理论上给出了政府的最优税制，但是由于形式上的复杂和收入税制的便利性原则，在实际经济操作中，政府往往选取类似于最优税制的累进税制。在这一小节，我们考虑政府在第 3 阶段引入分段的累进税制，即按照收入由低到高排序后，前 40% 的低收入群体的收入税是 $\tau_l = 0$，中间 30% 的中等收入群体的收入税是 $\tau_l = 0.2$，而最后 30% 的高收入群体维持原税率 $\tau_l = 0.4$。

我们假设为了维持预算平衡，减税带来政府收入的减少由政府相应降低公共消费来保证。我们这样假设是因为减税增加了当代中低收入个体的可支配收入，也就增加了他们的消费水平，提高了他们的福利。因此，当决定政府公共消费对于个人效用贡献程度的参数 β 比较小时，即使减少政府公共消费，这些人的福利水平也可能出现上升。所以，政府引入累进税制，而减少政府消费性支出只是降低了当代不同收入个体之间的福利水平差距，而与政府维持公共支出结构相比，增长率的变化只是来自税制的改变，这样我们就可以分离出单纯由税制改变对于经济增长和收入分配的影响。

我们对政府维持支出结构和改变所得税制的经济增长和不平等的动态过程进行分析，可以看到，在第一阶段和第二阶段，即经济增长的前 4 期，经济增长率和基尼系数的变动情况与图 1 的结果是一样的。区别在于从第 5 期开始，政府在维持公共投资的情况下，通过税制的变化，增加中低收入者的收入，可以维持经济增长，经济的年增长率会比基准模型的水平提高 0.6% 左右，达到 8% 以上的年经济增长率。由于政府公共投资的规模不变，因此经济增长率的上升完全来自人力资本的积累。这是因为，中低收入者收入上升，会促使他们增加私人教育投入。私人教育投入的上升激励了他们更加努力地学习，提高了他们学习和劳动的意愿，并且促进了他们后代的人力资本积累。从收入分配的动态过程上看，通过对中低收入者减税，基尼系数将会更快地下降。

与政府加大教育投入相比，所得税制的改变对于经济增长的促进作用相对较弱，但是对于收入不平等的降低作用非常明显。因此，在现实经济政策选择时，政府可以两者兼顾，在加大教育投入的同时，适当地减轻中低收入者的负担，既有利于经济维持高增长，又有利于收入不平等的下降。

三、敏感性分析

在选取基准模型的参数时，由于直接的实证研究不很有限，对于生产函数中决定政府公共资本对产出影响的参数 α、人力资本方程中决定代际转移和教育替代程度的参数 κ、公共资本调整成本系数 δ 和 ϕ，我们只是选取了适中的值。因此，在这一小节，我们将进行敏感性分析，说明这些参数的不同取值如何影响经济增长和收入分配演化的动态过程。结果表明，在不同政府的支出结构或收入税制下，这些参数的取值对于经济增长和不平等演化的影响大致相同。为了节约篇幅，在这一小节我们只分析 α 的取值对模型动态演化路径的影响，进一步地，我们只选择基准模型下的政府支出结构，分析在此情况下经济增长和收入分配的演化路径，而其他的政府支出结构或者收入税制下这两个参数的影响大致相同，故略去。

图 1 给出了在 $\alpha = 0.35$、$\alpha = 0.45$ 和 $\alpha = 0.55$ 的取值下，经济增长和不平等演化的动态过程。可以看到，随着 α 的上升，政府在第二阶段加大公共投资和按照最大化产出的原则配置公共资本，对于产出的促进作用越来越大。因此，在经济

发展的初期，经济增长率会较高。但是，随着公共资本积累到一定程度，政府公共投资带动经济增长的作用减弱，经济增长开始放缓。当 α 较大时，公共资本对经济增长促进作用减弱的趋势更明显，于是经济增长下降幅度更大。因此，α 越大，经济增长变化的程度越大，根据上一小节的分析，越应当通过加大教育支出来促进经济增长。

比较收入分配的动态演化过程可以看到，α 的取值对于不平等的影响是不确定的。这是因为，α 越大，公共资本对于收入的影响越大，这会使得政府配置资源增加不平等的作用更强，可以看到，在第 3 期，α 越大，基尼系数越高。但是同时，对于之后的不平等演化来说，不平等的恶化主要是收入差距导致的教育投入差距，从而导致人力资本增长速度的差距。那么，当公共资本对于收入的影响越大时，人力资本差距对于收入不平等的影响程度就较弱。所以，α 越大，不平等增加的速度却可能是较低的，如图 1 所示，从第 4 期开始，不平等与 α 的关系不是单调的。

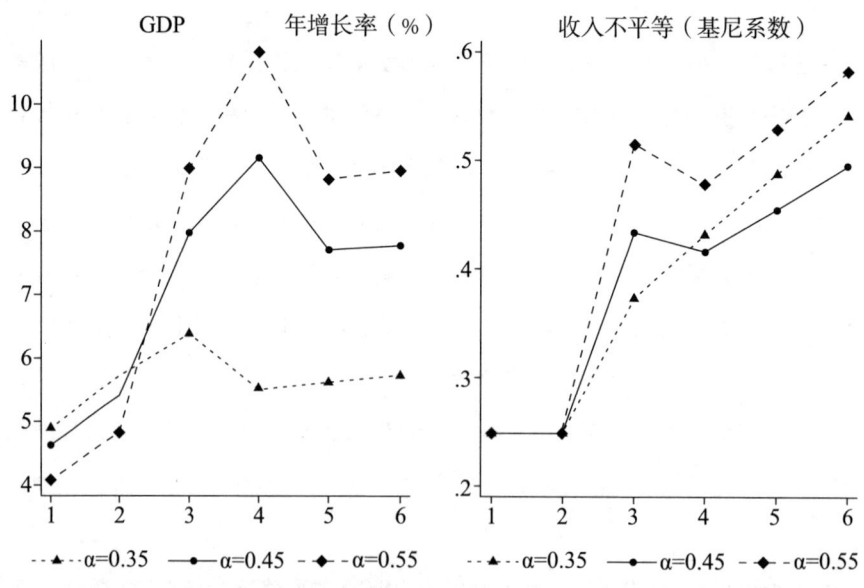

图 1　参数 α 不同取值下的经济增长和不平等演化

结 论

在本章中,我们建立了一个动态一般均衡的人力资本积累和经济增长模型,通过此模型来刻画民生投入和经济发展之间的动态关系。我们的模型所刻画的民生投入具体包括教育投入、税收调节、消除城乡差距等措施。我们通过对此模型的理论分析和数值模拟来研究这些民生投入对长期经济增长可能产生的效果。通过对模型的分析和预测,我们发现通过大力改善劳动者,特别是中低收入劳动者的生产生活条件,使之成为社会主义市场经济的平等创造者和平等获益者,可以有效地提升全体社会成员的素质,激发全体社会成员的创造力,实现资源的更优化配置,为经济发展提供强大的内生动力,实现可持续发展的经济发展模式。不仅如此,我们模型的分析方法具有很强的推广性,对于进一步分析经济体系可能遇到的其他冲击和风险,以及政府其他可能的政策及其后果,都可以做出相应的评估和预测。

第四章　国际的比较

本章对国际上跨越"中等收入陷阱"正反两方面的经验教训进行比较分析，力图为民生经济理论提供依据，为我国应对相关问题提供借鉴。

第一节　"中等收入陷阱"：主要表现与原因分析

一、主要表现

前文已述，"中等收入陷阱"（Middle Income Trap）是世界银行2006年在其《东亚经济发展书》中提出的概念。新兴市场国家突破人均GDP 1000美元的"贫困陷阱"后，会快速进入1000美元至3000美元的"起飞阶段"，但是到了人均GDP 3000美元左右时，快速发展中积聚的矛盾就会集中爆发，人均GDP无法突破1.1万美元进入高收入国家行列。这种发展的停滞被称为"中等收入陷阱"。

"中等收入陷阱"是一个世界性的发展难题。拉美地区和东南亚一些国家是陷入"中等收入陷阱"的典型代表。如菲律宾1980年人均国内生产总值为671美元，2006年仅上升到1123美元，扣除通货膨胀因素，基本没有变化。马来西亚1980年人均国内生产总值为1812美元，到2008年仅达到8209美元。巴西、阿根廷、智利等拉美国家在20世纪70年代便已进入中等收入国家行列，但目前仍挣扎在人均GDP 5000美元左右的发展阶段，始终不能跨过1万美元的门槛。

与此同时，也存在一些正面的例子。如新加坡、韩国、中国香港、中国台湾等国家和地区成功跨越"中等收入陷阱"，成长为"亚洲四小龙"。就比较大规模的经济体而言，日本和韩国成功实现了由低收入国家向高收入国家的转变。1968年日本GDP总量超过西德，达到1000亿美元，成为仅次于美国的全球第二经济大国。但这一年日本的人均GDP只排在世界第20位。此后日本的人均GDP持续高速增长，不仅在速度上大大快于欧美发达国家，而且基本保持了社会稳定，到1984年人均GDP超过1万美元，成功跨越了所谓的"中等收入陷阱"。1980年韩国人均GDP仅为1645美元，到1983年时为2074美元，但到1995年就达到了11469美元，突破了人均1.1万美元大关，跻身高收入国家行列。

必须指出的是，尽管人均GDP是衡量是否跨越"中等收入陷阱"的重要指标，但不是唯一指标，这种差别涵盖经济社会发展的方方面面。如果我们选取成功跨越"中等收入陷阱"的韩国和陷入"中等收入陷阱"的马来西亚和阿根廷作为样本进行比较，可以很容易看出其在经济增长、技术创新、人力资源、收入分配、社会发展、对外依赖等方面都存在重要区别。

第一，经济增长稳定性差别大。陷入"中等收入陷阱"的国家，经济增长往往出现较大的起伏，即便在短期内取得高增长，也往往难以持续。以人均国内生产总值增长为例，在1963年至2008年的45年间，阿根廷有16年人均国内生产总值负增长，马来西亚有5年负增长，而韩国仅有2年负增长。在这45年间，阿根廷人均国内生产总值年均增长率仅为1.4%，马来西亚为4.0%，而韩国为6.3%。1963年，阿根廷人均国内生产总值为842美元，已达到了当时的中高收入国家水平，而韩国当时仅为142美元，是典型的低收入国家。但到45年后的2008年，阿根廷的人均国内生产总值仅增长到8236美元，仍为中高收入国家水平，马来西亚则由低收入国家进入了中等收入国家行列，而韩国则达到了19115美元，进入高收入国家行列。

第二，研发能力和人力资本存在明显差别。从R&D支出占国内生产总值的比重来看，韩国2003年达到2.64%，高居世界第7位；而马来西亚、阿根廷分别为0.69%、0.41%，世界排名均在40名以后。从研发人才来看，2006年，韩国每千人中的研发人员达到4.8人,而马来西亚和阿根廷则分别只有0.42人和1.1人,韩国分别是后者的11.4倍和4.4倍。从劳动力素质来看,韩国2007年劳动力中具有大学以上教育程度的为35%,而马来西亚和阿根廷分别为20.3%和29.5%。

第三,收入分配公平程度差异较大。从基尼系数上看,阿根廷和马来西亚基尼系数较高,两国在20世纪80年代中期基尼系数就在0.45左右,到90年代末进一步上升到接近0.50;2007年阿根廷则达到0.51,而马来西亚始终保持在接近0.5的水平上。韩国在70年代末基尼系数为0.36,到90年代末下降到0.31,至今没有明显变化。从最高10%收入阶层和最低10%收入阶层的收入比来看,阿根廷为40.9%,马来西亚为22.1%,均远高于韩国7.8%的水平。

第四,社会发展指标有明显差别。如预期寿命一项,韩国1960年仅为54.2岁,与马来西亚基本相当,比阿根廷低11岁;到2008年,韩国提高到79.8岁,已明显高于阿根廷和马来西亚的75.3岁和74.4岁。婴儿死亡率也有类似情况,韩国1960年婴儿死亡率高达96‰,远高于阿根廷和马来西亚的59.9‰和66.1‰;到2008年,韩国已经下降到4.7‰,低于阿根廷和马来西亚的14.6‰和5.9‰的。在教育领域,2010年韩国成人平均受教育年限由20世纪70年代的5.6年上升到11.3年,明显领先于阿根廷和马来西亚的8.9年和9.7年。

第五,对外部经济的依赖程度存在差别。在利用外资方面,阿根廷和马来西亚的外商直接投资占国内生产总值的比重明显高于韩国,表明外资在经济中占有更重要地位,特别是马来西亚,1990年的外商直接投资占比达到了5.3%。在外债方面,阿根廷2002—2004年间的外债余额占国内生产总值的比重曾超过100%。总体而言,阿根廷和马来西亚对外部经济的依赖程度要明显高于韩国。[1]

综上所述,是否跨越"中等收入陷阱",不仅仅是经济发展总量和速度的问题,而且是经济社会发展质量的问题,是关系一个国家在一定阶段发展状况的整体评价。

---

[1] 王一鸣,《"中等收入陷阱"的国际比较和原因分析》,载《学习时报》2011年4月6日。

二、一些国家和地区陷入"中等收入陷阱"的原因分析

跨越"中等收入陷阱"是一个复杂的过程,很多因素在其中发挥作用。① 反之,从拉美地区和东南亚一些国家的教训看,陷入"中等收入陷阱"的原因主要有以下几个方面。

第一,错失发展模式转换时机。以阿根廷等拉美国家为例,在工业化初期实施进口替代战略后,未能及时转换发展模式,而是继续推进耐用消费品和资本品的进口替代,即使在20世纪70年代初经历石油危机后,还是继续维持"举债增长"模式,使进口替代战略延续了半个世纪。而马来西亚等东南亚国家则因国内市场狭小,长期实施出口导向战略使其过于依赖国际市场需求,极易受到外部冲击。

第二,难以克服技术创新瓶颈。一国经济在进入中等收入阶段后,低成本优势逐步丧失,在低端市场难以与低收入国家竞争,但在中高端市场则由于研发能力和人力资本条件制约,又难以与高收入国家抗衡。在这种上下挤压的环境中,很容易失去增长动力,从而导致增长停滞。要克服这一挑战,就需要在自主创新和人力资本方面持续增加投入,培育新的竞争优势。马来西亚等东南亚国家在亚洲金融危机后再也没能恢复到危机前的高增长水平,就与经济增长缺乏技术创新动力有直接关系。

第三,收入差距不断拉大。改善收入分配不但能够创造更为均衡的发展,还能够减缓社会矛盾和冲突,从而有利于经济可持续发展。拉美国家在进入中等收入阶段后,由于收入差距迅速扩大导致中低收入居民消费严重不足,消费需求对经济增长的拉动作用减弱。如20世纪70年代,拉美国家基尼系数一直徘徊在0.44—0.66之间,巴西到90年代末仍高达0.64。一些国家由于贫富悬殊,社会分化严重,引发激烈的社会动荡,甚至政权更迭,对经济发展造成严重影响。

---

① 比如日本大学经济史教程对本国跨越"中等收入陷阱"的关键是这样表述的:日本在这一阶段以"收入倍增计划"为政策导向,靠"国际重商主义"和自由贸易环境获得发展,而美日在军事和经济方面的同盟关系也为日本提供了安全保护伞和享受国际相互依赖关系的便利。

第四，宏观经济政策出现偏差。从拉美国家看，受西方新自由主义影响，政府作用被极度削弱，宏观经济管理缺乏有效制度框架，政策缺乏稳定性，政府债台高筑，通货膨胀和国际收支不平衡等顽疾难以消除，经济危机频发造成经济大幅波动。如20世纪80年代的拉美债务危机、1994年的墨西哥金融危机、1999年的巴西货币危机、2002年的阿根廷经济危机等，都对经济持续增长造成严重冲击。阿根廷在1963—2008年的45年间出现了16年负增长，就集中发生在80年代债务危机和2002年国内金融危机期间。

第五，体制变革严重滞后。在拉美国家，体制变革受到利益集团羁绊，严重滞后于经济发展，精英集团的"现代传统主义"片面追求经济增长和财富积累，反对在社会结构、价值观念和权力分配等领域进行变革，或者把这种变革减少到最低限度。经济财富过度集中，利益集团势力强大，造成寻租、投机和腐败现象蔓延，市场配置资源的功能受到严重扭曲。①

从更深层次上进一步分析，以上5个方面的原因都与不同社会阶层在经济发展中权力和机会分配的不平等密切相关。首先，分配情况的恶化，当然是不平等的直接表现。其次，技术创新的抑制，很大程度上来自创新资源不平等和低效率的配置，这些资源绝大多数都通过寻租和威权，配置给了效率低下的关系企业。再次，发展模式转换的失误和宏观经济政策的偏差，很大程度上源于"精英治理模式"与"民粹主义模式"的交替循环。"精英治国模式"下专制政府利用高压政策启动增长，导致不平等扩大，社会紧张加剧，政府则用更高压的政策保持稳定，几番升级后民众走上街头，模式终结。在随后的"民粹主义模式"中，民选政府为了兑现选举承诺，保持社会支持度，被迫于短时间内在财富的再分配上耗尽资源（为此不惜在财政、货币等主要宏观经济政策上竭泽而渔），而没有时间和精力在机会和权利的再分配上扎实推进，导致经济发展后继乏力，直至崩溃。最后，体制变革的滞后，主要来自既得利益集团的抵制。因此，与本书已经进行的分析相一致，从本质上讲，成功跨越"中等收入陷阱"既是发展问题，更是平

---

① 王一鸣，《跨越中等收入陷阱的战略选择》，载《中国投资》2011年3月14日。

等问题。广大社会成员在发展机会和权利上的平等，是跨越"中等收入陷阱"的关键。

以上观点可以通过对东亚与拉美（这也可以视为在跨越"中等收入陷阱"方面成功与失败的两极）的权力结构和机会平等进行考察得到印证。

在"二战"后新独立的国家中，真正在经济上崛起的是少数几个东亚国家和地区，而东亚国家在实现高速经济增长的同时，收入分配不仅没有恶化甚至还得到了改善。1993年世界银行所著《东亚奇迹——经济增长和公共政策》指出，"在1965—1990年间，东亚23个国家和地区的增长速度高于世界其他地区。这种成绩的取得主要归功于其中8个经济体①近乎奇迹般的增长"②。最引人注目的是，这8个经济体不仅实现了快速增长，而且成功地大幅降低了收入的不平等程度。此书还指出，"除了韩国和中国台湾之外，它们在经济增长开始之时收入分配就高度平等，这些东亚经济体在享受更高的人均收入增长的同时，收入分配状况也得到了大幅度的改进。这些东亚经济体是仅有的实现高速增长而不平等程度降低的经济体"③。

对于东亚奇迹的经验，高波认为"权力结构的变动推动了土改，使广大农民得到了机会平等，推动了农业的繁荣和收入分配的平等化。农民收入提高，投资和消费能力也随之提高，有力地促进了劳动密集型工业化，有效地发挥了比较优势，逐步提升了要素禀赋结构和产业结构，造就了'东亚奇迹'"④。这其中典型的案例是中国台湾地区的土地改革和经济繁荣⑤。

为什么中国台湾地区能够提供机会平等而拉美不能？这与东亚国家（地区）的权力结构相关。一个国家或地区的制度和政策往往是政府（当局）与各利益集团博弈的结果，且通常由权力结构中占优势的集团主导制度和政策的制定。要进

---

① 8个经济体是指：日本、韩国、中国台湾、中国香港、新加坡、泰国、马来西亚和菲律宾。
② 世界银行，《东亚奇迹——经济增长和公共政策》，中国财政经济出版社1995年版。
③ 同上。
④ 高波，《机会平等、经济自由与权力机构——拉美、东亚发展模式比较与理论批判》，载《拉丁美洲研究》2010年第5期。
⑤ 孙代尧，《台湾威权体制及其转型研究》，中国社会科学出版社2003年版。

行深刻的制度变革,就要求政府(当局)在权力结构中占据优势地位,能够摆脱既得利益集团的束缚。东亚国家(地区)在进行平等化改革时已基本具备了这一条件①。但在拉美,保守的精英集团通过如下渠道掌握了巨大权力:控制着大量经济资源,可以左右一国的经济局势;经济精英有从政的传统,直接掌握政治权力;拥有主要媒体,可以影响社会思潮;组织程度高(以企业家联合会为载体),规模小,能采取有效的集体行动;与军队有着传统的密切关系等。因此,精英集团通常可以操纵政府,左右制度与政策的制定。② 相形之下,拉美民众在权力结构中处于劣势。因此,拉美向来缺乏平等化改革的政治前提。正如世界银行所指出的,"产品、土地、劳动力和资本市场是资源配置和经济发展的关键因素。市场制度在一整套非市场化的政治制度中存在并发挥着作用。这些制度的性质——它们发挥作用的方式——受到了政治和社会领域中不公平因素的影响"③。构造这些制度或社会能力上的不公平,导致了在资源分配和收入上的不平等。正是由于权力结构和机会平等的差异,东亚的发展是包容性的(inclusive),而拉美则是排斥性的(exclusive)。二者的比较倾向于证实这样一个发展假说:保守的既得利益集团占上风的权力结构是发展的障碍,当权力结构发生改变,政策导向能兼顾经济自由和机会平等时,就能实现快速、持续的发展④。以土地为核心的机会平等和经济自由一起,可以实现经济繁荣和收入分配平等,由此产生的需求结构自然会导向劳动密集型的产业结构,从而发挥出发展中国家和地区的比较优势。世界银行也认为,相对平等的政治权力的分配机制反过来能够加强促进社会繁荣的制度建设,而制度则具有一定的分配效应(distributional effects)⑤。

---

① 当制度和公平等条件不具备的时候,社会也会出现经济增长并得到发展。如20世纪60年代中期以后的韩国和印度尼西亚,不稳定的政治形势促使政党政权创造一个有利于经济增长的环境。
② 精英集团总是面临社会不稳定带来的压迫感,从而被迫促使大多数公众能够安居乐业。事实上,只要社会能够满足最基本的政治权利表达的需求或者能够安抚中下层人群,就可以实现短期内的充分发展。
③ 世界银行,《公平与发展——2006年世界银行发展书》,清华大学出版社2006年版。
④ 同上。
⑤ 巴西经济学家福尔塔多曾在20世纪60年代末说过,拉美国家是经济增长与收入分配关系"恶性循环"的受害者。他认为,一方面,五六十年代在拉美流行的增长模式导致收入高度集中在少数富人手中;另一方面,高收入使这些富人的消费需求发生了变化,从而使生产结构偏向具有资本密集型特征的耐用消费品。

第二节 机会平等和资源平等：跨越"中等收入陷阱"的关键

由于经济、政治和社会不平等往往存在长期的代际自我复制，因此机会和政治权力不平等对发展带来的负面影响，其伤害性更大，也因此被称为"不平等陷阱"。精英阶层通常会将这种不平等固定化，而边缘化和被压迫群体则往往会将这种不平等内部化。因此，"不平等陷阱"有可能会相当稳定，且长期存在。实践证明，能够成功跨越"中等收入陷阱"的国家大都较好地解决了教育、收入、权力等方面的不平等问题；与此相反，一些东南亚国家和拉美国家则在相关领域的改革中裹步不前，深陷"不平等陷阱"的泥沼。

一、教育不平等

在评估各种机会不平等的情况时，教育无疑是一个具有内在重要性的方面。此外，在涉及个人收入、健康以及与他人交流互动的能力方面，教育也占据着重要的决定性地位。因此，教育方面的不平等会影响与福利、经济增长[1]有关的其他方面的不平等状况。

以下以韩国和巴西作为对比，分析加大教育投入和加强创新对经济增长和跨越"中等收入陷阱"的促进作用。

20世纪70年代后期，韩国和巴西在第二次工业革命大背景下完成了一轮工业化。作为新兴工业化经济体，在几乎整个70年代，韩国和巴西是世界上经济增长速度最快的国家，分别被誉为"汉江奇迹"和"巴西奇迹"。1965—1980年间，

---

[1] 扎卡赖亚指出，"对于国家建设，教育不再是一个令人费解的重要先决条件。教育作为一种人力资源开发被看作是经济增长的一个关键的必要因素"。见扎卡赖亚《教育学文集：印度、埃及、巴西教育改革》，人民教育出版社1991年版。

韩国和巴西 GDP 的增长率分别达到 9.6% 和 8.8%，高于东亚和拉美的其他新兴工业化经济体；两国制造业产出和出口也始终保持较大幅度的增长，特别是制造业，出口增长率分别达到 31.2% 和 22.1%。人们普遍认为，这两个国家凭借 20 世纪 70 年代兴起的新一轮技术革新，完全能够向更高的发展阶段迈进。1980 年，韩国人均 GDP 为 1678 美元，巴西为 1371 美元，两国经济发展水平较为接近，都步入了由低收入国家向中等收入国家迈进的重要阶段。

进入 20 世纪 80 年代后，韩国经济继续保持高位运行，1980—1988 年间，韩国 GDP 保持 9.9% 的高速增长；巴西的经济增长率则呈现一定下滑，1980—1988 年的 GDP 增长率仅为 2.9%；同时，制造业产出的增长率也下降至 2.2%，经济增长动力不足的趋势逐渐显现。尽管如此，1987 年和 1989 年，韩国和巴西的人均 GDP 分别达到 3366 美元和 3403 美元，双双进入中等收入国家行列。

然而，从 20 世纪 80 年代中后期开始，韩国和巴西逐渐走上两条不同的发展道路，在经济增长、社会发展和综合国力等方面显示出越来越大的差异性。90 年代以来，韩国经济继续保持平稳高速增长，仅用八年时间便成功突破"中等收入陷阱"，实现了经济社会的重大转型；2008 年韩国人均 GDP 更是达到 20530 美元，跻身高收入国家和发达国家行列。与此形成对照，巴西则落入"中等收入陷阱"，人均 GDP 长期在 5000 美元以下徘徊，不得不经受经济发展停滞、通货恶性膨胀的艰难时势。①

（一）韩国

作为深受儒家文化影响的国家之一，韩国长期以来有重视教育的传统，教育被视为实现自我和促进社会进步的手段。郭继强认为，韩国重视教育的传统、以教育和技术训练为主的人力资源开发方式，加之大量的投入（公共部门和私人部门教育的全部支出通常超过国民生产总值的 10% 以上），人力资本的数量增长和结构优化以及让人力资本有效发挥作用的外部环境共同推动了经济持续高速增长。②

---

① 参见李春景《"中等收入陷阱"面前韩国巴西的不同选择》，载《经济参考报》2011 年 6 月 2 日。
② 郭继强，《人力资本投资的结构分析》，载《经济学（季刊）》第 4 卷第 3 期，2005 年 4 月。

数据显示,韩国已经成为世界范围内教育普及率高、质量高、均衡度高的"三高"典范。作为推进教育公平的标杆,韩国在2005年基础教育各阶段的学生入学率已达到或接近100%,高等教育也基本普及化。在OECD面向其成员国所进行的两次国际学生学业测评(PISA,2000、2003年)中①,韩国学生的成绩令人刮目相看。在2000年的阅读、数学和科学的3项测试中,韩国学生科学第一、数学第二;在2003年的测试中,韩国学生在新增加的测试项目问题解决中获得第一、阅读第二、数学第三。如此骄人的成绩,与韩国的教育公平政策密切相关,主要体现在以下几方面。

1. 教育经费投入"公私分明",保障教育机会均等

韩国教育投入的基本原则是公共资金重点保障教育的均等,私人资金保障教育的效率与普及。政府公共资金重点保证义务教育的普及,义务教育后阶段的教育投入以私人为主,私人投入占教育投入的比例居世界第一。根据2001年的统计数字,韩国对教育的投入占到GDP的8.2%,超过OECD所有其他国家。但在其对教育的投入中,公共资金的投入仅占GDP的4.8%,低于OECD国家的平均水平;其私人教育投入却占到GDP的3.4%,高居OECD国家之首。到2004年,韩国私立高中的学校数和学生人数都占到50%,这种符合国情的做法产生了良好效果。2005年,韩国高中入学率达到99.7%。在25~34岁年龄组中,高中毕业人口居世界第一。韩国用了30年时间从高中人口比例最低的国家变成了最高的国家。

2. "农村包围城市"的免费义务教育,优先扶助弱势群体

韩国政府首先将有限的公共资金用于收益率最高的初等教育,然后根据经济发展程度,在不同的地区采取了不同的资金投入政策。1954年,韩国首先在农村、渔村、岛屿等条件不利的地区实行免费教育,继而逐步向城市扩展,1965年,韩国政府开始在全国范围内实行免费的6年义务教育。随着经济发展,1985年,韩国对边远地区实施了免费的9年义务教育,而对其他经济状况较好的地区仍采用原有的初等教育制度,中学和大学的全部教育经费由受教育者家庭来承

---

① 皮拥军,《韩国和芬兰——OECD国家推进教育公平的典范》,http://www.360doc.com/content/11/0623/14/7193859_12906661.shtml。

担。这种优先贫困地区政策的目的是鼓励或迫使有支付能力的家庭增加对教育的投入,在政府财力有限的情况下达到教育普及和均等化并举的目的。2002 年韩国政府开始扩大免费义务教育的范围,直至 2004 年,才在全国普及了免费的义务教育。这种"农村包围城市"的做法,体现了教育的公平,实现了教育均衡,使弱势群体真正享受到了教育福利。

(二) 巴西

巴西作为拉丁美洲最具经济实力的国家,在教育发展水平上仍与发达国家存在着明显的差距。2001 年,巴西 15 岁以上成人识字率只有 86.4%,成人人均受教育时间不足 5 年;2001—2002 年,巴西的教育经费占 GDP 的比重为 4.4%,教育经费总额为 199 亿美元。从下表(表1、表2、表3)中巴西同美国各级学校教育的发展对比来看,除了小学的净入学率外,巴西的中学和高等教育入学率均低于美国,特别是高等教育入学率,巴西只有 18%,而美国高达 81%。此外,巴西中小学的留级率高达 20% 左右,只有 81.7% 的学生能够完成小学阶段学习。

表1　2001—2002 年美国巴西小学教育发展状况比较

	在校生总数	净入学率(%)	生师比	复读生(%)	四年级保留率(%)	完成率(%)	生均开支/人均GDP(%)
美国	24855480	93	15	…	…	…	21.1
巴西	19727684	97	23	21	80	81.7*	10.8

说明：…表示没有相关数据,下同；* 为 2001 年数据,来自世界银行数据库。

表2　2001—2002 年美国巴西中学教育发展状况比较

	在校生总数	净入学率(%)	生师比	复读生(%)	生均开支/人均GDP(%)
美国	23196310	85	15*	…	23.9
巴西	26441248	72	19	18	10.0

说明：* 表示当年数据缺乏,此数字为 2001—2002 年学生总数与 2000—2001 年教学人员总数之比。

表3 2001—2002年美国巴西高等教育发展状况比较

	在校生总数	毛入学率（%）	毕业生总数	教学人员总数	生师比	生均开支/人均GDP（%）
美国	15927987	81	2238327	1113183	14	26.5
巴西	3125745	18	422019	203406	15	48.5

资料来源：以上三表数字除注明外，均来自联合国教科文组织统计：全球教育要览2004（英文版），蒙特利尔，2004；王然，《教育与经济发展——美国巴西比较研究》，内蒙古师范大学学报（教育科学版）2005年第5期。

20世纪90年代，为了改变巴西基础教育的落后面貌，巴西政府制订了很多计划，如1990年的消除文盲计划、1991年的"教育革命"等，但是这些计划多数最终都不了了之，并没有起到明显的作用。1997年，巴西的文盲率仍然高达15.9%；2000年，65%的公民未完成国家规定的义务教育，经济活动人口中只有4.7%的人接受过高等教育。巴西的《请看》杂志[①]就曾指出，"巴西教育水平之低乃是国家发展的瓶颈之一"。

1. 国民教育在地域、种族和性别之间存在较大差别。巴西的国民教育水平分布不均，其中城市比农村高，东南部和南部经济发达地区比经济落后的东北部和北部地区高。例如，巴西全国15~17岁少年的文盲率为12.4%，而东北部地区这一指标则高达26.1%。就全国而言，农村的文盲率是城市的3倍。在东南部和南部地区，文盲率低于7%，而在东北部皮奥伊州的农村却高达33%。巴西国民受教育的程度还因种族不同而存在差异。像在其他社会生活领域一样，黑人与混血种人在教育方面亦受到极不公正的待遇。年龄在25岁以上的文盲率，白人为15%，黑人为35.2%，混血种人为33.6%。上学9年和9年以上的人口比重，白人为26.7%，黑人为9.3%，混血种人为12.7%。上学12年和12年以上的人口比重，白人为11.4%，黑人为1.7%，混血种人为2.9%。13%的白人具有大学以上学历，这一比重在黑人和混血种人中只有4%和6%。受教育程度在性别之间的差别，在近50年发生了很大变化。总体而言，女性学生在5岁和5岁以上学生总数

[①] 张宝宇，《巴西教育问题：发展经济学视角的国际比较》，载《拉丁美洲研究》1998年第5期。

中所占比重已达到51%，与女性所占人口比重相仿。在20世纪70年代，女大学生比重有较快增加。到了80年代，这一现象发生在二级教育中，即上高中的女生增多了。1980—1986年，高中女生增长了31%，而同期男生只增长了10%。但是，女性教育在量方面的变化并未导致质的重大变化，一般女生在大学大多选择传统学科（如医学和人文科学）。在圣保罗市，学技术的女性只占8%。女职工一半以上就职于纺织、制衣、制鞋和食品加工部门。

2. 中等教育①基础薄弱。评价国民教育水平的一项重要指标是研究教育水平的人口分布。如将此项指标与东亚国家进行比较，巴西教育的一个显著特点便是中等教育偏弱。受过中等教育的人数只占受三级教育总数的7%，这一指数远远低于泰国（15%）、马来西亚（21%）和韩国（56%）。此外，在巴西达到中等教育水平人口中的一半进入大学，而上述3个国家这一指标约为20%。这说明，上述3个国家的教育体制旨在使大多数国民尽可能获得中等水平的教育，而巴西长期以来是将高等教育列为重点发展对象②。教育部将预算的80%投向高等教育领域。巴西重视发展高等教育而轻视中等教育，原因可能是多方面的，比如与韩国等东亚国家相比，它原来的基础教育较好。1953年，韩国只有13%的人能够读书写字，而当时巴西大约有50%的人已达到这一水平，从而使其注意力转向了发展高等教育。但更重要的原因在于工业化模式的选择上。20世纪60年代，巴西政府将耐用消费品和资本货物作为工业化和经济增长的主导部门，而跳过了劳动密集型产业发展阶段。其重点发展高等教育，以解决高新技术问题，形成科技人员队伍，同时亦使中产阶级数量扩大，吸纳高级耐用消费品的国内市场容量增加。但实践证明，"优先发展高等教育是巴西做出的一项错误选择"③。

从发展经济学的角度分析，巴西中等教育相对落后，对本国社会和经济的发

---

① 巴西的基础教育分为三级，两个层次。基本教育为第一级，中等教育为第二级，高等教育为第三级；两个层次为基础教育和高等教育。基础教育又分为幼儿教育（0~6岁）、基本教育（7~14岁）和中等教育（15~17岁）。
② 不仅在巴西，整个拉美地区和东亚的教育结构都存在着明显的差异。在拉美，尽管受过高等教育的人在总人口中的比重较高，但受过中等教育的人在总人口中的比重则较小，这是拉美和东亚在教育结构上的最大差别。
③ 张宝宇，《巴西教育问题：发展经济学视角的国际比较》，载《拉丁美洲研究》1998年第5期。

展至少造成两方面的不利影响。一是中等教育落后导致劳动力普遍质量低下，未受过中等教育而参加工作的人"先天不足"，很难掌握先进的生产技术，因而直接影响产品质量。二是文化水平低的员工往往是企业减员的首选对象。据巴西劳工部统计，在近年被解雇的员工中，23.2%的员工只读过一级教育中的4年级，51.7%的员工读过一级教育中的4—8年级，而受过二级教育的人只占被辞退总数的19.7%。显然，文化程度低的员工不仅工薪低，而且往往成为失业者。应当说，巴西收入分配极为不公，被公认为是"高度不平等"的国家，这与该国中等教育不发达有很大关系。

二、劳动力市场①的不平等

为劳动力创造更多平等就业的机会是实现更大范围的社会公平的基础。劳动力市场中的工资和就业条件会影响工人及其家庭的生活质量，因此，劳动力市场的运转会对公平——劳动者本身、劳动者获得工作的途径、劳动者和雇主之间的关系——产生深刻影响。为了提高收入的公平性，政府通常会频繁干预劳动力市场，但是政府干预又会导致效率的下降。只有当某一领域里保护弱势劳动者群体（有益于公平）与保持市场弹性（有益于增长）实现平衡时，才能有助于保证劳动力市场的公平性。

（一）日本

日本政府的就业政策是一种在市场经济条件下，对劳动力的供求关系进行调节，使之达到市场均衡的政府行为。在劳动力需求远小于劳动力供给的约束条件下，日本政府在大多情况下采取的是需求管理政策。

---

① 西方学者一般将就业政策与劳动力市场政策视为两个不尽相同的概念。就业政策的范围更为宽泛，包括影响就业程度和质量的各种经济和社会领域的措施及手段，如扩大贸易、产业结构调整等；而劳动力市场政策的含义相对狭小，主要指公共部门对劳动力市场的干预，其目的在于减少和避免失业，缓解失业带来的消极影响和扶助失业者。

1. 旨在实现区域、性别、非正式部门就业平等的法律框架

在 20 世纪 80 年代，日本政府为应对经济结构调整，出台的就业法规主要有两部分：一是就业结构调整方面的，如《地域就业开发促进法》《职业能力开发促进法》等，旨在在新的地区和新的产业结构中创造更多的就业机会；二是制定在就业上禁止轻视弱势群体、促进公平就业的法律法规。进入 80 年代后，日本政府致力于为各类劳动者营造多种形式的就业环境。该时期颁布的法规包括《男女就业机会均等法》《高龄者就业安定改正法》《育儿休假法》等[1]。

20 世纪 90 年代以来，日本经济一直处于低迷状态。日本政府的就业制度和传统的终身雇佣制在宏观和微观两个层面受到挑战。为此，日本政府采取措施进一步激活企业外部的劳动力市场，进一步扩大就业渠道。例如，过去零短工一直是被列为政策消解对象的"非正式从业者"，而 1993 年《零短工劳动法》的颁布，使该种就业方式得到正式承认，使得非正式部门劳动者的权益得到有效保护。

2. 促进妇女平等就业

1999 年 6 月颁布的《男女共同参画社会基本法》，是构筑男女平等社会、实现男女共同参与社会发展和规划目标的根本性法律。2000 年 12 月，内阁还通过了《男女共同参画基本计划》，各地方政府也在此基础上制订了相应的"参画"计划。其措施包括：

一是从中央到地方、从政府到民间设立推进妇女就业的机构。厚生劳动省内设立了雇佣均等儿童家庭局，负责制定妇女就业、保障雇佣领域男女平等的方针和政策。全日本 47 个都道府县都有男女平等参与推进室、职业能力开发课以及妇女就业服务中心这样的机构。这些机构的职责之一就是促进男女雇佣机会均等和同工同酬，促进妇女职业生活与家庭生活的协调，制定提高女性地位的方针政策，并根据《男女雇佣机会均等法》向企业和女职工提供咨询和指导服务。

二是鼓励妇女以多种形式就业，为妇女再就业创造条件[2]。在就业上确保男女机会均等和待遇均等，对那些由于生产、养育孩子而辞职的妇女再就业提供支

---

[1] 常荔，《日本劳动就业政策》，http://www.pspa.whu.edu.cn/dfzf/ywcz/2011-04-17/159.html。
[2] 胡澎，《日本在鼓励生育与促进妇女就业上的政策与措施》，载《日本学刊》2004 年 6 月。

援，为她们提供再就业信息和学习的机会。1991年开展了"妇女就职活动"，各级政府部门设立了就业促进中心，每年举办6期妇女再就业培训班，全国设立60个"妇女就业援助设施"，为长期离职缺乏职业经验的妇女提供就业调查信息、技术培训、咨询讲习等，有的还向低收入的单身母亲支付听课费和交通费。政府还规定企业主应有计划地向职工提供企业和车间的有关信息，并向做得好的企业主支付"育儿休业"人员"复职奖励金"，每复职一人，企业可得到13万日元的奖励。

（二）拉美地区

在拉美地区，劳动力市场作为社会融入的核心、公民参与的主要空间和物质进步发动机的重要作用还没有发挥出来。它存在的很多问题都导致了严重的社会差别和不公，直接影响到劳动者安全感和社会归属感的形成[1]。

1. 存在大量非正规就业和失业现象

由于非正规就业和失业现象的大量存在，劳动力被明显分割为三个层次：第一个层次的劳动者拥有稳定的工作和收入，享有社会保障，大部分正规部门的就业者属于这一层次；第二个层次的劳动者虽然有工作，但很不稳定，收入水平也比较低，只有一小部分人能够享有社会保障，绝大多数非正规部门[2]的就业者属于这一层次；第三个层次是失业者。拉美国家的主要问题不是第二和第三层次劳动力的存在，而是在于这两个层次劳动力所占的比重过高，而且缺乏向第一层次流动的机会。在20世纪90年代，拉美地区70%的新增就业属于非正规就业。如果算上正规企业中不享受社会保障的劳动者，这个比重预计还会更高。目前，整个非正规部门吸收了拉美地区50%以上的劳动力[3]（见表4）。

---

[1] 林华，《就业形势、劳动力市场政策与社会凝聚——拉美国家的现实与挑战》，载《拉丁美洲研究》2010年1月。

[2] 秘鲁经济学家德索托把这种非正规经济的发展归因于政府对经济生活进行的不适当干预和法律制度的不健全。见张勇《20世纪70年代以来拉美劳动力就业及其启示》，载《拉丁美洲研究》2008年4月第30卷第2期。

[3] 樊纲、张晓晶认为，出现这种情况的原因在于，城市化的快速推进与工业化发展的滞后，使得整个社会不能很快吸纳这些从农村转移到城市的劳动力；另外，大量非正规就业还由于正规就业部门门槛高，因而存在着对正规部门的劳工保护（包括最低工资制、社会保障等）。见中国经济改革研究基金会国民经济研究所《"福利赶超"与"增长陷阱"：拉美的教训》，载《管理世界》2008年第9期。

表4 部分拉美国家的非正规部门就业情况（%）

	1950	1970	1990	2000/3
阿根廷	9.5	9.5	52.0	46.5
玻利维亚	10.5	14.5	-	66.7
巴西	6.9	9.3	40.6	44.6
智利	13.8	11.5	37.9	38.0
哥伦比亚	8.5	11.5	45.7	55.6
厄瓜多尔	7.7	13.7	55.6	55.0
墨西哥	9.7	14.5	38.4	41.0
秘鲁	9.8	17.0	52.7	56.2
委内瑞拉	11.4	16.0	38.6	52.4

资料来源：樊纲、张晓晶，《"福利赶超"与"增长陷阱"：拉美的教训》，中国经济改革研究基金会国民经济研究所。

2. 劳动力市场的歧视和排斥加剧社会不公

在拉美国家的劳动力市场上，被排斥和歧视的人群主要是非洲裔居民、印第安人、贫困妇女、青年、残疾人和艾滋病患者。青年和妇女的失业和就业不足一直是拉美劳动力市场最严重的问题之一①。而印第安人和黑人作为最受歧视的群体，面临的最大问题是就业质量低下。他们在职位、工资水平和职业分工等方面均与其他种族存在明显差别。他们中从事农业活动的劳动力比重达到34%，而其他种族只有不到20%。在玻利维亚、危地马拉和秘鲁，这一比重均超过50%。由于劳动生产率水平较低，印第安人和黑人的工资远低于其他种族。其中玻利维亚最为明显，2005年前者的平均工资仅相当于后者的34%，而整个拉美和加勒比地区的印第安人和非洲裔人口分别达到5800万和1.74亿。

3. 对劳动者的社会保护加大了正式和非正式就业之间的差距

在发展中国家，通过立法和政策来保护劳动者，仅仅在正式部门中得到了执行，而没有其他措施用于提高非正式就业的工作条件，这会从本质上以不公平的

---

① 除了墨西哥和中美洲国家以外，拉美其他国家女性的失业率一般是男性的1.5倍左右。而15~24岁青少年人口的失业率不仅是各年龄段中最高的，而且在大部分拉美国家都比平均失业率高出1倍以上。

方式加大正式就业和非正式就业之间的差距①。拉美国家于20世纪90年代中期起实行的劳工改革产生了两个最直接的后果：一是各种非合同工和临时工的数量大增，二是社会保障的范围在逐渐缩小。劳动合同不仅意味着劳动关系得到法律上的承认和保护，也是劳动者获得社会保障的重要前提条件。据统计，在拉美的非合同工中只有15%的人享有社会保障，而这一比重在签订了"无明确期限合同"的劳动者中为87%，在签订了其他类型合同的劳动者中为57%。由于非合同工和非正规就业的大量存在，拉美国家在2005年只有56.7%的劳动者被纳入了社会保障体系，而这一比重在1990年为63.3%。很多人面临着因失业而无收入、患病或工伤而无医疗保障和退休无养老金的风险。

三、收入分配不公

收入分配不公是影响经济体跨越"中等收入陷阱"的重要因素之一。部分东亚和拉美国家在20世纪80年代，人均国内生产总值便达到了3000美元以上，如阿根廷早在1964年时人均国内生产总值就超过了1000美元，在90年代末上升到了8000多美元，但2002年又下降到2000多美元，而后又回升到2008年的8236美元。这些国家经过二三十年的努力，几经反复，却仍然未能跨越人均GDP 1万美元的门槛，这与本国收入分配差距过大有着密切关系②。与之相比，成功跨越"不平等陷阱"的日韩等国，却在促进经济增长的同时注重缩小收入差距，减少因收入分配不公导致的贫困与社会动荡问题。

（一）日本

日本能够跨越"中等收入陷阱"很重要的一个原因，便是认识到了收入差距扩大所带来的不平等增长风险。早在20世纪60年代，日本依靠外部需求和外部

---

① 世界银行，《公平与发展——2006年世界银行发展报告》，清华大学出版社2006年版，第186页。
② 美洲开发银行的研究报告《经济发展与社会公正》指出，拉丁美洲的收入分配差距非常之大。例如，20世纪90年代世界各国的平均基尼系数为0.4，而在拉丁美洲，除牙买加（0.38）以外，其他国家均高于世界平均数，其中有11个国家高达0.5甚至以上。关于这一问题的分析，可参见李毅《拉美陷阱之收入不公》，载《中国财富》，http://www.china-up.com:8080/international/message/showmessage.asp?id=798。

资源，实现了快速起飞和较高的经济增速，但同时也出现了过分依赖出口、产能过剩、过度依赖投资、个人消费不足等症状。为解决快速工业化进程中不断扩大的收入差距，使经济成果能够为全体国民所共享，日本提出了"国民收入倍增计划"，即在一个相对确定、较短的时期内，通过提高国民经济各部门生产效率和效益、显著提升居民实际收入水平、建立健全政府收入分配和社会保障机制等方式，实现居民收入翻番目标的一种经济社会发展方案。在该计划下，日本政府引入了最低工资制，扩展社会保障，完善养老保险金，提高健康保险付给率。此外，政府通过制定新立法以增加农业从事者的收入，协助中小企业推进设备现代化与专业化生产，提高劳动生产力。

国民收入倍增计划在日本实施的结果是，国民生产总值和国民收入的实际年平均增长率达到 11.6% 和 11.5%，超过计划规定的目标；在实施计划的第 7 年，便实现了国民收入增长 1 倍的目标；人均国民收入按市场价格计算，从 1960 年的 395 美元，增加到 1970 年的 1592 美元，10 年间实际工资平均增长 83%。1970 年该计划完成之时，日本的国民生产总值已先后超过法国和德国，仅次于美国，跃居世界第二位。实际上，从 1960 年到 1973 年，日本人均实际国民收入甚至增加了两倍，失业率也保持在 1.1%~1.3% 的低水平。

正是"国民收入倍增计划"的实施，通过增加国民收入来刺激内需，改善了日本经济存在的结构性问题，并实现了产业升级、技术改进，缓解了社会"二重结构"的发展，让强大的中间阶层为社会转型提供"橄榄型"的稳定支撑。通过比较日本 1994 年和巴西 1998 年的收入累计频率可以看出，20% 的低收入家庭得到的收入日本为 8.4%，而巴西只有 2.2%；40% 的低收入家庭得到的收入日本为 21.7%，而巴西仅为 7.6%。巴西的基尼系数高达 0.61，而日本长期稳定在 0.3 左右（见表5）。

表5 日本1994年和巴西1998年收入累计频率对比

等级	累计频率（%）		
		巴西 1998年	日本 1994年
1（上）	100	100.0	100.0
2	80	35.9	62.5
3	60	17.6	39.3
4	40	7.6	21.7
5（底）	20	2.2	8.4
基尼系数		0.61	0.3

资料来源：速水佑次郎、神门善久，《发展经济学——从贫困到富裕》（第三版），第164页。

这种平等主义式的分配政策，所带来的一个直接结果便是造就了大量中产阶层，工资收入上涨幅度高于物价上涨幅度，消费水平得到提升，国民开始普遍持有"中流意识"①。1973年，61%的日本人觉得自己是"中层里面的中层"，被称为"一亿总中流化平等化"模式。② 而在20世纪80年代的经济鼎盛时期，更是有近90%的人表示自己拥有中产意识，使得日本出现了"全民中产化"的社会现象。没有明显的贫富差距，再加上日本国民比较内敛的国民性格，在分配和消费上也就出现了所谓的"均质化"现象，除了少数十分富裕的阶层外，大部分日本国民的生活和消费都处在相对接近的层次上，因此，在大多数日本国民的意识中，日本社会实现了"平等"。

（二）拉美地区

与东亚地区相比，拉美地区存在着较为严重的收入不公（见表6）。根据联合国开发计划署关于拉美和加勒比2010年人文发展地区书显示，世界上最不平等的15个国家中有10个在拉丁美洲③。伯索尔等人对巴西和韩国的收入差距与经济增

---

① 江时学，《分享增长：拉美与东亚的收入分配比较》，载《拉丁美洲研究》1999年第2期。
② 刘星，《日本收入分配杂谈》，http://www.chineseworkers.com.cn/_d270684655.htm。
③ 管彦忠，《世界上最不平等的15个国家中拉美占10个》，载人民网2010年10月23日，http://world.people.com.cn/GB/1029/42408/13030284.html。

长进行了比较。1960 年,韩国占总人口 20%的富人所拥有的财富,大约是占总人口 20%的穷人所得财富的 8 倍;而在巴西,这一差距高达 26 倍。1960—1985 年,韩国的经济增长率为 5.95%。① 伯索尔等人认为,如果韩国收入分配不公的状况与巴西相同,那么韩国的增长率就会每年降低 0.66 个百分点,在此后的 25 年中增长率会减少 15 个百分点。威廉森引用的数据则表明,在 1960—1981 年,拉美穷人与富人的收入之差将近 20 倍,而东亚仅为 8 倍。② 在此期间,拉美的经济年均增长率只有 2.9%,而东亚则高达 5.7%。

表 6　拉美和东亚的基尼系数比较

		60 年代	70 年代	80 年代
拉美	巴西	0.53	0.60	0.57
	智利	0.46	0.46	…
	墨西哥	0.55	0.50	…
	哥伦比亚	…	0.57	…
	哥斯达黎加	0.50	0.49	0.42
	平均	0.51	0.52	0.50
东亚	韩国	0.34	0.39	0.36
	中国台湾	0.31	0.28	0.27
	新加坡	…	0.37	0.42
	中国香港	0.49	0.43	0.45
	泰国	0.41	0.45	0.47
	马来西亚	0.42	0.53	0.48
	印度尼西亚	0.33	0.32	0.31
	平均	0.38	0.40	0.39

资料来源:Nancy Birdsall and Frederick Jaspersen (eds), *Pathways to Growth:Comparing East Asia and Latin America*, Inter-American Development Bank, 1997, p. 87.

---

① Nancy Birdsall and Frederick Jaspersen (eds.), *Pathways to Growth:Comparing East Asia and Latin America*, Inter-American Development Bank, 1997, p. 87.
② Jeffrey Williomson, *Human Capital Deepening, In-equality and Demographic Events Along the Asia-Pacific Rim*, Oxford University Press, 1993.

1. 收入分配不公持续扩大

拉美收入分配不公有多种表现形式,既表现为财富占有的不公平,也表现为有产者(资本)和无产者(劳动)间收入的不公平,还表现为不同地区、不同产业部门劳动者之间收入分配的不公平。20世纪80年代以后,拉美收入分配不公呈现以下一些新的特点①。

第一,贫困阶层在社会总收入中的比重进一步下降,而富有阶层所占比重上升。在收入分配形势比较严峻的巴西,据官方统计,占总人口10%的高收入阶层收入在全国总收入中的比重从1960年的39.6%,到80年代的接近51%,再到90年代初的53.2%;而占总人口10%的赤贫者仅得到社会总收入的0.6%。在墨西哥,1984年占总数20%的富有家庭的收入占总收入的比重为49.5%,1994年上升到57.5%。同期,墨西哥20%贫困家庭的收入从占总收入的4.84%下降到3.25%。

第二,工资收入所占比重降低,资本收益所占比重增加。以墨西哥为例,1977年,国内生产总值中用于工资的部分占40.6%,1980年为36%,1985年为28%,1988年为25.9%,1990年为24.7%;而1982—1995年间,资本收益在全国总收入中所占比重上升了约10个百分点。1988—1995年,占家庭总数40%的低收入家庭在总收入中所占比重由14.4%下降至12.8%,而20%高收入家庭所占比重则由49.5%上升为55.8%。

第三,拉美地区收入分配形势没有随经济的恢复而得到相应的缓解。90年代以来,多数拉美国家的经济得到恢复和增长,贫困现象恶性增长的势头得到初步抑制,但收入分配形势却没有丝毫改善的迹象。即使在被许多拉美国家视为样板的智利,经济的持续增长虽然一度使穷人的数量减少了一半,但收入分配不公的问题并没有得到多大改善。90年代中期以后,智利收入分配的差距甚至再次被拉大,1994—1995年智利家庭平均收入增长了5%,但最贫穷的10%的家庭的收入却下降了4.3%。

第四,收入分配在不同国家间也呈现出多样性,收入分配不公的程度不一,

---

① 袁东振、曹淑琴,《拉美收入分配为何不公》,载《拉丁美洲研究》1999年第3期。

情况复杂（见表7）。拉美技术部的估测显示，20世纪80年代末，拉美收入分配不公程度最严重的是巴西、危地马拉、洪都拉斯和巴拿马，1989年四国的基尼系数分别为0.63、0.59、0.59和0.56，20%最低收入者的收入尚不足社会总收入的3%。与之相比，巴拉圭和乌拉圭的收入分配则相对公平，1989年的基尼系数分别为0.398和0.424，与发展中国家的平均水平基本相当，20%低收入者在社会总收入中所占比重分别为5.9%和5.4%。

表7 当前拉美的贫富差距

	贫困线以下人口占比(%)	基尼系数
阿根廷	39	0.52
巴西	30	0.61
智利	21	0.57
哥伦比亚	59	0.57
厄瓜多尔	45	0.44
危地马拉	75	0.56
墨西哥	40	0.53
巴拉圭	32	0.58
秘鲁	54	0.50
乌拉圭	21	0.45
委内瑞拉	47	0.50

资料来源：UNDP, World Bank, CIA World Factbook, 2005。

2. 对发展公平性重视不够

在相当长的时期，多数拉美国家在经济发展与社会发展的关系问题上存在不全面的认识，或者认为两者有此消彼长的关系，或者认为成功的经济增长是收入公平分配的前提，甚至默认了要取得经济增长可以在一定时期忽视收入分配不公的说教。例如，巴西长期以来盛行这样一种观念，即认为经济增长与社会公平在一定时期内是不兼容的，必须首先实现经济增长，利用经济增长所产生的财富扩大效应使大多数人受益，从而也会使收入分配格局得到改善。在此思想的影响下，为了积累更多的资本以保障经济高速增长，巴西政府采取限制工资增长的政策，以增加企业的利润和扩大企业资本积累。政府还颁布法令规定工资的增长幅度，使工资增长幅度始终低于生活费用上涨幅度。连拉美经委会也一度认为，"社会不公将会在发展的强大动力中逐步消除"。在这种理论指导下，不少拉美国家没有制定完整的社会发展政策，其内容基本包含在经济发展战略中。在实践中实行了先经济增长再收入分配的政策，忽视历史遗留下来的分配不公现象，忽视合理分配机制的建立。

拉美国家涉及收入分配的政策有两类。一是从法律上确立了劳动者应享受的最低工资标准、基本的社会保障及其他社会福利。在实践中，这些福利只局限于城市正规部门的劳动者，基本上没有扩展到广阔的非正规部门和农村地区，这本身就造成劳动者之间收入和福利分配的不公平。二是实施一些面向社会中下阶层的社会救助性质的措施（包括农村地区的土地改革和城市地区的社会救助），这些计划或虎头蛇尾，或不了了之，鲜有成功之先例。目前，拉美国家政府用于改善收入分配和实行收入再分配的手段仍然乏善可陈。

下篇

政策篇

第五章　改革行政体制

党的十一届三中全会以后，中国的改革主要包括两个方面：一是经济体制改革，二是政治体制改革。改革的主线可归结为"放权让利"，政府建设逐渐由全能型政府向有限型政府转变，资源配置方式由政府完全主导逐渐向市场发挥基础性、决定性作用转变。在转型发展过程中，各界逐渐形成共识：行政体制改革是经济体制改革和政治体制改革的接合部，是释放改革红利的有效途径。在这一共识指引下，以机构改革为主要标志的行政体制改革，逐渐成为打开经济发展之锁的"第一把钥匙"。本章将系统回顾以机构改革为主要标志的行政体制改革历程，总结当前我国行政体制存在的主要问题，并提出进一步改革行政体制的政策建议。

第一节　以机构改革为主要标志的行政体制改革历程回顾

中国历史上有着辉煌的政治成就，曾拥有世界上最先进的政府体制。秦汉以降，中国形成了中央政府与地方政府分层治理的体制。秦汉的三公九卿制、隋唐的三省六部制、明清时期内阁领导下的六部制，在历史上都有效治理了国家，并为启蒙运动时期的西方先哲所追捧。清朝末年到民国初年，中国开始多次尝试引进西方的治理模式。但"晚清宪政"和孙中山的"五权宪法"都不是完全照搬西方,而是带有明显的中国色彩。中华人民共和国成立后,对行政体制进行了更有成效的中国化探索。改革开放以来,经过 1982 年之后的六轮机构改革(2013 年机构改革正在进行中),形成了基本适应社会主义市场经济体制的政府组织架构和职能体系。特别是 2013 年 11 月召开的党的十八届三中全会提出,全面深化改革的总目标是完善和发展中国特色社会主义制度,推进国家治理体系和治理能力现代化。必须更加注重改革的系统性、整体性、协同性,加快发展社会主义市场经济、民主政治、先进文化、和谐社会、生态文明,让一切劳动、知识、技术、管理、资本的活力竞相迸发,让一切创造社会财富的源泉充分涌流,让发展成果更多更公平惠及全体人民。经济体制改革是全面深化改革的重点,核心问题是处理好政府和市场的关系,使市场在资源配置中起决定性作用和更好发挥政府作用。这是对以往改革的系统总结和对未来改革的总体战略部署,标志着我国已由以往的问题导向、倒逼的渐进式改革开始向总体设计的系统改革转变,也必然是我国行政体制改革的总的战略遵循。

一、新中国成立以后至改革开放前的机构改革

1949 年 10 月 1 日,中华人民共和国中央人民政府诞生。中国人民政治协商会议第一届全体会议奠定了中央政府的基本框架,行政、司法、军事三分的国家治理体系初步形成。这个体系至今仍在不断改进和完善。10 月 21 日,政务院成立,共设立 35 个部门,至今仍保留的高达 26 个,其中部门名称完全没有变化的达 17 个。1954 年 9 月,第一届全国人民代表大会通过了新中国第一部宪法,对《共同纲领》进行了重大修订和发展;还颁布了《中华人民共和国全国人民代表大会组织法》《中华人民共和国国务院组织法》《中华人民共和国人民法院组织法》《中华人民共和国人民检察院组织法》和《中华人民共和国地方人民代表大会和地方各级人民委员会组织法》,明确各级政权机关一律实行民主集中制①。以

---

① 《中国共产党历史》(第二卷)第一章。

上这些举措对我国政权建设和制度建设都具有开创性的意义。

1966年,"文化大革命"开始,国家机关普遍受到冲击,陷入停顿、半停顿状态①。1967年2月,上海首先成立"上海市革命委员会",到1968年9月,全国除台湾省以外的29个省级革命委员会全部成立。之后不长时间,市、县级革委会及各部门、各单位的革委会也相继成立。虽然各级革委会都实行党政合一、高度集中的领导体制,但却因为派性斗争而严重削弱了政治体制的运转效果②。革委会对原党政机关的机构和工作人员做了大幅度的精简。1970年6月,国务院向中央提交的《关于国务院各部门建立党的核心小组和革命委员会的请示报告》提出,在国务院各部委建立党的核心小组,直属于党中央领导,大权集中在中央,下设必要的层次少、人员精的办事机构,暂定编制为原有人员的18%③。九大以后,随着"整党建党"的进行,各级党组织陆续恢复,革委会事实上成为同级党组织领导下的政府机构、行政领导机关或企事业单位中行政领导部门的代名词。为强调党的一元化领导,党组织和同级革委会一般是两块牌子一套办事机构,革委会常委就是党组织的常委,革委会执行党委的决议。1972年后,军队陆续从地方事务中解脱出来,国务院及地方革委会的设置也进行了调整。在邓小平主持全面整顿中,收回了一部分下放的权力,相应调整和增加了国务院机构。至此,地方各级革委会及国务院系统的职能和机构更接近"文化大革命"前的状态。

表1 1949年至1978年中央政府机构及人员变动简况(含部分地方情况)

时间	变化内容	相应机构或人员数量
1949年	政治协商会议通过了《中华人民共和国中央人民政府组织法》,规定中央政府治下有负责行政的政务院、负责军事的人民革命军事委员会、负责审判的最高人民法院和负责检察(侦诉)的最高人民检察院,此外,中央政府还设办公厅。10月21日,政务院成立。	政务院设立35个部门,包括4个委员会,30个部、会、院、署、行和秘书厅。

---

① 钱其智,《机构编制管理教程》,中国人事出版社1990年版。
② [美]罗德里克·麦克法夸尔、[美]费正清,《剑桥中华人民共和国史1966—1982》,海南出版社1992年7月版,第226—227页。
③ 韩延龙,《中华人民共和国法制通史(下)》,中共中央党校出版社1998年版。

续表

时间	变化内容	相应机构或人员数量
1954年	由于政权初创，任务繁重，经验不足，出现了政府组织架构头重脚轻的情况：上层机构庞大、层次太多、分工不清、人浮于事等，而下层，特别是经济、文教建设和许多新建部门缺少必需的人员。1951年11月27日，中共中央发出《关于全党必须紧缩编制、精简机构的指示》；12月17日，政务院通过了《关于调整机构紧缩编制的决定》，要求各级政府"紧缩编制、调整机构、减少层次、精简人员、健全各级人民政府的组织"。1953年10月，全国第二次组织工作会议再一次布置精简机构、整顿编制的任务。	1950年，中央政府编制员额为2万多人，到1953年年底，政务院工作部门由35个增加到42个，其中经济管理部门22个，人员编制也急剧增加。到1954年6月，全国实际精简了15.2万人①。
1956年	下半年，中央提出了《关于改进国家行政体制的决议（草案）》，精简工作跨过了本届政府，持续到1960年。	国务院机构由1956年的81个减少到1960年年底的62个，地方各级政府机关也进行了精简。
1960—1964年	三年困难时期，中央和地方各级机关先后进行了两次比较集中的干部精简运动。第一次是1960年7月至1961年9月，主要集中在中央一级机关。当时在机构方面存在三方面弊端，一是机构臃肿，二是附属机构过多过大，三是内部层次叠床架屋，一般都有四至五级，有的达到七级。编制方面，一是人员编制增加过快，1958年到1960年两年间，行政编制增长12%，事业单位人员增加2倍；二是行政部门中管理人员和服务人员所占比例过大，一般在30%左右，有的高达50%。另外，有些部门不经批准，借用不在编制的人员。从1960年7月开始，中央以事业单位为重点，对行政部门和事业单位同时进行精简，并成立了中央精简小组。此外，对中央部门设在外地的机构也做了精简，精简下来的干部绝大多数下放到基层，加强生产一线。第二次精简是从1962年2月至1964年，范围包括中央和地方各级机关。这次精简与企业整顿劳动组织和精简职工相适应，将精简与定编结合起来。1962年2月，中央决定对各级国家机关、党派、人民团体进行精简。	1960—1961年，中央各部门司局级机构撤销合并84个，减少15%；事业单位合并41个，减少26%。在人员方面，行政机关精简1.6万余人，占24%；事业单位精简6.5万余人，占37%。1962—1964年，中央国家机关在1961年精简的基础上，又精简了1万人，总编定为3.6万人。省、地、市、县共精简81万人，地方各级行政编制定为180万人。精简下来的干部大多充实到基层和生产一线。其中回农村直接参加生产的约20万人。
1965年	国务院的机构数达到新中国成立后的第二次高峰。	国务院机构为79个。

---

① 宋德福，《中国政府管理与改革》，中国法制出版社2001年版。

续表

时间	变化内容	相应机构或人员数量
1966年	"文化大革命"开始,国家机关普遍受到冲击,陷入停顿、半停顿状态。	
1967年	革委会制从1967年2月"上海市革命委员会"开始,1968年9月以后在全国各层级陆续成立定型,1975年写进《宪法》,到1979年6月第五届全国人民代表大会第二次会议被废除,由各级人民政府、人民委员会制度以及首长制取代。	
1970年	国务院部门撤销合并,其中13个部门由部队管理,达到新中国成立以来中央政府机构数的最低点。	国务院机构由79个变为32个。
1975年	邓小平主持国务院工作,并对各领域进行整顿,对国务院工作部门进行恢复。	国务院机构为52个。
1977年	至12月底,国务院工作部门逐步恢复。	国务院机构共56个,其中部、委31个,直属机构20个,办公机构5个。

二、改革开放后至2008年的六次机构改革

党的十一届三中全会以后,我们党着力解决自身的领导体制问题。1980年8月,邓小平在中央政治局扩大会上全面论述了党和国家领导制度的改革问题。1982年,全国人大修改了《中华人民共和国宪法》及相关组织法。其中,《国务院组织法》规定国务院实行总理负责制。从此,国务院部委、直属机构、办事机构成为国务院组织体系的基本构件。从1982年至2008年,我国相继进行了六次机构改革,基本程序是先经中央决定、全国人大审议通过机构改革方案,然后自上而下逐步实施。

1. 1982年的机构改革。1976—1981年,国务院工作部门相继达到100个,人员编制达到51000人。为改变党政机构臃肿、职责不清、工作效率低下的状况,自1982年开始,从国务院起,自上而下进行各级机构改革。这次改革历时3年之久,范围包括各级党政机关,是新中国成立以来规模较大、目的性较强的一次建

设和完善各级机关的改革。1982年机构改革在结合经济体制改革、转变职能、理顺关系方面进行了探索，大力简化、紧缩了经济专业管理部门，充实加强了经济综合协调、统计监督和立法执法部门①。这次改革力求使机构调整为经济体制改革的深化提供有利条件，并将一些条件成熟的单位改成经济组织，为经济发展开路。改革虽加快了干部队伍的年轻化，但没有触动高度集中的计划经济体制，没有实现政府职能的转变。

2. 1988年的机构改革。本次改革是新一轮较大规模的机构改革，基本特点是：按照政治体制、经济体制改革进程的要求，以转变政府管理职能为关键，与政府内部的制度化建设相配套，并结合推行国家公务员制度进行。本次改革按政企分开的原则，转移直接管理企业的职能，下放直接管钱、管物的职能，强化决策、咨询、调节、监督和信息等职能，使政府对企业由直接管理为主逐步转到间接管理为主。同时，把原来行政机关的部分职能转移给各种协会。按新的职能设置相应的机构。将承担相同业务或相近业务的部门予以撤销，其业务由一个部门承担；综合经济部门一般不设对口专业机构，行业管理工作由主管部门承担；部委内部只设司、处两级以减少内部管理层次。改革的另一个突出特点是进行了"三定"方案的审定。本次改革，标志着政府职能向服务市场经济的重大转变。

3. 1993年的机构改革。本次改革将转变政府职能作为重点，根本途径是政企分开。按照建立社会主义市场经济体制的要求，加强宏观调控和监督部门，强化社会管理部门，减少具体审批事务和对企业的直接管理，做到宏观管好、微观放开。把属于企业的权力放给企业，把应该由企业解决的问题，交由企业自己去解决。政府的行政管理职能，主要是统筹规划、掌握政策、信息引导、组织协调、提供服务和检查监督。理顺中央和地方的关系，合理划分中央与地方的管理权限。理顺国务院各部门之间的关系，合理划分职责权限，调整机构设置，精简各部门的内设机构和人员。对综合经济部门、专业经济部门、社会管理部门、直属机构、办事机构和非常设机构，分别提出不同的改革要求。这次改革总的来说还是过渡性的。

---

① 钱其智，《机构编制管理教程》，中国人事出版社1990年版。

4. 1998年的机构改革。本次改革机构变动之大、人员调整之多，超过了前几次改革，速度之快、效率之高也是前几次改革所不及的。改革的重点是调整和撤销直接管理经济的专业部门，加强宏观调控和执法监管部门，按照权责一致的要求，调整部门的职责权限，明确划分部门之间的职责分工，完善行政运行机制。改革后的国务院工作部门由国务院办公厅、部委机构、直属机构、办事机构、直属事业单位组成。《国务院机构改革方案》形成只用了3个多月；从方案审议通过到各部门"三定"方案的制订、审批完成，只用了2个多月；从"三定"方案正式印发到基本落实到位，各部门实施只用了3~4个月。同时，改革与社会经济发展、保持社会政治稳定协同推进，做到了机关思想不散、秩序不乱、国有财产不流失、人员妥善安排、工作正常运转并很快过渡到新的机构格局。

5. 2003年的机构改革。本次改革总体思路为保持相对稳定、重点推进。在职能转变的总体框架下，依据职责配置，进行国务院机构调整。设立了国资委作为国务院的正部级直属特设机构，代表国家对中央企业（不含金融类企业）履行出资人职责。将原国家发展计划委员会改组为国家发展和改革委员会。成立了旨在提高防范和化解金融风险的中国银监会。组建了继续推进流通体制改革的商务部。将原国家药品监督管理局改组为国家食品药品监督管理总局，以加强食品安全和安全生产监管体制建设。将中国人民银行对银行、资产管理公司、信托投资公司及其他存款类金融机构的监管职能分离出来，并和中央金融工委的相关职能进行整合，成立中国银监会。改革后，政府社会管理和公共服务职能得到加强，突发公共事件应急管理机制基本建立，义务教育、公共卫生和社会保障体系建设迈出重要步伐，政府服务"民生经济"的能力进一步提高。

6. 2008年的机构改革。本次改革最突出的特点是，第一次对我国行政管理体制改革进行了总体设计和规划（《关于深化行政管理体制改革的意见》），明确了深化行政管理体制改革的总体目标。改革的主要任务是，围绕转变政府职能和理顺部门职责关系，探索实行职能有机统一的大部门体制，合理配置宏观调控部门职能，加强能源环境管理机构，整合完善工业和信息化、交通运输行业管理体制，以改善民生为重点加强与整合社会管理和公共服务部门。改革重点是合理配置宏观调控部门职能，加强能源管理机构，组建工业和信息化部，组建交通运输部、人力资源和社会保障部、住房和城乡建设部，国家食品药品监督管理总局改由卫生部管理。改革延续了 30 年改革开放对行政管理体制调整的思路，加强和改革宏观调控，着眼于保障和改善民生，加强社会管理和公共服务，探索大部门体制，为经济社会发展创造了更好的体制环境。

表 2　1982 年至 2008 年中央政府机构及人员变动简况（含部分地方情况）

时间	相关内容
1982 年	在领导班子方面，改革明确规定各级各部门的职数、年龄和文化结构，减少了副职。在精简机构方面，国务院工作部门从 100 个减为 61 个；省、区政府工作部门从 50~60 个减为 30~40 个，直辖市政府机构设置稍多；城市政府机构从 50~60 个减为 45 个左右；行署办事机构从 40 个左右减为 20 个左右；县政府部门从 40 多个减为 25 个左右。在人员编制方面，国务院各部门从原来的 5.1 万人减为 3 万人；省级党政机关人员从 18 万人减为 12 万余人；市县机关工作人员约减 20%；地区机关精简幅度更大一些①。
1988 年	国务院部委减为 41 个，直属机构减为 19 个，办事机构调整增设为 7 个和 1 个办公厅，共 68 个工作部门。此外，由部委归口管理的国家局由 12 个调整增设为 15 个。增减相抵，机构改革后的国务院人员编制比原来减少了 9700 名。调整后，国务院行政编制和行政附属编制总计约 45000 名。
1993 年	90 年代初，国务院工作部门由 1988 年改革后的 68 个增加到 70 个，加上归口部委管理的国家局 16 个，则为 86 个。全国党政群机关和事业单位工作人员达 3140 万人，其中党政群机关 925 万人，事业单位 2234 万人。改革后，国务院组成部门减少 1 个，调整为 41 个；直属机构减少 6 个，调整为 13 个；办事机构减少 4 个，调整为 5 个。部委管理的国家局仍为 15 个。国务院非常设机构由 85 个减少到 26 个。国务院行政编制 41300 余名。
1998 年	调整国务院组成部委，由 40 个精简为 29 个，精简了 27%。有 15 个部委不再保留，新组建国防科工委、信息产业部、劳动和社会保障部、国土资源部 4 个部委，有 3 个部委更名。国务院组成部门大致可以分为宏观调控部门、专业经济部门、社会服务管理部门、执法监管部门和国家政务部门五类。国务院直属机构由 13 个调整为 17 个，办事机构由 5 个调整为 6 个，直属事业单位由 8 个调整为 10 个。国务院行政编制总数在 3.1 万名的基础上减少了近 1.6 万人，精简了 47.5%。

---

① 钱其智，《机构编制管理教程》，中国人事出版社 1990 年版。

续表

时间	相关内容
2003年	本届中央政府组成形式与上届政府基本一致，但有明显变化。改革后的国务院由国务院办公厅、部委机构、直属特设机构、直属机构、办事机构、直属事业单位六部分组成。部委由29个调整为28个，直属机构由17个调整为18个，办事机构由6个调整为4个，直属事业单位由10个调整为14个。
2008年	国务院组成部门调整变动了15个机构，减少了4个正部级机构，大部门体制初现雏形。改革后，除国务院办公厅外，国务院共设27个组成部门、1个国务院直属特设机构、16个国务院直属机构、4个国务院办事机构、18个国务院直属事业单位，共计67个。

三、2013年机构改革和职能转变有关情况

党的十八大后，根据党中央国务院统一部署，新一轮机构改革正在有序展开。本次改革有两个突出特点：一是高度重视政府职能转变，专门将转变职能写入方案，机构改革与职能转变紧密结合、同步推进；二是更加注重民生和公众参与。在方案制订过程中，通过网络、报刊等渠道，广泛收集社会各界的意见建议2万余条，最广泛地动员和组织社会公众依法管理国家事务和社会事务，管理经济和文化事业，从而不断创新制度机制和管理方式，提高政府管理服务能力，激发市场和社会活力，为经济发展开创更大制度空间。

关于国务院机构改革。本次改革的总基调是稳中求进。推进一些重点领域的机构调整；通过职能调整或必要的机构调整解决长期存在、社会高度关注的问题。改革的重点是，紧紧围绕转变职能和理顺职责关系，稳步推进大部门制改革：一是实行铁路政企分开，完善综合交通运输体系；二是组建国家卫生和计划生育委员会，提高出生人口素质和人民健康水平；三是组建国家食品药品监督管理总局，提高食品药品安全质量水平；四是组建国家新闻出版广播电影电视总局，促进新闻出版广播影视业繁荣发展；五是重新组建国家海洋局，推进海上统一执法；六是重新组建国家能源局，完善能源监督管理体制。改革后，国务院正部级机构减少4个，其中，组成部门减少2个，副部级机构增减相抵数量不变，除办公厅外，

国务院组成部门25个。

关于国务院机构职能转变。本次改革从六个方面提出措施，明确了职能转变的方向、原则和重点。第一，充分发挥市场在资源配置中的基础性作用。一是减少投资项目审批，切实落实企业和个人投资自主权。对确需审批、核准、备案的项目，简化程序、限时办结。同时，为避免重复投资和无序竞争，加强土地使用、能源消耗、污染排放等管理。二是减少生产经营活动审批事项，最大限度地减少对生产经营活动和产品物品的许可，最大限度地减少非许可审批。三是减少资质资格许可，一律取消不符合行政许可法规定的事项，改由有关行业协会、学会对企事业单位和个人进行具体认定。四是减少行政事业性收费，降低收费标准，建立健全政府非税收管理制度。五是逐步改革工商登记制度，将"先证后照"改为"先照后证"，并将注册资本实缴登记制改为认缴登记制。大力推进商务诚信建设。控制新设行政审批项目，同时规范非许可审批项目的设定和实施。第二，更好发挥社会力量在管理社会事务中的作用。一是逐步推进行业协会商会与行政机关脱钩，探索一业多会。二是重点培育、优先发展行业协会商会类、科技类、公益慈善类、城乡社区服务类社会组织。不再需要业务主管单位审查同意，就可以直接向民政部门依法申请登记成立社会组织。政治法律类、宗教类等社会组织以及境外非政府组织在华代表机构，因为情况比较复杂，仍需要经业务主管单位审查同意才能申请登记。三是建立健全统一登记、各司其职、协调配合、分级负责、依法监管的社会组织管理体制，推动社会组织完善内部治理结构。第三，充分发挥中央和地方两个积极性。一是下放投资审批事项。地方政府也大幅度减少投资项目审批，进一步优化投资环境。二是下放生产经营活动审批事项。凡直接面向基层、量大面广或由地方实施更方便有效的生产经营活动审批，一律下放地方。三是减少专项转移支付，大幅度减少、合并中央对地方专项转移支付项目，增加一般性转移支付规模和比例。国务院保留严重影响国民经济正常运行的紧急情况的应急处置权。第四，优化职能配置。进行三方面重点整合：一是整合房屋登记、林地登记、草原登记、土地登记的职责，整合城镇职工基本医疗保险、城镇居民基本医疗保险、新型农村合作医疗的职责等，分别由一个部门承担。二是整合业务相同或相近的检验、检测、认证机构。三是整合建立统一规范的公共资源交易平台、信用信息平台，推动资源共享、提高效能。第五，改善和加强宏观管理。一是强化发展规划制订、经济发展趋势研判、制度机制设计、全局性事项统筹管理、体制改革统筹协调等职能。二是加强社会管理能力建设，公平对待社会力量，提供医疗卫生、教育、文化、群众健身、社区服务等公共服务，加大政府购买服务力度。三是国务院各部门加强自身改革，大力推进本系统改革，完善涉及经济体制、政治体制、文化体制、社会体制、生态文明体制等方方面面的体制改革协调机制问题。第六，加强制度建设和依法行政。一是加强基础性制度建设。建立不动产统一登记制度，建立以公民身份证号码和组织机构代码为基础的统一社会信用代码等制度。二是加强依法行政。完善依法行政的制度，建立决策后评估和纠错制度。严格依照法定权限和程序履行职责。深化政务公开，建立健全各项监督制度，让人民监督权力。

第二节　当前我国行政体制存在的主要问题

尽管已经进行多轮改革，但与急剧发展变化的经济社会现实相比，与人民群众不断提升的要求相比，当前我国行政体制仍然面临大量问题，从行政管理体制来看，政府还存在经济调节上的"越位"、市场监管上的"缺位"、社会管理上的"错位"以及公共服务上的"不到位"等情况；从行政区划来看，原有科层结构的条块矛盾，已严重制约经济社会发展。这些都亟待大力改革调整。

一、行政管理体制存在的主要问题

1. 政府职能转变不到位。主要表现为：第一，宏观调控体系不健全，对微观经济运行干预过多。对经济管得过多过细，发挥市场主体作用不够，同时也不便于地方就近管理，影响地方积极性；垄断成为极难治理的顽疾，市场准入和就业门槛较高，企业和个人办事难、成本高的问题比较突出；政府审批项目过多，导致资源分配不合理、不公平，浪费严重、效率低下、腐败增加，某种程度上出现国家利益部门化、部门利益个人化的现象，如《新闻联播》报道的"万里长征图"，1个投资项目的建设审批过程，需经历20个局、53个处室（中心、站）、100项审批事项，盖108个章，共需2020个审批工作日，其中收费环节有36个，即使走最短路线也要799个工作日；由于收入分配宏观调控体系不健全，导致收入分配严重失衡，政府财政收入占国内生产总值比重逐年上升，而居民收入占比却持续下降（英国高达71%，我国仅40%多），家庭和个人之间的收入差距显著拉大，收入分配不均衡、不合理已成制约我国经济社会发展的瓶颈，不加以解决势必影响经济升级和社会转型。在现今中国的资源配置格局中，政府既是参与者又是裁判员，政府在市场中占有一流的资源，拥有大量不对称的信息，支配着全社会的财富，如果政府无法正确行使自己的职能，中国的经济将为此埋单。由于"参与者"自利所必然导致的食税者众、行政垄断和不当管制等问题，成为阻碍经济社会发展的体制性因素。此外，政府部门的管理能力也已无法与经济庞大的总量和发展速度相适应。这都要求从体制机制上最大限度地给各类市场主体松绑，激发企业和个人创业的积极性。第二，社会管理和社会体制改革相对滞后。"政府强，社会弱"的旧格局没有从根本上改变；社会组织既培育发展不足，又规范管理不够；成立社会组织的门槛过高，社会组织未经登记就开展活动较为普遍；社会组织的人事权、财政权，受其业务主管部门制约，一些社会组织行政化倾向明显，成为政府的派生机构；现行管理制度不适应社会组织规范发展需要；虽然社会体制改革最能体现总体改革共识，也更有利于解决民生问题，但远远滞后于社会公众的期待，等等。时任中央编译局副局长的俞可平认为，我国社会体制改革滞后，政府仍然固守维稳模式，一是造成政府公信力面临极大挑战，一些部门和地区陷入"塔西陀困境"——无论你做什么，民众都不信任；二是社会信任缺失，出现"仇富"现象；三是每当突发公共事件，公权力本能反应是封堵舆论，即使成功封住所有网络，民众心中仍会留下深深怨怼，让政府和全社会付出加倍的代价。要想摆脱上述困境,政府必须主动放权,改革社会体制,改变维稳模式,将大量公共服务事项,通过公开、公平竞争的渠道,让给有能力的社会组织承担。第三,公共服务仍比较薄弱。城乡分割分治的二元体制,使公共资源和公共服务在城乡之间、不同群体间的分配上,存在很大差别,一部分弱势群体无法享有平等的基本公共服务权利,特别是处于流动状态的农民工及其子女,无法享有同等的市民待遇。而同时,却有一些富人为了方便子女教育、为未来养老做准备等原因,开始移民国外。公共服务作为政府的最主要职能之一,就是要在教育、医疗、就业、交通、环保、劳动社保等方面,为全社会特别是弱势群体提供坚强后盾,让所有人因为政府的存在而感到安全、放心,这方面的工作还有很大空间。新加坡国立大学东亚研究所所长郑永年认为,更为严峻的挑战在于如何打破公共服务领域的特权阶层,公务员享受着特殊的社会保障、医疗、教育和住房,这个"小社会"一直在大量消耗着本来应由全民共享的资源,造成大社会补贴小社会、穷人补贴官员的局面,这使得政府难以形成强大的正向改革动力。

2. 部门职责交叉、权责脱节和效率不高的问题仍比较突出。主要表现为:第一,总体上看,政府部门数量多、分工细,职责分工不尽合理,存在不少职责交叉、分散和重叠问题,政府多头管理、多头执法的问题突出,有的长期得不到解决,严重影响行政效率和政府权威。第二,权责脱节和效率不高的问题仍比较突出。以食品安全为例,目前食品监管领域仍存在职能交叉或职责不清,既有重复监管,也有监管盲点,需要进一步整合部门监管职能,加强各监管环节的有机协调,统筹监管力量,建立监管的长效机制。第三,作为机构改革重中之重的大部制改革尚需大力推进。一是推进大部制的部门和领域依然很多,而已经实行大部制改革的一些地方,改革流于表面和形式,换汤不换药,内部职能、机构和人员整合不到位,几个单位貌似合并,实际上仍独立运行,互不干预,往上报的牌子没有了,对下行使职权的招牌、印章、公文依然存在,机构和人员原封未动。二是目前的大部制改革仍存在诸多不足。减少领导职数,提高行政效能是大部制改革的一项重要内容,但在实施过程中,领导职数不仅没有减少,反而还有所增加;"统筹党委、政府和人大、政协机构设置"尚未得到贯彻落实,只有极少数地方在大部制改革中有所体现；在推行大部制改革中，有的上边未改，下边已动，导致上下错牙不对口，运行机制不顺畅。此外，大部制改革的"化学反应"尚未真正显现出来。大部制改革推进过程中出现问题的原因很多，究其根本，大部制改革是把政府转向服务角色，这和以前的"官本位"相冲突，加之大部制实际上是在精简机构，各级政府普遍存在改革动力不足的问题。

3. 政府机构设置不尽合理，行政运行和管理制度不够健全。以环保工作为例，环保部职能大致包括三大方面：污染防治、资源保护和综合调控管理。在实际工作中，污染防治职能分散在海洋、港务监督、渔政、渔业监督、军队、公安、交通、铁道、民航等部门；资源保护职能分散在矿产、林业、农业、水利等部门；综合调控管理职能分散在发改委、财政、工信、国土等部门。机构设置的不合理，极大地增加了环保工作的难度和协调成本，使问题更加人为地复杂化。再比如，行政运行和管理制度方面存在的不合理状况，给生态文明建设带来了诸多障碍：考核评价中生态文明权重偏低，导致唯 GDP 观念仍然盛行；国土空间开发保护制度不健全，导致耕地保护、水资源管理、环境保护等难以落实；市场化机制建设滞后，导致节约能源、碳排放权、排污权、水权交易等难以推进，等等。再以交通方面为例，中央电视台《面对面》栏目 2012 年 12 月 2 日播出节目《金伍："路"见不平》，对河南省获嘉县公路乱收费现象进行曝光。受访者认为，个别交警私自乱收费容易解决，最困难的是由于标准不一、管理重叠导致的罚款。比如，目前对于货车超载，交警、路政、城管、运管、收费站都有权罚款，而罚款的标准却不同：交警是按行驶证，路政是按车轴，运管是按运营证，收费站是按车型。公路乱象出现的原因，在于交通运输机构设置不合理和运行机制、管理制度不够健全。受访者普遍希望制定切实可行的法律，改变目前政出多门、重复管理、交叉管理的现状。

4. 对行政权力的监督制约机制还不完善，滥用职权、以权谋私、贪污腐败等现象仍然存在。近年来，一些国家因长期积累的矛盾导致民怨载道、社会动荡、政权垮台，其中官员贪污腐败是一个非常重要的原因。大量事实告诉我们，如果让腐败问题愈演愈烈，最终则必然会亡党亡国！我们对此必须要高度警醒，增强忧患意识。在加强行政权力监督方面，我们的历史欠账较多，现实不容乐观。主要表现为：第一，寻租空间较大。由于政府对经济管控过多，致使官员寻租空间较大，民间自发型、创新型增长缺乏体制激励。政府深度介入资源配置领域、国企垄断以及普遍存在的设租和寻租行为，已经开始侵蚀我国的经济活力。下一步如果不大力深化改革，有效消除权力寻租，"中国模式"曾拥有的优势将变成经济社会发展的阻碍。第二，监督制约机制不健全。腐败根源在于垄断、财政缺乏监督以及政府对经济和市场无所不在的管制与干预。从行政机关对外行为来看，由于监督机制不健全，往往表现为以罚代管的自利行为。正如中央电视台对河南公路乱收费现象进行曝光时受访者所说的，我们亲眼看到、亲耳听到，现在治理公路超载的罚款，很多用于养庞大的队伍，由于缺乏监督，这些乱罚款的人才特别猖狂。从行政机关的内部行为来看，由于监督机制不健全，可能出现"内部人控制"的现象。一个典型表现就是，尽管有严格的编制管理规定，但有关领导想突破编制把关系户弄进来仍然有很多办法，导致人员极大膨胀，工作效率却大幅降低。比如，2013年，媒体曝光了河南叶县河道所"吃空饷"问题。该河道所现有人员69人，其中居然有10人（包括该所所长的儿子）在未成年时就成为在编人员，一边上学一边拿工资。这是何其荒唐。

二、行政区划存在的弊端

我国政府体制是单一制国家结构下的直线职能制，表现为科层结构的条块关系。随着市场经济体制逐渐完善，目前的条块分割暴露出一些问题，对政府提供公共产品和公共服务的质量造成不利影响。

1. 我国行政区划的内在结构问题。主要表现为：第一，行政区划层次过多，管理幅度过小。这不仅导致财政供养系数过大、行政成本过高（很多地方的财政都成为"吃饭财政"），而且导致政府部门推诿扯皮，吃、拿、卡、要、压等问题突出，行政效率低下，阻滞经济社会发展。第二，同级政区之间规模差异悬殊。我国现有的省级行政区，人口最多的河南省已有1亿多人口，最少的西藏自治区才240万人左右；面积最大的新疆达166万平方公里，最小的海南省才3.5万平方公里（不含海域面积）。地市以及县区之间的差异也较大。政区规模的过大或过小不仅不利于行政管理、经济建设，而且过大的省级行政区和中央政府讨价还价的能力过大，不利于协调中央地方关系，可能还会对国家的长治久安产生潜在的威胁。第三，城市数量少、分布不够均衡。如，我国城市大部分分布在东中部地区，西部地区城市很少，城市的产业集聚和对经济的拉动作用，在西部体现不够明显，使西部大开发缺乏有力的抓手和整合平台，地区资源优势难以发挥，当地人民生活水平的提高也受到制约，影响了全面建成小康社会目标在全国的实现。第四，市管县矛盾凸显。20世纪80年代后期全面确立的市管县体制，虽在一定程度上促进了城乡合作、优势互补，但也存在着"重城轻乡""市刮县""市压县"的突出弊端，由于地方壁垒导致的产业雷同、基础设施重复建设、过度无序竞争等问题也越来越严重。

2. 我国行政区划弊端的制度性后果。在城乡二元体制未有根本改变的情况下，由于"条块分割"的行政体制所导致的区域间无序竞争，在近些年愈演愈烈，严重制约了经济发展。主要表现为：第一，市场分割。地区性的强大行政壁垒，形成了一种刚性的空间约束，严重阻碍和制约着市场经济的正常发展：一方面，阻碍生产要素等跨政区流动，使全国正常的统一性市场难以形成，生产要素的配置无法达到最优；另一方面，在中央下放权力过程中，各地因忽视自身比较优势，盲目重复投资建设，出现政区间产业结构的严重趋同，造成全国总体规模效益低下和资源产能的浪费。第二，职权分割。税务、质检等部门先后垂直管理后，地方政府职权条块分割的诸多问题逐渐暴露出来：一是权力部门化，条与块、条与条之间各自为政；二是垂直部门形成条条内部集权，为地方服务的观念淡化；三是加大了地方政府协调的成本。第三，权责不明。一是上级政府越权行使下级政府权力；二是各级政府都不同程度地从有利于自身利益的角度出发，争夺立法权与管理权。在我国单一制国家结构形式和一党执政的政治体制下，往往是上级夺下级，一级夺一级。遇到问题则相互推诿。第四，制度僵化。管理层级众多、机构庞杂，组织机构和行政行为相对僵化，经常是少一个部门都办不成事，但一个部门不少又是办不完的事。第五,执行失当。分税制改革以来,地方财政收入下降,特别是近几年县乡债务缠身,由于政府事务多但又财力淡薄,极大地抑制了地方政府的行政能力,特别是提供公共服务的能力极大不足,有的地方政府甚至以不正当行为作为发展的前提。第六,效率低下。由于管理理念和管理方式落后,缺乏有效的授权方式和管理重心下移的措施,使管理中心远离管理对象,任何一个管理意图或行为,从"发号施令者"到管理对象都要经过漫长的层层传递,不但导致信息衰减,而且特别容易导致信息失真,为寻租创造空间。此外,有可能因人为因素而造成上下级之间双向信息不对称,加大管理路径的运行阻力,增加管理成本,难以尽职服务社会经济。第七,监督薄弱。一是行政管理部门所提供的公共产品和公共服务具有天然的垄断性。管理系统各层级的权力主要来自纵向的分配和转移,在监督层面单一、过程封闭、力度薄弱、时效延迟的情况下,很容易滋生各种腐败问题。二是垂直管理部门的监督弱化。容易出现"看得到的管不到、管得到的看不到"。更由于条条管理的特殊性,其内部监督容易被共同的利益关系所冲淡①。第八,城乡二元体制出现新矛盾。以市县关系为例,随着市场经济体制的逐步完善,中心城市与县域之间逐渐从原来优势互补的伙伴转变为竞争对手,在市场份额、招商引资等各方面进行着或明或暗的争夺。在处理市县利益关系上,往往偏向城市,如要求下辖的县向其额外上缴一定比例的财政收入,市级公共设施建设要求下辖的县出资建设,将县级创收渠道收归市级,截留部分省给县的补助资金,上收上划创收大户,将属于县域的骨干企业、经济大镇以行政手段划入市区,等等。

第三节 关于进一步深化行政体制改革的政策建议

行政体制以政府系统为主体,以行政管理系统和行政区划系统相互缠绕为骨

---

① 向达、王雅洁,《关于我国行政区划改革的探讨》,载《四川警官高等专科学校学报》2008年第5期。

架,穿插在政治体制、经济体制、社会体制、文化体制及各关键环节和领域之中。因此,推进行政体制改革,不能将其单独剥离出来,只能选择关键节点和薄弱环节为突破口,开出整体治疗的药方,才能避免"头痛医头,脚痛医脚"。改革开放至今,机构改革、转变政府职能已成为常例;下一步改革,应当以大部制改革为载体,以行政审批制度改革为抓手,将各种改革和管理统合到一起,形成改革的集聚效应,发挥好管理巩固改革成果、优化和规范改革措施的作用。

一、关于机构改革和职能转变

从以往经验看,把转变政府职能作为机构改革的核心,抓住了行政体制改革的"牛鼻子",而大部制改革和行政审批制度改革是两个行之有效的抓手。

1. 切实转变政府职能。政府职能转变的方向,应是使政府从一个无所不包的系统,逐步变为一个有限并有效地提供公共服务的系统,让市场、社会机制在资源配置和社会有序化参与方面发挥更多、更大的作用。这也是发展民生经济对政府职能转变的根本要求。从转变经济职能看,要明确政府的权力边界,处理好政府与市场的关系,从到处"乱摸"的手,转变为以维护法治、公平竞争、提供公共产品和公共服务为核心的"保姆式的手";逐步退出微观经济领域的直接管理,把更多经济事项交由市场这个"无形的手",政府则从项目管理向规划管理、从直接管理向间接管理进行转变。要打破不合理的行政壁垒和市场分割,培育建立统一的大市场,由市场决定要素流动,给市场更大的空间,增强经济发展的动力与活力。从转变社会职能看,要围绕构建中国特色社会主义社会管理体系,加快形成党委领导、政府负责、社会协同、公众参与、法治保障的社会管理体制,构建政府主导、覆盖城乡、可持续的基本公共服务体系,打造政社分开、权责明确、依法自治的现代社会组织体制和源头治理、动态管理、应急处置相结合的社会管理机制。政府与社会之间应建立良好的互信:政府要相信社会具有自治以及自我修复的能力,将改革权放给社会;政府应制定公开、透明的决策、议事程序,依法公开内部信息,引导社会就各种社会政策进行深入讨论,不断提高决策的科学化民主化水平①。

2. 大力推进以大部制为方向的机构改革。近年来的改革实践证明，实行大部制是解决机构设置等问题和政府职能转变的可行方略和有效抓手。大部门体制改革应着重抓好以下几个方面：一是科学设置机构。除了要科学整合部门，更应优化整合后的大部门的内设机构，从职能需要出发，建立相应的大司局制，宜大则大，宜精则精。二是全面正确履行职责。建立健全决策、执行和监督的相互协调相互制约的机制，使部门在行使权力过程中，不越位、不缺位、不错位，而是全面到位。三是健全协调配合机制。坚持权责一致的原则，建立健全各部门协同配合和"条块"战略合作机制，未来可考虑按照大农业、大社保、大文化、大运输的思路，进一步大力推进大部制改革。

3. 大力推进行政审批制度改革。大部制改革应该与行政审批制度改革串联进行，不给职能交叉打架留空间。要让"政府该管的就管，不该管的就不管"。建议着力抓好以下几个方面：第一，大力推进简政放权。简政放权是实现科学行政的首要前提。只有治理主体之间良性互动，才能最终实现"小政府、大社会"的格局，帮助政府从纷繁复杂的微观社会事务中解脱出来，集中精力做好权力规制和裁判员的角色。简政放权的一个有效抓手就是行政审批改革，转变政府职能的关键仍是行政审批制度改革，因此必须要把行政审批制度改革作为当前深化改革的主要突破口，下大力气推进。只有如此，才能破解与科学发展和市场经济不相适应的行政权力配置格局和政府部门利益格局，为经济发展消除最大障碍。审批制度改革要想成功，就必须做到"应减必减、应转必转、应放必放"，就必须从消除部门林立和程序烦琐上下功夫。行政审批制度改革是建设"小政府、强政府"的核心举措，政府过度干预微观经济，必然阻碍市场经济体制的健全和完善；权力越是过分集中，留给权力的寻租空间就越大；政府只有审批负担小，服务能力才能强；政府只有管制少，市场运行和社会发展进步才能快。国家外汇管理局通过简化资本账户项下的直接投资外汇管理，节约了成本，缩短了办理时限，

---

① 《城市升级要靠体制改革》，载《佛山日报》2012年11月23日。

提升了效率，改善了直接投资环境，从而进一步提升了我国开放型经济的水平。从这一经验可以看出，只要下定服务民生经济的决心，忍得心痛、舍得割肉，就能取得实实在在的改革成效。第二，削弱管制职能，加强服务职能。目前，要想重新释放改革红利，最急迫的改革仍然是深化市场经济体制改革。只有消除所有制歧视，打破行业垄断，缩小审批范围，才能真正使企业成为自主经营者，真正成为市场主体，才能进一步激发经济社会活力。要想增强政府的服务职能，为企业进一步松绑，可以尝试将政策研究、数据统计、市场监管、奖励与处罚等职能，从政府管理部门分离出来，改由行业协会承担，同时建立健全各种行业协会的管理体制。在这方面，必须要尊重市场规律，向发达国家和地区学习，充分相信法律和市场是管理的最好方式，充分发挥行业内人士与专业协会的自律及自治的作用。第三，创新对行政审批权的监管方式。与其扬汤止沸，不如釜底抽薪。行政审批制度改革之所以出现反复，主要是因为有的部门经常借助国家一时的政策"收紧"，把本已下放乃至取消的审批权再次收回。由于缺乏监督长效机制，此种偷梁换柱的做法，难以得到及时纠正。应考虑在适当时机，用适当方法，在网上对各部门审批事项和程序等，全部进行公开，接受社会公众监督，让部门审批权在阳光下运行，借助社会力量倒逼行政审批制度改革。同时，也可考虑将行政审批与相应工作捆绑在一起，甚至纳入目标考核体系，形成有效抓手，进一步推动行政审批制度改革。还应定期就审批问题，听取被审批对象的意见建议，研究行政审批如何进一步改革。当然，更重要的是研究如何建立对行政审批权的日常监管的长效机制。此前，各地已进行了相关探索创新，如建立行政审批大厅、公示审批程序、缩短审批流程，让企业和群众少跑路；有的还彻底改变"前店后场"的做法，把有关部门的审批权完全落实到大厅，真正实现对审批权的整合。如海南省政务服务中心，建立"三集中"的行政审批体制，实现了"一个中心对外、一个大厅办理、一条龙服务、一站式办结、一次性收费"。政务服务中心实行目录管理，创新审批方式，全面推进网上标准化审批，建立了四种审批模式，即实时办理审批模式、承诺办理审批模式、网上并联审批模式和上报审批模式。几年来，海南省共调整下放审批事项176个，对659个审批项目的审批流程环节进行了不同程度的压缩精减，共压缩精减了 1020 个环节，占总项目的 62%，审批速度比未进中心大厅前提高了 2 倍以上，充分发挥了审批制度改革的推手作用。

二、关于推进行政区划改革

从国际经验看，行政管理扁平化既是一场行政革命[①]，也是大势所趋。推进行政区划改革是实现行政管理扁平化的重要抓手，也是克服区划弊端，解决行政管理深层次问题的必然要求。在市场经济和现代科技条件下，政府的管理幅度明显加大。英国中央政府管辖 107 个地方政府，日本的省一级政府甚至直接治理 2000 人以下的村。形成这种较大的管理幅度的原因，一是政府职能大量减少，二是社会自治的需要，三是交通、通信的快速发展。从我国的情况看，随着各省（区、市）境内高速交通网络的形成、信息化网络的建成和电子政务的开通，政府部门的行政效率已经大大提高并将继续提升，这为推进行政区划改革提供了重要条件。鉴于行政区划改革内容重大，复杂敏感，应采取十分慎重态度，抓紧进行总体设计，逐步扎实推进。我们认为，可考虑从三个方面实施。

1. 积极探索推进省直管县改革。从改革内容上看，省直管县体制改革主要涉及三个方面：一是实行省对县的直接管理，包括人事、财政、计划、项目审批等都由省级政府部门直接管理。省辖市由广域型转变为城市型的行政建制，管理范围只包括市区和郊区，而不再管理周边的广大农村区域。县获得与省辖市相同的管理权限，市（地）与县之间，不再是领导与被领导的关系，而是一种平等、协商与合作的关系[②]。二是中央和省对市、县予以更多实质性放权，切实增强市、县在财税、产业、社会发展等方面的自主权，提高其行政能力。三是同步推进省、市、县三级政府机构改革，主要是加强两头、压缩中间。从步骤上看，省直管县体

[①] 何深思，《从竖直化管理向扁平化管理过渡——论行政管理模式的改革》，载《国家教育行政学院学报》2005 年第 7 期。
[②] 徐元明、刘远、周春芳，《省直管县体制改革相关问题研究——以江苏省为例》，载《江海学刊》2007 年第 6 期。

制改革可分三步进行：第一步是进行省直管县体制改革试点。可在经济发展水平处于不同阶段的地区各选择一个或几个具有代表性的县（市）进行试点，探索不同类型地区实行省直管县体制后省与县互动的经验。也可以选择辖县较少的市进行市、县分治试点。第二步是开展省直部门的放权与县域扩权，以及县域和省辖市市区规模的部分调整。第三步是全面推进省直管县，实现市、县（市）分治。

2. 逐步调整行政区划。第一，减少行政区划层次。一是与省直管县改革相协调，逐步取消市管县体制，实现市、县分治。可考虑把原来的地级市按照规模分成大、中、小城市，这样既有利于地级市集中精力进行城市建设，提高城市质量，也有利于增强县域经济的活力。二是撤销镇，建立街道办事处，由县直接负责县城的建设、管理和服务，以适应县域经济从农村经济向城市经济、农业经济向工业经济的转移，为农村型的县体制向城镇型的市体制转化奠定基础。第二，推进城市的均衡布局及发展。从行政区划改革的要求看，国家的有效治理关键在于行政区划合理调整，而区划调整的前提是要合理调整各种资源的空间布局和结构，为此，除了采取相关政策，最关键的就是要加快城市化进程，特别是要均衡分布城市并加大城镇化力度。在地广人稀的西部和中部经济较活跃的地方培育大中城市，特别是省会以外的大城市，这不但有利于促进城市化的进程，而且对地方经济的快速发展也会产生积极的影响①。

3. 进一步厘清府际关系和规范运行机制。第一，科学划分中央政府与地方政府的事权、财权。新中国成立后国家政权建设的经验教训已经证明，要想从根本上解决"一放就乱，一统就死"的问题，除了科学划分央地事权和财权，别无他途。第二，改革"条块"的运行机制。改革垂直部门考核的方式方法，将垂直部门的政绩考核从原来单一的上级部门评价转变为条块双重评价，并在考核的权重上，让地方政府的评价占主导地位②。同时，要在政策制定和对地方行政考核过程中，打破地区和市场分割，有效制约地方主义的自利行为。

---

① 向达、王雅洁，《关于我国行政区划改革的探讨》，载《四川警官高等专科学校学报》2008 年 5 月 19 日。
② 刘永华、李勋华、张扬，《现行政府分级管理体制问题与对策探析》，载《四川理工学院学报（社会科学版）》2008 年 6 月 13 日。

行政区划改革必须充分考虑可能存在的各种风险，尊重民族历史文化传统，顾全大局，统筹兼顾，既要有利于维护中央权威，又要有利于地方治理的积极性。从古代看，宋朝的强本弱末导致边患无穷，元朝的大行省制因为违背"山川形胜之便"的行政区划划分原则而影响地方发展与治理，都是没有把握好度的失败例子。从国际上看，不管是在联邦制国家还是在单一制国家，对国家统一和领土完整威胁最大的，莫过于地方分离主义与民族分裂主义。在行政区划改革中，必须吸取古今中外的经验教训，既要因地因时制宜地进行改革，又要大力消除现有的两种威胁国家统一的力量，更要防止改革失当导致新的地方分离主义与民族分裂主义出现。

三、关于加强行政权力监督

把权力关进笼子，这是世界各国和地区都在努力的一个方向。但怎么把权力关进笼子，古今中外却有很多时灵时不灵的办法，而现在证明最重要的是让权力在法律的框架内运行。党的十八大报告充分强调了依法治国、治党、治权，这是一个新突破，也是推动下一步廉政建设、深化行政体制改革的方向和目标。

1. 加强行政监督。行政监督的方式有很多种，需要监督的领域也很多。我们认为，应重点加强对"钱"的公开和对行政权力的监督考核。第一，让"钱"在监督下流通。对钱的监督主要包括两个方面，一是公共财政问题，二是金融领域问题。历史学者黄仁宇和韩毓海关于财政和金融导致明清王朝败亡的分析，非常值得深思。从政治经济学的视角看，政府职能转变滞后的深层原因在于政府的钱袋子和政务缺乏监管。现代社会对公共财政已有基本共识，那就是财政的钱不是一人一家的私产，必须花出公共效益来。这就需要编制并执行好公共财政预算，并对其进行公共资金使用绩效评估，将评估结果与干部考核、问责等程序紧密挂钩，倒逼政府部门把钱花到刀刃上。未来一两年，应适应社会需求和呼声，尽快在财政预决算公开透明化等方面，扎扎实实地一个一个突破、一个一个解决。国际金融危机对中国金融领域影响至深，而且正在倒逼中国金融改革。当前地方政府债务的现实，已经揭示中国金融体制改革的破局之道，在于如何建立中央和地方双层金融监管体制。涉及社会公众利益，特别是小投资者利益的所有金融活动必须集中在中央来实行严格的监管；但还有很多金融活动只涉及少数人，他们完全能够自我控制风险，因而这一类金融机构和金融活动最好交给地方政府监管。从长远来看，中国应当走金融统一监管或者综合监管之路，变分业监管为统一监管，建立统一监管、分工协作的体制。以金融监督管理委员会与中央银行共同监管的"一行一会"的监管体制，或许是未来较为理想的金融监管格局。其中，由央行制定货币政策和对货币市场及外汇市场进行监管，金融监督管理委员会则监管金融机构和其他金融市场。第二，建立对行政机关的考核机制。目前，我国的政府考核体系，除了监察系统对行政部门的效能监察和组织系统对行政部门的领导班子考核，并没有对行政部门整体履职情况的考核。虽然监察机构可行使行政效能监察权，但既不系统也不是其主要职责，从根本上来说不是对行政机构的整体履职考核。作为负责行政体制改革和管理机构编制的部门，各级机构编制部门理应承担起对机构进行考核的职责。这样做，一是可以通过考核充分了解政府机构真实情况和存在的问题，为改革找准病灶和突破口，做好政策研究和政策储备；二是可以弥补我国现有考核体系和机构依法行政的不足；三是通过考核，可推动机构编制精细化管理。这将是我国在体制机制方面创新的大手笔，也将是运用管理巩固改革、推进改革的重大突破。第三，完善机构编制举报制度。对财政供养人员而言，对其进行规模控制和精细化管理的方式，主要有两种：一种是财政预算约束，另一种是编制管理。在这方面，中国未来发展方向应采取两者相结合的方式。从这个角度看，现有的管理方式与未来发展方向相去甚远，目前仍处于"一条腿瘸、一条腿肿"的局面。特别是面对"超编"和"吃空饷"的问题，真正行之有效的办法不多。虽然有了一些信访举报措施，如设立12310举报电话等，但由于缺乏举报触发机制，除了内部人员因利益受损而举报外，很多违反机构编制的事情难以被发现。研究古今中外的举报制度，我们可以发现，凡是那些发挥了重大作用的举报制度，都是从利益激励方面解决了举报触发机制问题的。应考虑将博弈论的理念引入机构编制举报制度中，彻底解决机构编制违规违纪问题查处中的信息不对称问题。如,对于"超编"问题,应在明确编制到岗到人的基础上,进行单位财务和机构编制的政务公开,让机构内的所有人员都了解情况,如果这期间存在"该上编的没上编、不该上编的却上了编"的问题,自然会触发举报;同时,严格按人头安排财政预算经费,严格"收支两条线",彻底消除小金库,加强审计等监督制约,超编单位要想安排编制外人员,必然会挤压编制内人员的经济利益,这也会触发举报。可以考虑用技术手段,将编制、财政、审计等手段串联起来,这种机制完全可以通过各部门共同使用一个信息软件做到,关键是这些部门要克服部门利益,真正落实相互协调制约机制才行。再如,对于"吃空饷"问题,应采取大力奖励举报的措施,如果哪个部门举报其他部门"吃空饷",在取消"吃空饷"部门相应编制的同时,拿出一小部分编制给举报部门增编,这样可以触发"吃空饷"问题的举报。治理"超编"和"吃空饷",还应考虑将类似问题全部纳入对各级编委及编办的日常考核之中,凡是违反规定或任期内本辖区存在这些现象的,都要将考核结果与这些领导的官帽挂起钩来,让他们有动力主动去治理和预防违反机构编制规定的问题。

2. 完善权力监督。应使党的领导融入人民代表大会制度这一根本政治制度之中,使党对国家的领导,通过权力机关的立法权、人事选举罢免权、重大事项的决定权和监督权来实现;要建立法治国家,就必须使党对国家的领导方式与宪法所规定的国家权力运行方式协调、统一起来,真正将人民代表大会制度落到实处,彻底摆脱"橡皮图章"的尴尬境地,让人大有强有力的监督权力,确保行政机关在人大的监督下依法行政。当然,在这方面可探索的方式方法很多,比如做实人大的违宪审查权和财政预决算权力,也可以考虑将审计等权力赋予人大,等等。

3. 强化社会监督。政府职能转变滞后的一个最隐蔽原因,就是民意的缺乏,特别是弱势群体的失语。当年毛泽东同志与黄炎培先生在探讨中国历代王朝盛衰兴亡周期律时,毛泽东表示:"我们已经找到新路,我们能跳出这周期律。这条新路,就是民主。只有让人民来监督政府,政府才不敢松懈。只有人人起来负责,才不会人亡政息。"民众必须有真正能监督政府的权利与责任。第一,尽快推进政务公开与监督。在现实条件下,这是顺应人民反腐和政改诉求,让权力在阳光下运行，落实人民监督权的关键一步。第二，逐步建立财产公示制度。社会各界对此期待已久，如果能够将机关、事业单位、大型国有企业等工作人员的收入与财产信息公之于众，就可以形成社会的广泛监督，法律与纳税等也能真正有的放矢，部门和地方的自利性利益也能得到有效制约，相关的有利于民生经济的改革方案也就能得以顺利推行。第三，要营造一种对权力进行监督的强大的舆论环境。除了要转变传统媒体舆论监督的方式，切实发挥固有优势之外，在"自媒体"时代，还要广泛发动人民群众，依靠现代互联网等强大的技术力量，真正赋予人民监督权，让那些腐败分子在人民的千里眼顺风耳之下无所遁形。从近年来的反腐实践看，未来人民群众的监督，必将有效压制"官僚二重性[①]"的负面作用，让政府工作人员行使公权力时不冒泡、不出轨。

4. 完善法律监督。党的十八大报告提出"全面推进依法治国"引起网民热议，短短十几天内，百度搜索相关新闻就达 815000 篇，新浪微博搜索显示结果达 877723 条，凸显了社会公众对依法治国的强烈关注和对法律监督行政权的期待。实现对行政权力的法律监督，可以从以下两方面入手：第一，加强组织法对行政权力的内在约束。十一届全国人大五次会议期间，金硕仁、袁敬华等 61 位代表建议制定国家机关编制法。建议提出，国家机关机构臃肿、人满为患的现象日趋严重，现有的机构编制管理法规、政策层级较低，调整范围较窄，且规定较为原则，操作难度大，建议制定统一的国家机关编制法。我们认为，有关方面应当认真研究代表上述建议，抓紧完善机构编制专项法规。中央编办已于近两年在相应部门开展了部门组织法立法试点工作，应在深入总结试点经验的基础上，组织起草机构编制法律草案。第二，加强法律对行政权力的外在约束。法治的基本精神，对公权力而言，就是法有明文的方可行；对公民而言，法无明文禁止的则皆可行。从这个角度看，所有部门依靠内部"小九九"行权皆是违法的，凡是没有法律依

[①] 徐焕阳、陈国权，《理想型官僚制的二重性——兼论当代中国的"政府再造"》，载《公共管理科学》2003 年 2 月号。其主要观点是，马克斯·韦伯对官僚制理论的三个层次的全面剖析，拓宽了研究官僚制的二重性的视野。官僚制在具有纯技术上的优势的同时，又具有僭越自身功能的倾向，造就了官僚组织集理性原则和非理性化倾向于一身的特殊格局。

据就限制公民权利和自由的就更是违法的，相应的组织和个人则有权提出权利主张。当然，前提是先要建立健全对行政权的司法审查和司法救济制度，通过强化司法监督制度，防止权力滥用，有效约束公权力。在推进行政体制改革过程中，由于大部制改革涉及各方利益和各层利益，往往可能因为各方力量的博弈，使改革变形走样，加之大部制改革没有足够的权威和法律支撑，不能排除改革走向歧途或者反复的可能。因此，有必要将法治因素引入大部制改革乃至整个行政体制改革过程，形成多元利益博弈的"游戏规则"。近年来的大量案例告诉我们，管理部门如果坚持运用法治思维化解矛盾，不以言代法、以权压法，群众也会在法治框架内给予理性回应，双方就可能搭建一个理性对话的平台。同时，也有大量的反面案例告诉我们，凡是违背行政许可法、行政诉讼法的政府行为，最终都会对政府公信力造成极坏的影响。如果不从依法治国的高度约束公权力，任由行政权力无序扩张，必然会影响民心向背，危及中国共产党的执政地位和国家的长治久安。

第六章 提升教育公平

教育是实现社会平等的最有效途径。教育不仅直接决定人力资本的积累，在涉及个人收入、健康以及与他人交流互动的能力形成方面，也占据着重要的决定性地位。因此，教育方面是否平等，会影响与福利、经济增长有关的其他方面的平等状况。随着经济发展和社会进步，教育公平问题越来越受到社会的关注。努力提升教育公平程度，日益成为保持国家未来发展潜力所必需的关键举措。本章将全面回顾我国提升教育公平的主要历程和成就，深入分析当前这方面存在的突出问题，并提出相应政策建议。

第一节 提升教育公平的主要历程和成就

新中国成立以来，党和国家始终把发展人民教育事业、提高广大人民群众受教育水平和中华民族科学文化素质作为崇高的奋斗目标，坚持把教育摆在优先发展的战略地位。60多年来，我国教育走过了波澜壮阔、气势恢宏的光辉历程。

从新中国成立初期到20世纪70年代末，基本奠定了新中国教育基础。新中国成立之初，党和国家把发展教育事业摆在突出地位，确立了"民族的、科学的、大众的"方针，接管、清理和改造旧教育，创立了社会主义教育制度。坚持向工农开门，保障人民群众平等受教育权利，进行学制改革。适应大规模经济建设需要，有计划地发展各级各类教育事业；探索适合中国国情的教育发展道路，初步建立起较为完善的教育体系，为我国社会主义教育事业发展奠定了坚实的基础。

从改革开放到20世纪末，初步形成了中国特色社会主义教育发展道路和教育体系。改革开放之初，党和国家决定恢复高考制度、大规模派遣留学生，提出在现代化建设"三步走"发展战略中，第一位的是发展教育和科学技术，确立了教育在社会主义现代化建设中的优先发展战略地位。此后又提出"面向现代化、面向世界、面向未来"的发展方针。1985年颁布《中共中央关于教育体制改革的决定》，从体制改革入手，有系统地进行教育改革，有步骤地普及九年义务教育。1993年颁布《中国教育改革和发展纲要》，1999年颁布《中共中央国务院关于深化教育改革全面推进素质教育的决定》，以提高民族素质和创新能力为重点，全面实施素质教育，深化教育体制改革，积极推进教育创新，加强教育法制建设，义务教育、基础教育、职业教育、高等教育等各级各类教育以前所未有的速度持续健康发展，改革以前所未有的力度全面推进。

进入21世纪，突出教育公平，努力办人民满意教育。党和国家顺应国内外形势发展变化，牢牢抓住重要战略机遇期，坚持以人为本、科学发展，深入实施科教兴国战略和人才强国战略，强调教育是振兴民族的基石，教育公平是社会公平的重要基础，做出了优先发展教育、建设人力资源强国的重大战略决策。党和国家先后颁布了关于加强和改进未成年人思想道德建设、大学生思想政治工作和青少年体育三个中央文件，召开了全国农村教育工作会议和全国职业教育工作会议，颁布了新的《义务教育法》等一批教育法律法规，保障农村义务教育经费，实施西部地区"两基"攻坚，普及和巩固义务教育，大力发展职业教育，提高高等教育质量，促进大学生就业，规范教育收费，健全家庭经济困难学生资助政策体系，努力办好人民满意的教育。

新中国教育事业在极其落后的基础上起步，经过60多年的不懈奋斗，特别是经过30多年的改革开放，面貌发生了翻天覆地的变化，取得了举世瞩目的历史性成就。2000年，我国实现了基本普及九年义务教育、基本扫除青壮年文盲的目标。到2011年，高中阶段毛入学率达到84%，青壮年文盲率降低到1.08%。

普及义务教育，既是教育事业发展的重大成就，也是教育公平的重要标志。在此基础上，我国近几年在教育公平方面继续迈进，一系列重大步伐，更加令世人瞩目。

1. 促进教育公平成为党和国家不可动摇的坚强意志

2007年，党的十七大报告明确提出："教育是民族振兴的基石，教育公平是社会公平的重要基础。……优化教育结构，促进义务教育均衡发展，加快普及高中阶段教育，大力发展职业教育，提高高等教育质量。"这是在党代会政治报告中第一次提出"教育公平"的思想，促进教育公平，成为我国新的历史时期教育发展的重要战略任务。

2012年，党的十八大召开，对促进教育公平提出了更为具体、更加清晰的任务内容："大力促进教育公平，合理配置教育资源，重点向农村、边远、贫困、民族地区倾斜，支持特殊教育，提高家庭经济困难学生资助水平，积极推动农民工子女平等接受教育，让每个孩子都能成为有用之才。"党的十八届三中全会落实十八大精神，做出了全面深化改革的决定，把深化教育领域综合改革作为社会事业领域改革的第一项内容来予以部署，并再次强调要大力促进教育公平。

2010年7月，21世纪第一次全国教育工作会议召开，明确提出："教育公平的关键是机会公平，基本要求是保障公民依法享有受教育的权利，重点是促进义务教育均衡发展和扶持困难群众，根本措施是合理配置教育资源。"

与此同时，《国家中长期教育改革和发展规划纲要（2010—2020年）》把促进公平作为国家基本教育政策，首次明确提出"均衡发展是义务教育的战略性任务"。

2. 全面实现城乡义务教育免费，树立教育公平的划时代里程碑

早在20世纪80年代，我国就提出国家对接受义务教育的学生免收学费。随着社会经济的迅猛发展和国家财力的增强，我国政府加大投入，逐步完成了从农村到城市、从试点到推广，全面免除城乡义务教育学杂费的进程。

2006年，我国将"国家将义务教育全面纳入财政保障范围"写进了新修订的《义务教育法》，并在西部农村率先实施农村义务教育经费保障机制改革，对纳入改革的地区，免除义务教育学杂费，并补助学校公用经费、补助维修改造校舍、

免费提供教科书、补助寄宿学生生活费等。

2007年春天,"免杂费、免书本费、逐步补助寄宿生生活费"的惠民政策,推广到中东部地区。实现了对全国40万所农村中小学近1.5亿名学生的全面覆盖。

2008年春天,我国在北京、天津、上海等16个省区市和5个计划单列市进行免除城市义务教育学杂费试点。

2008年8月,国务院决定,自2008年秋季学期起,全面免除城市义务教育学杂费。

通过短短三年的努力,我国形成城乡统筹的义务教育普惠制度,树立了我国这个发展中大国教育史上的一座里程碑。

3. 家庭经济困难学生资助政策学段全覆盖,凸显教育公益与公平

不断完善家庭经济困难学生资助政策,不让一个孩子因家庭经济困难失去学习机会,是促进教育公平的重大举措。

从2001年开始,国家对贫困地区家庭经济困难的中小学生进行免费提供教科书制度的试点。2006年,对西部地区和部分中部地区农村义务教育阶段家庭经济困难学生免费提供教科书,对其中的寄宿学生补助生活费,2008年推广至全国。

2004年,在普通高等学校建立以风险补偿金为核心的国家助学贷款新机制,此后逐步发展成为以国家奖助学金、国家助学贷款为主,以学费补偿和助学贷款代偿、校内奖学金、校内无息借款、勤工助学、特殊困难补助、减免学费等为辅的资助政策体系。同时,建立"绿色通道"制度,确保家庭经济困难学生顺利入学。

2006年,国家启动了中等职业教育学生助学金制度。2007年,国务院出台《关于建立健全普通高校高等职业学校和中等职业学校家庭经济困难学生资助政策体系的意见》,在职教领域逐步建立以国家助学金和国家免学费为主,以顶岗实习、学校奖学金和减免学费等为辅的资助政策体系。

2010年秋季学期开始,在学前教育阶段,对家庭经济困难儿童、孤儿和残疾儿童予以资助;在普通高中阶段,建立以国家助学金为主体、学校减免学费等为补充、社会力量积极参与的普通高中学生资助政策体系。

到2011年，我国建立起了从学前教育到研究生教育，较为完整的家庭经济困难学生资助政策体系。国家累计资助金额达到980.14亿元，每年资助学生近1.8亿人。

4. 提升农村教育成为重中之重，带动义务教育均衡发展

农村是教育发展的薄弱环节，也是教育公平的工作重点。2003年全国农村教育工作会议以来，国家坚持将"新增教育经费主要用于农村"，采取了一系列扶持措施。

2003年国家开始实施西部地区"两基"攻坚计划，到2008年基本完成。这一计划的实施，使农村学校的办学条件大大改善，质量得到提高。

2005年，国务院决定将农村义务教育全面纳入国家公共财政保障范围，建立了中央和地方分项目、按比例分担的农村义务教育经费保障新机制，对农村义务教育持续快速发展，产生了重大而深远的影响。

农民工子女教育问题也得到逐步改善。我国确立了"以流入地政府管理为主，以全日制公办中小学为主"的方针，各地积极采取措施，保证进城农民工子女就学机会。以北京为例，目前超过90%的农民工子女就读于公办学校。

5. 面向人人的职业教育大发展，有效创造平等就业机会

2002年和2005年，国家两次召开全国职业教育工作会议，做出大力发展职业教育的决定，加快了我国职业教育改革和发展的步伐。国家持续组织实施了"国家技能型人才培养培训工程""国家农村劳动力转移培训工程""农村实用人才培训工程""以提高职业技能为重点的成人继续教育和再就业培训工程"等多项工程。同时大力加强职业教育基础能力建设，"十一五"期间，中央财政用于职业教育基础能力建设的经费超过100亿元。2012年，我国发布《国家人权行动计划（2012—2015年）》，提出将逐步实行免费的中等职业教育。

与此同时，职业教育规模实现跨越。2007年，我国中等职业教育招生人数超过800万人，提前完成了"十一五"规划的要求。2010年，全国中等职业学校已经发展到13872所，年招生规模870.4万人，在校生2238.5万人，毕业生665.3万人，实现了中等职业教育与普通高中教育招生规模大体相当的规划目标。2009

年，高等职业院校发展到 1215 所，年招生规模 313.4 万人，在校生 964.8 万人，毕业生近 285.6 万人，高等职业院校招生规模占了普通高等院校招生规模的一半。可以说，经过多年努力，我国职业教育已经具备了大规模培养高素质劳动者和技能型人才的能力。一个学历教育与职业培训并举、形式多样、灵活开放、有中国特色的职业教育体系框架基本形成，职业教育数量和规模的问题已得到基本解决。

6. 高等教育发展进入大众化阶段，极大拓展了社会成员发展空间

新中国成立后，我国高等教育事业有了长足进步和发展，但是直到 1998 年，在校学生仅有 640 万人。1999 年，党中央、国务院审时度势，做出了大幅度地扩大高校招生规模的重大决策，直接推动了一个适应时代要求的高等教育进入 21 世纪。2008 年，全国普通高校招生 607.7 万人，是 1998 年的 6 倍；在校生达到 2021 万人，是 1998 年的 4.5 倍，是 1949 年的 172 倍多。到 2011 年，全国研究生、普通本专科、成人本专科等学历高等教育在学人数进一步达到 3020.6 万人。高等教育大众化，成为继实现普及义务教育之后，我国教育发展史上的又一次历史性跨越。

第二节 教育公平面临的问题和挑战

在看到辉煌成就的同时，也必须清醒地认识到，中国是一个发展中的大国，区域之间和区域内部经济社会发展程度差距较大，这导致教育发展也呈现出明显的不均衡状态，一些体制机制方面的障碍，也对教育公平构成突出影响。实现人民满意的公平教育，仍然任重而道远，需要进一步改革和完善政策，需要付出更加艰苦的努力。

一、地区差距仍然明显

2012年8月,国务院办公厅转发教育部等四部委《关于做好进城务工人员随迁子女接受义务教育后在当地参加升学考试工作的意见》,要求各地年底前出台异地高考具体政策。全国各省市随后陆续公布了异地高考方案。此举在备受关注的同时,北京、上海等大城市也因为门槛过高而遭受质疑。

——北京方案要求符合条件的外地户籍学生2013年开始可以参加中职考试录取,2014年开始可以参加高职考试录取。大学本科部分的录取则尚未公布开放的时间表。

——上海提出持有上海居住证A证,即人才引进类居住证的来沪外来务工人员子女,在上海参加高中阶段学校招生考试并完成高中阶段完整学习经历,可在当地报考。

——广东方案则是从2013年起,通过积分入户广东的异地务工人员、高技能人才,其随迁子女可在广东报名参加高考。其他符合条件的随迁子女从2014年开始可以报考高等职业学院,2016年可以报名参加高考。

对于这些方案,有专家评价,上海方案不及格,而北京方案零分。

毫无疑问,异地高考话题之所以沸沸扬扬,是因为教育资源地区分布的巨大差距,以及教育发展水平的反差,已经越来越引起社会的关注。

根据我国第六次人口普查数据分析,按照居民受教育水平的差异,可以把31个省区市分为5类地区:

第一类地区包括北京、上海和天津,是全国受教育水平最高的地区,2011年,初中及以上教育程度人口占6岁及以上人口比重分别为87.6%、83.6%和80.5%,大专以上的人口比重高达33.9%、21.2%和21.0%。

第二类地区是辽宁、山西、广东、黑龙江、海南、江苏。这些省区初中及以上人口比重在70.9%到75.5%之间,大专及以上人口比重在7.7%到12.5%之间。

第三类地区是内蒙古、河北、湖北、陕西、吉林、河南、山东、湖南、新疆、江西、浙江、福建、安徽、广西、宁夏、重庆。这些地区初中及以上人口比重在

61.0%到69.9%之间，大专及以上人口比重在5.4%到12.7%之间。

第四类地区是四川、甘肃、青海、贵州、云南。这几个地区初中及以上人口比重在48.4%到57.2%之间，大专及以上人口比重在7.0%到9.1%之间。

第五类地区是西藏，初中及以上和大专及以上人口比重仅为26.4%和5.0%，为全国最低。

从教育程度分布情况可以看出，前两类基本上是东部省份，而后两类全是西部省份，最发达的北京、上海、天津初中及以上人口比重高出西南、西北省份30个百分点左右，东、中、西区域差距明显。

更值得注意的是，与我国第五次人口普查数据相对比，10年之间，虽然全国各地居民受教育程度都有了明显提高，但以上五类地区分布格局基本没有发生变化，差距也没有明显缩小。

二、城乡差距尚未明显缩小

近年来，几乎每一年随着大学开学，媒体上关于"寒门难出贵子"的讨论便十分热烈。2011年1月13日《新京报》称："2010年获得自主招生资格的学生中，农村学生不足10%。"同时，有研究表明，中国重点大学农村学生比例自20世纪90年代起不断滑落，北大农村学生所占比例从三成落至一成，清华2010级农村生源仅占17%。有学者总结，"出身越底层，上的学校越差""30年来，国家转型在继续，但底层个体命运的转型却在逐渐陷入停顿"。①

这一系列数字，引起了社会广泛关注。但高考只是一个结果，原因还是在于义务教育、高中教育阶段城乡教育资源的巨大差异。在教育经费、教学设施、师资力量等都仍然存在明显差距的情况下，农村学生再聪明，学习再刻苦，上重点大学的比例也不可能达到人口比例。

同样根据第六次全国人口普查数据，我们可以看出城乡之间居民受教育程度

---

① 练琴，《丁宁宁："寒门难出贵子"不仅仅是教育问题》，载《中国经济时报》2011年9月7日。

的差距。

2011年,全国城市居民具有初中及以上文化程度人口占6岁及以上人口的比重为82.0%,具有大专及以上文化程度人口比重为21.5%。而"镇"一级居民初中及以上人口比重为70.3%,大专及以上人口比重为9.34%。乡村居民的这两个指标进一步下降为54.7%和2.06%。

2011年,从文盲人口比例(文盲人口占15岁及以上人口比例)来看,全国城市平均为1.90%,镇为3.87%,乡村为7.26%。

教育发展水平的城乡差距更直观地体现为城乡之间学校办学条件的差距。

从经费投入来看。生均公用经费城乡差距较为突出,有相当数量的农村中小学生均公用经费没有达到国家基准定额。目前仍有近40%区县的农村初中生均公用经费没有达到中西部500元、东部550元的国家基准定额;28%区县的农村小学生均公用经费没有达到中西部300元、东部350元的国家基准定额。

从师资力量配置来看。2009年,农村小学大专及以上学历教师达到71.7%,比城市低18.9个百分点;在初中教师中,本科及以上学历教师达到54.4%,比城市低25.3个百分点。

从学生流失情况来看。西部地区农村学生辍学、流失率偏高,有的地方农村辍学率高达15%以上。虽然有"两免一补"政策,但由于农村学校的撤并、新的"读书无用论"在一些地区抬头,初中辍学率不降反升。①

三、区域内校际差距不可小视

"奥数",这一诞生于20世纪中期的国际性青少年数学赛事,原本只适合5%的智力超常儿童,但在今天的中国,却成为"小升初"过程中一项全民运动,并逐步向低龄儿童蔓延,以近乎疯狂的态势席卷全国,并且屡禁不止。

2009年全国各地采取一系列措施,规范中小学办学行为,封杀"奥数",禁

---

① 余宇、苏杨,《从投入、教师和学生资源入手,推进义务教育均衡发展》,载《中国经济时报》2012年7月6日。

止"有偿家教",改革考试和评价制度,促进义务教育均衡发展,但成效不一。①成都市教育局在 2009 年 10 月出台规范办学行为的"五个禁止",其中四条与奥数有关:禁止教育行政部门、教研培训机构、教育学会、义务教育阶段学校举办、协办以及组织学生参加包括"奥数"在内的所有学科培训和竞赛;禁止义务教育阶段学校举办任何形式的与入学挂钩的选拔性考试和测试;禁止以任何形式将"奥数"等学科竞赛成绩与"小升初"挂钩;禁止利用公共教育资源(中小学校、教育学会、教研培训机构以及教育部门管辖的青少年宫、青少年活动中心等)为"奥数"等各类有偿补习班、培训班提供教学设施或场地。2012 年 8 月 21 日,北京也采取多项措施坚决治理奥数成绩与升学挂钩。

这些如此严厉的措施,仅仅是在部分地区促使"奥数"热有所降温,从全局来看,仍然红红火火。

现象的背后,摆着一个简单的原因:择校。更深层次的原因,则是区域内部义务教育阶段仍然存在明显的校际差距。

应当看到,为了集中力量发展教育,迅速改变教育极端落后状况,我国在一个比较长的时间里实行了中小学"重点校"制度,各地都形成了一批教学设施比较好、师资力量配置好的优势学校。到了 20 世纪 90 年代,逐步改"重点校"为"示范校",但优势学校和薄弱学校在同一区域内并存的格局并没有根本改变。

一是校际之间财力差距明显。我国对义务教育学校的投入实行多元化投入体制,在拓宽教育资金来源的同时,也造成资金校际分布不均衡。优势学校通过与国家机关、企事业单位"共建",收取社会和个人"捐资助学"资金,所筹集的资金规模远远大于财政教育经费投入,极大削弱了国家通过财政资金投入促进义务教育均衡发展的努力。

二是校际之间师资力量差距明显。优势学校拥有的高、中级职称教师人数远远多于同区域的薄弱学校,即使是考虑了学生人数的差异,这种师资力量差距也很明显,一般可以相差 30% 以上。

---

① 21 世纪教育研究院,《中国教育发展报告》,社会科学文献出版社 2010 年版。

三是办学条件差距仍然存在。进入21世纪后，我国大力开展义务教育学校办学条件标准达标建设，但由于"抬低不限高"，未能改变部分学校超豪华配置办学条件的现状。

校际差距显著而持续地存在，必然导致中小学"择校"现象屡禁不止。在北京的一些知名中小学里，一些班级1/3以上的学生都不是按照划片入学的，"奥数"热只是通往这个结果的一个桥梁。

四、大量制度性障碍有待消除

这些现象背后，是我们在教育制度层面的一些深层次问题。

一是义务教育投入重心过低。我国中央财政的投入偏重于高等教育，义务教育经费投入责任主要在区县。2006年新修订的《义务教育法》规定："义务教育经费投入实行国务院和地方各级人民政府根据职责共同负担，省、自治区、直辖市人民政府负责统筹落实的体制。农村义务教育所需经费，由各级人民政府根据国务院的规定分项目、按比例分担。"这在一定程度上强化了省级的统筹实施和省、市两级财政责任，但由于我国省区市经济发展差异较大，一些财力较为薄弱的县级政府负担仍然较重，学校软硬件设施的资金投入难以有效保障。而从国际上看，尽管各国财政体制差异很大，但大部分国家在义务教育公共投资体制上选择了集中模式或相对集中模式，投资主体或是中央政府，或是高层地方政府。完全采取以基层地方政府作为投资主体的分散模式的国家为数不多。[①]

二是义务教育学校教师流动困难。教师是教育发展的第一资源，师资配置的均衡是义务教育公平的根本。《义务教育法》规定："县级人民政府教育行政部门应当均衡配置本行政区域内学校师资力量，组织校长、教师的培训和流动，加强对薄弱学校的建设。"《国家中长期教育改革和发展规划纲要》也明确提出了教师流动的相关内容。但现行《教师法》无论是在教师的"资格和任用"，还是在教

---

① 刘涛，《我国教育行业发展的制度障碍及政策建议》，载《经济研究参考》2011年第40期。

师的"义务和职责"中都没有对教师流动有专门的规定。不仅如此，由于我国教师的身份为事业编制，教师流动以及由此带来的人事关系变动与现行《事业单位人事管理条例》中人员招聘、竞聘、解聘等规定并不相符，强制流动缺乏法律依据。由此导致我国目前的教师资源共享并非教师流动，而主要是流动教学、重点校教师与薄弱校教师结对帮扶等，教师资源均等化推进力度、范围较为有限。

三是民办教育发展仍然面临歧视。民办教育作为我国多元化办学的重要主体，在教育发展中具有重要作用。国家先后制定了包括《民办教育促进法》在内的一系列法律政策，对民办教育的发展起到了鼓励和促进作用。但由于配套的规范性文件和具体管理机制未能有效调整，不少影响民办学校发展的瓶颈问题始终未得到完全解决。一些部门和地方政府在财政性教育经费的拨付上对民办学校存在歧视，民办学校在承担义务教育责任的同时，无法享受与公办学校一样的生均经费资助。特别突出的是，民办学校的教师和学生由于身份差异，很难享受与公办学校教师和学生同样的待遇。例如，民办学校教师不能和公办学校教师一样参加职称评定，职业生涯发展面临巨大障碍；政府给予公办学校学生的很多补贴、补助，也把民办学校学生排除在外。

看到成绩，面对问题，下一步，我们必须落实好党和国家对教育发展的部署，实施好《国家中长期教育改革和发展规划纲要》，全力促进义务教育均衡发展，大力发展面向人人的职业教育，进一步提高高等教育发展质量和水平，同时更加重视学前教育对教育公平的重要作用，把我国教育水平和教育公平提升到新的高度。

第三节 进一步提升教育公平的政策建议

一、全力促进义务教育均衡发展

当前推进教育公平的首要任务仍然是促进义务教育均衡发展，这顺应时代潮流,符合教育发展方向,也已被纳入国家教育发展中长期规划。但如何理解"均衡"的内涵,如何在实践中推进均衡,还存在不少认识上的分歧。一种叫作"特色说",认为各个学校应当保留各自的特色,担心均衡发展导致"千校一面",不能因材施教。一种叫作"规律说",认为教学有其自身规律,好的教师之间能够相互配合,形成良好氛围,担心均衡以后破坏了这种氛围。还有叫作"高水平均衡说",认为提高薄弱学校发展水平同时,也要促进优势学校在更高水平发展,形成有差异的"均衡"。

这些不同看法的背后,其实体现着均衡发展面临的利益调整。不可否认,校际差距的长期存在,事实上已经形成了一个特定利益格局,其中既涉及教师个体利益,又涉及学校(特别是名校、重点校)利益,还涉及包括教育主管部门在内的相关政府部门的利益。在一些地方,名校、重点校已成为政府的"面子工程",且事实上能够让强势群体受益。出于学校与权力"联姻"能带来彼此利好的分配格局考虑,教育主管部门也倾向于把优秀教师分配到名校、重点校。同时,名校、重点校也意味着更好的福利待遇和更优的工作平台,其办学硬件、资金支持等方面的优势为教师业务水平提升提供了重要的基础条件,且这些学校的教师事实上还拥有评定职称和获得社会荣誉的优先权,拥有更多接受学习培训的机会。[1]

应当说,没有正确的认识,就不会有坚决的行动;没有利益的调整,就不会有义务教育资源的均衡配置。推动义务教育均衡发展,必须首先澄清以下几个方面认识,把握处理好以下几个方面关系。

1. 正确处理好均衡与特色的关系

总体上看,教育应该是有特色的,应该是有差异的。但是作为政府必须为公众提供基本公共服务,义务教育特别是政府举办的义务教育学校的公益性、基本性、保障性决定了"均衡"是基本要求和特征。国家统一确定教育内容,规定最低标准的教学条件;地方政府在国家规定的基础上统筹确定地方提供义务教育公

---

[1] 余宇,《加快推进教师流动制度建设,切实推动义务教育均衡发展》,载《国研视点》2012年7月2日。

共服务的标准,既包括硬件也包括软件。政府要确保向学生提供基本同质、等量的教育资源,在均衡基础上可以鼓励学校办出特色。

2. 正确处理好均衡与质量的关系

质量是教育的生命线,但就义务教育而言,对质量的追求也必须建立在均衡的基础上。因为,义务教育作为公共物品,其基本属性就是要向所有人公平地、无差别地提供。义务教育应该追求高质量,但这种高质量并不是指个别学校的高质量,而是指整体的、统一水平下的高质量。现阶段推进均衡发展,可能会在短时间内降低部分"名校"的"质量",但这实际上对于区域义务教育整体质量的提升而言是有益的。

3. 正确处理好增量与存量的关系

在推进义务教育资源特别是师资等软件资源均衡配置过程中,存量调整和增量调整同等重要、互为支撑。在"名校"具有强大自我筹资能力的情况下,只调增量不调存量,增量调整效果会打折扣;只调存量不调增量,存量调整结果将不可持续。

在政策措施方面,建议加快推进以下几项工作:

1. 扩大省级政府教育统筹权

以县(区)为主体的管理体制不利于促进城乡、区域均衡发展,应合理划分各级政府在义务教育阶段的事权责任和财权责任,明确以省级政府为主,中央政府加大转移支付力度,并进而明确规定各自的出资范围和出资方式。省级统筹的重点主要有三个方面,一是教育经费投入以及使用的统筹,制定实施统一标准,促进资金保障和经费投入的大致均衡;二是教师培训以及省级优秀教师的统筹调配,通过政策制度的不断完善,推动教育教学水平的整体提升;三是招生制度和政策的省级统筹。

2. 健全以财政投入为主的经费保障机制,实行公办学校标准化建设

以政府为主导、鼓励社会积极参与的义务教育经费保障机制,是促进义务教育均衡发展的前提和基础。

一方面,在当前教育经费投入水平总体不高的情况下,要加大财政投入力度。

一是切实按照义务教育法的规定，落实义务教育经费依法增长的要求，确保学校建设发展所需经费及时足额到位；二是按照既定的经费投入标准，在认真测算的基础上，加大对财力薄弱地区特别是偏远区县的转移支付力度，确保其经费保障水平达到规定标准。

另一方面，在鼓励多元化资金投入的情况下，要加强对其他来源资金的调节和引导。可以探索建立省（市）级义务教育统筹调节基金，鼓励社会对义务教育的捐赠或其他形式的投入，并将其纳入义务教育统筹调节基金，实行省（市）统一管理，主要用于加大对师资培训、信息化建设等方面的投入。坚决杜绝任何形式的投入与学校招生挂钩，确保所有公办学校只能通过政府渠道获得经费支持。

此外，在各省级政府财力差异仍然明显的情况下，除了加大中央转移支付力度外，应构建利用信息化手段扩大优质教育资源覆盖面的有效机制，逐步缩小区域、城乡、校际差距。

3. 建立健全校长教师流动机制

教师资源特别是优质师资的合理流动和均衡配置，是决定义务教育均衡发展成效的关键因素。针对当前教师资源流动中存在的突出问题和制度障碍，应重点做好三个方面工作。

一是建立市（区、县）统一聘用、学校具体使用的教师管理体制。在统一组织义务教育教师资格考试和认定的基础上，由市或区县教育部门履行教师的招聘录用、职务职称评聘等管理职责，而学校只负责教师具体使用和教育教学方面的管理。这将有效强化教育部门对辖区内教师资源的统筹调配能力，有利于教师特别是优质师资的合理流动与均衡配置。

二是进一步落实绩效工资制度。研究调整绩效工资方案，制定实行更加科学的教师工资标准，取消"补低不限高"的特殊政策，严格监督落实。同时以差别化工资强化政策的导向作用，充分考虑农村、偏远地区教师岗位实际情况，制定实施有明显倾斜的补贴政策，引导优质师资到这些地区任教或从事教育管理工作。

三是健全教师职称管理制度。建立与事业单位岗位聘用制度相衔接、符合义务教育教师职业特点的职称制度，在统一的教师专业技术水平评价标准基础上，组织社会化评定，取消按照辖区或学校分配职称指标的做法。

4. 健全完善招生入学机制

生源均衡既是教育资源均衡配置的必要前提，也是必然结果。促进义务教育资源均衡配置，必须着力完善、坚决落实有利于均衡的义务教育阶段招生入学政策和制度。

一方面，严格执行义务教育阶段就近入学政策。我国实行义务教育阶段就近入学制度，但没有得到真正严格的落实。要在实现各学校存量资源均衡、软硬件办学条件大体一致基础上，严格执行就近入学政策，坚决杜绝任何形式的择校，确保受教育机会的公平。

另一方面，要积极探索九年一贯对口招生制度。可以考虑发挥示范高中招生入学政策的导向作用。扩大示范或优质高中招生指标平均分配到区域内初中校的比例，通过增加所谓"薄弱初中校"升入示范高中的机会，促进生源的均衡。

5. 建立健全考核监督机制

应当把义务教育资源均衡配置状况切实纳入政府绩效考核体系，促进政府及其部门将均衡发展作为推动教育科学发展的重要目标。加强对考核评价指标的研究，既要注重考核指标的操作性，又要强调考核指标的导向性。要特别加强对义务教育软件资源尤其是优秀教师和校长资源配置方面的考核，不仅要合理确定指标及其权重，而且要确保数据信息的准确度，提高考核的科学性。

同时，建立多方面共同参与的监督机制。发挥人大、政协的监督作用，建立定期向同级人大常委会专项汇报义务教育资源均衡配置工作的机制，并提交人大代表审议。强化国家教育督导，在进一步完善督导工作机制的基础上，注重对资源均衡配置情况及其实际效果的督导。委托社会组织开展教育监测评价，可考虑建立义务教育经费审计机制，由审计部门牵头，委托第三方机构，定期对教育机构特别是名校的经费使用情况进行审计。特别是要调动家长、社会和其他利益相关者的积极性，加强公众监督，逐步完善监督的内容和形式，提高监督的实际效果。

二、大力发展职业教育

改革开放以来，我国凭借丰富的劳动力资源成为"世界工厂"。但是随着第六次人口普查数据的公布，"人口红利"即将消失的现实引发了制造业优势可能丧失、制造业就业机会将加快流失的担忧，中国从人口大国向人力资源强国转变的要求更加迫切。

据中国社科院人口与劳动经济研究所预测，中国劳动年龄人口将于2016年达到最高峰值，总量为9.99亿人，之后将出现逐渐下降，至2020年，将下降至9.87亿人。① 而根据乔纳森·安德森的预测，中国人口老化和城市化速度放缓，将会使未来的潜在经济增长率下降约两个百分点。②

怎么办？我国要在未来继续推进工业化进程，继续创造每年上千万的就业机会，就必须在更高层次上重新塑造劳动力成本优势。最现实、最可靠的途径是大力发展职业教育，加快造就数以亿计的高素质技能劳动者，通过劳动者素质的提高不断提高劳动生产率，推动产业结构逐步向更高层次的现代农业、新型制造业和现代服务业提升，形成取之不尽、用之不竭的内生发展动力和可以长期保持的发展优势。

职业教育作为面向就业、面向社会的教育，既要满足经济发展和产业结构调整对高素质劳动者的需求，又要满足劳动者获得公平教育和发展机会的需求。必须根据国家发展建设的需要，遵循职业教育发展规律，加快发展方式转变。从主要注重规模扩大向强化内涵、提高质量转变，向职普融合、各类教育协调发展转变，向政府主导、行业指导、企业参与协调推进转变。重点是突出实践特色和就业导向，完善人才培养模式。

1. 加快构建适应经济发展方式转变和产业结构调整要求，体现终身教育理念，中高等职业教育和其他类型教育协调发展的现代职业教育体系。一是要着眼

---

① 孙学工、刘雪燕，《中国经济潜在增长率分析》，载《经济日报》2011年12月12日。
② 巴曙松，《人口老化制约中国城市化》，载国务院发展研究中心"国研网"。

于我国从制造业大国向先进制造业强国转变的发展趋势,继续调整职业教育与普通教育、高等职业教育与中等职业教育的规模结构。要逐步做到新增劳动力中受过职业教育人数超过未受过职业教育人数,接受高等职业教育人数超过未接受高等职业教育人数。二是要促进职业教育与其他各类教育相互衔接,实现学科教育与职业教育合理分流和相互融合。应当在普通高中及高等教育课程中,适当增加职业教育的内容,允许普通高中及普通高校在校生和毕业生通过登记入学的方式进入职业学校学习。实行灵活的学制和学习方式,为学生半工半读、工学交替、分阶段完成学业等创造条件。三是拓展职业教育的内涵和外延,使其成为构建学习型社会的重要载体。要伴随劳动者全部职业生涯,贯穿家庭、学校、企业和社会,涵盖职前、职中、职后培训,更多地搭建灵活、可及、开放的职业教育平台。

2. 切实履行政府职责,建立健全政府主导、行业指导、企业参与的办学机制和多渠道投入机制。一是政府要将基础教育、职业教育和高等教育放在同等重要位置,加强规划和统筹,合理配置教育资源。二是进一步加大财政投入。确保城市教育费附加安排用于职业教育的比例不低于30%,并形成财政投入稳步增长的长效机制。① 财政投入主要用于支持各级各类职业机构基本办学能力建设,逐步实现办学条件达标。特别是要全方位加强基础设施建设,抓紧建设一批条件较好的实训基地,努力改善职业学校实训和学生生活条件。要加大对职业学校学生的资助力度,目前中等职业学校学生受资助面已经达到90%,农村家庭经济困难学生和涉农专业学生已实现免除学费。在此基础上,应把城市低保家庭中职学生纳入免费范围,进一步增加对其他职业学校学生的补贴。三是要完善职业教育多渠道经费筹措机制。加快制定税收等优惠政策,健全法制保障,拓宽融资渠道。要尽快完善社会资本投资办学的投资回报机制,在营利性与非营利性分开的办学原则下,真正落实允许投资者取得合理回报的政策导向,调动包括企业、金融机构、

---

① 目前西方发达国家中等职业教育的投入主要以政府为主。以美国威斯康星州为例,自1984年以来,该州职业教育(社区学院)的经费约45%来自地方税收,约20%为州政府拨款,联邦政府的资助约占10%,学生学费约占10%,余下为来自企业及私人的赞助和学校有关产业的收入。参见吴金顺《美国职业教育发展的产教结合及其启示》,载《交通职业教育》2007年第5期。

个人等在内的社会力量投入职业教育的积极性。

3. 推进教育教学改革，深化产业教育融合、校企合作，完善人才培养模式。一是以就业和创业为导向，深化教育教学改革。在培养目标、专业设置、学制安排、课程教材等方面，突出学生的职业技能训练和职业道德养成。提高实践课程比重，制定以实践技能考核为中心的教育质量评估体系。鼓励开展"定单式"培养，推广职业学校毕业生学历证书和职业证书"双证书"制度。二是充分发挥行业和企业对职业教育的指导作用。政府主管部门要主动组织校企联合会，为校企合作搭建制度化平台，建立职业学校与行业组织的沟通机制。职业学校应建立由行业组织主导的办学指导委员会。行业组织要在开展人力资源预测、制订培训规划及标准、参与专业课程教材建设以及加强专业师资培训等方面加强对职业学校的指导和服务。三是要制定鼓励企业接受职业学校学生半工半读、顶岗实习的优惠政策，分担企业成本。要允许企业将办学投资作为成本在税前列支，对企业安排场地、材料、教师所发生的费用，给予财政补贴。对企业参与职业教育的行为，应当作为评价企业社会责任的重要标准，制定相关奖励政策。四是加强职业学校"双师型"师资队伍建设。出台支持企业和社会专业技术人员到职业学校任教、担任兼职教师的措施。抓紧制定符合实际的职业学校教师编制标准和职务评定制度，建立健全职业教育质量保障体系。

4. 加快发展面向农村的职业教育。一是要大力完善职业教育的区域布局，加强农村地区职业教育机构建设，特别是要办好县级职教中心，做到每个县至少有1所职教中心。二是要大力促进集中在东部地区和大中城市的职业教育资源向西部地区、农村地区辐射扩散，特别是通过加强信息化基础设施建设，利用远程教学实现优质教育资源共享。三是要扩展职业学校招生对象和服务范围，特别是扩大对返乡农民工、困难企业职工、下岗失业人员的招生和教育资助，并在此基础上加快推进职业院校分类招考或注册入学。要完善教学安排和课程设计，特别是针对农民工等群体研究实施更加灵活的弹性学制和教学模式，以增强这些群体接受职业教育的便利性。四是要鼓励各级各类职业教育机构加强涉农专业建设，根据农业、农村发展对相关人才不断加大的市场需要，扩大相关专业人才培养力度。

此外，还需要在学制教育之外，大力开展新型农民培养培训、农村劳动力转移培训等多样化的职业培训项目，满足农村居民多样化教育需求。

5. 切实增强职业教育吸引力。一是提高职业教育的人力资本收益水平。切实提高生产服务一线技能人才特别是高技能人才的经济收入和社会地位，实行优秀技能人才特殊奖励政策，让全社会充分认识掌握职业技能的重要性，提高对职业教育的认识。二是降低个人和家庭接受职业教育的成本。在目前已实施农村家庭经济困难学生和涉农专业学生免除学费政策基础上，尽快把城市低保家庭中职学生纳入免费范围，逐步实行中等职业教育免费和学生生活补助制度。三是加强宣传引导，让全社会认识到职业教育对于多数劳动者而言是效益最高的教育类型，在政府大力支持下，上职业学校的投入很低，收益很大，从而推动形成上职校、学技术的高潮。四是加强组织领导，提高各级党委政府对职业教育的重视程度。人口大省应当实施职业教育发展"一把手"工程，把职业教育列为公共服务保障重点，作为重要指标列入年度目标考核体系。

三、进一步提升高等教育发展水平

高等教育承担着培养高级专门人才的重大任务，当前高等教育已经进入大众化发展阶段，但在规模扩大的同时，如何让社会成员公平享有真正高质量的高等教育，成为更加突出的问题。

2005年温家宝总理在看望著名物理学家钱学森时，钱学森提出："现在中国没有完全发展起来，一个重要原因是没有一所大学能够按照培养科学技术发明创造人才的模式去办学，没有自己独特的创新的东西，老是'冒'不出杰出人才。"

这就是著名的"钱学森之问"。

据有关报道，在一个座谈会上，国内最有名的六所大学校长和教育专家，他们的回答是：要培养杰出人才，关键是教师；要将基础教育和高等教育贯通起来；高校大改革大发展起来之后，应该是大提高；做大高等教育，还要做强高等教育。

这一问一答，问到了中国教育的软肋，但回答却远未破题。不过，这已足以让我们深感提升高等教育质量的迫切性。

从现实情况来看，创造更加平等接受高等教育的机会，让更多的人接受高等教育，同时尽快提升高等教育质量，是从数量和质量上培养更多高素质劳动者和创造者的重要途径。当前高等教育的发展，要紧紧围绕公平和素质两条主线，提升质量水平，办出特色争创一流。

1. 围绕入学机会公平，大力改革高校招生制度

恢复高考以来，我国的高校招生制度不断调整，经历了多次变革，在考试内容、招生方式上都有了很大的变化。特别是20世纪末开始扩招以来，不断扩大招生规模，放宽年龄限制，有效推动了高等教育大众化。

但是不可否认，目前的高校招生制度仍然存在明显不足，不利于社会公平和高等教育自身发展。

一是招生名额地区差异明显，不利于地区间的机会公平。目前我国高考招生计划并不按照地区生源人数来确定，名额分配更加倾向于高校所在地而不是生源集中地，导致各地之间的录取率差异极大。上海北京近年的高考录取率已经高达80%，而有些人口大省的录取率仍然在50%左右，机会公平显然无从谈起。

二是过分注重分数的选拔性考试，不利于素质教育和人的全面发展。我们现有的考查体制完全依赖于对学生学习成绩的考核，而忽略了对其他方面能力的培养，如人际交往能力、动手能力等。在这种情况下，学生完全把视线放在了考试上，导致整个基础教育阶段的素质教育基本上流于形式。

今后，继续推进高校招生制度改革，可以采取以下措施：

一是从根本上解决"一考定终身"的弊端。探索招生和考试相对分离、学生考试多次选择、学校依法自主招生、专业机构组织实施、政府宏观管理、社会参与监督的运行机制。切实按照《国家中长期教育改革和发展规划纲要》实行"分类考试，综合评价，多元录取"。为全面实行这样的招生制度，需要大幅度增加高等教育资源，因此这也是对高等教育发展的鞭策。

二是把更加公平地分配地区招生名额作为当务之急。应当取消现有的高校招生名额分配方式，改为按人口比例计算的名额分配方式。考虑到高校所在地政府

为高校发展进行了长期投资和服务，可以暂时允许本地招生比例略高于其他地区。在过渡阶段，应当坚决按照国家教育中长期规划要求，新增招生计划向中西部高等教育资源短缺地区倾斜，扩大东部高校在中西部地区招生规模。

三是在试点基础上逐步扩大学校招生自主权。目前，我国有80所学校实行自主招生改革试点，其中存在以北京大学为代表的"北约"11所高校、以清华大学为代表的"华约"7所高校，以及"卓越"联盟9所理工科特色高校联盟。这三大联考采取全国统考的形式，考生在任何省区市都可报名参加。这种自主招生，淡化了招生名额的地区分配，有利于地区公平。同时，自主招生增加了对综合素质的考察，也有利于素质教育的推广。

四是对教育资源缺乏的薄弱地区和农村地区给予适当倾斜。在教育资源配置不均的情况下，薄弱地区只有具备更加优秀潜能的学生才能达到发达地区学生的发展水平。正是基于这种考虑，应当采取定向招生等方式，探索教育薄弱地区学生高等教育机会补偿机制。①

2. 创新高校人才培养机制，促进高校办出特色争创一流

进入21世纪以来，许多国家政府都制定了新的高等教育发展战略。特别是在国际金融危机的冲击下，各国努力将短期经济刺激与对人力资源、科学研究和基础设施的长期投资结合起来，纷纷出台政策，鼓励创新，提高高等教育质量。②

20世纪90年代中期以来，我国通过实施"211工程"和"985工程"，高等学校取得大批高质量科研成果，科技创新与服务能力进一步增强。但是，由于长期"应试教育"的影响，我们的人才培养模式还不能完全适应建设创新型国家需要，高素质人才和拔尖创新人才培养能力比较薄弱，创新型人才评价与选拔制度还不尽合理。教师队伍整体实力不强，部分高校应用学科结构体系仍与行业产业

---

① 为保证弱势群体的高等教育入学机会，在美国有"平权法案""百分比计划"，澳大利亚、加拿大等国家都有针对土著居民的高等教育入学倾斜政策。参见张晓晶、王海鹰《实施农村学子高等教育机会补偿制度》，载中央政府门户网站2012年3月7日。

② 欧盟将2009年定为"欧洲创造与革新年"，集中力量营造有利于创造和革新的环境氛围；德国政府认为科技创新是应对危机的根本出路，提出到2015年科研投入占国内生产总值的3%，教育投入占国内生产总值的7%；美国教育2011年预算议案包括5亿美元的"创新投资"。参见袁贵仁《提高质量是高等教育改革发展的核心任务》，载《学习时报》第538期。

发展需求存在较大差距，高等教育服务社会的能力都亟待提高。

《国家中长期教育改革和发展规划纲要》明确提出，提高质量是高等教育改革发展的核心任务。我们需要从以下方面采取有力措施，实现全面提升水平的目标。

一是坚持以人为本的理念，全面深化高等学校人才培养模式改革。在教育观念上，要全面实施素质教育，以培养学生的社会责任感、创新精神和实践能力为重点，更加注重科学精神教育、人文素养教育和终身学习能力培养。在培养方式上，要鼓励高校自主进行改革试验，注重学思结合、知行统一、因材施教，大力倡导和积极推进启发式、讨论式教学，激发独立思考和创新的意识，重视培养收集处理信息获取新知能力、分析解决问题能力以及团结协作和社会交往能力。在制度建设上，要依法明确政府管理高等学校职责，扩大高等学校办学自主权，探索建立现代大学制度，为学校更好地培养人才创造良好环境。

二是构建科学的人才培养评价体系，提高高校人才培养与国家人才需要的契合度。要适应国家经济社会发展需要，遵循教育规律和人才成长规律，明确政府、社会和高校共同承担人才培养、使用、激励的责任，努力解决好人才培养供需脱节问题。要建立符合国情的、科学规范的评估制度和指标体系，包括多元化的人才发展潜质测评机制，对高校人才培养过程进行宏观政策引导。要鼓励专门机构和社会中介机构对高校学科、专业、课程等水平和质量进行评估，探索与国际高水平教育评价机构合作，建立高等学校质量年度报告发布制度。要倡导高等学校参照社会用人需求信号改进人才培养模式，实现经济社会发展和人才培养发展的有机结合。

三是加大政府投入力度，形成有利于人才培养成长的保障体系。要继续强化政府在高等教育投入上的责任，鼓励社会支持高等教育发展，完善高校学生资助政策体系。在继续加强一流大学和重点学科建设的同时，加强对地方高等教育的指导，加大中西部高等教育的支持力度，加快民族地区高等教育发展，强化省级政府统筹教育与人力资源开发的权责。

四是坚持终身学习理念，构建学习型社会。积极探索建立普通教育与职业教育、学校教育、社会教育和家庭教育相互贯通、有机衔接的制度体系，搭建多层次、多类型的人才成长"立交桥"。要创造条件逐步建立弹性学习制度、工学交替制度、教师和企业科技人员相互兼职制度等。要充分发挥高等学校在终身学习中的重要作用,为逐渐形成全民学习、终身学习的学习型社会创造更好的条件。

五是扩大高等教育的对外开放和国际交流合作。让更多境外知名大学及企业到中国合作设立教育教学、科学研究机构或项目,争取办好一批示范性中外合作学校和一大批中外合作项目,欢迎更多的世界一流专家学者来华从事教学、科研和教育管理工作。支持中外大学间的教师互派、学生互换、学分互认和学位互授联授。

在对外交流过程中,要特别注意学习先进的教育理念和教育教学方式。目前有专家建议高度关注正在兴起的新型网络教育。① 这种网络教育以美国可汗学院为代表,斯坦福大学、麻省理工学院、哈佛大学都在推行。除了利用网络实现优秀师资共享和学生广泛参与外,网络教育还具有三个特点:一是网络教育游戏化;二是以12分钟为单位,随堂考试,满10分过关;三是反转式教学。核心是改变了单向授课模式,代之以师生间的讨论和学生之间的互教互学,借助网络突破空间和人数限制,有效激发起大规模的参与和创造热情。对突破传统教育教学和人才培养模式的局限性,具有革命性的意义。

四、更加重视学前教育对教育公平的作用

2010年7月,正是入园入托的高峰时节,中国青年报社会调查中心通过题客调查网,对全国31个省(区、市)10400人(其中,"80后"占56.7%,"70后"占28.6%)进行的一项调查显示,78.5%的人感觉周围存在入园难的情况,其中33.8%的人说这个情况"很普遍"。89.6%的人赞成把学前教育纳入义务教育,其中59.1%的人表示非常赞成。②

---

① 汤敏,《为什么中国新型的网络教育有可能走在世界前列?》,载《中国远程教育》(资讯)2012年第11期。
② 王聪聪、王琳,《89.6%公众赞成把学前教育纳入义务教育》,载《中国青年报》2010年7月6日。

"上个幼儿园比上大学还难""入园难,进公办园更难"的公众心声,反映出随着经济社会的快速发展,居民学前教育需求大幅提高,但是,现有的办学体制已经难以提供有效制度保障。目前,"入园难、入园贵"已经成为各大城市普遍面临的突出问题。学前教育资源严重不足,特别是公办园资源十分稀缺,社会需求不能得到有效满足;不同类型幼儿园待遇悬殊,发展不平衡,优质资源大量流失;民办园收费偏高,非法办园问题较为突出。总体看,学前教育事业的发展规模和速度都明显落后于其他教育阶段,已成为当前教育体系中的薄弱环节。

事实摆在面前,当前已有迫切的必要更加重视学前教育对"起点公平"的重要作用,逐步将学前教育作为义务教育的向前延伸,作为政府公共教育服务职能的重要内容,切实强化政府责任,加大投入,合理布局,完善政策,建立政府主导、社会参与、公办民办并举的办园体制,满足全体儿童多层次、多样化入园需求。

1. 在功能定位上把学前教育作为政府必须予以保障的公益性事业。学前教育在整个教育体系中具有重要的基础性作用。众多研究与实践表明,学前教育对幼儿习惯养成、早期智力开发、身心健康发展具有重要意义,儿童的早期发展状况会影响到一个国家未来劳动者素质、国民的生活质量以及社会的公平、稳定与发展。换言之,学前教育不仅对个体的终身发展具有奠基价值,而且对国家和社会的发展具有长效的收益和补偿功能。对于这样一个以显著的公益性为根本属性、公共性仅次于义务教育的准公共产品,随着我国经济实力的不断增长和人们对接受学前教育需求的日益迫切,有必要将其作为政府公共服务体系的重要内容,重新审视政府责任和职能定位。切实强化政府的主导职能,将学前教育作为国民教育体系重要而基础的一环,真正落实政府的统筹规划、资源配置、经费保障与宏观管理责任。

2. 切实推动学前教育办学责任从以社会力量为主体向以政府为主体转变。以社会力量举办为主体的学前教育办学体制,是在经济社会欠发展条件下,财政投入严重不足的情形下形成的,对于引入市场机制,满足多层次、多样化的学前教育需求,做出了积极贡献,具有其历史必然性。但以社会力量为主体,不可避免地会出现市场失灵及发展不均衡问题。政府作为学前教育的主要办学主体,已经成为当今国际学前教育的主流发展趋势。当前,从推进教育现代化的发展需求看,促进教育公平,全面提升教育水平,必须进一步夯实教育发展的基础。同时,从近年来经济发展状况和各级各类教育的财政投入情况看,已经具备了增加学前教育财政投入的经济基础。从维护教育起点公平和现实条件出发,政府既有责任也有能力,承担更多的学前教育举办责任。长远看,有必要将义务教育下延至学前教育,可在全国率先实现学前一年义务教育,从农村5岁户籍儿童开始,根据财政保障能力,再逐步扩大推行范围和年限。

3. 建立适应多元办学主体条件的学前教育财政保障体制。学前教育作为政府公共服务的重要内容,无论政府还是社会力量举办,都应该获得公共财政的保障。把学前教育发展纳入公共财政保障范围,建立学前教育经费保障机制,既符合学前教育的公共产品属性,也符合公共财政的改革方向。改变现有被单位属性分割的学前教育服务体系,公共财政体制改革是关键。改革的方向,一方面是切实加大财政保障力度,建立稳定的投入机制。把学前教育经费纳入地方财政预算,大幅提高学前教育在财政预算内教育拨款中的比例,逐步实现预算单列。明确学前教育经费投入在教育费附加中的比例,建议应达到6%~8%的水平。另一方面是理顺财政投入体制,对于不同主体举办的幼儿园,以政府购买服务的方式,给予普惠型、经常性的财政资助。也可尝试以发放"助学券"的形式,支持学龄前儿童接受正规学前教育,实现政府对居民教育行为的积极引导。

4. 扩大公办学前教育机构,切实承担起提供基本保障职能。公办学前教育应当为社会提供普惠型的公共教育服务,重点保障群众享有公平与均衡的受教育权利,为此必须多种途径扩大公办学前教育资源,满足城乡普通居民的基本学前教育需求。应将举办公办园作为今后新增幼儿园的主要办学模式。加大财政对公办园建设的支持力度,启动并尽快实施公办幼儿园达标建设工程,扩大办学规模,改善办学条件,不断提高公办园招生能力。鼓励、支持公办示范园通过开办分园、合作办学等多种方式,扩大优质学前教育资源。新建居住区配套幼儿园主要举办公办园,参照配套中小学校的建设模式,对所需建设用地依法划拨,对所需资金予以保障，并由区、县政府负责组织实施幼儿园建设，明确配套幼儿园产权归属。

5. 落实民办教育支持政策，为社会力量举办学前教育营造良好环境。对于社会力量举办学前教育，仍然要坚持引导和鼓励的基本方向，制定行之有效的扶持政策，关键是要真正实现民办与公办幼儿园享有同等待遇。同时，加强规范管理和办学理念的引导，不断提升整体办学水平，形成合理的办学格局，实现公办与民办学前教育共同健康有序发展。

特别要注意认真落实民办教育相关优惠政策，民办园的水、电、气供给享有与公办园同等的政策待遇。对捐资举办和出资人不要求取得合理回报的民办园，按照国家有关规定享受税收优惠政策，免征营业税，减免征收企业所得税。对已交付地方教育部门管理的配套幼儿园，减免缴纳国有资产占用费。加强对民办园的行业指导与管理，加大级类管理的工作力度，逐步将其全部纳入统一的园所级类管理。

6. 以公办园为主体，大力促进农村地区学前教育发展。在财政学前教育投入和政府有关专项工程项目安排中，应主要向农村地区倾斜。可以建设由区县财政投资保障的乡镇中心幼儿园，带动农村地区学前教育的普及和质量提升。充分利用农村中小学布局调整的富余校舍和教师资源，鼓励小学附设学前班，优化农村地区学前教育布局结构。强化对农村学前教育的业务指导和专业化管理，在幼儿教师培训进修、职称等方面给予倾斜政策，偏远地区幼儿教师可享受教师补贴政策，稳定和提升农村幼儿教师队伍质量。

第七章　创新社会管理

社会管理是建立在社会共同价值追求基础上的，以社会多主体共治为架构，以较低社会成本实现良好社会秩序，并保持社会活力的社会系统管理工作集合。善治是社会管理的目标，经济社会协调发展是良好社会管理的标志。充分发挥各类社会主体的积极性主动性，形成平等和谐的社会环境，既是发展民生经济的重要条件，也是发展民生经济的必然结果。

新中国成立以来，中国社会管理制度经过多次变迁，在不同发展阶段对经济、社会发展起到支撑作用，但也遗留下一些难题，特别是"全能政府"的理念虽有转变，但至今在社会建设、社会公共服务、社会冲突和社会问题治理领域，政府"一支独大"的格局并没有根本改变。进入中等收入国家行列以来，中国呈现出多元社会矛盾频发、社会冲突升级、社会不断分化的态势，已经引起社会各界高度关注。

本章旨在回顾我国社会管理体制的变迁历程，为当前社会管理中存在的突出问题找到历史坐标，准确辨明问题的成因，进而对症下药，形成完善社会管理的总体思路，并为创新社会管理找准政策切入点。

第一节　我国社会管理体制发展沿革

社会管理的核心是对社会参与者行为的影响和干预。与经济、政治体制改革相适应，我国社会管理体制改革经过了高度社会管控、社会管理碎片化和综合治理三个阶段的变迁,并在管理理念、管理目标、管理主体、管理体制机制和管理方式等方面呈现出规律性的演进特征。

一、高度社会管控阶段①(1949—1978年)

新中国成立伊始,百废待兴,国家经济、政治和社会各领域都面临着全面的秩序重建。受制于农业主导的产业结构,新中国成立初期政府在城市进行了返乡务农、干部下放、上山下乡三次大的城市人口分流,一方面让富余劳动力回流农业,另一方面也为农村建设提供了人力支援。同时在城市建立起较为完整的现代工业体系,与经济上高度计划体制相对应,形成了社会管理单一控制模式。城市中人员管理以"单位"为主体,单位不仅是生产单位,也是社会保障和社会管理单元。

与城市"单位制"社会管理方式相对应的是农村的人民公社。1958年人民公社化运动兴起,农民生产、生活资料和人身自由迁徙都受到人民公社的全面控制,社会呈现出高度政治化和行政化的倾向,人民公社成为农村政权计划和经济、文化、生活多位一体的农村社会单元,生产大队和生产队成为准行政化组织。

在高度管控时期,社会管理权力集中在政府,城乡分制的二元社会管理体制形成,城市单位和农村人民公社成为社会管理实施主体。由于单位包办员工福利,加之计划体制,单位福利差异并不取决于单位经营能力,因此"身份"成为重要社会资源,社会活力被制约,人民创造力受到极大束缚。

二、社会管理碎片化阶段(1978—2003年)

1978年是当代中国发展的起点,是改革开放的原点。改革开放首先是从解放人开始的,这一年的4月5日,中央批准关于摘掉右派分子帽子的报告。据统计,

---

① 鞠正江,《我国社会管理体制的历史变迁与改革》,载《攀登》2009年第1期。

错划右派占原总数97%以上。5月11日,《实践是检验真理的唯一标准》发表。12月18日至22日,中共十一届三中全会在北京举行,提出把全党工作的着重点和全国人民的注意力转移到社会主义现代化建设上来的战略决策,实现四个现代化成为全国人民的共识。

改革开放后,我国计划经济体制逐步被破除,市场经济机制被逐步引入。[①]1992年党的十四大正式提出建立社会主义市场经济体制。1992年之后开始启动了医疗产业化、教育产业化改革。1993年党的十四届三中全会明确了国有企业改革的方向是建立适应市场经济要求的现代企业制度,国有企业开始了由经济社会符合组织主体向真正的经济组织主体转变的历程。1994年城镇住房市场化改革启动,到1998年基本完成了我国住房私有化进程。1997年,党的十五大将非公有制经济纳入社会主义初级阶段的基本经济制度框架内,明确非公有制经济是社会主义市场经济的重要组成部分。2001年中国正式加入世贸组织,经济体制改革迅速推进。中国的改革开放把农民从人民公社的束缚下解放出来,农村包产到户的变革不仅使农业得到了极大发展,同时乡镇企业和民营资本异军突起,使中国经济焕发出勃勃生机。

然而,在中国经济体制改革红利不断释放的过程中,社会管理体制没有同步跟上,呈现出碎片化加剧的特点。

一是社会如何"管"人的问题越发突出。1978年以前中国社会实行的是生产单位与社会管理单元同一的方式,由于生产资料归国有和集体所有,人也被固化在组织内。改革首先是所有制结构的变动,所有制结构变动带来了社会关系结构的变动,社会成员自由活动空间逐步扩大,社会流动加剧,社会组织形式、就业方式、利益和分配方式开始多样化。其次在城市,政府开始考虑属地化实现对人的管理,1980年全国人大常委会颁布了《城镇街道办事处条例》《居民委员会组织条例》;1989年《城市居民委员会组织法》颁布实施,城市社会管理职能逐渐过渡到社区街道,从管理职能将居委会和后来的社区职能不断放大,但其资源动

[①] 姚华平,《我国社会管理体制改革30年》,载《社会主义研究》2009年第6期。

员能力始终没有强化，因此对社会管理职能只能被动应付；1988年6月我国《村民委员会组织法》试行，农村基层自治开始缓慢成长。

二是各项社会保障分领域和局部试点展开。由于单位福利供给制的解体，城镇职工的医疗保险和养老制度在摸索中破冰，1998年城镇职工医疗保险制度建立，但没有全国统一的标准，甚至省内各地标准也有差距。养老制度1978年开始恢复重建，其中《关于安置老弱病残干部的暂行办法》和《关于工人退休、退职的暂行规定》定义了工人、干部等养老待遇问题。1984年养老开始社会统筹试点，到1991年国务院颁布《关于企业职工养老保险制度改革的决定》，明确了在全国范围内实行养老保险社会统筹，但覆盖面只是城镇经济部门。

值得一提的还有城市的低保制度建立。1993年6月1日，上海市政府宣布，建立"城市居民最低生活保障线制度"，由此拉开了中国社会救济制度改革的序幕。上海市的这项制度规定，凡城市居民，家庭人均收入低于市府规定的最低生活保障线（当时的标准是月人均120元），都有权向政府有关部门申请社会救助。继上海之后，又有大连、青岛、烟台、福州、厦门和广州等东部沿海城市开始城市低保制度试点；1995年，这项制度为民政部所认可，并下决心在全国组织推广；1997年，这项制度再次上升为国务院的一项重要决策，发出了《国务院关于在各地建立城市居民最低生活保障制度的通知》，要求在20世纪末，全国所有的城市和县治所在的镇都要建立这项制度。

虽然在社会保障各个领域一些重要的制度在不断摸索和改进，但是门槛很高，社会保障成为身份证明的一项制度，不带有普惠性，因此说这一阶段的社会保障是整体缺位的。同时，随着财政分税制，中央和地方分治，社会管理碎片化进一步加剧了。各部门分权的制度逐渐形成，社会建设和管理沦为经济增长的附庸，成为发展之痛。

三、综合治理阶段（2003年至今）

2003年"非典"爆发与党的十六届三中全会提出"科学发展观"是社会管理进入新的历史时期的重要标志事件。这一时期的社会管理出现了几大突破。

1. 基本公共服务体系陆续建成

2003年"非典"疫情爆发，由于信息披露和防御能力不足、机制不到位，演变成重大社会风险事件。"非典"重灾区北京、广州等地不得已采取了停工、停学、社会联防、外来人员三周隔离等应急措施。"非典"虽然得到有效控制，但社会正常生产和生活秩序受到严重干扰，这一公共卫生事件最后促成了覆盖全体中国农村人口的新农合制度出台（2003年），新农合的成效又推动2007年城镇居民基本医疗保险政策的实施。这样中国基本医疗保险的制度总体上建成，由新农合、城镇居民基本医疗保险、城镇职工医疗保险和适用于公务员的公费医疗四部分构成，从制度上基本实现全覆盖，但在参保率、覆盖面、保障程度、公平性等方面还有很大的提升空间。2009年政府又推动新医改和基本药物制度改革起航，虽然"看病难"与"看病贵"问题没有彻底解决，但新医改的成效得到各界认可。

与公共卫生和医疗领域改革并行，政府在义务教育、社会保障、住房保障制度设计方面也加大了力度。义务教育重点向农村义务教育倾斜，继"两减一免"后，2006年颁布了《义务教育法》，2008年义务教育全民免单；养老保障制度，包括2002年城镇企业职工养老保险、2009年新农保、2011年城镇居民社会养老保险三个组成部分；最低生活保障包括1999年建立的城市低保和2007年建立的农村最低生活保障制度；住房保障制度从2007年推动廉租房和经济适用房为保障主体开始，步伐很快，2010年保障性住房建设纳入政府政绩考核范围，2011年又推出了以公租房为主体的保障性住房体系。和人民生活密切相关的主要领域的社会公共服务和保障制度陆续建成。

2. 人口流动中农民工问题得到重视和改进

在城乡分治的社会管理体制下，产生了中国独有的"流而不迁"的农民工现象。1982年中国流动人口仅有657万人。2005年，全国1%人口抽样调查显示，中国流动人口规模已达1.5亿人。2010年，第六次全国人口普查数据显示，中国流动人口为2.61亿人。根据农业部2011年的报告，2011年全国农民工总量为2.5亿人。自2000年起，国家开始在针对农民工的户籍制度、就业、拖欠工资、计划生育等领域加强了服务和管理。2003年以后就农民工子女教育、工伤保险、劳动合同、就业培训、养老保险、基本医疗转移接续及均等化服务方面不断推进。以2003年为分界，针对农民工的管理和服务重点发生重要变化。2003年以前可以说是人道政策阶段。2000年国务院发布了《关于促进小城镇健康发展的若干意见》，提出在小城镇有合法固定住所、稳定职业或生活来源的农民可以落户；2001年公安部出台配套政策，农民入城宅基地要适时置换。同时社会保障问题交给基层政府探索（该政策主要具有导向意义，实际操作效果有限）。2003年国家多部委发布《关于进一步做好进城务工就业农民子女义务教育工作的意见》，把农民工子女同"流动儿童少年"区别开，提出在城市教育费附加中安排部分经费用于农民工子女义务教育。2004年出台了农民工参加工伤保险的有关政策。2009年农民工参加基本养老保险办法规定："从2010年1月1日起，单位缴费可跨省转移12%，不再退保；退休人员可在参保10年地区领养老金，不满10年在户籍地领取。"2010年7月1日多部委联合出台了《流动就业人员基本医疗保障关系转移接续暂行办法》，规定城乡各类流动就业人口可以选择参加城镇职工基本医疗保险、城镇居民基本医疗保险或新农合之一。2010年10月教育体制改革试点提出探索流动人口子女在流入地接受义务教育和参加升学考试的办法。

3. 社会管理政策体系轮廓逐渐清晰

党的十七大报告提出，要健全党委领导、政府负责、社会协同、公众参与的社会管理格局，健全基层社会管理体制。什么是社会管理？胡锦涛同志指出，社会管理是人类必不可少的一项管理活动，要形成和保持一定的社会秩序，必须有一定形式的社会管理。人类通过社会管理来实现社会的有序、社会的和谐、社会的稳定。换言之，建设和谐社会的重要手段之一是加强社会管理。

如何管理社会？作为中国第一部社会领域专题规划的《"十二五"基本公共

服务体系规划》可以给我们提供一些思路。该规划指出，制订规划的出发点是建设和谐社会和促进政府向服务型转变。寓管理于服务，建立服务型政府是社会管理新的制度安排。

党的十八大报告提出，加快形成党委领导、政府负责、社会协同、公众参与、法治保障的社会管理体制，加快形成政府主导、覆盖城乡、可持续的基本公共服务体系，加快形成政社分开、权责明确、依法自治的现代社会组织体制，加快形成源头治理、动态管理、应急处置相结合的社会管理机制。在社会管理体制建设过程中明确了法治保障的重要性，在社会组织建设中提出了政社分开的路径，在社会管理机制中提出了应急与治本相结合的标本兼治的综合机制设计，这些标志着社会管理政策体系轮廓逐渐清晰。

四、社会管理体制变迁的主要特征

1. 社会管理理念和目标逐渐明确

在高度管控时期，谈不上社会管理理念，实际是政府行政管理代行社会管理职能，社会管理的目标是全面控制。在市场体制建立过程中，我们经历了一个行政管理体制失效、社会管理体制缺位的动荡阶段，在这一时期，社会问题和矛盾的出现，促使政策不断调整，但由于部门职能和中央与地方财政分治，使这一阶段的社会问题解决带有部门和属地特色，全国统一的社会管理体制是基本缺失的。随着社会问题的累积、社会冲突的加剧，社会管理的重要性日益显现，从科学发展观的提出，到党的十七大关于加强社会管理建立社会秩序的理念和党的十八大关于社会管理体制机制的全面阐述，社会管理的理念、目标、手段、体制机制等逐步清晰。

2. 社会管理主体认识不断深化

谁是社会的管理主体？在计划经济时期，无疑是政府；计划的低效和发展的停滞推动经济体制进入市场经济阶段，市场是个利益多元的结合体，它通过竞争和利益激励来提升效率，但谁保证社会秩序、公共服务、社会公平和正义？是社会组织、政府、企业和公民，因此社会管理主体也由单一的政府，逐步发展成为多种主体并行的模式。

3. 社会参与者平等参与范围不断拓展，社会活力持续释放

我国的社会管理是不断放松对人的管制的过程，经济体制改革首先放宽了对农民生产的限制，农村家庭联产承包制释放了农民的工作热情，促成了乡镇企业的大发展。对农村人口流动限制的解除，引发了2.6亿农民工进入城市参加建设，源源不断输送的廉价的劳动力奠定了中国经济低成本竞争优势和国际贸易格局。中国人口的国际迁移也是一个显著的特点，国际人员交流、知识交流和资本交流激发了社会活力的持续释放。

第二节 当前社会管理的突出问题与成因分析

我国社会管理体制在持续变迁过程中虽然不断取得突破，但目前依然不能完全满足各类社会主体的期望和需要，特别是步入中等收入国家行列以来，跨越式的经济收入提升使社会管理变革显得相形见绌。从国际经验看，社会失序、经济社会发展协调性的不足，可能成为导致我们跌入"中等收入陷阱"的重要因素，其中有五个问题应格外引起注意。

一、社会管理基本理念共识不足

在社会管理的目标、对象、主体、路径和方式等方面都存在很多观点并相互冲突，由于缺乏普遍接受的共同目标，加大了社会动员的难度。

社会管理的目标是什么？有和谐论、效率论、公平正义论等多种认识。社会管理的主体是什么？有政府职责论、社会组织管理和政府、社会组织、公民及其他社会参与主体共管等不同观点。社会管理应该管什么？因为共识不足，只好被

分成社会安全管理、社会事务管理、社会组织管理、社会保障体系管理等一系列具体领域。社会管理路径和方式，则往往从执行层面被分解成部门和特定领域的业务和地方政府的维稳。由于缺乏全社会普遍共识，社会管理在经济社会生活中的定位不够清晰，管理成效难免大打折扣。

二、社会管理核心问题和紧急问题混淆

当前我国社会管理面临的突出问题很多。比如，群体性事件多发，有报告指出年发生群体性事件超过10万起；信访压力巨大，信访制度运行8年来，上访人数越来越多，其中40%、超过1000万人次是多次重复上访者，形成社会不稳定的重大潜在风险源。比如，社会治安问题也越来越突出，2012年发案率超过600万起，对社会稳定和人民生命财产安全构成直接威胁。比如，劳动就业问题矛盾越来越突出，农村剩余劳动力转移、下岗职工再就业和高校毕业生就业形势日益严峻。比如，公共安全问题层出不穷，随着汽车的普及，每年道路安全事件造成10万人死亡，成为生产生活安全的突出领域；食品、药品安全事故频发，公众对吃、住、行等日常生活的安全性十分担心。

上述种种问题都是摆在社会管理面前的紧急问题，但社会管理如果只盯住紧急问题，管理者就会成为救火队，时时紧张，天天奔命。我们必须深刻把握中国社会转型、社会结构变迁、社会主体重新定位、社会文化特征、社会力量动员结构路径，把足够精力用于做符合社会发展运行规律的体制机制建设工作。当前社会管理的过多资源、力量被投入到应急管理上，社会管理变成了社会问题管理，这种局面需要结构性转变。

三、服务型政府行动尚不到位

由全能型政府向服务型政府过渡不仅是执政理念的变迁，更重要的是解决政府与市场、政府与社会的关系问题，进行权力、社会资源重新配置，需要政府授

权、让权、分权等一系列配套政策才能落地。

由于长期的计划体制，我们的政府有深厚的管控思想，同时对其他社会组织和社会成员怀有较强的担心，社会管理更多的是采取"控制""属地"等管理方式，难以应对当前大规模人口流动的现实。在公共服务等领域也多扮演生产者角色，更多的时候不仅规划出服务类型，还往往亲自安排数量和质量，这样做的直接后果是政府负担沉重，社会管理效率低下，社会组织发育不良。

此外，政府职能缺位也比较普遍，一些事关社会长远持续发展的重要领域以及转型期各种问题和矛盾的突出领域，存在不少薄弱点甚至空白点。如维护社会稳定和社会公平、环境资源管理、人口和就业管理、公共安全管理、对弱势群体的保护，等等，政府管理政策配套不足，总体效果不够理想。

四、社会组织发育不良[①]

改革开放 30 年来，我国的社会组织经历了 20 世纪 80 年代的兴起与繁荣，90 年代的转型与规范管理，近年来开始呈现出许多新的增长态势。截至 2011 年年底，全国共有社会组织 46.2 万个，其中，社会团体 25.5 万个，民办非企业单位 20.4 万个，基金会 2614 个；较 2001 年社会团体增长 97.7%，民办非企业单位增长 1.5 倍，基金会从无到有，超过 2600 家。另外，有学者估计中国有草根社会组织 300 万家，社会组织虽然增长较快，但总体社会组织发育不良，突出表现在以下几个方面。

1. 社会组织能力有限

国内社会组织近些年发展虽快，但多数组织尚处在求生存阶段，缺人、缺钱、缺影响力，是普遍遇到的问题。许多民间组织一年活动经费在 10 万元以内，财力十分有限。由于组织化程度很低，社会组织的动员能力和组织能力都受到很大限制，在创造社会财富能力、吸纳就业数量和提供服务内容的广度和深度等方面，

---

① 曾红颖，《社会组织参与社会管理现状、问题与对策》，载《中国经贸导刊》2012 年第 4 期。

都与国际先进国家存在巨大差距。根据萨拉蒙对 22 个国家社会组织的比较研究，欧洲国家、美国、日本等 22 个国家的非营利部门构成了一个 1.1 兆美元的产业，非营利部门支出平均达到国内生产总值的 4.6%，非营利部门雇用了将近 1190 万名全职工作人员，占所有非农就业的近 5%，占所有服务行业就业的 10%。而根据 2010 年民政部报告，我国社会组织 2009 年吸纳社会各类人员就业 544.7 万人，相当于非农就业人口的 1.1%、第三产业就业人口的 2%。从吸纳就业数量上看，国内外相差 5 倍；产值占国内生产总值 0.15%，与国外相差 30 多倍。国外社会组织提供广泛的社会公共服务，满足社会成员对公共物品的多元化需求。法国 30%以上的儿童日护理和 55%以上的居民护理是由第三部门提供的；美国 50%以上的医院床位和 50%以上的大学、日本 75%以上的大学是由第三部门提供和举办的；意大利 40%以上的居民护理设施以及瑞典 40%以上的新建或翻新的居民房屋是由第三部门提供的。以扶贫项目为例，从关怀国际的项目对象来看，1998 年各种类型的扶贫项目覆盖了非洲、亚洲、欧洲、拉丁美洲和加勒比海地区的 51 个国家，共 3530 万人。在国际社会，面对贫困这一全球性的课题，非政府组织（NGO）发挥着不可低估的作用。相比之下，我国社会组织提供服务的广度和深度都明显不足。

2. 社会组织内部分化和政府关系纠结

从社会组织之间看，各个民间组织各自为战，缺乏组织间协同。中国的民间组织"虽然数量巨大，但是没有构成一个整体的第三部门，它们像一盘散沙，支离破碎地散落在转型时期的中国社会中"。从与政府关系看，国内社会组织可以分为五类：第一类是政治地位特殊的，具有全国影响力的社会组织，如红十字会、宋庆龄基金会等，具有明显的官办性质，下辖事业单位，由财政拨款；第二类是历次体制改革后，原来的政府部门撤销合并，一部分转制为行业管理组织，如中国钢铁协会、中国轻工总会等，这些协会对行业了解比较深入，与政府部门关系有延续性，发挥着行业管理者的作用，参与政府行业发展战略研究、产业扶持项目制定、代评项目、制定行业标准等；第三类是由全国性社会组织和政府发展出一种非正式合作的人脉模式，组织领导由退休领导干部担任，开展业务获得主管部门授权,影响力一般属于行业内部;第四类是会员制学术团体,为政府提供特定领域内咨询,组织学术活动;第五类是纯粹的草根团体,没有得到政府认可和支持,在"妾身未明"状态下开展活动,而数量却是最大的。

五、社会管理体制条块分割、协同不足

社会管理是系统工程,孤立在某一领域内解决不了根本问题,然而在当前社会管理的实践中,部门分割、多头管理内嵌于行政管理体制之中,协同不足的问题比较明显。其一,在社会管理机构设置上,往往按社会事务的行业门类、外在形式或公共产品种类配置组建管理部门,总的趋势是职能越分越细,机构也相应越设越多。这就造成相同性质的行业本可以由一个部门统一管理,却被分管于不同的部门之下,相互之间很难进行协调,管理成本自然增大。其二,地方政府管理的一个主要特征是条块结合,同一领域的社会事业分属于相应层级的政府,并分属于上级主管部门,这种双重从属制带来了低水平重复和条块之间的矛盾冲突等弊端。其三,在运行机制上,往往在政府机构之下设立对应的事业单位进行对口管理,这种多层级的管理造成机构之间的职能交叉、部门之间的关系难以处理。

六、当前我国社会管理领域存在问题的成因分析

中国社会管理领域出现的问题既有特定发展阶段,经济社会发展不协调的因素,同时也有深刻的历史原因和文化背景。

1. 现实原因:转型问题与发展问题交织,社会管理体制滞后

中国经济发展在30多年中走过了西方国家200年发展之路,因此我们不仅面临着传统社会向现代社会、工业社会向后工业社会转型的问题,也交织着农业社会向工业社会变迁的难题。同时经济与社会发展不同步、社会发展落后于经济发展的发展阶段问题也很突出,社会管理体制、机制没有和经济发展同步。表现在:

社会管理理念滞后，预期管理理念没有树立，社会导向和核心价值观缺失，社会问题和矛盾不断积累，维稳压力大；社会管理体制僵化，条条块块目标不一，难以形成合力；社会运行机制，政府与社会关系没有摆正，依然行政色彩浓厚；权力依然集中，多元社会主体没有很好发育，有3000多万人的事业单位没有成为独立社会公益主体，而带有强烈的二政府色彩；社会组织发育不良，缺乏建立社会号召力的能力和资源，企业过度逐利，良好市场秩序缺乏；社会决策机制自上而下为主，基层活力不足，使社会管理缺乏主动性和弹性。这些因素致使社会管理形成了以维稳为重心，以解决社会问题为指向，以"救火"为特征的被动管理体制。

2. 历史原因：急剧变化的历史进程给形成稳定有效的社会管理体制带来难题

从历史上看，自鸦片战争以来中国社会一直面临着救亡图存的强大外部压力，中国走向何方，选择什么样的发展道路的探索一直持续。从清末洋务运动的"师夷长技以制夷"到康、梁的变法图新、君主立宪，从孙中山的"三民主义"立国到共产党人的"社会主义、共产主义"方向，近现代中国在近150年的历史中社会各阶级都提出了自己的救国发展理念，中国经历了统一封建王朝的衰亡、半封建半殖民地形成与解体、新民主主义社会建立、社会主义改造等剧烈社会变迁。新中国成立以后，对社会主义建设道路的探索一直没有止步，直到社会主义初级阶段理论的提出和建设有中国特色的社会主义市场经济理论的提出，整个中国社会始终处在不停变动过程中。对处理和应对当前发展阶段问题我们缺乏理论准备和实践经验，因此社会管理体制也处在摸索、试错的过程中。加之中国地域广大，区域差距巨大，形成普遍适用的社会管理政策难度更大。

3. 文化原因：文化失落导致治理理念方面缺乏自信，模拟西方的社会治理方式遭遇水土不服

100多年来中国文化由孤芳自赏、唯我独尊到"五四"新文化运动，确立了与传统文化决裂，建立西方文化为导向追赶战略，唯科学与民主为核心价值。改革开放后由于经济落后而带来的西方文化崇拜一直延续至今。中国文化的失落和跌跌撞撞使我们发展底气不足。当前，中国的经济转型已经走到了一个拐点，以"物"为主，以物质生活提高为标志的发展路径难以产生社会普遍的帕累托改进

效应，因此必须进行社会转型，发展回归到以"人"为本，以人的全面和自由发展为核心的转型。这种转型意味着社会管理理念、方式、政策、体制机制要重新改写，但如何建立一个适合中国13亿人的更尊严更幸福的社会管理制度，我们无法从西方照搬，中国的社会管理只能在探索中前行。

第三节 完善和创新社会管理的政策建议

创新社会管理首先要明确社会管理的功能定位。社会管理和经济发展是一枚硬币的两个方面，不是两个分割的系统。不能把社会管理视为纯粹的投入和成本付出，加强社会管理是提升发展效率的必然要求。其次要分清社会管理与社会主体、公共服务、社会保障和社会政策等之间的关系，突出以人为本的理念，着重推进多元社会组织建设和社会管理体制机制建设。

一、优先发展公共服务市场

市场是供给和需求高效匹配的机制。改革开放30多年，中国经济建设最成功的经验就是社会主义市场经济体制的建立。这一经验可以移植到社会建设领域中来。工业化和社会化使大量产品具有了公共品和准公共品的属性，加之人的需求层次的多样性，使对公共品的需求不断膨胀，需要一个空间让供需双方交流信息、交换服务。因此，要积极谋划构建社会公共品市场。

基本公共服务市场是社会公共品市场的重点。我国基本公共服务市场规模巨大，从2007年到2011年，教育、社会保障、就业、医疗卫生、住房、文化体育等方面的财政支出累计达12.7万亿，年均增长26.3%，这一盘子随着基本公共服务体系的完善还将持续扩大。但是，目前我国基本公共服务提供中行政化、垄断化倾向突出，抑制了公共服务质量和效率的提高。公共服务组织以事业单位为主体的多元供应主体尚未形成。今后，要进一步降低市场准入门槛，形成更加开放透明的公共服务市场，提升民众满意度，改进基本公共服务效率与效果。

在发展公共服务市场时，必须注意这一市场的"长尾"结构特点，给各类主体以充分发展空间。"长尾"市场由《连线》杂志主编克里斯·安德森在2004年最早提出，用以描述亚马逊等网站的商业模式。安德森通过产品销售数据分析发现，只要存储和流通的渠道足够大，需求不旺或销量不佳的产品共同占据的市场份额完全可以和那些数量不多的热卖品所占据的市场份额相匹敌甚至更大。我国的公共服务市场就表现出基本公共服务大需求和地域性、行业性、共同体等多元公共服务需求并行的特征，其中基本公共服务呈现"热卖品"的少数多量的特点，而无数小众的公共服务需求也正在汇集成一条亮丽的"长尾"。比如，民办非企业单位中的教育机构发展迅速，以学会为纽带的学术共同体在中国科协旗下会员就超过400万个；再如，以行业协会为领导者和推手的会展经济如火如荼，根据90个城市调查数据，2011年，这些城市办展总数量为7333场，总展出面积8173万平方米，其中江苏省、上海市和广东省，办展数量分别为799个、674个和664个。这是一个巨大的公共服务市场，每种服务体量和规模与基本公共服务相比都微小，但无数需求汇集成大市场，使我国公共服务市场呈现出经纬两条主线，其中基本公共服务市场是社会公平正义的"定海神针"，而其他公共服务市场则是社会活力与创造力的重要源泉。

二、大力发展社会组织①

社会组织是社会发展的内生变量和真正主体，因"需"而生，因"时"而起。我国长期以来对社会组织实行严格管理制度，但依然有300万草根社会组织"超生"，证明社会组织具有强大活力。要大力培育各种各样的社会组织生长发育，让它们逐渐成长为社会服务的评估者、管理者、支撑者。要重在提升社会组

---

① 曾红颖，《社会组织参与公共服务重点领域研究》，民政部2012年社会组织理论建设部级课题报告。

织的内在素质，而不能把思路局限在政府分拨资源上，否则培育出来的社会组织必然畸形。

　　1. 进一步解放思想，重构社会组织范围，明确社会组织在公共服务和社会管理中的功能定位，为各级各类社会组织自身发展定位提供参考坐标。目前的官方统计只针对四类正式登记注册的社会组织，对备案制社会组织的情况缺乏全国性的统计数据，对在工商部门注册而实际提供公益性服务的组织，以及既不登记也不备案而实际运行的社会组织情况更是缺乏掌握，所以远不能体现出我国社会组织的实际发展情况。因此有必要按照以事定性原则，重构社会组织范围，增强国际可比性。中国社会组织的全景图首先应包括改制后提供公共教育、基础医疗卫生服务的事业单位，涉及从业人员大约2400万人，创造社会总产值大约占国内生产总值的10%，它们提供专业的基本公共服务产品，与中央和地方政府构成紧密型合作伙伴关系。其次是承担政府基层社会管理和社区公共服务的主体——街道办事处和居委会，当前街道办事处属于政府派出机构，居委会属于群众自治组织，社会组织的版图中应该有居委会和社区组织的位置。民政部发布的2011年社会服务发展统计公报显示，我国基层群众自治组织共计67.9万个，从业人员近280万人，还有社区服务中心14391个，社区服务站56156个，其他社区服务设施9万个，城镇便民、利民服务网点45.3万个，社区志愿服务组织15.9万个。社区共吸纳从业人员108.9万人。它们以提供社区公共服务产品为重点，与基层政府构成紧密合作的伙伴关系。再次是社会团体、民办非企业单位和草根组织，它们是为满足社会服务的多样性、特殊性需要而存在的社会组织，服务于特定的目标人群，总体上是小众市场和专业市场，但是这种需求是社会普遍存在的，汇集起来又是庞大的空间和巨大的力量，它们与政府的关系复杂多元，和市场的结合也是千姿百态，它们的发育和成长代表着社会文明程度和自组织能力。最后是能力组织和基金会等，它们是社会公共服务市场中的上游，是社会自组织的管理者、支持者和倡导者。

　　各类组织都应有基本稳定的业务范围，但准许跨界运营，在一个竞争充分的市场，各类组织都根据自己的资源禀赋组织活动，市场越成熟，专业化特征越明显,对于各类组织的运营和管理应该以导带疏,以领代治,以时待效,等待社会组织自成长,不要揠苗助长。

2. 全面梳理政策,为社会组织参与公共服务创造充分条件和宽松制度环境。我国现行关于社会团体、民办非企业单位、基金会方面的法律、行政法规,不仅位阶低,而且在执法实践中难以操作。同时,一些急需的重要法律缺位。我国有关社会组织的法规政策似乎很多,各级政府都出台了相关的细则、意见、办法等,某种程度上,这些法规政策形成了社会组织管理的"制度剩余"。但事实上,在社会组织的管理上又存在"制度真空",如我国还没有管理社会组织的一般性法律(《社会组织法》)。当前迫切需要制定出台这一法律,将各种类型的社会组织置于一个统一的法律框架下,对社会组织的法律地位、主体资格、登记成立、活动原则、经费来源、税收待遇、监督管理、内部自律等做出明确规定,从而为制定相关的管理法规和政策等提供基本的法律依据。要在更高层面把对社会组织的管理方案统一起来,为社会组织参与公共服务创造充分条件和宽松制度环境。政府要像扶植创新企业一样扶植优秀的社会组织,包括建立社会组织注册的快速通道,为社会组织提供低收费或免费的办公场所,或给予房租补贴。对不同背景、不同"级别"的公益类社会组织在免税政策等优惠条件上一视同仁,打破"慈善垄断"。制定和完善社会组织评估标准体系,使政府对社会组织的监管进入良性轨道。制定与引进经济和科技人才相类似的吸引人才政策,在待遇、住房、户籍等优惠政策方面向优秀社会组织人才倾斜,等等。

3. 在公益、收入、盈余、财务制度等问题上更新观念,为社会组织永续发展提供保证。社会团体、民办非企业单位和基金会发展一直面临着一个思想桎梏,就是如何处理收入和收益的关系,如何理解收入和盈余的关系。从国外社会组织发展来看,对公益和营利组织性质的判断大致有三种做法:第一,公益主要体现在组织提供服务的内容和领域方面,比如在教育、医疗卫生领域提供服务就是公益领域,部分国家甚至包括供水、供电、供暖等,不论提供服务单位盈亏,这类组织在一些国家可以采取企业制注册,也可以社会组织身份注册,就是说注册身份并不影响对组织属性的判断;第二,适用于既有公益组织存在,也包括营利单位存在的领域，比如环保领域，这时通过组织宗旨来判别；第三，以董事会成员是否无偿工作为判断标准，在公益组织中董事会成员不得有利益行为，而雇员是可以拿到薪金的。如果我们能参照国际经验，解开公益和非公益的矛盾，不把公益和收入对立起来，社会组织才可能形成永续发展的物质基础，在财务制度上进行改革。现在以年度为单位的周期与项目运作周期不一致，有些组织把收支相抵，作为公益的一个标志，吃干花净的运营方式是脆弱的，难以实现永续发展的目标。因此建议更新公益和非公益组织判断标准，改革公益组织的会计审计制度，准许收入结转，为社会组织永续发展提供保证。

三、积极推进基本公共服务均等化

基本公共服务是动员各类资源最庞大、需求最多元、供给系统最复杂、服务居民最广泛的基础民生工程，是形成、优化国家人力资源质量，提升国家软实力，建设和谐社会的重大举措，是建设服务型政府、履行政府公共服务职能的内在要求。2012年7月《国家基本公共服务体系"十二五"规划》正式颁布实施。该规划提出了"十二五"时期基本公共服务关注的八个重点领域（公共教育、就业服务、社会保险、社会服务、医疗卫生、人口计生、住房保障、公共文化）；明确了以人为本、保障基本，政府主导、坚持公益，统筹城乡、强化基层，改革创新、提高效率四项基本要求；提出了供给有效扩大、发展较为均衡、服务方便可及、群众比较满意的四个方面的目标取向。"十二五"基本公共服务体系规划把公共服务界定为覆盖全民、贯穿一生，包含不同发展阶段的生存发展需求，标志着我国基本公共服务体系正在从社会救助型向全民福利型过渡。

基本公共服务均等化是和谐社会制度建设的重要组成部分，它首先是一个社会建设的过程，其次才是一个财力保障能力的问题，无论我们蛋糕做得多大，我们都不可能通过分蛋糕让社会矛盾减少，"导民以利，其害亡政"。社会建设和经济建设有不同规律，其中最重要的是公平合理的社会规则深入人心，再加上普遍认同和基本预期支撑下的基本公共服务保障，方能建构起社会秩序和稳定的扎实底线。

建立新的社会规则，远比单纯的利益调整重要得多。这些规则包括普遍遵守的社会规则、基本认可的社会价值、相对稳定的社会结构、对未来发展底线的预期、社会偏差的有效纠正等。具体包括：（1）人的行为的基本规范，在享有安全、生存、发展权利保障的同时应该履行守法、正直、回报社会的应尽义务，指向就是社会信用体系的建立。社会信用必须建构在自然人信用基础上，而不是以组织信用为担保，这样既可以为经济发展提供润滑剂，同时能够区别社会不同收入阶层，把社会保障和服务向最有需求的群体倾斜，提升社会认同和公平。（2）加强社会管理能力建设，包括政府行政和服务能力、社会组织、企业、家庭社会支持网络能力建设。（3）完善社会各阶层诉求通道建设，把问题展示出来，在萌芽中解决问题，是社会走向和谐的重要手段。（4）形成社会未来发展远景共识，社会是靠文化和价值凝聚的，远景共识有助于克服短期困难，防止社会矛盾激化。①

推进基本公共服务均等化，一个十分重要的方面是构建城乡统一的基本公共服务均等化标准，为流动人口就地服务提供标准依据。②

当前各地基本公共服务能力、水平存在较大差距，其中主要是区域差距和城乡差距的问题。其中城乡差距主要是制度设计问题及历史遗留问题造成的。因此，应抓紧制定城乡统一的基本公共服务均等化标准，从制度上优先解决城乡二元结构问题，从而把问题存量和增量区分开，在保证不产生新的增量问题的前提下，渐进解决消化存量问题。

四、推进城镇化建设过程中，优先解决流动人口问题

在工业化进程中，农业人口转移到制造业和服务业中，产业结构的升级和人口就业结构呈现同步性是基本规律，而由于我们对城乡二元的治理结构，形成了独特的农民工现象。到 2011 年中国有 2.5 亿农民工在城市工作而"生活在别处"。

---

① 曾红颖，《基本公共服务均等化标准与阶段性目标》，发改委宏观院 2010 年重点课题研究报告。
② 曾红颖，《我国基本公共服务均等化标准体系及转移支付效果评价》，载《经济研究》2012 年第 6 期。

下一步城镇化的重点是人口的城镇化，其关键点是使广大进城农民真正融入城市，完成农业转移人口市民化[①]。

根据对广东、广西、江苏、浙江、河南和陕西六省、自治区的调研，农民工总量增长空间已经不大，其中跨省流动规模稳定在40%左右，省内特别是县、市内流动在60%。调研各地在省内、市内农民工市民化方面已经探索出多种模式，应予以肯定。难点是跨省农民工落地问题，涉及人口大约1亿人，有跨省入城要求的估计7000万人，建议分步解决。

第一步，用3～5年时间，重点解决城中村和城乡接合部产业农民工1000万人入城问题。跨省农民工中有10%左右有大专以上文凭，在制造业和服务业中就业，集聚在城中村或城乡接合部；30岁以下群体，在生活方式、教育、工作技能方面和城市人没有本质区别的，主要是取消制度壁垒，补齐基本公共服务供给缺口，并在中央财力转移支付时向农民工流入地政府给予补偿，特别要探讨基本公共服务体系中运营成本问题，解决地方政府后顾之忧。

第二步，用5～10年时间，建设宜居便利卫星城和城市带，引导超大、大城市人口组团居住，为从事传统服务行业的农民工入城提供发展空间。在新城建设过程中，综合考虑入城农民工各项需求，对能较大解决农民工问题的地方政府给予用地、行政区设置、创新奖励和财政补贴等多项优惠政策。

第三步，用5～20年时间建设新教育网络，完成义务教育、职业技能教育、高等教育、终身教育交互衔接的立体教育网络，不断提升农民工素质和技能，让他们自身及其子女具备城市生活和竞争的能力。

[①] 吴萨、曾红颖、赵崇生、陈成云、徐高鹏，《流动人口的基本公共服务需新的制度安排》，载《宏观经济管理》2013年第4期。

第八章 改革财税体制

财政的实质,是公共资源配置的体系与机制。在公共权力主体"以政控财、以财行政"[①]的过程中,财政与民生的关系,既体现为政府参与资源配置、弥补市场失灵的效率问题,又体现为促进机会平等和社会财富的分配正义问题[②]。本章将从民生经济视角,回顾我国财税体制改革的历程,分析目前存在的问题,提出通过财税体制改革促进民生经济的政策建议。

第一节 我国财税体制改革历程回顾

我国的财税体制改革,是从生产建设型财政向公共财政转变的过程;是从高度集中的计划体制向行政性分权、经济性分权过渡的过程;是在分权过程中逐步放松体制束缚,不断创造弹性空间,不断释放政府、企业、个人的创造力和积极性的过程。其间,财政与民生的关系,经历了从失衡到逐步契合的转变。

一、从新中国成立到改革开放之前,高度集中的财税体制

新中国成立初期,在财政资源十分有限的情况下,为保证国家安全、恢复经

---

① 参见贾康、李全《财政理论发展识踪——结合"公共财政"的点评》,载《财政研究》2005年第8期。
② 参见高培勇主编《财政与民生》,中国财政经济出版社2008年版。

济和国家建设的需要，建立了统收统支、高度集中、超常积累的财政运行机制。财政收入方面，主要是通过压低农副产品价格，实行"高就业、低工资"体制，确保工商部门高利润，通过企业利润基本全部上缴，获得超常水平财政收入，长期保持在国内生产总值的30%以上。财政支出方面，主要是集中开展经济建设，基本建设拨款占国家财政收入的30%~40%①。同时，包揽各项社会事业，建立了国营企业职工"从摇篮到坟墓"的社会保障体系。但是有限的财力无法支撑不断增加的公共需求，"高就业"和城市社会保障体系是以城乡二元分割和城镇化的停滞为基础的。从图1可以看出，20世纪50年代末至70年代末的20年间，我国城镇化率停滞不前，还略有下降，直到改革开放才走上上升的通道。

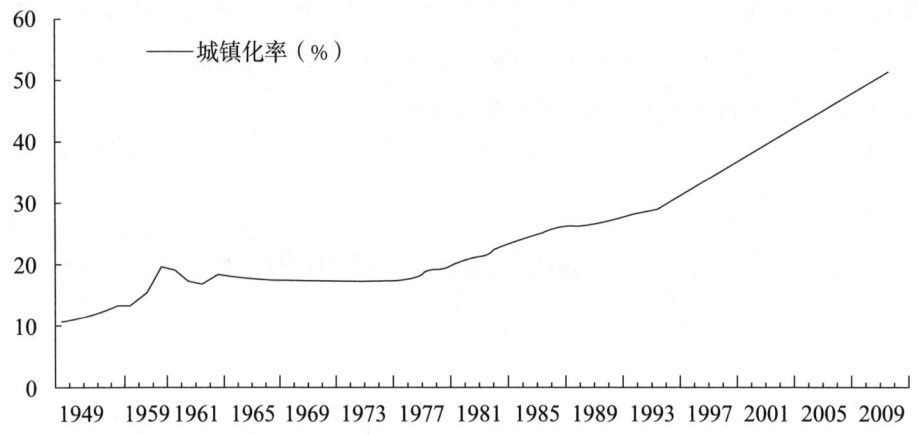

图1　1949—2009年中国城镇化率

资料来源：中经网统计数据库。

凭借超常水平的财政收入，我国集中财力物力，迅速医治了战争创伤，恢复了国民经济，在不到30年的时间，建立了比较完整的国民经济体系。但是，随着经济社会发展，这种体制的弊端越来越明显，主要是权力的过分集中，压抑了各地区、各部门、各单位的积极性、创造性；"重经济建设、轻人民生活"的财政运行机制，造成经济增长与民生改善的严重失衡，不利于调动劳动者的积极性、

---

① 参见贾康《中国财税改革30年：简要回顾与评述》，载《财政研究》2008年第10期。

创造力；高度集中体制下财权分配频繁变动，具有很大的随意性，没有走上规范化、法制化的道路，基本上处于行政性的集权与分权交替状态，自始至终没有摆脱"一放就乱""一收就死"的困境，在"治乱"循环中损失了效率，也没有兼顾公平。高度集中的财政体制逐渐成为妨碍我国经济发展活力的重要因素，成为经济市场化改革需要打破的首要环节。

二、1978—1993 年，以放权让利为主线的财税体制改革

党的十一届三中全会之后，财税体制改革成为整个宏观层面改革的突破口，改变过去高度集中的体制，实行分权。改革初期，政府能够真正放出的"权"，主要是财政上的管理权；政府能够真正让出的"利"，主要是财政在国民收入分配格局中所占的份额。财税改革的任务就是要下放财权和财力，打破或改变"财权集中过度、分配统收统支、税种过于单一"的传统体制格局[1]。由此，实行了财政对国有企业放权，中央对地方政府放权等改革举措，有力推动了经济快速增长。国民经济在相当长的时间内，按照"效率优先，兼顾公平"的原则和"增量改革"的路径取得了巨大成就。但是，在实际运行中，"兼顾公平"未能很好地落实，由于增量改革在客观上为经济增长和民生改善提供了一个帕累托改进的空间，掩盖了这一内生的矛盾，直到 20 世纪 90 年代中后期才显现出来[2]。

1. 改革举措

一是实行企业承包制，改革国家与企业的分配关系。实行"减税让利"，从 1978 年起先后推出企业基金制、利润留成制、第一步利改税、第二步利改税、各种形式的盈亏包干制和多种形式的承包经营责任制等。实行企业承包制，放权让利，增强了企业活力，调动了企业、个人生产积极性，加快了企业发展，促进了国民经济增长。

---

[1] 高培勇，《从"放权让利"到"公共财政"——中国财税改革 30 年的历史进程》，载《广东商学院学报》2008 年第 5 期。
[2] 参见王绍光、马骏《走向"预算国家"——财政转型与国家建设》，载《公共行政评论》2008 年第 1 期。

二是实行财政包干制,改革中央与地方的分配关系。对地方放权让利的财政包干制,扩大了地方权力,增加了地方财力,激励了地方发展经济的热情,在改革开放初期的经济社会条件下发挥了积极作用。

三是建立"复税制"税收体系,改变过去单一的税制格局。从1980年起,通过建立涉外税制、建立内资企业所得税体系、全面调整工商税制、建立个人所得税制、恢复和改进关税制度、完善农业税等改革,建立起以流转税、所得税为主体,其他税种相配合的多税种、多环节、多层次征收的复税制体系。

2. 主要成就

1978年至1993年的财税改革是以财政上的减收、增支为代价,以"放权让利"为主调的分权改革,具有深远的政策意义。第一,通过调整利益格局,极大调动了微观主体的生产积极性、创造性,在做大"蛋糕"的基础上,开始弥合传统体制下国富与民生的失衡和差距。第二,财税改革以自身的收支不平衡换取了整个经济体制改革的成功,以"放权让利"换取其他各项改革举措的顺利出台和整体改革的平稳推进。第三,在财政向地方分权、地方向企业分权的过程中,形成了在计划、物资、人事、劳动、金融、投资等方面改革的一些相对松动、有弹性的空间,在总体上为各项改革提供了可以试验的局面和条件,拉开了改革开放新时期宏观层面改革的序幕。[①]

3. 局限和启示

在发展过程中,"放权让利"的分权改革自身的局限也逐步体现出来,一是在行政指令和"讨价还价"基础上形成的各种承包制、包干制不规范、不稳定;二是过度强化了地方利益,形成了地区间的市场分割,阻碍了全国统一大市场的形成,影响了经济结构和发展;三是造成"两个比重"不断下降。财政收入占国内生产总值的比重、中央财政在全国财政收入中的比重越来越低,随着财政支出迅速增长,财政赤字逐年加大,债务规模日益膨胀,中央财政日益难以担负宏观调控的职责。从20世纪80年代末到90年代初,就发生过中央财政三次向地方财政

---

① 贾康,《中国财政体制改革之后的分权问题》,载《改革》2013年第2期。

"借钱"的无奈之举。于是,中央开始寻找改革新思路。1992年,邓小平同志发表南方谈话后,财政方面按照中国以社会主义市场经济体制为改革目标的要求,确定了从行政性分权向经济性分权转变的思路,推动了1994年的分税制改革。

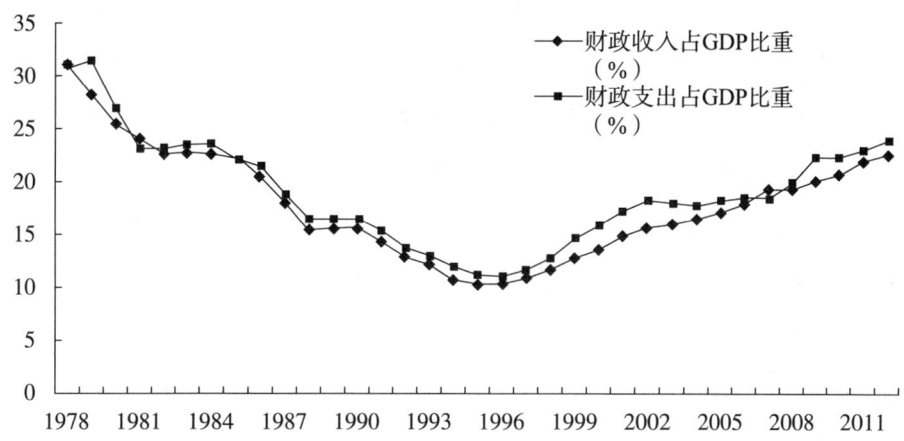

图2　1978—2011年财政收入与财政支出分别占GDP比重

数据来源:相关年度《中国统计年鉴》。

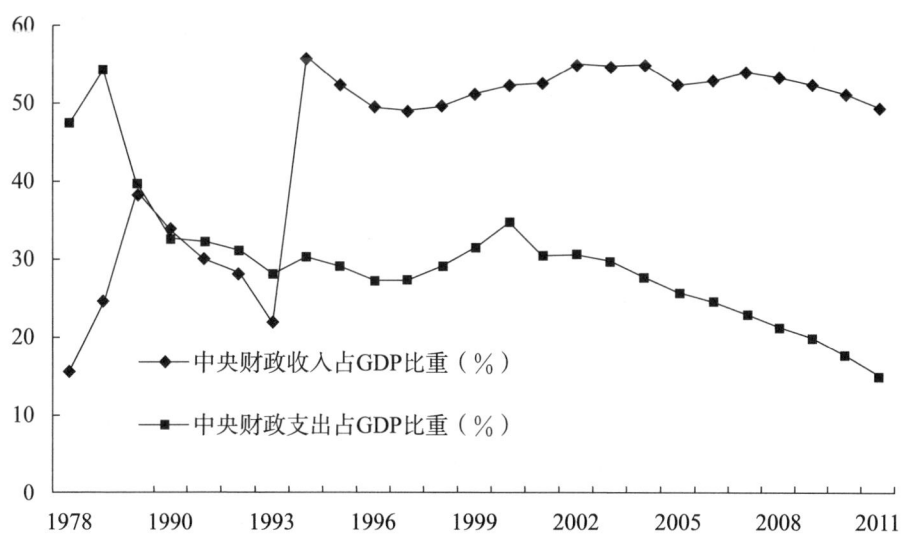

图3　1978—2011年中央财政收入与财政支出分别占GDP比重

数据来源:相关年度《中国统计年鉴》。

三、1994—1998 年，以经济性分权为特征的财税体制改革

根据党的十四届三中全会通过的《中共中央关于建立社会主义市场经济体制若干问题的决定》的要求，我国财税体制进行了一系列重大改革。1994 年的财政分税制改革，在我国财税体制改革中具有里程碑式的意义，其实质是构建有利于解放生产力的整套"间接调控"的运行机制，从计划、指令调控转向以预算、税收、国债等财政政策和货币政策等经济手段调控，从行政性分权走向经济性分权，实现由国家调控市场、市场引导企业，使微观市场主体在市场环境中，在分权状态下真正活起来。

在经济搞活的同时，这一时期的改革已经开始触及"存量部分"，不再像 20 世纪 80 年代那样显示出"全赢"的格局。市场经济体制改革的过程，伴随着国有部门改制、人员下岗、城市贫困和农民利益受损的情况，但是，相应的社会补偿和保障制度并未完善。为了支付改革成本，缓解财政压力，财政上采取了"甩包袱"的行为，不仅计划经济体制下城市居民的"高就业"承诺取消了，而且医疗卫生、教育、住房等方面的保障也越来越弱[1]。这一系列的问题，在改革成果不断释放、经济增长和人民收入不断提高的前提下，带着阵痛，期待着新的改革。

1. 分税制改革的主要内容

分税制改革，狭义上是中央和地方财政分税制度，广义上是理顺中央和地方分配关系的改革。分税制财政体制主要包括：中央与地方税收的划分、中央与地方事权和支出的划分、中央对地方税收返还数额的确定。税收划分的依据是：将维护国家利益、实施宏观调控所必需的税种划分为中央税；把同经济发展直接相关的税种划分为中央和地方共享税；将适合地方征管的税种划分为地方税。在划分税收的同时，又按照财权与事权相统一的原则，划分了中央与地方财政的支出

---

[1] 参见高培勇主编《财政与民生》，中国财政经济出版社 2008 年版。

范围（见表 1 现行中央地方财政收支划分）。作为分税制的重要配套措施，又推出了转移支付制度、预算编制、税收管理体制、国有企业利润分配等方面的改革。

表 1　现行中央地方财政收支划分

一般预算收入划分

中央固定收入	关税，海关代征消费税和增值税，消费税，铁道部门、各银行总行、各保险公司总公司等集中交纳的收入（包括营业税、利润和城市维护建设税），未纳入共享范围的中央企业所得税，中央企业上交的利润等。
中央与地方共享收入	增值税中央分享 75%，地方分享 25%；纳入共享范围的企业所得税和个人所得税中央分享 60%，地方分享 40%；资源税按不同的资源品种划分，海洋石油资源税为中央收入，其余资源税为地方收入；证券交易印花税中央分享 97%，地方（上海、深圳）分享 3%。
地方固定收入	营业税（不含铁道部门、各银行总行、各保险公司总公司集中交纳的营业税），地方企业上交利润，城镇土地使用税，城市维护建设税（不含铁道部门、各银行总行、各保险公司总公司集中交纳的部分），房产税，车船使用税，印花税，耕地占用税，契税，遗产和赠与税，烟叶税，土地增值税，国有土地有偿使用收入等。

支出责任划分

中央财政支出	国防、武警经费，外交和援外支出，中央级行政管理费，中央统管的基本建设投资，中央直属企业的技术改造和新产品试制费，地质勘探费，中央安排的农业支出，中央负担的国内外债务的还本付息支出，以及中央本级负担的公检法支出和文化、教育、卫生、科学等各项事业费支出。
地方财政支出	地方行政管理费，公检法经费，民兵事业费，地方统筹安排的基本建设投资，地方企业的改造和新产品试制经费，农业支出，城市维护和建设经费，地方文化、教育、卫生等各项事业费以及其他支出。

资料来源：财政部网站 http://yss.mof.gov.cn/zhuantilanmu/zhongguocaizhengtizhi/zyydfczsz/200806/t20080627_54310.html。

2. 分税制改革的成就

分税制改革突破了过去通过"放权让利"调整利益格局的发展路径，走上了体制转换、制度创新的道路。相对于"放权让利"的"行政性"分权，分税制是一种"经济性"分权①。通过 1994 年分税制改革，不同辖区、不同规模、不同行

---

① 参见贾康《中国财政体制改革之后的分权问题》，载《改革》2013 年第 2 期。

政级别的企业，在税法面前一律平等，税后可分配的部分，按照产权规范和政策环境，可以由企业自主分配，创造了企业公平竞争、跨区兼并重组的可能，促进了统一市场的形成。由此，企业的行政隶属关系随之淡化，企业行政主管的组织和控制能力随之减退，企业依靠市场进行资源配置的能力迅速增强，这成为企业真正搞活的关键。

同时，中央和地方关系亦进入一个相对稳定、规范的状态。国家财政实力和宏观调控能力大大提高，中央和地方财政收入快速增长，全国财政收入占国内生产总值的比重、中央财政收入占全国财政收入的比重逐步提高[1]。1993年到2012年，全国财政收入增长了26.93倍，年均增速18.93%；全国财政收入占国内生产总值的比重，由1993年的12.3%提高到2012年的23%，大大增强了国家财政实力、中央宏观调控和调节地区间利益差距的能力。

3. 分税制改革的遗留问题

1994年分税制改革存在一些遗留问题和尚未启动的部分。一是当时改革主要是重新划分了收入部分，对支出部分的划分基本还沿用旧的体制，造成事权、支出范围和财力的不一致。二是分税制只落实到中央和省一级，而省以下层级的财政体制依然沿用各种形式的"包干制"和"讨价还价"机制。三是1994年财税改革所覆盖的只是体制内的政府收支，对于体制之外的政府收支并没有进行规范和改革。随着改革成果的积累，这些问题也日益显现，加之多种因素，形成至今困扰我国的县乡财政困难、"土地财政"、公共服务不足等难题。由此推动了20世纪90年代后半期以规范政府收支行为主旨的"税费改革"和支出制度改革，并拉开了公共财政体制改革的序幕。

四、1998年至今，以公共财政为导向的财税体制改革

建设公共财政，是对传统财政理念的重大突破，反映了我国经济社会转型和

---

[1] 参见张晏、龚六堂《分税制改革、财政分权与中国经济增长》，载《经济学（季刊）》2005年第4期。

政府职能的深刻转变，也回应了社会对改善民生的强烈呼声。其目标是转变过去以国有经济为重心、生产建设为导向的财政体制，构建社会主义市场经济体制下以公有制为主体，多种所有制经济共同发展的，以满足社会公共需要为主要分配目标和工作重心的公共服务型财政。从 1998 年中央提出构建中国的公共财政框架，到 2003 年党的十六届三中全会要求"健全公共财政体制"，再到党的十七大提出"完善公共财政体系"，党的十八大提出"完善促进基本公共服务均等化和主体功能区建设的公共财政体系"，建立和完善公共财政成为党、政府和全体人民的共识。

1. 1998—2003 年，构建公共财政的基本框架

1998—2003 年，初步构建了公共财政的基本框架，为此，推进了一系列改革措施，主要包括：财政支出结构由专注于生产建设领域逐步扩展至整个公共服务领域的优化调整，推行部门预算（综合预算）改革，单一账户的国库集中收付改革，国库集中收付制度建设，"收支两条线"改革，政府采购制度改革，财政转移支付制度改革，政府收支分类改革，等等。

2. 2003 年至今，构建以"民生财政"[①] 为主要特征的公共财政

2003 年以来，财政管理改革以进一步构建"民生财政"为主要特征的公共财政为主线，努力推进制度建设。主要包括：一是着力解决 1994 年分税制的遗留问题，推动省以下财政管理体制创新，加快推进"省直管县"财政管理体制改革，实行对县乡"三奖一补"的财政奖补转移支付制度，缓解县乡财政困难和改进转移支付制度。二是推动财政支出管理改革，按照以人为本科学发展的要求，着力建立保障和改善民生的长效机制，重点保证公共服务领域的支出需要，大力支持"三农"、教育、医疗卫生、社会保障、生态建设和环境保护、科技创新等领域发

[①] 所谓"民生财政"，不是游离于或是作为替代物而对立于"公共财政"的另一事物。在公共财政支出中，如试图以笼统的"民生支出"概念，划出总支出中截然分明的一块（一个绝对额或占比），称为民生支出，其余部分则作为反义词而被称为"非民生支出"，这极易引出专门概念的混乱和实际工作中的无所适从。因为公共财政与民生财政，本为同一事物的两种称呼；所有的财政支出，都应是直接、间接地服务于民生的。（贾康，2011）扩大所谓的民生支出，并不意味着是民生财政。只有当所有的财政支出最终都有利于改善和保障民生，最终有利于每一个人的生存与发展时，才算是民生财政。（刘尚希，2011）

展。三是按照"简税制、宽税基、低税率、严征管"的原则,深化税收制度改革。四是深化国有资产管理体系改革,增强政府宏观调控能力。五是推进财政科学化、精细化管理和监控、监督机制的建设。六是转变财政宏观调控方式,由被动调控向主动调控转变,由直接调控向间接调控转变,由单一手段调控向组合工具调控转变,由以企业和个人为具体调控对象向以市场变量为调控对象转变。①

表2 公共财政支出②用于保障和改善民生的主要领域③及做法

领域	主要做法	公共财政支出（2012年④）
教育	全面实现农村免费义务教育,并在2008年推广至所有城镇区域,实施普通本科高校、高等和中等职业学校家庭困难学生资助政策,重点解决"上学难、上学贵"等问题。	支出21165亿元,占当年GDP的4%。
医疗卫生	推动和加快建立新型农村合作医疗制度,重点解决"看病难、看病贵"问题。2010年推行新医改,计划用几年时间构建覆盖全体社会成员的医疗卫生保障体系。	当年支出7199亿元,2010—2012年中,财政资金投入"新医改",累计1万余亿元。
文化体育与传媒	建设重点文化惠民工程,改善基层公共文化体育设施条件;强化新闻媒体传播能力建设,推动文化产业发展。	支出2251亿元。

---

① 参见楼继伟、王水林主编《中国公共财政:推动改革增长,构建和谐社会》,中国财政经济出版社2009年版;贾康《十六大以来的财政管理体制改革评述》,载《中国财政》2012年第20期。

② 我国公共财政支出科目共分为23类,包括:教育、医疗卫生、社会保障和就业、住房保障、农林水事务、文化体育、交通运输、城乡社区事务、公共安全支出、科学技术、环境保护、一般公共服务、国防支出、外交支出、资源勘探电力信息等事务、地震灾后恢复重建、粮油物资储备管理事务、金融监管等事务、商业服务业等事务、国土气象等事务、国债付息、其他支出和预备费支出。(《2010年公共财政支出基本情况》,财政部网站http://www.mof.gov.cn/zhengwuxinxi/caizhengshuju/201108/t20110803_583781.html。)

③ 按照我国现行公共财政支出科目,民生和"三农"支出不是单独的预算科目,存在一些交叉重复。民生支出是一个相对的概念,主要指在公共财政支出中,对改善民生相对更直接、更重要的支出科目,具体并无统一的口径。根据财政部《2010年公共财政支出基本情况》,2010年全国财政用于与人民群众生活直接相关的教育、医疗卫生、社会保障和就业、保障性住房、文化体育方面的民生支出合计29256.19亿元,占全国财政支出的32.6%;与民生密切相关的支出还包括农林水利、交通运输、环境保护、城乡社区事务、科学技术、商业服务等事务、国土资源气象事务、粮油物资储备、地震灾后恢复重建等方面,这些支出合计达到30345.63亿元,占全国财政支出的33.8%。2010年民生支出合计达到59601.82亿元,占全国财政支出的2/3。此外,还有1/3的全国财政支出(30272.34亿元),主要用于一般公共服务、公共安全、国防、外交以及资源勘探电力信息、国债利息、金融监管等支出。根据财政部《2012年财政收支情况》,2012年民生等重点支出领域如表2所示。

④ 2012年,全国公共财政收入117210亿元,增长12.8%;公共财政支出125712亿元,增长15.1%。其中,教育支出增长28.3%,科学技术支出增长15.7%,社会保障和就业支出增长12.9%,住房保障支出增长16.4%。主要民生支出的增速都超过了国家财政收入增长的速度。

续表

领域	主要做法	公共财政支出（2012年）
社会保障与就业	在城镇区域家庭最低生活保障做到"应保尽保"之后，把低保制度推行到农村区域，并将低收入家庭住房纳入公共财政保障范围。	支出12542亿元。
环境保护	促进建设资源节约型与环境友好型社会，推动节能减排，扶持重点节能项目、节能产品、重大减排工程，改善农村生活环境，发展可再生能源，促进生态保护。	支出2932亿元。
科学技术	支持自主创新和国家中长期科技发展规划的贯彻、国家重大科技专项的实施，推进创新型国家建设。	支出4429亿元。
住房保障	2011年以来，配合国家房地产调控新政和基本住房保障体系建设，财政将棚户区改造、廉租房和公租房建设等（统称"保障房建设"）作为支出重点，予以大力支持。	支出4446亿元。
农林水事务	落实农林补贴，促进技术推广，推进农业综合开发，创新扶贫开发机制，支持农业农村基础设施建设。	支出11903亿元。
城乡社区事务	加强城乡社区规划与管理、公共设施建设、维护与管理、环境卫生，支持改善市场环境，规范市场经济秩序。	支出9020亿元。
交通运输	支持国省干线等公共交通基础设施建设，新建、改造农村公路；补贴公共交通；推进水路运输、铁路运输、民用航空运输以及邮政等项目建设。	支出8173亿元。

资料来源：财政部《2012年财政收支情况》http://gks.mof.gov.cn/zhengfuxinxi/tongjishuju/201301/t20130122_729462.html。

第二节 "民生财政"建设面临的突出问题

民生财政，是公共财政强调其民生导向的另一种提法，就是让公共财政向民生倾斜，提供更多、更高水平的教育、医疗、就业、社会保障、住房保障、生态环境等公共产品，其彰显的不仅是国家经济的发展、财力的增强，更体现了发展为了人民、发展依靠人民、发展成果由人民共享的以人为本的理念①。必须看到的是，民生财政建设还任重道远。当前财税体制的局限及其运行中积累的问题，已经成为进一步促进民生经济发展，推动改革全局必须突破的瓶颈。

一、阻碍经济增长和转型的主要问题

1. 中央与地方财力与事权不匹配

1994年分税制改革的遗留问题，集中体现在中央与地方财力与事权的不匹配，一是各级政府的具体支出责任边界不清，存在越位、缺位现象。二是政府间转移支付的目标定位与计算方法不清晰、不规范，一般性转移支付的计算公式难以达到有效调节地区财力平衡，保证全体居民享受均等公共物品服务的功能。三是省以下分税制尚未贯彻，在实际运行过程中，下级政府在与上一级政府在财力划分比例、税种归属等问题上，没有讨价还价的余地，被动地接受上级政府的财力分配，造成了财力不断上移，事权却不断下放，基层政府的日子越来越难过。

以上问题的直接后果是地方财政困难。地方财政收入不足、支出负担沉重，使得地方政府把更多兴奋点放在办企业、搞建设项目、抬高地价增加土地批租收入等短期行为上，由此产生的"土地财政"依赖和大量地方硬性负债，成为我国经济转方式、调结构的掣肘。

2. 税收体制不适应转型要求

中国目前以生产和流通环节税收（增值税、营业税以及企业所得税）为主的税收体系，虽然与中国的发展阶段有关系，但造成地方政府明显偏好投资和工业企业（因为工业是税收的主要来源），而忽略为本地居民服务，加剧了经济增长过度依赖投资的冲动。

税负水平方面，从行业税负水平来看，与其他行业的税负相比，服务业的税负过重，营业税体制导致重复征税，阻碍了服务业的发展和专业化分工。从所得税来看，

---

① 参见贾康、赵全厚《中国财税体制改革30年回顾与展望》，人民出版社2008年版。

个人所得税未能有效发挥调节收入分配的功能，也不能激励地方政府为吸引人口居住改善公共服务。从资源税、环保收费来看，税、费率太低，无法起到抑制过度能耗和污染的作用。例如，目前二氧化硫（SO_2）和氮氧化物（NOX）的排污征收标准过低，相比于安装减排设备的成本要便宜很多，因此许多企业更愿意支付排污罚款。[①]

主体税种方面[②]，一是生产型增值税[③]向消费型增值税转型问题。生产型增值税因进项税额扣除的范围小，税基较大，在税率相同的条件下，比消费型增值税能取得更多的财政收入，但是这种人为扩大税基以保证税收收入和抑制投资的做法，不利于鼓励投资，也不利于高新技术产业和固定资产投资比重大的基础产业发展。二是"营改增"问题。增值税和营业税并行，破坏了增值税的抵扣链条，影响了增值税"中性"作用的发挥，导致地方政府对不同经济主体和不同行业施加"区别对待"的影响，客观上不利于引导和鼓励企业在公平竞争中做大做强，不利于服务业的剥离和发展，扭曲了企业竞争中的生产和投资决定。

二、阻碍民生改善和分配公平的问题

1. 公共财政支出结构和管理问题

与中央地方财力和事权不匹配的问题相对应，我国财政投入存在责任主体不清晰、财政支出责任下移、投入能力严重不足等问题。

一方面，公共财政对民生直接相关的教育、医疗卫生、社会保障、就业等方面投入能力不足。参考十个发达国家有关民生支出的历史平均数据，可以看到，财政支出比重增长迅速，其中，医疗、养老、教育占国内生产总值比重快速上升

[①] 参见马骏、白重恩等《关于财税体制改革的思路》，载《上海经济评论》2013年7月。
[②] 我国现行税制结构中，增值税和营业税是最为重要的两个流转税税种，二者分立并行。其中，增值税的征税范围覆盖了除建筑业之外的第二产业，第三产业的大部分行业则课征营业税。这一始于1994年的税制安排，适应了当时的经济体制和税收征管能力，为促进经济发展和财政收入增长发挥了重要的作用。然而，随着市场经济的建立和发展，这种划分行业分别适用不同税制的做法，日渐显现出其内在的不合理性和缺陷，对经济运行造成扭曲，不利于经济结构优化。（贾康，2012）
[③] 现行的生产型增值税税制下，企业所购买的固定资产所包含的增值税税金，不允许税前扣除；而如果实行消费型增值税，则意味着这部分税金可以在税前抵扣。世界上采用增值税税制的绝大多数市场经济国家，实行的都是消费型增值税。

是其财政支出比重上升的主要原因。

表3　1870年以来十国政府支出项目占GDP的比重　　　单位(%)

支出项目	1870年前后	1913—1920年	1930年前后	1960年	1980年	1990年
医疗	0.3	0.4	0.5	2.4	5.8	6.5
养老	0.6	1.1	0.8	4.3	7.8	8.4
教育	0.6	1.7	1.9	3.8	6.4	6.3
公共投资	2	3.2	4.1	3.4	3.3	2.8
财政总支出	9.7	15	22.5	28.8	43.3	44.8

资料来源：根据坦齐和舒克内希特（2005）资料整理。表中数据为德国、日本、挪威、瑞典、荷兰、英国、美国等十个国家的简单平均值。转引自高培勇主编《世界主要国家财税体制：比较与借鉴》，中国财政经济出版社2010年版。

如图4所示，20世纪90年代以来，我国医疗卫生、教育、社会保障等方面财政支出已经取得了明显的增长，但是相比发达国家，其增长幅度和占国内生产总值比例仍有较大的差距。按可参考指标，我国2011年公共财政支出中，教育支出占财政总支出比重为15.1%，占GDP比重为3.49%，接近1960年十国均值；医疗卫生支出占财政总支出比重为5.89%，占GDP比重为1.36%；社会保障（含养老）和就业支出合计占财政总支出比重为10.17%，占GDP比重为2.35%，均大幅低于1960年十国均值。

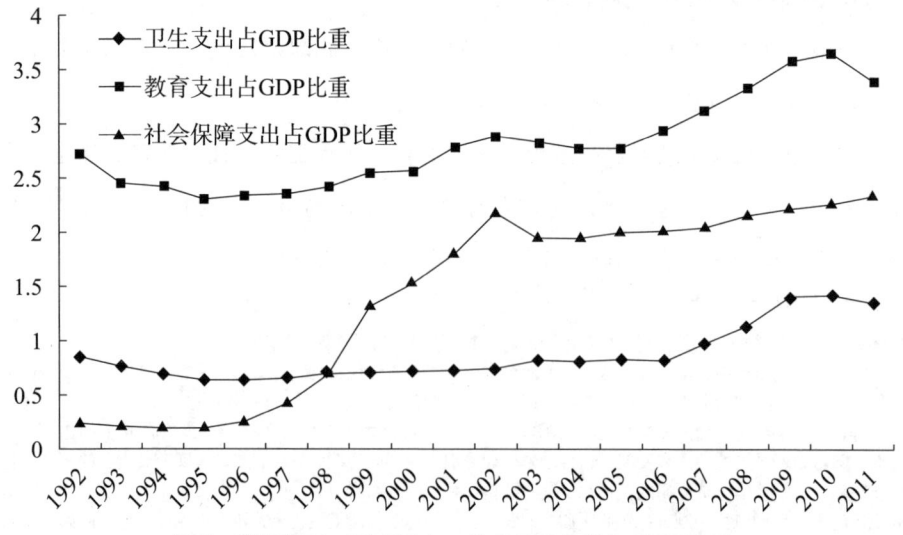

图4　我国教育、医疗卫生、养老保障支出占GDP比重

资料来源：相关年度《中国卫生统计年鉴》《中国财政年鉴》《中国教育统计年鉴》。

另一方面,目前的公共支出管理体系还不尽完善。中国近年来推进的部门预算、政府收支分类、国库集中收付等预算管理改革成效显著,但一个重要的方面在于预算管理的基础性工作,像政府会计要素、政府会计基础等不到位,制约了上述各项改革措施的综合效应。

2. 收入分配体系存在不公和失衡

国民收入分配体系的不公和失衡,是造成消费率过低、经济结构失衡乃至社会失衡的重要原因,是影响民生的重要滞阻因素。

一方面,税收是调节社会分配关系、促进公正与公平的重要政策工具,但现行的分类所得税模式与征管模式在调节收入分配方面功能比较有限。个税的税基狭窄,对财政收入的贡献很小,目前缴纳个人所得税的只有2400多万人,只覆盖了4%的就业人口,占总人口比重不到2%,大部分高收入者没有被覆盖,很难起到应有的调节收入分配的作用。

另一方面,由于义务教育、公共卫生、社会保障、"三农"问题等方面公共产品的供给不足,形成财政对调节收入分配差距和促进充分就业等方面力度不够,加大了居民支出预期的不确定性,降低了居民预期可支配收入,导致居民消费率持续降低,制约了民生改善。

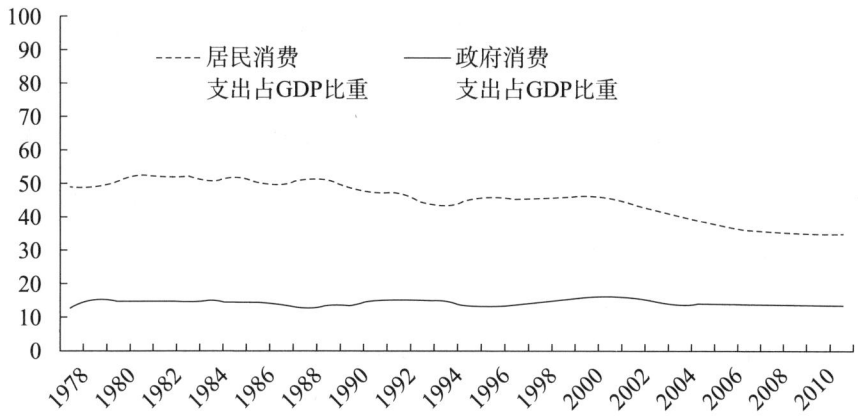

图5 中国政府消费、个人消费占GDP比重,1978—2011年

资料来源:相关年度《中国统计年鉴》。

三、可能构成系统风险和发展陷阱的突出问题

1. 不断扩大的民生支出需求与财力约束问题

随着我国人均国内生产总值步入中等收入国家水平,对加大民生支出、扩大公共服务的期待日益提升。

根据瓦格纳法则①,当国民收入增长时,财政支出会以更大比例增长。瓦格纳认为,现代工业的发展会引起社会进步的要求,社会进步必然导致国家活动的扩张。皮科克和威斯曼在瓦格纳分析的基础上,进一步提供了财政支出的"替代—规模"效应理论,即在危机时刻,公共支出会替代私人支出,财政支出的比重上升,但在危机过后,公共支出不会退回先前的水平,因此,每一次大的经济和社会动荡,都会导致财政支出水平上一个新的台阶。发达国家自19世纪末到如今100多年的经济发展实践,证明了上述理论②。而一些发展中国家,则在进入中等收入水平,过度扩张财政支出的过程中,步入"中等收入陷阱"。金融危机以来,不断引发的欧美政府债务危机,也与公共支出的刚性和财力约束的现实息息相关。

目前,在我国经济增长趋缓,财政分配面临"政府减税"和"政府增支"双重压力下,与社会公众的预期相比,公共服务和社会福利供给的财力严重不足。如何在财政支出扩大、民生支出增长的大趋势下,控制公众预期,掌握发展节奏,优化支出结构,降低行政成本,重点保障基本民生支出,提高财政资金使用效益,是公共财政建设面临的重大挑战。

2. 地方债务风险问题

2011年6月国家审计署《全国地方政府性债务审计结果》表明,截至2010

---

① 德国19世纪经济学家阿道夫·瓦格纳(Adolf Wagner),在对19世纪的欧洲国家以及日本、美国等国的经验性材料进行分析的基础上,提出瓦格纳法则。
② 参见陈共主编《财政学》,中国人民大学出版社2012年版,第62—64页。

年年底,全国省、市、县三级地方政府性债务余额共计10.72万亿元①。而截至2011年6月,全国省、市、县三级政府债务总额为10.7万亿元。从债务总量来看,地方政府债务仍然处于一个相对安全区域。10.7万亿负债,相当于当年GDP的26.9%,再加上其他公共部门的负债,与GDP总量相比,也不会超过55%,明显低于国际的60%的预警线。从举债目的看,中国地方政府性债务,特别是地方投融资平台公司形成的债务,主要用于各地基础设施的投资建设,具有一次性投入规模大、投资回收期长、当代人投资后代人享用等一定的合理性;但是,并不意味着政府可以无节制地借债,关键是要把投资规模和债务规模控制在合理的范围内。从偿债能力来看,2013年左右,地方政府债务将进入偿债高峰,43%的债务将在近两年内集中到期。由于债务水平、偿债能力与经济增长水平相关,因此,在我国经济增长趋缓的形势下,应密切注意防止出现系统性的偿债风险。

第三节　进一步推进财税体制改革的政策建议

党的十八大报告从全局和战略的高度,强调要全面深化经济体制改革,提出要"加快改革财税体制,健全中央和地方财力与事权相匹配的体制,完善促进基本公共服务均等化和主体功能区建设的公共财政体系,构建地方税体系,形成有利于结构优化、社会公平的税收制度"。党的十八届三中全会《中共中央关于全面深化改革若干重大问题的决定》提出"必须完善立法、明确事权、改革税制、稳定税负、透明预算、提高效率,建立现代财政制度,发挥中央和地方两个积极性"。其核心,是要理顺中央和地方的关系、政府和市场的关系以及公共服务体系和纳税人的关系,着力化解财税制度方面已经积累的矛盾,推进实质性的改革。从民生经济的角度,可以从三个方面来认识:一是要抓住改革的突破点,有效促

---

① 相关研究显示,中国地方政府债务规模仍然在可控范围之内。

进转型、提高效率、增强财力、加强管理,切实提高财政调控经济、改善民生的能力;二是优化公共财政支出结构,实现基本公共服务均等化,在关系民生的主要领域,提高公共服务供给水平;三是要从推动改革全局、推动经济社会转型的战略高度认识新一轮财税体制改革,充分调动广大人民群众共同创造、共同分享改革成果。

一、进一步理顺财税体制,切实提高调控经济、改善民生能力

无论是哪一种类型的国家,都必须汲取财政资源并按一定的方式进行支出。财政制度代表着国家的治理方式。因此,在国家经济社会转型过程中,往往是从财政领域的改革开始的[1]。目前,我国调整经济结构、转变增长方式已经进入攻坚阶段,要求财税体制改革在关键领域实现突破,加强供给端的结构性政策[2],联动通盘的配套改革,激发千千万万市场主体的创业创新活力,缓解资源环境矛盾约束,进一步打开我国经济增长、民生改善的可持续发展的潜力空间,释放"改革红利"。

1. 健全中央和地方财力与事权相匹配的财税体制[3]

——合理界定中央与地方的事权和支出责任

在合理划分政府职能范围和简化政府层级的基础上,遵循受益范围、成本效率、基层优先等原则,明确划分中央与地方以及各级地方政府之间事权与支出责任。力争在义务教育、公共卫生、社会保障等基本公共服务领域支出责任划分方面首先取得进展。继续收缩生产建设职能,地方政府应逐步退出一般竞争性的投资领域,而中央政府可有限介入竞争性领域,即一些长周期、跨地区、特大型的对于生产力布局优化、产业结构升级和长远发展有战略性意义的重大项目。

---

[1] 参见王绍光、马骏《走向"预算国家"——财政转型与国家建设》,载《公共行政评论》2008年第1期。
[2] 参见贾康、徐林、李万寿、姚余栋、黄剑辉、刘培林、李宏瑾《中国需要构建和发展以改革为核心的新供给经济学》,载《财政研究》2013年第1期。
[3] 参见谢旭人《解读十八大报告:完善公共财政体系》,载《经济日报》2012年11月21日。

——进一步理顺政府间收入划分

结合税制改革,按照税种属性和经济效率等基本原则,合理划分税基,进一步理顺政府间收入划分,促进财力与事权相匹配,充分发挥中央和地方两个积极性。通过地方税体系建设和地方阳光融资体系构建,破解地方政府"土地财政"依赖。

——优化转移支付结构

构建合理有力的中央、省两级自上而下的转移支付以及辅助性的横向转移支付。发展横向的生态补偿式的转移支付,规范发展对口支援的横向转移支付,纳入预算法治覆盖面。要科学设置、合理搭配一般性转移支付和专项转移支付,增加一般性转移支付规模和比例,完善中央对地方均衡性转移支付增长机制。属于地方政府事务,其自有收入不能满足支出需求的,中央财政原则上通过一般性转移支付给予补助;属于中央委托事务,中央财政安排专项转移支付;属于中央地方共同事务和支出责任的支出,明确各自的负担比例。

——推进省以下财政体制改革

规范省以下财政收入和政府支出责任划分,将部分适合更高一级政府承担的事权和支出责任上移,强化省级政府在义务教育、医疗卫生、社会保障等基本公共服务领域的支出责任,提高民生支出保障程度,促进省内地区间基本公共服务均等化。

积极推进省直管县财政管理方式改革。按照"一级政权、一级事权、一级财权、一级税基、一级预算、一级产权、一级举债权"的原则,力求实现省以下财政层级的减少即扁平化,通过推行省直管县、乡财县管与乡镇综合改革等措施,形成中央、省、市县的三级财政架构。全面建立起县级基本财力保障机制,进一步增强县乡政府提供基本公共服务能力。

2. 推动价、税、财联动改革[①],适应经济社会转型需求

目前,在我国一般商品价格已由市场决定的情况下,资源产品价格、不动产

[①] 参见贾康《新一轮价税财配套改革将打开发展的潜力空间》,载《中国经济导报》2013年1月12日。

价格等方面仍然存在着严重的比价关系不顺、价格形成机制扭曲问题，影响资源配置的效率。比价问题与税制改革滞后、基层财政困难等因素交织，愈益形成社会再生产环节的瓶颈，造成社会总产品分配的不合理，势必要求形成价、税、财等通盘协调配套的新一轮改革，重点在结合结构性减税与增税措施，将"营改增"、资源税、房产税纳入财税改革的通盘设计。

——结构性减税与"营业税改增值税"改革

结构性减税是下一阶段宏观调控和财税政策的重点和亮点，是激发市场主体活力，以经济杠杆引导结构优化和方式转变的重要改革措施①。在一系列结构性减税措施中，"营业税改增值税"② 改革排在首位。增值税和营业税是国家最为重要的两个流转税税种，在我们现行的税制中，最突出的一个结构性问题就是重复征税。"营改增"就是要通过扩围，逐步实现全行业的"环环征收但层层抵扣"，形成一个完整的增值税环境，理顺抵扣链条，真正做到全覆盖、全链条、全抵扣。通过"营改增"改革，能避免重复征税、降低整体税负，具有明显减税效应；同时，它又能有效促进中小微企业、产业创新、服务业等领域的发展，进而对推动产业结构优化和提振消费、提升经济增长质量产生深远影响。

——结构性增税与资源税、房产税改革

资源税改革的核心是将资源税应纳税额，从过去的"从量计征"改为"从价计征"③，扩大资源税征收范围，更多体现资源稀缺性，更多反映资源市场信号，更多照顾资源产地民生，从而建立起资源价、税、财联动的体系。这意味着巨额的资源收益将在中央和地方、资源企业和资源产地之间被重新分配。从短期来看，资源税改革可以为资源富集但工商业不发达的地区提供大宗稳定的收入来源，用

---

① 刘小兵、刘博敏，《以民生财政为导向的结构性减税政策研究》，载《地方财政研究》2013年第2期。
② "营改增"实际上是继增值税改革逐步完善后，进入收尾阶段的重要改革。增值税改革的逐步完善，先是从生产型增值税向消费型增值税的转型，现在将征税范围扩大到营业税征税行业，随着行业的不断扩大，最终覆盖生产和服务的全部环节，重复征税的税制安排将成为历史。所以说，"营改增"是财税改革的重要一步。（楼继伟、王军，《"营改增"提速财税改革》，载中国政府网2013年4月17日。）
③ "资源税的应纳税额，按照从价定率或者从量定额的办法，分别以应税产品的销售额乘以纳税人具体适用的比例税率或者以应税产品的销售数量乘以纳税人具体适用的定额税率计算。"——《国务院关于修改〈中华人民共和国资源税暂行条例〉的决定》，2011年11月1日开始执行。

于改善民生、保护环境。以新疆先行先试为例，仅新疆已推行的原油和天然气两项资源税改革，每年就可为新疆地方政府增收40亿~50亿元。从长期来看，资源税改革将为中国在市场经济条件下，在可持续发展、节能降耗方面建立长期有效的经济杠杆，提供以法律为背景的，以经济内在利益为驱动的调节机制，促使整个产业链从资源环节开始，所有主体千方百计在经济压力之下节能降耗，千方百计开发有利于节能降耗的工艺、技术和产品①。

房产税改革的着力点在于构建不动产保有环节的税收。下一步，与地方税体系框架建设配套，进一步探索房产税改革试点②方式，扩大试点范围，将有利于形成优化再分配、调节房地产市场、建立地方支柱财源、引导地方政府改善人居环境的房产价、税、财联动效应。

资源税、房产税改革，将为省以下层级贯彻分税制，建立地方长期、稳定的税源，提供两个支柱性的税源。而地方税源的建设，联动新一轮价、税、财相匹配的配套改革，与层级简化、事权明晰、职能转变等改革措施相结合，再扩展到市场经济体制的整体改革和配套措施，将逐步构成破解目前地方政府财政困难、投资冲动、"土地财政"等难题的路径，激励地方政府更多地关注民生、保护环境和推动经济增长方式的转变。

——增减结合的个人所得税改革

我国现行税制体系中，直接税占比低而间接税占比高。个人所得税不是当前我国税收收入的主要来源③。因此，个人所得税的增减本身并不对税收收入规模产生较大影响，主要是发挥居民收入再分配的作用。个人所得税改革，主要是从

---

① 参见贾康、刘军民、张鹏、刘微《中国财税体制改革的战略取向：2010—2020》，载《改革》2010年第1期。
② 房产税是向产权所有人征收的一种财产税。现行的房产税是第二步利改税以后开征的，1986年9月15日，国务院正式发布了《中华人民共和国房产税暂行条例》，从当年10月1日开始实施。2011年1月27日，上海重庆宣布次日开始试点房产税，上海征收对象为本市居民新购房但属于第二套及以上住房和非本市居民新购房，税率暂定0.6%；重庆征收对象是独栋别墅高档公寓，以及无工作户口无投资人员所购二套房，税率为0.5%~1.2%。
③ 2012年，我国财政收入中个人所得税5820亿元，仅占财政收入5%。（《2012年财政收支情况》，财政部网站）

目前的分类所得税制①，向"综合与分类相结合"的方向转变，除少许的特殊收入项目外，其余的所有来源、所有项目的收入都须在加总求和的基础上，一并计税，以真实反映个人综合收入差距。之后，在计算纳税人综合收入的同时，可根据其赡养人口不同、居住区域不同、身体状况不同而形成的负担差异，进行据实核算、相应扣除并再予征税，真正发挥其调节收入分配的作用。在此基础上，打造现代税制的直接税制度，是我国促进社会和谐、共富的重要改革内容之一。

3. 推进预算管理的科学化、法治化、民主化、精细化

预算管理的核心是预算权的配置和财力的分配问题，不仅涉及公共权力主体与人民的关系，而且涉及各级政府之间、政府各级各部门之间的权责关系。随着我国经济社会的发展和财政规模的扩大，如何对财力分配和政策安排做出合理的决策，如何与以分税制为基础的分级财政体制配合，形成与社会主义市场经济运行相契合的财政体制框架，释放经济活力，调动广大地方和人民的积极性，越来越不能仅依靠个别官员和部门的决定，必须越来越多地依靠法治化的程序、规范的公共选择机制来形成决策方案，体现决策的法治化、民主化，以制度形式来实现管理的科学化、精细化，追求和贯彻公共财政的社会公共目标。

一方面，要依靠一系列的具体管理办法和技术的创新，形成看起来各方面都难以拒绝，但又客观上要求在制度层面上促使政府理财和公共资源配置走向透明化、严密化、规范化、法治化、民主化的渐进式改革格局。一是要进一步做好政府收支分类和相应的预算科目的设置等基础性工作②。建立完善与目前推行的编制部门预算、政府采购制度、国库集中支付制度和"收支两条线"管理等领域改革相配套的，与国际经验和我国国情相适应的，满足财政管理和监督需要的收支

---

① 个人所得税名义上是一个税种，实质上分作11个征税项目——工资薪金所得、个体工商户生产经营所得、企事业单位承包（承租）经营所得、劳务报酬所得、稿酬所得、特许权使用费所得、利息（股息、红利）所得、财产租赁所得、财产转让所得、偶然所得和其他所得。对上述不同项目采取的是不同的计征办法，适用的是不同的税率表格。这样的税制安排，其优点是便于征管，可以从源征税、代扣代缴；其缺陷是不利于调节居民收入分配差距。（高培勇，《理性看待个人所得税改革》，载《光明日报》2011年5月24日。）

② 楼继伟，《确保政府收支分类改革顺利推进》，载《中国财政》2006年第4期。

分类和预算科目设置。二是形成以公共收支预算、国有经营性资本预算、社会保障预算、政府基金预算等复式预算形式的预算体系,让一般的公共收支、经营性的国有资产(资本)、社会保障收支、政府基金收支等能够相对独立地各行其道,在预算上做出相对独立的反映和管理,同时在公共财政框架下,通过预算体系内部的协调配套相互衔接。三是要借助现代信息网络技术,实现运行环节的透明化和多人监督,自然而然地形成权力制约,推动管理创新乃至制度创新①。

另一方面,要积极回应社会各界和广大人民群众表达民意、参与公共决策、监督公共事务的要求,探索公共"参与式预算"在公共资源配置领域中的应用。借鉴美国进步时代的经验,在推进"政务公开"、召开公共事务决策事项的听证会、引导社会监督等方面做更多的试验和创新,逐步构建科学、规范的公共选择机制。通过上下两方面努力的互动和贯通,在政府理财透明化、法治化、民主化的动态过程中,化解既得利益阻碍,实质性地推行市场经济所要求的配套改革。②

二、进一步优化公共财政支出,加快实现基本公共服务均等化③

满足社会公共需要,提供公共产品,推进基本公共服务均等化,是公共财政最基本的定位,也是我国政府职能转变的方向。改善民生,与我国经济发展水平息息相关,又内生地相联于矛盾化解与转轨变型问题,必须把握好短期利益和长期利益、局部利益与全局利益,有效控制风险,避免"福利陷阱",在处理好公共支出规模、税负水平、地方政府债务水平的关系基础上,优化公共支出结构,提高公共资源配置效率,提高公共服务水平,从供给端入手加强制度创新,在改善民生的主要领域取得进一步的突破。④

---

① 贾康,《"十二五"时期中国的公共财政制度改革》,载《财政研究》2011年第7期。
② 参见王绍光《美国进步时代的启示》,中国财政经济出版社2002年版。
③ 参见贾康《惠民生:纲在何处》,载《人民论坛》2011年第3期;高培勇主编《财政与民生》,中国财政经济出版社2008年版。
④ 参见贾康《惠民生:纲在何处》,载《人民论坛》2011年第3期。

——学有所教,促进教育发展

在扩大教育财政支出,完善统一教育支出管理口径,健全教育投入追踪问责机制的基础上,一方面要实现基本教育公共服务均等化,合理配置教育资源,重点向农村、边远、贫困、民族地区倾斜,支持特殊教育、民族教育、民办教育,扶持困难群体,提高家庭经济困难学生资助水平,积极推动农民工子女平等接受教育[1];另一方面,要注重发挥财政政策对教育的导向性和示范性,以财政投入为经济杠杆,构建鼓励国民教育投入的税制体系,引导多元资金投入教育事业,引导社会力量进入高等职业教育和培训领域,促进产学研合作。

——劳有所得,促进就业

就业机会是社会最重要的公共需要之一,也具有公共物品的基本特征和要求,是各国财政政策和国家职能的重要出发点。促进就业的财政政策,从整个国民经济发展视野来看,是要密切联系我国城镇化进程,关注供需结构变化、经济周期变化和转型发展要求,以一系列的投资、产业引导、市场建设等方面的综合配套措施,形成人口集聚、就业增长、效益提高、生态改善的健康发展格局;从具体政策措施来看,要综合运用财政补贴、奖励、担保等财税金融工具,促进国有经济与民营经济相辅相成共同发展,鼓励全民创业,为第三产业、中小企业发展创造更广阔的空间,加强职业教育和再就业培训,充分激发全社会的创造活力。

——病有所医,推进医疗改革

基本医疗卫生公共服务的全民化、均等化是重要的公共产品,具有很强的正外部效应,对于维护社会稳定、促进社会和谐有重要的作用,而市场又不能有效提供,政府理应成为主要提供者。一是改变目前"看病贵、看病难"的问题,关键要发挥政府在医疗卫生领域的筹资、保障和主导作用。二是要重视激励与竞争作用,建立政府主导的多元化卫生投入机制。三是要大力推进医疗卫生体制机制改革,包括推进政事分开、管办分开、医药分开、营利性与非营利性分开,完善

---

[1] 袁连生,《中国教育财政体制的特征与评价》,载《北京师范大学学报》2011年第5期。

医疗机构法人治理结构，推进人事制度和收入分配制度改革，健全和规范财务收支管理办法等。

——老有所养，应对老年社会

基本养老保险属于准公共产品，政府具有组织、管理的责任，要求企业和个人缴费，应坚持权利与义务相统一的原则。我国长期实行的养老保险体制，是以国家财政为最后保障的现收现付制，不利于调动企业和个人积累的积极性；但是，从现收现付制向基金积累制或部分基金积累制过渡，无论对哪个国家来说，都将产生巨额的转型成本，可能形成大量的隐形债务[1]。随着我国人口老龄化趋势的发展，养老相关领域的投入需求会急剧增加，因此，应统筹考虑基本养老公共服务的供给，避免不切实际地扩大养老保障覆盖面，逐步建立适应市场经济的公平、统一的城镇基本养老保险制度，主要包括：一是建立行政事业单位统一的基本养老保险制度，按照"社会统筹和个人账户相结合"模式改革，逐步过渡到统一的城镇职工基本养老保险制度；二是对农民和城市居民个人缴费和财政补贴形成的个人账户部分，要逐步提高缴费标准和补贴力度，以增加个人账户的积累规模；三是切实推进农民工的基本养老保险制度，对长期居留城市的农民工应视同城镇企业职工，参加城镇企业职工基本养老保险；四是建立完善基本养老保险基金投资运营机制，解决基金的保值增值问题；五是根据"分散风险、分步补偿"的原则建立基本养老保险隐性债务弥补机制；六是发挥社会力量在养老保障中的作用，建立补充养老保险制度；七是选择适当时机实现城镇基本养老保险制度的并轨和统一，解决养老保险在城镇的统一和公平问题。[2]

——住有所居，加强住房保障

党的十八大报告明确提出，"建立市场配置和政府保障相结合的住房制度"。随着我国工业化、城镇化的快速推进，与住房相关的各种矛盾和问题日益凸显，

---

[1] 世界银行研究表明，养老保险债务是各国养老保险制度改革过程中存在的普遍现象，多数国家的养老保险隐形债务相当于国内生产总值的 100%~200% 之间（参见高培勇主编《财政与民生》，中国财政经济出版社 2008 年版）。
[2] 参见杨良初《对当前我国养老保险制度改革的看法与建议》，载人民网理论频道 2013 年 6 月 19 日。

住房问题成为标志性的重大民生问题。解决住房问题，迫切需要推进住房制度改革，完善住房保障制度。一是要进一步加强住房保障制度的顶层设计，科学界定政府住房保障范围，统筹城乡规划，探索建立住房合作社等多渠道、多形式住房供应模式，实现商品住房与保障住房良性互动、健康发展；二是完善住房保障政策体系，以公共租赁住房为主逐步简化保障房品种，将带有产权的经济适用房和限价商品房逐步推向市场，厘清居住权与产权、投资权的关系；三是推进保障房供应及管理的多元化，合理区分"补砖头"和"补人头"的适用情况，形成"市场建房、政府补贴、居民租房、社会管理"的住房保障模式；四是将住房保障纳入法制化管理轨道，为住房保障长期稳定健康发展提供法律保障。①

三、以财税体制改革为突破口和主线索推动全面改革

自 1978 年以来的 30 多年间，财税体制改革一直是我国整体改革的突破口和主线索。1978 年，正是通过财税上的"放权让利"并以此铺路搭桥，才换取了各项改革举措的顺利出台和整体改革的平稳推进；1992 年开启的社会主义市场经济体制的改革，正是因为推动了以"制度创新"为特点的 1994 年财税体制改革，才有了后来的社会主义市场经济体制的全面建立和日趋完善。

面对当前中国经济社会发展中的诸多难题，渐进式改革已经进入"牵一发而动全身"的胶着状态，帕累托改进式的改革空间几乎已经用尽，任何一项改革措施，都必然碰到触动既得利益的敏感问题和困难问题。美国"进步时代"的启示提醒我们：存在不以正面的政治性激进方式为主，却可以实质性深化社会变革的空间。当年的美国，并没有从政治层面的激进改革入手，而是采取了各方都很难拒绝的技术性、程序性改进的变革。这一时期，变化更多的是进步而非变革，所有的进步并没有统一方案，而是冲突和妥协的产物，经几十年间的演变而大体形成了现代意义的税收制度、预算制度、公共意愿表达的制度（如舆论监督）和法

---

① 王保安，《走中国特色住房保障道路》，载《人民日报》2013 年 4 月 17 日。

律体系,有力支撑了其后美国的崛起。①

随着我国财税体制改革的推进,目前制约我国经济社会发展的瓶颈和焦点环节有望逐步松动和化解②。一是要通过财税体制改革,调整公共权力配置资源的方式,理顺政府与市场的关系、中央与地方的关系,调动各级政府和市场主体的改革积极性、主动性,进而促进转型发展,带动全面改革。二是在公共财政理念下,推进财税管理制度改革,加强财政系统的科学化、精细化管理,深化综合预算、国库集中收付收支两条线管理、政府采购制度、税费改革等一系列看起来各方都难以拒绝的管理创新措施,倒逼政府职能转变,避免与各级政府和各部门之间的正面利益触动,减小改革阻力,而这些措施又客观地要求在制度层面上促使政府理财和公共资源配置中的决策与监督走向透明化、严密化、规范化、法治化、民主化。三是为改革提供创新空间,把握好制度创新、管理创新和技术创新这三个层次创新的互动关系,为中国的渐进式改革提供继续深化的空间③。由此激发的社会各界参与改革、平等创造、公平分配、共同发展的氛围,将成为进一步推动整体改革的蓬勃力量。

---

① 参见普莱斯・费希拜克等《美国经济史新论》,中信出版社 2013 年版。
② 参见高培勇《以财税体制改革为突破口,推动全面改革》,载《中国税务报》2012 年 12 月 21 日。
③ 参见贾康《推进财政改革 打开第三次全局改革新空间》,载证券时报网 2012 年 12 月 24 日。

第九章 完善市场体系

改革开放30多年来，正是在市场取向的改革道路上，中国实现了国民经济的大发展、人民生活的大改善。可以说，建立完善的市场体系是民生经济的基础和前提。

《中共中央关于全面深化改革若干重大问题的决定》指出："公有制为主体、多种所有制经济共同发展的基本经济制度，是中国特色社会主义制度的重要支柱，也是社会主义市场经济体制的根基。公有制经济和非公有制经济都是社会主义市场经济的重要组成部分，都是我国经济社会发展的重要基础。必须毫不动摇巩固和发展公有制经济，坚持公有制主体地位，发挥国有经济主导作用，不断增强国有经济活力、控制力、影响力。必须毫不动摇鼓励、支持、引导非公有制经济发展，激发非公有制经济活力和创造力。要完善产权保护制度，积极发展混合所有制经济，推动国有企业完善现代企业制度，支持非公有制经济健康发展。"今天，非公有制经济已经成为我国国民经济最具活力的部分之一，它不仅对发展社会生产力，满足人民多样化需要，促进国民经济发展发挥着日益重要的作用，而且吸纳了就业人口，为维护社会稳定做出了突出贡献。非公有制经济的出现和发展，适应了中国现阶段生产力发展水平，是党的改革开放政策的产物。本章将全面回顾我国市场结构建立和完善的发展过程，深入分析市场体系现存的突出问题，并提出相应政策建议。

第一节　我国市场结构的建立历程

一、土地改革与非公有制经济的建立

1. 改革开放前的土地政策

土地是国家最重要的资源之一。1950年夏，中央人民政府颁布《中华人民共和国土地改革法》，规定土地改革的方针：废除封建剥削的土地所有制，实行农民的土地所有制。在对待富农政策的问题上，为了减少土地改革运动的阻力和发展农业生产，采取了保存富农经济和政治上孤立富农的政策。到1952年年底，全国基本上完成了土地改革（除部分少数民族地区外）。通过土改，获得经济利益的农民占农业人口的60%~70%，农民的生产积极性空前高涨。

之后，我国开始进行社会主义革命，并探索社会主义建设道路。1953—1955年的合作化初期阶段，我国决定走农业生产互助合作道路，实行的是社员土地政策。随着农业生产互助合作运动的展开，各地普遍试办实行土地入股、统一经营并有较多公共财产的初级农业生产合作社。

1958年春，毛泽东同志提出小社并大社的建议，以促进大规模经营，实现共同发展。随后，中央政治局扩大会议通过了《关于农村建立人民公社的决议》，在并社过程中自留地、零星果树等都将逐步"自然地变为公有"。到1959—1982年的人民公社时期，以队为基础的三级所有制得到普遍实行。

2. 改革开放后的土地政策及非公有制经济的发展

1982年，我国第四部宪法得到全国人大通过并公布施行，其规定"农村和城市郊区的土地，除由法律规定属于国家所有的以外，属于集体所有；宅基地和自留地、自留山，也属于集体所有"。1983年中共中央发出了《关于印发农村经济政策的若干问题的通知》，农村普遍推行家庭联产承包责任制，土地的所有权与使用权自此分离。

家庭联产承包责任制确立了土地集体所有制基础上以户为单位的家庭承包经营的新型农业耕作模式。这一政策的落实，在很长一段时间里调动了农民的积极性，促进了农业生产的发展。因为农户在承包期内可依法、自愿、有偿流转土地承包经营权，完善流转办法，逐步发展适度规模经营。

家庭联产承包责任制的确立，是尊重市场经济规律的措施。通过允许土地流转，原本被束缚在土地上的劳动力得到极大的解放，为第二产业、第三产业提供了大量的廉价劳动力，推动了经济体制的市场化改革。土地的供需、劳动力的供需以至于其他生产力要素的供需，逐步由计划体制下的相对固定转向了市场指导下的灵活调节，促进了资源配置效率的提高。

农村非公有制经济的发展，对促进农村乡镇企业发展、增加农村劳动力就业岗位、增加农民收入关系重大。由于国家政策的鼓励，非公经济得到了较快的发展，主要是个体经济、乡镇企业和外资企业。改革开放初期，首先出现了农村集贸市场的繁荣和城镇个体经济的发展。1979年4月，中央会议提出恢复农村集市贸易，发展农村副业和多种经营；之后更相继出台了鼓励、扶持城乡个体经济的政策。20世纪80年代初期，我国城乡个体经济取得飞速发展。从1981—1984年，全国城乡个体户从182.9万户增长至930.4万户，人数从227.4万人增长至1303.1万人；其中，农村个体户的比重不断增加，占近4/5。[①] 作为自主经营、自负盈亏的个体工商户，为我国市场经济体系的建立做出了贡献。乡镇企业是指以农村集体经济组织或者农民投资为主，在乡镇（包括所辖村）举办的承担支援农业义务的各类企业。[②] 乡镇企业的萌芽是社队企业，随着1984年中央4号文件的出台，乡镇企业得到空前的发展。在15年间，乡镇企业总产值由493亿元增长至17584亿元，增长近36倍，最高年增长率达到70%；利税总额由110亿元增长

---

① 王克忠，《非公有制经济论》，上海人民出版社2006年版，第13页。
② 《中华人民共和国乡镇企业法》，来源：人民网法律法规库。http://www.people.com.cn/item/flfgk/rdlf/1996/11601199603.html。

至1743亿元，增长近16倍，最高年增长率达到近60%。① 乡镇企业作为独立核算、自主经营、自负盈亏、自担风险的独立生产者出现在市场上，扩大了市场竞争，缓解了我国市场供应不足的问题。同时，由于我国开放程度不断加深，外资企业也不断发展。总之，由于农村土地制度的改革和非公经济的发展，初步培育了市场竞争的主体，为我国市场体系的建设创造了条件。

改革开放30年，农村土地制度的改革，突破了人民公社体制，实行了家庭联产承包责任制，建立统分结合的双层经营体制，突破了农村单一的集体经济所有制结构，形成了以集体经济、合作经济为主与多种所有制经济共同发展的格局，在农村的乡镇发展个体、私营经济和中小企业，乡镇发展集体经济、合作经济，对繁荣农村经济、增加农村劳动力就业岗位和提高农民收入发挥了重要作用。这反映了我国社会主义初级阶段农村生产关系适应生产力发展的客观要求，也反映了农村的所有制结构，公有制经济和非公有制经济在发展经济方面具有统一性，是社会经济发展规律的必然反映。

相较于农村土地改革的复杂性，城市土地政策的变动比较简明。"文革"之前，城市郊区的土地被收归国有（除少数例外情况），但城市土地的私人所有制度并未受到政策的触动。"文革"期间，城市土地实现了无条件国有化，这一事实后来得到1982年宪法的进一步确认。

改革开放前，中国城镇国有土地实行的是单一行政划拨制度，国家将土地使用权无偿、无限期提供给用地者，土地使用权不能在土地使用者之间流转。1988年，国务院决定在全国城镇普遍实行收取土地使用费（税）。与此同时开始试行土地使用权有偿转让，定期出让土地使用权。

1998年，《国务院关于进一步深化城镇住房制度改革加快住房建设的通知》文件出台，决定自当年起停止住房实物分配，建立住房分配货币化，住房供给商品化、社会化的住房新体制。这一文件标志着房地产业真正步入了市场，一批民营房地产商崛起，并衍生出极富生命力的中介服务。土地作为一种缺乏供给弹性

---

① 张皓若，《辉煌的历程——中国改革开放二十年》，中国商业出版社1998年版，第239页。

的商品，在房地产市场上的需求一夜陡增，其价格也相应地飙升，此后产生了一系列问题。

1978年12月中共十一届三中全会后，非公有制经济开始得到恢复和发展。1993年3月，国家工商行政管理总局发布《关于促进个体私营经济发展的若干意见》，为个体经济、私营经济的发展创造了良好的外部环境。1994年年初，人事部等专门为非公有制企业专业技术人员职称评定问题发文做了具体规定，还相继出台金融、投资、计划、外汇等五个方面的改革举措，促进个体经济和私营经济发展。党的十六大明确提出，"毫不动摇地巩固和发展公有制经济，毫不动摇地鼓励、支持和引导非公有制经济发展"。党的十六届三中全会提出消除体制性障碍、放宽非公有制经济的市场准入。党的十六届四中全会提出把坚持公有制为主体、促进非公有制经济发展，统一于社会主义现代化建设的进程中，在市场竞争中相互促进、共同发展。2005年1月发布《国务院关于鼓励支持和引导个体私营等非公有制经济发展的若干意见》，文件强调了个体经济和私营等非公有制经济的平等市场主体和公平竞争的地位，从七个方面放宽市场准入，加大和完善对个体私营等非公有制经济的支持和服务，引导非公有制企业提高自身素质，明确和规范了政府行为。

在改革开放的总方针指引下，我国非公有制经济从无到有，从少到多，从小到大，不断发展。1978年，全国城镇个体工商户只有14万人。从1992年至2002年，全国个体工商户户数由1543万户发展到2378万户，资金数额由601亿元增加到3782亿元，从业人员由2468万人增加到4743万人。到了2007年，全国共有私营企业551万户，个体工商户2741.5万户，私营企业占全国企业总数的61%，成为数量最多的企业群体；私营企业注册资本93873亿元，比2002年增加69117亿元，增长279%；个体工商户资金数额为7350.7亿元，比2002年增加3568.7亿元，增长94%；规模以上私营工业企业利润从2002年的490亿元增加到2007年的4000亿元，五年增长7倍，年均增长52%。由此可见，各种所有制经济平等竞争、相互促进的新格局正在形成，非公有制经济发展进入历史新阶段。

二、国有企业的改革

我国国有企业改革的进程可分为两个主要阶段。

第一阶段为1979—1992年，改革的主要内容是政府向企业放权让利，扩大企业自主权和市场调节的范围。在这一阶段中，尽管仍然坚持计划经济为主、市场调节为辅的前提，但是针对国有企业的放权让利、承包制的改革，以及对民营经济特别是乡镇企业发展的鼓励政策，有效地培育了一部分市场主体，扩大了市场调节的范围，为我国社会主义市场经济体系的建立创造了条件。

第二阶段从1992年开始，改革的主要内容是调整国有企业的结构和布局，以及建立现代企业制度。在这一阶段中，在党的十四届三中全会通过《关于建立社会主义市场经济体制若干问题的决定》后，先后进行了"抓大放小"、股份制等重大改革措施，促进了市场经济的微观基础企业的发展；国企改制造成的大量下岗，也直接推动了收入分配改革与社会保障体系的建设，为市场经济体系提供了保障。

1. 国有经济的初步改革

党的十一届三中全会后，国有企业改革进入起步阶段。在维持计划经济基本框架的前提下，改革多方面调整国家与企业之间的关系，扩大企业自主权，赋予国有企业更多的财力和经营管理权限。在这一时期，我国先后实行了利润留成制度、多种形式的"经济责任制"、利改税的国有企业改革措施。1986年，国务院提出"推行多种形式的承包经营责任制，给企业经营者以充分经营的自主权"[①]。1987年年初，我国面临着较为严峻的经济形势，开始全面推行企业承包经营责任制，更进一步转化企业经营机制。1988年，国务院颁布《全民所有制工业企业承包经营责任制暂行条例》，规定承包制的具体内容是"包上交国家利润，包完成技术改造任务，实行工资总额与经济效益挂钩"，确定了"包死基数、确保上交、

---

① 傅廷斌，《中国国有企业改革的路径选择》，中国计划出版社1999年版，第26页。

超收多留、欠收自补"的原则。① 1992 年,国务院颁布《全民所有制工业企业转换经营条例》,确定国有企业享有 14 条经营权。不断深入的,针对国有企业的放权让利、承包制的改革,明确了国家和企业的责任权利,正确划分了二者的关系;有利于两权分离,加强企业经营权,使其成为商品生产者;引入了竞争机制。

2. 调整国有企业结构和布局与股份制改革

1993 年党的十四届三中全会在《关于建立社会主义市场经济体制若干问题的决定》中提出建立现代企业制度,为社会主义市场体系建立微观基础。1997 年,党的十五大明确提出了发展股份制的要求,从而开始对国有企业普遍进行股份化、公司制改造。2000—2005 年,全国股份制企业从 7.2 万家增加至 20 万家,从业人员从 643.7 万人增加到 2746.6 万人,全年营业收入从 8311 亿元增加到 56733 亿元。股份制改造加快了现代企业制度的建设,培育了市场经济体系的微观基础。

1999 年,党的十五届四中全会《关于国有企业改革与发展重大问题的决定》提出加快国有经济布局和结构的战略性调整,而基本原则是"抓大放小""有进有退"。"抓大"就是立足于国民经济的命脉,以资本为纽带通过市场形成有较强竞争力的国有大企业集团,提高国有经济的质量和控制力,带动产业结构升级,形成新的经济增长点;"放小"是采取改组、联合、兼并、租赁、承包经营和股份合作制、出售等形式,让小企业在市场中谋求发展。具体说来,"抓大"是重点抓好 1000 户国务院确定的国有大中型骨干企业和企业集团;"放小"是将中小型国有企业改革为非国有经济。国有经济布局和结构的调整,为民营经济的发展提供了空间,也提高了国有经济的质量。国有经济布局和结构的调整提高了国有经济的质量,使其净盈利额增加,也促进了民营经济的增长。从 1978 年至国企改制前的 1999 年,国有独立核算工业企业的净利润额长期维持在 1000 亿元以下,且在 20 世纪 90 年代后期呈下降趋势。而国企改制后,净利润额在 2000 年达到 1776.16 亿元,在 2001 年达到 1641.7 亿元。② 与此同时,民营经济的企业数、从

---

① 吕政、黄速建,《中国国有企业改革 30 年研究》,经济管理出版社 2008 年版,第 54 页。
② 李晓西主编,《中国经济改革 30 年——市场化进程》,重庆大学出版社 2008 年版,第 149—150 页。

业人数、注册资本总额均不断增长。① 同时,"抓大放小"也导致了部分国企职工开始下岗,在 2000 年前后下岗人数达到顶峰,近 650 万人。② 下岗职工对我国的就业体系、社会保障体系提出挑战,促进了劳动力市场的发展。

股份制改革和国有企业结构、布局的调整一方面使得国有经济在竞争领域退出,为非国有经济的发展提供了空间,扩大了市场竞争;另一方面规范了企业制度,建设市场经济的微观基础。同时,大量的下岗职工也直接推动了收入分配改革与社会保障体系的建设,为市场经济体系提供了保障。这些都极大推动了我国市场经济体系的建设和完善。

三、价格体系的理顺

价格是构成市场经济的最重要因素,它综合反映各种错综复杂的经济关系。价格机制是市场机制的重要组成部分,在经济运行中发挥多种功能,它传递信息,调节供求,决定收入分配,对生产者和消费者的经济行为进行利益导向,使市场经济系统在波动中不断循环。建立社会主义市场经济体制、发展社会主义市场经济,必须要理顺价格体系。新中国成立以来,价格体系的发展和演变与经济体制的发展和演变息息相关,经历了国家计划价格体系—市场价格体系—宏观调控下的市场价格体系的发展过程。

1. 从计划价格体系到价格双轨制

1979 年之前,物价由政府"一价定终身",价格只是个核算符号,不反映供求关系和产品价值。大到家电小到油盐,都须凭票购买。随着市场经济制度的逐步引入,计划价格与市场经济的不兼容开始显现。表现最突出的就是由于能源、原材料等基础工业品价格太低,加工工业品价格太高,二者之间的利润差越来越大,使得基础工业越来越跟不上加工工业的发展。从 20 世纪 80 年代初开始,主

---

① 张厚义、明立志,《中国私营企业发展报告(1978—1998)》,社会科学文献出版社 1999 年版。
② 李晓西,《宏观经济学》,中国人民大学出版社 2005 年版,第 503 页。

管基础工业的部门逐渐放松了对原有计划配额制的严格管理，既给企业"计划内指标"，又有少量"计划外指标"。企业按计划外指标生产的产品，就可以不按照计划价格由指定企业收购，而可以自由销售。1984年9月，在浙江莫干山召开了首届全国中青年经济科学工作者讨论会，正是在这次名动一时的"莫干山会议"上，价格双轨制正式作为一项经济政策诞生。

价格双轨制作为中国特殊国情下的独特产物，也有着自身的问题。双轨并行使得投机者得以在两轨之间找到谋利的机会，由于市场轨的物资供应有限，层出不穷的转手倒卖现象使得物资的市场价格不断升高。倒卖的丰厚利润吸引大量的生产者投身其中，导致各类产品出现供应短缺，价格更进一步上涨。此外，计划轨的物资又因为官商勾结等不法行为，而出现了以计划价买入计划内物资，再以市场价出手到市场的"官倒"现象。同样是一吨石油，计划内的价格是100元，计划外的价格是644元，"倒"出来的利润相当可观。

2. 从价格双轨制到市场价格体系

1988年5月19日，邓小平同志在接见朝鲜代表团时明确提出："理顺物价，改革才能加快步伐。"中央政治局在当年5月先后召开两次会议，形成的共识是"长痛不如短痛"，有风险也要闯一闯。会议放出了进行价格和工资制度改革的风声。1988年新春伊始，各种涨价的小道消息便在坊间流传，各种商品的价格也在悄悄地陆续上扬，民众的心理就已经开始发生了波动。1988年3月，国家即将对一些主要农副产品零售价格进行调整的消息传出，从而刮起1988年的第一波抢购狂潮。到了5月，国家决定放开四种主要副食品的零售价格，果然证实了此前坊间的流言。5月开始，全国中心城市的猪肉和其他肉食价格以70%左右的幅度上涨，其他小商品迅速跟进。从8月中旬开始，各地先后出现抢购先兆，在上海，8月17、18日，抢购的迹象已渐明显，火柴、肥皂、洗衣粉、毛巾、被单、铝锅等成为热门货。

8月19日清晨，中央人民广播电台播发"价格闯关"的消息。价格飞速上涨，出现全国性抢购狂潮。据当时的报纸记载，"人们像昏了头一样，见东西就买，既抢购保值商品，也抢购基本消费品，连滞销的也不放过，电视机有图像就抱,电风扇能转就买,电冰箱有冷气就要。有的人,买了几十袋面粉,从商店抢购几百盒火柴,抢购的盐和酱油足够用几年的;有的人没有什么钱,抢购不起彩电冰箱,就抢购卫生纸、妇女用品等。柴米油盐等生活必需品,在当时成为最抢手的物品。后来很长一段时间,很多家都囤着点不太用得到的东西"。以上海为例,皮夹克、鸭绒被、驼毛被、羊毛毯、毛巾毯、毛线、床罩、棉毛衫裤、汗衫背心、洗衣机、吸尘器、油烟脱排机、高档录音机、录像机、金饰品等均在被抢购之列。上海华联商厦每两分钟即售出一台洗衣机,一天售出500台,8月27日这天现金销售达230万元,创历史最高纪录。8月28日,上海抢购狂潮进入最高潮,上海市政府不得不采取紧急措施,实行凭票供应食盐、凭票供应火柴、购买铝锅以旧换新或凭结婚证或户口申请购买。

抢购的另一个现象是,各地银行的储户们争相提取人民币现款,一时间银行告急。据国家统计局《1988年全国年度统计公报》显示,1988年我国社会商品零售总额7440亿元,比上年增长27.8%,其中电视机、录音机、电冰箱等耐用消费品增长高达20%至50%。1988年上半年,全国物价总指数在1987年已上涨7.3%的基础上,又连月大幅度上涨,7月份已达到19.3%,局面已经失控。在经历了1988年闯关引起的改革阵痛——抢购风潮后,价格闯关宣告失败。

关键时刻,邓小平敏锐地察觉到社会主义经济体制转型出现的问题,于1992年1月18日至2月21日亲自到武昌、深圳、珠海、上海等地视察,并进行了多次谈话,这些谈话内容被统称为"南方谈话"。邓小平南方谈话对社会主义市场经济体系的建设等一系列理论问题做了全面精辟的阐述,其主要内容是:计划和市场只是经济手段,而不是社会制度的根本标志,社会主义也可以有市场;要毫不动摇地坚持党的"一个中心、两个基本点"的基本路线,认清改革也是解放生产力;在坚持"三个有利于"标准的前提下,思想要更解放一点,改革开放的胆子更大一点,建设的步子更快一点,千万不可丧失发展经济的时机。这些论断使人们对社会主义的理解从传统观念的束缚中解放了出来,推动了我国改革开放和市场经济体系的发展走上一个新的台阶。南方谈话后,政治环境宽松了,产品的供求关系也宽松了,价格全面放开,初步建立了产品市场的市场经济体系。

1992年10月，中国共产党迎来第十四次全国代表大会。这次大会郑重地把邓小平建设有中国特色社会主义理论写进党章，确立为全党的根本指导方针。市场取向的改革也在这次大会上跨越了最后一道樊篱，建立社会主义市场经济体制这一改革目标被正式确立。大会提出了要建立社会主义市场经济体制，就是要使市场在社会主义国家宏观调控下对资源配置起基础性作用，使经济活动遵循价值规律的要求，适应供求关系的变化；通过价格杠杆和竞争机制的功能，把资源配置到效益较好的环节中去，并给企业以压力和动力，实现优胜劣汰；运用市场对各种经济信号反应比较灵敏的优点，促进生产和需求的及时协调。

进入21世纪以来，价格改革进入全面深化阶段，改革思路是让市场在资源配置中发挥基础性作用，竞争性产品的价格完全由市场形成，垄断行业产品的价格形成引入竞争机制。调整资源品与加工品的比价关系，进一步调整工农业产品的比价关系，调整公共产品和公共服务价格，调整劳动、资本、管理、技术之间的比价关系。以价格改革带动政府职能的转变，加强政府对价格的宏观调控，侧重在总量调节基础上有针对性进行结构调节，调节手段由直接调节转变为间接调节，扼制价格的过快上涨，保持经济的平稳较快增长。

首先，调整了资源类产品与加工产品、农产品与工业品之间的不合理比价关系，大幅度提高了资源产品和农产品的收购价格，并在资源类价格中增加了开发利用成本和环境损益成本；在农村免除了存在2600年的农业税，发放了农业补贴；多次调整了央行的准备金率，在汇率和利率方面公开了市场操作，有效地扼制了通货膨胀。

其次，调整了工资、福利制度，提高了劳动的价格和城乡居民的收入水平。党的十六大以来，我国建立了最低生活保障制度、最低工资制度和劳资谈判工资制度，推进了基本公共服务"均等化"，实现了基本社会保障制度全覆盖，提高了劳动力的价格和劳动的价值，使城镇就业人员年工资收入由2002年的12373元增加到41799元，扣除物价因素，平均每年增长11.4%。

在价格改革中，公共产品和公共服务价格的改革大大落后于其他产品的改革，纯公共产品收费也很不规范。21世纪以来经过不断改革，已初步取得了成果，医院的门诊费和药品费已明显下降。"水、电、气"等公共产品价格偏低的情况也已有改善。这些公共产品和公共服务的价格形成机制已由不完全成本价格转为准完全成本价格——加收了部分资源开发、利用、保护收费和环境损益收费。"水、电"等公共产品的"阶梯式价格"已在全国各地全面推广。

此外，政府对房地产价格实行了宏观调控，对保障房和廉租房建设增加了投资，既保护了中等收入和高收入阶层的利益，又缓解了中低收入阶层的住房困难，使社会不同阶层的利益都得到兼顾。

由于价格改革成功、宏观调控到位，在2008—2009年国际金融危机之前，我国已是世界6个经济发展最快、债务负担最低、价格最稳定、城乡居民收入提高幅度最大的国家之一。在国际金融危机期间，我国又名列6个抗危机能力最强国家之首。危机后的2010年，我国又位于世界复苏能力最强的国家的前列。因此，我国已形成了一套具有中国特色的价格形成机制和监管模式，并积累了丰富的经验，为全世界创建了一种"高增长、低通胀"的新型发展模式。

第二节 当前我国市场体系存在的主要问题

一、行政干预严重

企业是实体经济的基础，也是国家经济发展的基础。只有企业活跃了，实体经济增强了，国家经济才能蓬勃发展，就业人口才能增加，社会才能更稳定，经济才能实现可持续发展。在企业的发展中，政府的作用应该体现在为各类资本平等地使用要素资源、进入公益领域和垄断行业，创造一个更加公平公正的市场环境，如此，经济结构才能沿着不断增进效率与公平的方向更快调整。然而，目前我国政府行政干预现象严重，国家监管过多，影响了企业生产经营和创新的积极性，更严重影响了整个社会主义市场经济体制的发展完善。

在我国，发改委约谈企业已经逐渐成了政府用以稳定物价、调控市场的重要手段。无论是对易耗消费品企业的约谈，或是对房地产企业的施压，所谓政策指引的背后，更多体现出的仍是一种强势的行政干预。虽然政府认为这种约谈形式并不直接干涉各家企业的自主定价权，倡导的是在沟通协商的前提下，引导企业合理合规地行使定价权，但是在我国社会主义市场经济尚未完全成熟的现实下，政府的行政因素无时无刻不牵动着企业的发展。

另外，政府行政审批过于繁杂。审批制度存在很多不规范之处，产生了很多暗箱操作行为，容易滋生腐败。由于许多行政审批程序规定企业提供第三方中介机构的审查意见或检验结论，导致一些中介机构取得了类似行政审批的权力，把"隐形政府"的"隐形审批权"当成掠取暴利的工具，败坏了社会风气，阻碍了经济的正常发展。随着中国经济的快速发展，行政审批领域的逐渐增多、范围的不断扩大，审批人员权力的过于集中，当前行政审批制度的弊端也日益凸显，日渐成为制约中国经济进一步发展的桎梏。此外，行政审批制度令市场的主体由企业变成了政府，企业家很多时候难以全身心投入到企业管理与创新中去，这在一定程度上抑制了企业家精神。

二、农村土地产权不明晰，受益主体有失偏颇

民生经济提倡全体社会成员参与社会分配的平等，这包括平等获取劳动报酬和平等获得财产性收入的机会和能力。在现有的制度安排下，缺乏清晰的登记农村土地的账目，政府无法清楚地掌握农用地的空间信息；农村居民对其土地的产权没有证书依据；村民之间、集体与个人之间不少遗留问题关系错综复杂，造成权属信息不明确。这些问题得不到解决，农民就无法取得土地流转的收益。换句话说，要素市场分割带来的一系列问题，其根源在于要素产权界定不明晰。以农村土地为例，有些地方土地被征用后，农民只能获得少量的补贴，卖地收入的绝大部分被政府甚至村干部攫取，这也造成社会矛盾的激化。民生经济要求中低收入者成为社会主义市场经济的平等创造者和平等受益者，产权不明晰的状态则阻

碍了民生经济的发展。

民生经济强调为经济发展提供强大的内生动力,实现可持续发展的经济发展模式。现有的包产到户政策,本质上还是比较分散的小农经济,虽然在相当长的一段时期内解决了温饱问题,但随着社会经济的发展,并不能使得农民有资本去致富。土地确权后,能带来显而易见的好处。首先是缓解农民的转型压力,使得其能获得从土地上脱离出来的"启动资金";其次,确权后的农地更容易集中起来形成产业化经营,发展具有竞争力的现代农业。

三、国有企业长期处于垄断地位

国有企业经过股份制改革以及结构、布局的调整后,退出竞争性领域,为民营经济的发展提供空间,扩大了市场竞争。但同时又对市场体系的完善提出了挑战,国有经济部门的利润几乎都是由国有特大和大型企业创造出来的,而这些国有大型企业几乎都集中在垄断产业或享有垄断地位,在政府直接或间接的干预下占有比较明显的优势。在高位垄断型企业中,国有企业占绝对优势;而在中位和低位垄断型产业,尽管国有企业数量少于非国有企业,但其增加值和固定资产净值比重远高于非国有企业;在大型企业中,国有企业也占据多数。从行业分布上看,国有企业已经逐步从一般性行业退出,而主要集中在规模经济、垄断性相对较强的产业中,如烟草加工业,各种能源的开采与加工,电力、热力、燃气和水的生产与供应,重工业制造,金融,航空航天等。

国有企业所拥有的垄断地位表现出自然垄断与行政垄断相结合的特征。也即,在市场经济体系不断建设的过程中,原有的计划经济体制下资源配置的权力转变为垄断权力,因此这种垄断有别于通过市场竞争形成的自然垄断,而带有浓重的行政垄断色彩。由于垄断国有企业得到政府的行政保护,其控制力和所创造的利润的来源仍然主要是政府管制的结果。

进一步地,由于从自然垄断和行政干预中获得了控制力和较大的利润,国有企业占有过多资源并向一般生产性领域扩张。2003年国资委成立后,国有企业日益扩张。尤其是 2008 年为应对国际金融危机，中央政府出台 4 万亿元"一揽子"经济刺激政策，而这些投资主要投向国有企业，造成了我国现阶段国有经济和民营经济发展不协调。一方面国有经济不断扩张，挤压了民营经济的发展空间，出现"再国有化"的趋势，一些国有经济已经退出的领域又重新进入。另一方面，资源配置严重倾向于国企，民营经济在规模、融资方面处于劣势，某些垄断行业以民营企业规模太小、技术水平低、资金缺乏等理由阻止民营企业的进入。而这种国有经济与民营经济的不协调发展，抑制了市场竞争，也使得市场经济的微观基础受到损害，从而成为完善市场经济体系的不利因素。

总之，垄断国有企业从行政垄断中获得较强的控制力以及高额利润，由此造成了市场经济中福利的损失、国有经济和民营经济的不协调发展，进一步抑制了市场竞争的充分发展，也损害了市场经济的微观基础。

四、地方保护主义盛行

在市场经济体系的运转过程中，商品和要素在整个大市场中流通的顺畅与否是衡量其背后所依托的市场成熟程度的重要标志。然而，一些地方政府为了保护地方局部经济利益或政治利益，利用行政权力干涉市场，操纵市场，设置市场障碍，破坏市场机制，限制非本地企业生产的商品或提供的服务参与公平竞争。

地方保护主义影响了全国经济的健康发展和整体经济效益的提高，不仅损害了全局利益，从长远看，也影响了地方的经济发展，使局部利益遭受损失。因为地方保护主义排斥先进、保护落后，妨碍区域间的商品流通和物质交流，导致市场割据，阻碍社会主义市场经济体制的建立。此外，地方保护主义还加剧了区域经济的不平衡性，影响了社会的稳定。地方保护主义的蔓延加剧了目前我国东部、中部、西部三大经济块之间在经济发展水平、经济竞争力、城乡居民收入和生活水平等方面业已存在的差距。内陆省份通过地方保护主义政策和贸易壁垒，把自己与全国市场隔离开来，这将进一步拉大各省之间早已存在的地区差距，影响社会的团结和稳定。

五、要素市场发育不足，价格紊乱

随着改革开放的深入，城乡土地既有的制度安排逐渐变得不太适应社会发展的需要。首先显现出来的问题是城乡要素市场分割造成的城市化缓慢，这不但降低了资源配置的效率，也严重影响了农民作为民生经济发展主体的积极性。

包括户籍制度、土地制度、金融制度在内的城乡二元体制，限制了生产要素的自由流动。以土地为例，前已述及城市土地国有、农村土地集体所有的基本制度安排，但农民用地需要服从管制，只能农地农用。出于粮食安全和耕地保护的考虑，农地在变成建设用地时，必须经过政府征收或征用。这导致政府跃身于土地一级市场的最前线，土地要素从农村到城市的流动完全服从于政府的掌控，中央政府首先制定全局目标控制新增建设用地的数量，进而分配到各地，而地方政府则具体控制着这些用地的位置和城市发展方向。

民生经济要求大力改善劳动者，特别是中低收入劳动者的生产生活条件。而现有的土地制度安排，将农民从直接所有者和控制者的位置上赶下来，无法获得土地增值收益。进一步地，农民特别是城市近郊的农民只能通过修建小产权房等形式，以"违法"的形式来保护自身利益，这不仅不利于提高中低收入者的收入水平，还造成小产权房的无序发展，阻碍了土地的有效利用。

民生经济目标之一是实现资源的更优化配置，为经济发展提供强大的内生动力。但政府主导下的土地利用政策却与城镇化聚集趋势不一致。资源集中地很有可能无法争取到足够多的土地资源来安置转移人口等生产要素，会造成土地与空间配置的不协调。要素流出与流入地区同时扩大各自的城镇，无疑会引发城镇化过度与不足的现象并存。

第三节　进一步完善社会主义市场体系的政策建议

一、深化行政体制改革，推进政府职能转变

我国要进一步完善社会主义市场经济体制，必须改善政府干预机制，推进政府职能转变。正如十二届全国人大一次会议批准的《国务院机构改革和职能转变方案》所提出的，政府职能转变是深化行政体制改革的核心，也是发展市场经济、法治经济的保障。要把减少行政审批作为职能转变的突破口，大幅减少和下放行政审批事项，真正向市场放权，发挥社会力量作用，减少对微观事务的干预，激发经济社会发展活力。通过简政放权，进一步发挥市场在资源配置中的基础性作用，激发市场主体的创造活力，增强经济发展的内生动力。

首先，行政审批制度改革，要大幅度筛选和减少行政审批事项，改进行政审批方式，规范审批程序和时限，将不必要的"审批制"改为"登记制"或"备案制""核准制"，逐步与国际惯例接轨。

其次，继续精简行政审批项目，不断强化政府的公共服务职能。各级政府及其工作部门要通过认真清理、取消和调整行政审批项目，把政府不该管的事项都转移出去，交由企业和其他社会组织来管。

再次，继续简化行政审批程序，将行政执法的重心由事前审批向过程监管和事后责任追究转移。尤其要通过发展电子政务，优化行政流程，创新行政审批方式，实行网上申报、网上审批，不断提高审批效率和行政效能。同时，各级政府要按照《行政许可法》的要求，将行政执法的重心由事前审批向过程监管和事后责任追究转移，真正提供良好的发展环境。

最后，继续规范行政审批行为，推行"阳光审批"。不仅要依法清理审批项目及其设定的依据，而且要严格按照法定的权限、条件、标准和程序，规范行政

审批的设定和实施。同时，要通过推进行政审批规范化建设，不断加强行政审批权力的约束和监督，强化审批者的责任，加强行政审批绩效管理。特别是要通过深化审批公开，推行"阳光审批"，堵塞各种漏洞，防止审批权的滥用。并要严肃查处利用审批权谋取私利的各种违纪违法案件，从而为人民群众提供方便、快捷、优质、高效的审批服务。

通过转变政府职能，从经济建设型政府向公共服务型政府发展，把政府工作重点转到创造良好发展环境、提供优质公共服务、维护社会公平正义上来。政府要减少对企业经营的直接干预，把主要精力放在消除歧视、扩大平等，为每个劳动者、每个市场主体创造公平参与市场经济的条件上。承担起公共服务的主要提供者责任，积极构建社会安全网，为全体社会成员创造社会财富建立稳固的后方。充分发挥政府的社会服务职能，这是民生经济能够得以实现的重要前提。

二、加大土地制度改革力度

1. 农村土地确权

民生经济要求实现全体社会成员参与社会生产的平等，这包括平等就业和平等创业。而只有通过确权，归还农民应有的权利，才能够激发他们进行就业与创业的信心。针对农村土地现状，要想解决当前的问题，必须搞活农民土地流转，加快生产要素在城乡之间自由流动，赋予农民完整的财产权利，促进城乡经济发展。只有让农民充分享受土地流转带来的收益补偿，外出务工人员等流动人口心里才能踏实，以更加积极主动的心态投入到促进民生经济发展这一事业当中。与劳动力的合理流转赖于人力资本归个人所有一样，若要实现土地、资金等要素的自由流动，打破城乡壁垒，首先要进行确权，土地制度改革的关键即在于此。农村土地流转健康发展的基础是土地确权，即明确界定土地的集体所有权，以及所有农村耕地、山林、建设用地与宅基地的农户使用权和住宅的农户所有权。

2. 省际占补平衡

民生经济追求效率与公平的统一，而省际占补平衡能够实现两者的结合。根据相关研究，土地流转的半径越大、差价越大，其产生的社会福利就越大。比如，将广西的建设用地指标，卖到北京、上海等大城市，对调节收入分配的意义非常大，这就要求实现土地跨省流转。

邵挺等（经济学季刊，2011）的研究运用1998年到2008年间全国211个地级市的面板数据，发现东部地区建设用地的边际生产率远远高于中西部地区，各地市间的土地利用效率差异主要来自省间差距，而不是省内差距。由此可见，禁止跨省"占补平衡"的政策已经造成了全国范围内土地利用效率的巨大损失。因而，研究落实省际占补平衡，促进土地流转，不仅能极大改善现有土地利用效率，同时能够极大惠及偏远地区收入较少的土地拥有者，提高其生活质量，为民生经济的发展提供进一步的不竭动力。

三、打破国有企业垄断，促进民营经济发展

垄断国有企业成为当前我国完善社会主义市场经济体系中的主要问题，是由政府、垄断国有企业、民营经济三方面造成的。首先，在对于垄断行业的市场监管中，政府的越位、缺位、错位情况十分突出，也未能建立起良好有效的制度环境、法律环境；同时，政府监管的职能分散，导致责任主体缺失，甚至有政企不分、集管理者与经营者于一身的情况。其次，垄断国有企业的现代企业制度建设仍未完成，依然把行政垄断作为营利的主要途径；在其内部仍然存在着政企不分、产权不清、权责不明的问题。最后，民营经济的发展受到诸多限制，融资困难、行业准入存在障碍、欠公平的制度环境都导致了民营经济缺乏同国有经济竞争的基础，造成了市场竞争的不充分。因此，解决垄断国有企业的问题，从而进一步完善我国社会主义市场经济体系，必须从政府、垄断国有企业、民营经济三个方面入手。

在政府方面，应当建立职能完备、较为独立的监管机构，并采用更为科学有效的规制方法，同时鼓励民营经济进入垄断行业，为其建设良好的法律环境和制度环境。第一，针对监管中职能分散、政企不分的情况，政府应当着手建立较为

独立的监管机构,使其具有制定规则、实施价格规制、制定市场准入规则的职能。第二,推行特许权投标等更为科学有效的规制方法,加强市场在资源配置中的基础性作用。第三,通过进一步的股份制改革,使得垄断行业的投资主体多元化,取消不合理的市场准入限制,使得民间资本得以进入。第四,进一步完善法律法规,针对垄断行业的规制机构设置、责权划分、被规制企业的责权利关系以及价格、服务质量、市场准入条件等政策内容做出详细的法律规定。同时,建立社会参与和监督机制,推动垄断行业的改革。

在垄断国有企业方面,亟须打破其行业性行政垄断,客观上要求对这些垄断产业进行战略重组。重组的基本原则是,自然垄断性业务与竞争性业务相分离,对自然垄断业务进行政府管制,对竞争性业务引入充分的市场竞争。目前中国的垄断性行业或者还未进行产业重组,如邮政、铁路;或者虽然已经进行了产业重组,但只是进行了简单的"分拆",如电力、天然气、石油、电信等。这种简单的"分拆"只是简单地将大公司变为几个公司,将"大垄断"变为"小垄断",将"全局垄断"变为"地区垄断",并没有改变该行业的行政垄断性质。因此,继续进行的改革是将竞争性业务从垄断国有企业中分离出来,允许各类企业经营。在未来,打破行业性行政垄断需要进一步推进产权改革,推动投资主体多元化;放宽准入限制,推动国有企业与私营企业合资经营、相互竞争。

在民营经济方面,需要放宽对民营经济的限制,使其获得与国有企业平等竞争的地位。新、老"36条"等政策的出发点仍然是政府规定民营经济可以进入的领域,而之后的思路应该转变为除了政府明文禁止的,民营经济都可以进入。政府应该减少行政审批、"简政放权",将所有竞争性领域向民营企业开放并给予公平的准入机会。同时,应该进一步完善私有产权保护的法律制度。保护私有财产是完善社会主义市场经济体系的必要条件,有利于促进民营经济的发展。最后,加快投资融资体制的改革,尽快发展与民营经济相配套的民间金融体制,从而为民营经济获得良好金融服务创造更有利的条件。

四、破除地方保护主义，建立全国统一市场

地方保护主义是阻碍和干扰建立社会主义市场经济体制的重要因素，为了有效地打击和清除地方保护主义，推动建立公平、竞争、开放、统一的社会主义市场经济体系，建立全国统一市场势在必行。

首先，全国统一市场可以使生产和消费实现有机结合，促进商品、资本、人才在全国合理地、自由地流动，使产业结构得到及时调整，资源配置不断优化。其次，全国统一市场能充分发挥价值规律的作用，形成合理、公平的市场竞争机制，让商品生产经营者在各类区域融为一体的市场范围内优胜劣汰，激发企业改进技术，降低成本，提高效率和质量，从而使全社会商品经济得到平衡发展。最后，全国统一市场还可以实现我国企业做强做好。中国看似为企业提供了庞大的市场，但由于市场一体化程度低、贸易壁垒林立，导致很多企业不能在广阔的国内市场上大展宏图。因此，建立整合高效的全国性统一市场，是我国企业做强做好的必要条件。总之，只有尽快建立起一个高效的规范化的全国统一的市场，使经济生活严格遵守商品经济基本规律的要求，才能打破地方保护主义，实现市场对社会资源的优化配置，完善我国的社会主义市场经济体系。

为了建立整合高效的国内统一市场，首要任务是必须进一步深入推进市场化改革，破除地方保护和市场分割。广泛、长期存在的形式繁多的地方保护主义，已经为我国经济的发展造成了巨大阻碍。要真正建立扩大内需的长效机制，必须从制约内需的关键因素入手，削减当前地区间的行政壁垒和贸易壁垒，真正使市场在跨地区间的资源配置中发挥作用。进一步深化体制改革，改变地方政府过度关注本地 GDP 和地方税收的内在激励，是破除地方保护主义的根本。完善市场法规对于全国统一市场的保护，加强中央政府对于市场纪律的维护，是全国统一市场的基础。只有真正建立整合高效的全国统一市场，才能释放我国国内市场的潜在消费需求，才能使我国国内市场的庞大规模成为推动经济长期持续发展的动力源泉。

建立整合高效的国内统一市场，另一个重要的因素是各地区必须健全和完善企业经营环境，特别是为成长型企业在跨地区经营中提供良好的法律和制度保障。各地政府应当把注意力从物质资本投资转移到商业和生活环境的改善，以提供良好的投资环境和令居民满意的公共品来吸引投资和创造就业。只有这样，才能够使企业从国际市场回归到全国一体化市场。也只有这样，才能满足国内巨大的潜在需求，将消费潜力转化为消费需求，解决供求不匹配的矛盾，实现扩大内需、转变经济增长方式的目标。

建立整合高效的国内统一市场，必须大幅降低交易成本。首先，流通成本必须大幅降低，公路运费和铁路运费都应当大幅下调，减少的收入可以通过各级政府及建造运营企业协商分摊。其次，应当加强对于物流行业的扶持和管理，推动降低物流成本。一方面相关法律法规应当尽可能帮助物流企业降低成本，另一方面需要促进物流行业的竞争。最后，国内市场的低效分割、交易成本高，还有其他多种因素，如营销中介的培育不够，需要从不同的角度找到解决办法。

总之，建立整合高效的国内统一市场，需要大力推进市场化改革，多方面想办法，多方协作，才能真正建立经营环境良好、贸易壁垒消除、物流成本低廉、营销渠道广泛的市场，为扩大国内消费需求、实现经济增长方式的转变提供关键性的前提保障。

五、进一步完善价格形成机制

建立和完善政府宏观调控下主要由市场形成价格的机制，充分发挥价格核算、监督、分配的职能作用，促进国民经济持续快速健康发展和社会全面进步与稳定繁荣。凡是能由市场形成价格的都交给市场，政府不进行不当干预。推进水、石油、天然气、电力、交通、电信等领域价格改革，放开竞争性环节价格。政府定价范围主要限定在重要公用事业、公益性服务、网络型自然垄断环节，提高透明度，接受社会监督。完善农产品价格形成机制，注重发挥市场形成价格作用。

农产品价格：有计划有步骤地调整农产品价格结构，改变农产品价格持续下跌的局面，以粮食价格为中心，合理调控其他农产品价格，促进农业生产稳定发展，切实加强农业基础地位。

工业品价格：工业品价格改革的目标是发挥价格配置资源的基础作用，促使企业扭亏为盈，支持国有企业改革和发展。工业品价格改革的办法和途径：一是通过价格结构调整促使流通企业向生产企业让利；二是生产企业自行消化上游产品涨价因素；三是通过降低上游产品价格、政府减免税收与利息及增加贷款、补贴等措施变相给生产企业提供产品价格支持；四是提高生产企业产品价格，由消费者承担。

基础产业和公用事业价格：建立和完善价格补偿机制，缓解基础产业和社会公益公用事业对国民经济的"瓶颈"作用，促使基础设施建设和第三产业良性发展。总的原则是着眼当前，重在长远，加快发展。

总而言之，属政府定价和政府指导价的商品价格和服务收费，要适应市场形势变化适时进行有升有降的调整；属市场调节的商品价格和服务收费，要充分而灵活地反映国家政策要求、市场供求变化和成本费用补偿，真正建立健全政府宏观调控下主要由市场形成价格的机制，促进市场发育，完善市场体系，推动供给和需求同步增长。

第十章　消除金融抑制

金融是现代经济的核心。保证全体社会成员、各类市场主体平等获取金融资源，对于实现以平等促发展的民生经济构想至关重要。改革开放以来，与建立社会主义市场经济体制相适应，我国金融业体制发生了重大变革，现代金融体系建设成就斐然，为社会主义市场经济发展提供了强大支撑。同时，一些导致金融资源错配、损害经济发展效率甚至造成金融抑制的问题也不断出现，亟待通过进一步深化改革予以解决。在本章中，将系统回顾改革开放以来我国金融业快速发展的巨大成就，深入分析当前存在的突出问题，并提出消除金融抑制的政策建议。

第一节　改革开放以来我国金融业实现快速发展

一、层次丰富、功能健全的金融市场体系基本形成

改革开放以前，中国实行的是由中国人民银行统揽一切金融业务的"大一统"金融体制，中国人民银行既作为金融行政管理机关行使中央银行的职能，又是经营金融业务的经济实体。1978年12月，中国共产党召开第十一届三中全会，做出了把工作重心转移到经济建设上来的具有划时代意义的战略决策，拉开了市场经济体制改革的序幕。与经济体制改革相适应，1979年年末开始启动金融体制改革，核心是发挥市场在金融资源配置中的作用，逐步建立现代金融体系。

（一）银行体系的改革发展

中国银行业改革启动的标志是 1979 年农业银行、中国银行和建设银行的陆续恢复和重建。1984 年 1 月 1 日，工商银行从中国人民银行分离，形成四大国家专业银行的格局。其间，国务院于 1983 年 9 月决定中国人民银行专门行使中央银行职能。此后，1986 年经国务院批准重新组建了综合性、股份制的交通银行，并相继成立了一批全国性或区域性的商业银行。1994 年，组建成立国家开发银行、中国进出口银行和中国农业发展银行三家政策性银行，承接国家专业银行的政策性业务，政策性金融和商业性金融分开。此外，城市信用合作社也在全国范围内大规模建立。我国银行业实现了从单一到具有多元化竞争的银行体系的转变。

从 20 世纪 90 年代中后期开始，国家着力推动银行体系的风险化解和商业化改革。对于四大国有银行，按照"产权清晰、权责明确、政企分开、管理科学"的现代企业制度要求，通过国家注资、财务重组、内部改革，健全法人治理结构，转换经营机制，加强内部管理。随着 2010 年 7 月中国农业银行在上海和香港两地上市，四大国有银行全部实现公开发行上市。这一阶段，其他各类银行业金融机构的重组改革同步推开，清理整顿城市信用合作社和农村信用合作社，大幅化解历史遗留风险，在此基础上组建了一批城市商业银行和农村商业银行。

截至 2012 年年底[①]，我国银行业金融机构共有法人机构 3747 家，从业人员 336.2 万人。包括 2 家政策性银行及国家开发银行、5 家大型商业银行、12 家股份制商业银行、144 家城市商业银行、337 家农村商业银行、147 家农村合作银行、1927 家农村信用社、1 家邮政储蓄银行、4 家金融资产管理公司、42 家外资法人金融机构、67 家信托公司、150 家企业集团财务公司、20 家金融租赁公司、5 家货币经纪公司、16 家汽车金融公司、4 家消费金融公司、800 家村镇银行、14 家贷款公司，以及 49 家农村资金互助社。2012 年年底，银行业金融机构资产总额为 133.6 万亿元，其中，大型商业银行资产份额为 44.9%，股份制商业银行为 17.6%，农村中小金融机构和邮政储蓄银行为 15.6%。2012 年年底，银行业金融

---

① 本段以下数据来自《中国银行业监督管理委员会 2012 年报》，载中国银监会网站，http://www.cbrc.gov.cn/chinese/home/docViewPage/110007.html。

机构本外币各项存款余额为94.3万亿元，各项贷款余额为67.3万亿元。经过30多年的改革和发展，我国银行业发展成为大、中、小多种银行业金融机构协调并存、分工协作、功能互补、覆盖广泛的服务体系。银行业金融机构提供的服务种类从传统的存贷款、支付结算扩展到贸易融资、银行卡、理财、代理、托管、担保、承诺、电子银行等多方面业务。

(二) 股票与债券市场的发展

1981年7月国务院决定恢复发行国债，1982年开始，少量企业开始自发地向社会或企业内部集资并支付利息，之后一些银行开始发行金融债券以支持在建项目的完成。随着证券发行的增多和投资者队伍的逐步扩大，证券流通的需求日益强烈。1986年起，股票和债券的柜台交易陆续在全国各地区出现。1987年新中国第一家证券公司深圳特区证券公司成立，以后陆续成立了多家证券公司。1990年11月上海证券交易所成立，1991年7月深圳证券交易所正式开业。

2004年以来，股票市场先后开展证券公司综合治理、上市公司股权分置改革等多项基础性制度改革工作，历史遗留的一些突出的制度障碍和市场风险得以化解，市场定价机制进一步完善，二级土板市场更加规范，创业板、代办股份转让系统、产权市场等较低层次的资本市场和股指期货、融资融券等较高层次的资本市场也初具规模，资本市场作为宏观经济"晴雨表"的作用日渐显现。2012年年末①，共有证券公司114家，总资产为1.72万亿元，沪深两市上市公司为2494家，股票市价总值为23万亿元，已进入二级市场流通的股票市值为18.2万亿元，投资者开设的有效股票账户总数达到1.4亿户，证券投资基金有1173只。2012年全年境内证券市场筹资达5850亿元。

债券市场也是金融市场一个重要组成部分。早期的债券市场以国债为主，以一小部分政策性银行债为补充。逐步地，面向企业的债券品种增多，规模不断扩大。截至2012年年底②，我国债券市场市值达到24万亿元，规模上已略超过股

---

① 本段以下数据来自中国证监会网站，http://www.csrc.gov.cn/pub/zjhpublic/G00306204/zqscyb/201301/t20130122_220685.htm。
② 本段以下数据来源：Wind数据库。

票市场。2012年，债券市场发行总额为7.31万亿元。其中，政府债券1.6万亿元，政策性银行债券2.18万亿元，商业银行债券3934亿元，企业债券6474亿元，在银行间市场交易商协会注册发行的共计约2.3万亿元，包括短期融资券8615亿元、超短期融资券5822亿元、中期票据8423亿元等。在2012年的债券融资中，直接由企业发行的比重超过四成。

（三）保险业的发展

保险具有经济补偿、资金融通和社会管理功能，是市场经济条件下风险管理的基本手段，是金融体系和社会保障体系的重要组成部分。1984年，中国人民保险公司正式从中国人民银行中分设出来，开展保险业务。20世纪90年代后，中国财险公司、中国平安公司先后成立，外资保险公司进入中国后，中国保险市场的机构种类进一步丰富。截至2012年年末，保险业总资产达7.35万亿元[1]，保险公司提供的服务涵盖人身保险和财产损失保险、责任保险、信用保险、保证保险、农业保险等财产保险品种。

二、利率市场化改革有序推进

利率是资金的价格，利率市场化是中国金融改革的重要内容。近20年来，中国的利率市场化改革在货币市场、债券市场和存贷款市场等金融市场的几大领域渐次展开，对经济金融运行起到了积极作用。

（一）利率市场化改革历程

1. 先行放开银行间同业拆借市场利率

银行间同业拆借市场利率是整个金融市场利率的基础。1996年起，允许同业市场拆借双方根据资金供求自主确定拆借利率，银行间同业拆借利率正式放开，成为利率市场化改革的突破口。

---

[1] 数据来自《2012年保险业经营情况表》，载中国保监会网站，http://www.circ.gov.cn/web/site0/tab454/i234401.htm。

2. 放开债券市场利率

债券市场是金融市场的重要组成部分，债券市场利率放开经历了"三步走"的过程。一是国债发行的市场化。1996年，财政部通过证券交易所市场平台实现了国债的市场化发行，既提高了国债发行效率，也降低了国债发行成本。二是放开银行间债券回购和现券交易利率。1997年6月，人民银行决定利用全国统一的同业拆借市场开办银行间债券回购业务，同时放开银行间债券回购利率和现券交易价格。三是放开银行间市场政策性金融债、国债发行利率。1998年9月，国家开发银行首次以公开招标方式发行了金融债券。1999年，财政部首次在银行间债券市场实现以利率招标的方式发行国债。银行间债券市场利率的市场化，使得银行间债券市场的成员不断增加，市场品种和交易方式不断丰富，银行间债券市场的价格发现、风险规避等功能不断强化。

3. 积极推进境内外币利率市场化

2000年9月，人民银行宣布放开境内外币贷款利率，同时放开300万以上（含300万）美元或等额其他外币的大额外币存款利率。2003年7月，放开境内英镑、瑞士法郎、加拿大元的小额存款利率。2003年11月，放开小额外币存款利率下限。2004年11月，放开1年期以上小额外币存款利率，商业银行拥有了更大的外币利率决定权。

4. 稳步推进人民币存贷款利率市场化

1998年以来，人民银行多次扩大金融机构贷款利率浮动范围。2004年10月29日，放开金融机构贷款利率上限（城乡信用社除外）和存款利率下限，标志着中国利率市场化实现了"贷款利率管下限、存款利率管上限"的阶段性目标。2012年以来，利率市场化改革加速，2012年6月8日起，金融机构存款利率浮动区间的上限调整为基准利率的1.1倍；贷款利率浮动区间的下限调整为基准利率的0.8倍。2013年7月20日起，全面放开金融机构贷款利率管制，取消金融机构贷款利率0.7倍的下限，由金融机构根据商业原则自主确定贷款利率水平；取消票据贴现利率管制，改变贴现利率在再贴现利率基础上加点确定的方式，由金融机构自主确定；对农村信用社贷款利率不再设立上限。至此，中国的利率市场化改革仅剩放开存款利率上限一步。按照国际经验，放开存款利率管制是利率市场化改革进程中最为关键、风险最大的阶段，需要根据各项基础条件的成熟程度分步实施、有序推进。

（二）利率市场化改革的重要作用

近20年来，我国利率市场化改革稳步推进，为促进经济发展、改善宏观调控和强化金融机构经营管理起到积极作用。

其一，有助于提高融资效率，扩大融资规模，更有效地支持和服务实体经济。贷款定价限制的逐步放开，有利于银行按照收益覆盖风险的原则自主定价。银行可以根据客户的风险状况确定不同的利率水平，使贷款利率能够反映贷款风险状况，更好地覆盖风险溢价，从而提高融资的效率。对于信用风险相对较高的中小企业和涉农领域，银行业金融机构也更有动力去加强金融服务，扩大融资规模，这对于优化资金在实体经济部门的配置、缓解经济社会薄弱环节融资困难问题具有积极意义。

其二，有助于形成有效的市场利率体系，完善中央银行利率调控体系。随着货币市场、债券市场的纵深化发展，银行间拆借市场和回购市场利率已成为短期金融产品定价的重要参照指标，银行间市场国债发行利率和二级市场收益率也为中长期利率产品定价提供了参照系。同时，银行间市场的发展为货币政策间接调控体系建设奠定了市场基础，依托于银行间债券市场的公开市场业务已经成为中央银行货币政策日常性操作的最重要工具。

其三，有助于金融机构提高风险定价能力。由于我国利率长期处于管制状态，商业银行的风险定价能力比较弱，而且没有积累各类企业违约率等方面的经验数据；利率市场化的推进，促使银行根据贷款成本、风险等因素进行区别定价，有助于培养自主定价能力和资产负债管理能力，从而不断提高银行的资金使用效率、经营管理水平和竞争力。

三、金融业对外开放不断深化

2001年年底,中国正式加入世界贸易组织(WTO),金融业坚持"以我为主、循序渐进、安全可控、竞争合作、互利共赢",加快对外开放步伐,大幅提高金融市场开放度,有力促进了国内金融业经营理念、管理方式转变,提高了服务实体经济的水平。

(一)坚持外资金融机构"引进来"与中资金融机构"走出去"相结合

截至2012年年底[①],16家中资银行业金融机构在海外设立1050家分支机构,覆盖亚洲、欧洲、美洲、非洲和大洋洲的49个国家和地区,业务范围覆盖商业银行、投资银行、保险等多种金融服务领域,有力地支持了我国企业在海外的发展,同时也进一步增强了我国金融机构的国际竞争力。

在引进外资金融机构方面,支持和鼓励外资银行在我国中西部和东北地区设立机构,对提升当地金融服务水平和经济发展环境起到积极作用。截至2012年年底,49个国家和地区的银行在华设立了42家外资法人机构、95家外国银行分行和197家代表处。外资银行在华分支机构覆盖27个省(区、市)59个城市。在华外资银行业营业机构资产总额为2.38万亿元,占银行业总资产的1.8%。

(二)有序推进人民币国际化

2008年国际金融危机以来,在国际货币体系改革的大背景下,我国推出了一系列人民币国际化的政策措施,以进一步增强我国在对外贸易与投资中的便利性,支持中资企业的国际化竞争。

一是开展货币互换。货币互换协议是指互换双方可在必要之时,在一定规模内,以本国货币为抵押换取等额对方货币。通过货币互换,将得到的对方货币注入本国金融体系,使得本国商业机构可以借到对方货币,用于支付从对方进口的商品。这样,在双边贸易中,出口企业可以收到本币计值的货款,可以有效规避

[①] 本段以下数据来自《中国银行业监督管理委员会2012年报》,载中国银监会网站,http://www.cbrc.gov.cn/chinese/home/docViewPage/110007.html。

汇率风险，降低汇兑费用。2008年12月以来，中国人民银行先后与全球20个国家和地区建立货币互换协议，截至2013年6月，总资金规模超过2万亿元人民币①。

二是开展跨境贸易人民币结算。2009年7月，我国启动跨境贸易人民币结算试点，人民币跨境结算获得了快速增长。2012年全年，中国境内70余家金融机构办理跨境贸易人民币结算量达2.94万亿元，同比增长41.4%，占中国对外贸易总量的8.4%。到2013年5月末，人民币在跨境贸易使用占比达到11%②。在使用跨境人民币产品时，境内企业可以实现规避汇率风险的目的，境外客户看重人民币相对稳定的币值。

三是推动人民币跨境投融资业务。为配合跨境贸易人民币结算试点，便利境内机构以人民币开展境外直接投资，规范银行办理境外直接投资人民币结算业务，2011年1月，人民银行发布《境外直接投资人民币结算试点管理办法》，凡获准开展境外直接投资的境内企业均可以人民币进行境外直接投资。2011年6月，人民银行发布《关于明确跨境人民币业务相关问题的通知》，明确规范了外商直接投资人民币结算业务的试点办法。

（三）推动汇率形成机制改革

2005年7月21日起，我国将人民币汇率同美元建立固定比价关系，转为开始实行以市场供求为基础、参考一篮子货币进行调节、有管理的浮动汇率制度。企业主动适应汇率浮动的意识增强，应对人民币汇率变动和控制风险的能力提高，外汇市场得到培育和发展。在本次国际金融危机最严重的时候，许多国家货币对美元大幅贬值，而人民币汇率保持了基本稳定，为抵御国际金融危机发挥了重要作用，为亚洲乃至全球经济的复苏做出巨大贡献。

2010年6月，根据国内外经济金融形势和我国国际收支状况，人民银行决定进一步推进人民币汇率形成机制改革，增强人民币汇率弹性。浮动汇率可灵活调节内外部比价，有助于改善宏观调控能力，引导资源向服务业等内需部门配置，

---

① 根据人民银行网站公布的有关资料整理。
② 数据来源：Wind 数据库。

减少贸易不平衡和经济对出口的过度依赖。

四、金融市场环境和法制基础不断改善

（一）金融中介服务机构日趋全面

近年来，随着金融市场的发展，各类金融中介服务机构大量涌现，包括人民银行直属的交易中心、登记中心、清算公司、银行间市场交易商协会、货币经济公司、证券交易所、外汇交易所、信息提供商、律师事务所、会计事务所、审计师事务所、信用评级机构等。这些平台和机构为资金融通双方提供收付结算、承销经纪、咨询代理、资信评估等辅助性服务工作，能够从第三方的角度提供有关金融活动参与者的风险信息，起到市场监督的作用，有利于提升金融市场的运行效率。

（二）金融监管体系日趋完善

目前，中国金融业实行的是"一行三会"的分业监管格局。其中，1983年起，中国人民银行专门行使中央银行职能，1998年证监会和保监会成立，2003年银监会成立，再加上国家外汇管理局，形成了一个比较严密的，覆盖银行、证券、保险等主要金融市场的监管体系。《中央银行法》《商业银行法》《保险法》《证券法》《银行业监督管理法》《票据法》等金融法规和金融监管法律逐步颁布，构建起比较公开、公正、透明、高效的金融法制监管体系。金融监管以风险为本，监管手段包括市场准入、现场检查、非现场监管、市场退出与风险处置等。根据经济金融全球化程度日益提高的情况，监管部门注重加强国际监管合作，促进提升金融业风险防范能力。

五、金融业在经济社会发展中发挥积极作用

近年来，金融业不断强化与国民经济的良性互动，通过调整金融资源配置，优先支持实体经济重点领域和薄弱环节，有力促进了经济发展方式转变和经济结

构调整。

在服务"三农"方面①，建立健全农村金融组织体系，村镇银行等新型农村金融机构不断增多，截至 2012 年年底，已设立 800 多家新型农村金融机构，成为服务"三农"的重要生力军。农村金融基础设施日益完善。全国约有 3.8 万个农村金融机构网点接入人民银行跨行支付系统，4 万个农村地区银行营业网点开办农民工银行卡特色服务。深入开展农村信用户、信用村和信用乡镇建设，为 1.48 亿农户建立了信用档案，对 9784 万农户进行了信用评定。大力发展农业保险，启动农业保险保费补贴试点。积极发挥资本市场作用，农产品期货品种体系基本形成。初步建立以扶贫贴息贷款为主体的扶贫信贷体系。

目前，金融机构网点已覆盖了全部县（市）和绝大多数乡镇，金融服务已覆盖全部乡镇。截至 2012 年年末，涉农贷款余额 17.6 万亿元，2008 年以来的年均增速达到 23.6%，比同期各项贷款平均增速高 4 个百分点；其中农户贷款 3.6 万亿元，较 2007 年年末增长 1.7 倍，有 8524 万农户获得信贷支持，覆盖面持续保持在 30% 以上。2012 年农业保险承保农作物面积达到 9.7 亿亩，占全国主要农作物播种面积的 40.2%，2007 年至 2012 年，累计向 1.13 亿户次农户支付赔款 551 亿元。2007 年至今，近 50 家涉农企业在主板和创业板上市，累计融资 491 亿元；农产品期货品种目前已达到 15 个，约占现有商品期货品种总数的一半。

在加强对小微企业的金融支持方面，金融业推出大量举措，从拓展融资渠道、创新金融产品、提高风险容忍度等多方面入手，着力缓解小微企业融资困难的问题。以银行业为例②，近年来，银监会推动银行业金融机构不断提升服务小微企业的层次和水平。一是坚持专业服务导向，加强机构建设。积极引导大型银行打造扁平化、批量化、流程化的小微企业专业服务模式，持续推动中小银行打造"立足当地、立足基层、立足社区"的服务小微企业专业品牌，提供与小微企业

---

① 参见《多层次、较完善的农村金融服务体系已初步形成》，载中国银监会网站，http://www.cbrc.gov.cn/chinese/home/docView/2C08078B4A5845EBB24DFC07FEEC1490.html。
② 参见《中国银行业运行报告（2012 年度）》，载中国银监会网站，http://www.cbrc.gov.cn/chinese/home/docView/FE9D3ED2D7864F74ACA5AEA8818D34CB.html。

金融需求特点相匹配的专属服务。截至 2012 年年底，已有 100 多家商业银行成立了小微企业专营机构。二是加强体制机制建设。持续推动银行业金融机构建立专门的利率风险定价机制、独立核算机制、高效审批机制、激励约束机制、专业培训机制和违约通报机制，同时积极创新还款机制，不断提高服务效能。三是加强政策引领，积极实施差异化监管政策，如适当调整机构业务准入、提高不良贷款容忍度、允许发行小微企业贷款专项金融债等。四是加强合作联动。积极推动企业、银行、社会、政府形成合力，落实并改进各项财政贴息、税收优惠和费用补贴政策，推动各地财政主导建立小微企业贷款风险分担和补偿机制，构建小微企业征信和信用担保体系等，引导信贷资金更多投向小微企业等资金稀缺领域。在多项措施的综合作用下，小微企业贷款持续快速增长。2012 年年末，用于小微企业的贷款（含小微型企业贷款、个体工商户贷款和小微企业主贷款）余额达 14.8 万亿元，占全部贷款余额的比重达到 22%。

此外，金融业注重加强民生领域服务，大力倡导绿色金融。如银监会引导银行业金融机构加强对消费、教育、医疗、就业、社会保障等基础性民生领域的金融服务。同时，推动银行业金融机构以绿色信贷为抓手，积极调整信贷结构，加大对绿色经济、低碳经济、循环经济的支持，促进节能减排和环境保护。

第二节 目前金融体系存在的问题

我国目前的金融体系，在市场主体的经营模式、市场化运行机制、市场基础设施建设等方面，都还存在一定的问题或缺陷，中小企业融资机会不均等的问题比较突出，金融体系为社会提供融资服务的公平性和效率有待进一步提高。

一、商业银行经营同质化引发金融供给不平衡的问题

当前,已有部分银行在形成个性化的品牌和经营模式方面进行了一定的探索,比如,招商银行大力发展零售业务,民生银行领先开拓中小企业客户,包商银行专注开展小微企业业务等。但整体而言,银行业经营同质化的问题仍比较突出,商业银行无论规模大小,在业务结构、客户结构和发展路径上有明显的趋同性。

一是业务结构趋同。目前,不仅大型商业银行、全国性商业银行,不少中小银行都拥有从本币业务到外币业务、从零售业务到公司业务、从表内业务到表外业务、从柜台服务到电子银行服务的多元化业务体系,业务种类和服务功能上追求"大而全""小而全"。许多地方性银行并没有真正做到扎根当地市场、精耕细作。

二是目标客户趋同。目前银行垒大户的现象仍比较突出,尤其是优质的政府背景项目、大中型央企国企、行业龙头企业等,是各行争抢的对象。而中小企业由于单笔业务规模小,完成同样额度的放贷任务,信贷人员需要做更多笔业务,投入更多的成本,且中小企业出现信用违约的可能性相对较高,导致银行贷款更偏好于大客户。

三是发展路径趋同。在我国,相当多的中小银行提出的口号都是"做大做强",县域的金融机构想做到地区,地区性的银行想做到全省,城市商业银行想走向全国,全国性的银行想国际化。银行热衷于做大资产负债规模,一方面是利益驱动,我国银行业在相当长的时期内都保持了比较稳定的利差水平,在盈利依赖利差的情况下,银行做得越大,利润就会更高;另一方面,许多银行家的经营理念存有误区,没有摆正大银行与好银行的关系,片面地以规模与速度来评判自身实力。

由于银行业根深蒂固的大户情结、规模情结,导致在国内的经济中心城市和发达地区,银行网点布局扎堆,对大客户的竞争趋于白热化,其后果是容易导致金融资源配置的不平衡,进而影响资金的使用效率。经济领先地区比经济落后地

区更易获得金融资源，大企业比中小企业更易获得金融资源。尤其是在当前宏观经济增速回调的大环境下，金融机构出于防范风险的考虑，更趋"嫌贫爱富"。一方面是大企业占有过多金融资源，甚至可能造成资金闲置；而另一方面，广大中小型企业、低端市场的资金获得率远远不足，资金链比较紧张。

二、资金价格双轨现象降低社会资金配置效率

利率市场化的一个重要目的就在于，银行可以通过灵活的利率定价来覆盖风险，由此改善"惜贷"问题，加强对民营企业和中小企业的支持。目前，我国利率市场化已经取得了很大的进展，绝大多数利率管制已经放开，尤其是扩大贷款利率浮动范围乃至取消贷款利率管制，在这方面起到了一定的积极作用。但是，最核心的存款利率依然受到管制，银行业每年新增信贷规模还处于管控状态，信贷资金仍是稀缺资源。由于正规金融体系的资金定价具有很强的非市场性，同时民间借贷完全依靠市场资金供求来定价，导致社会资金价格双轨运行的局面仍然持续，对社会经济活动产生了较大的负效应，降低了社会资金配置的效率。

首先，加剧了信贷资源错配。由于银行体系信贷规模管控的存在，银行往往倾向于将稀缺的信贷资源用于所谓风险更低的、有政府隐性担保的大项目和大企业。这些企业从正规金融体系以较低的利率成本大量获得资金，有的甚至过度融资，并转投到高利率的民间借贷市场进行套利，资金最终流向房地产、矿产资源等领域。此外，部分企业合理的信贷需求无法通过正常的银行表内贷款形式得到满足，不得不通过银证、银信、银保、银基等各种通道转向银行表外融资，而相应的风险管理却不及信贷管理，埋下风险隐患。与此同时，小微企业和"三农"等实体经济薄弱环节的融资需求却难以得到满足。

其次，加重了中小企业融资成本。大量的中小企业难以从银行体系内获得贷款，只能借道非银行金融机构融资，或者直接从民间市场借贷。近年来，信托产品的收益率支持维持在10%左右，而小贷公司、典当行、民间借贷等的综合利率高达20%以上，远高于同期6%~7%的银行贷款利率。在实际经营活动中，很多

中小企业的资产收益率都难以覆盖如此高昂的融资成本，这类融资活动往往只能是短期性的，否则就无异于饮鸩止渴。因此，融资难、融资贵仍是制约中小企业发展的瓶颈。

三、金融市场对中小企业的支持不足

民生经济强调让全体社会劳动者平等获得资本支持，具体而言，就是给予中小企业、个体工商户平等获取金融资源的机会。改革开放30多年来，在各项体制机制改革的推动下，我国民营经济得到了长足的发展，量大面广的中小企业在创造社会财富、促进就业、增加税收、推动科技创新、活跃市场经济、保障社会公平与稳定等各方面正发挥着日益凸显的积极作用。没有广大中小企业的平稳较快发展，国民经济的持续稳健发展就会动摇根基、丧失活力。然而，中小企业融资难的问题，也是一直都存在的。

据人民银行统计，2012年全年社会融资规模为15.76万亿元，其中，人民币贷款增加8.20万亿元，占同期社会融资规模的52.1%；外币贷款折合人民币增加9163亿元，占比5.8%；委托贷款增加1.28万亿元，占比8.1%；信托贷款增加1.29万亿元，占比8.2%；未贴现的银行承兑汇票增加1.05万亿元，占比6.7%；企业债券净融资2.25万亿元，占比14.3%；非金融企业境内股票融资2508亿元，占比1.6%。从上述主要融资渠道来看，中小企业获得资金支持的难度都比较大。

（一）银行信贷渠道

多年来，在我国以银行业为主导的融资体系中，银行信贷是多数企业最重要的融资来源，各级政府和银行监管部门也采取了很多举措鼓励银行对中小企业放贷。但是，由于中小企业自身的一些特点和问题，使得银行在拓展相关信贷业务时面临不少挑战和困难。

首先，许多中小企业的财务管理制度不规范，其财务报表对于银行做贷款审查和风险管理的参考价值非常有限。而目前，我国在征信系统等方面基础设施的支持还不足，银行作为资金提供方，面临比较严重的信息不对称问题。

其次，开展中小企业贷款业务面临较高的交易成本，银行在开展每一笔信贷业务时，无论企业规模大小、贷款额度高低，都必须投入相当的人力进行调查、分析，对企业及其项目进行评估、审查。对于部分中小企业业务，贷款行即便能够对于审批交易过程采取一些批量化、自动化处理以及权限下放等措施，其成本收入也往往比较大型企业更高。

最后，中小企业资本规模较小、经营范围有限，抵抗风险冲击和分散风险的能力比较弱。尤其是初创期和成长初期的小企业，面临的不确定性更多、风险更大。国家工商总局2013年7月发布《全国内资企业生存时间分析报告》，对2000年以来全国新设企业、注吊销企业生存时间等情况进行了分析，发现近五成企业年龄在5年以下，企业成立后3年至7年为退出市场高发期，近5年退出市场的企业平均寿命为6年，寿命在5年以内的接近六成。由于银行业具有较为审慎的经营风格、中小企业风险较高的特点，在一定程度上限制了银行开展相关信贷业务。

（二）委托贷款渠道

委托贷款是指由委托人提供合法来源的资金，委托业务银行根据委托人确定的贷款对象、用途、金额、期限、利率等代为发放、监督使用并协助收回的贷款业务。目前，委托贷款已成为很多企业新的融资途径。不少自身现金流比较充裕的大企业，往往会通过银行发放委托贷款，从中获取较高的投资收益。委托贷款的利率一般都显著高于银行贷款利率，在资金紧张时期，折合年率可能高达20%以上。由于很多小企业属于劳动力密集型模式，附加值低、利润率薄，依靠委托贷款筹资主要是应急，往往难以长期承受，不具有可持续性。

（三）信托贷款渠道

信托贷款是指受托人接受委托人的委托，将委托人存入的资金，按其（或信托计划）中指定的对象、用途、期限、利率与金额等发放贷款，并负责到期收回贷款本息的一项金融业务。近年来，在政府以政策鼓励、贴息、担保等形式予以扶持的背景下，专为中小企业融资的信托产品逐渐成为缓解中小企业融资难题的一个通道。中小企业信托业务的运作模式是由信托公司发行信托产品募集资金，由担保机构进行担保和信用增级,社会资金、风险投资基金和政府扶持资金等参与认购,所募集资金以信托贷款形式投向产业政策扶持的特定行业中小企业群。在信托贷款到期后,由中小企业按期依约偿还本息,信托公司再按照募集资金来源及风险结构相应地分配收益。从实际操作情况看,中小企业利用信托贷款融资的难度较大,具体表现出几个特点:一是发行的笔数少,募集资金规模小,所能惠及的中小企业数量有限;二是中小企业信托平均年化收益率不高,相对于房地产信托等产品,中小企业信托产品缺乏吸引力;三是中小企业风险高,如果出现违约或者企业破产等情况,投资者损失很大,客观上影响了投资者的购买意愿。

(四)银行承兑汇票渠道

银行承兑汇票是由在承兑银行开立存款账户的存款人出票,向开户银行申请并经银行审查同意承兑的,保证在指定日期无条件支付确定的金额给收款人或持票人的票据,一般要求有真实的交易背景。作为票据市场的融资工具,银行承兑汇票由于期限短(一般在6个月以内)、流动速度快、方便快捷、安全性高,成为企业缓解短期资金周转紧张问题、维持正常生产的重要手段。但是,办理银行承兑汇票的企业需要缴存一定比例的保证金,以及具备较好的信用,经营基础较好的中小企业才有可能符合申办条件。此外,扩大生产、设备升级、开展科技创新等业务发展活动则需要中长期贷款资金支持。

(五)股票市场渠道

虽然2009年3月31日中国证监会公布了《首次公开发行股票并在创业板上市管理暂行办法》,允许创新型小企业从2009年5月开始在创业板上市融资;但是从证监会要求的上市条件来看,对于大部分中小企业来说难度相当大。仅从财务方面要求来看,创业板上市要求企业最近两年连续盈利,最近两年净利润累计超过1000万元,且持续增长;或者最近一年盈利,且净利润不少于500万元,最近一年营业收入不少于5000万元,最近两年营业收入增长率均不低于30%;最近一期末不存在未弥补亏损;最近一期末净资产不少于2000万元。而大多数中小企业都无法达到这一要求。2012年,境内证券市场融资额总计5850亿元,其中创业板市场累计筹资额为 370 亿元①，中小企业板市场累计筹资额为 771 亿元，两者合计占比不足两成。截至 2012 年年末，在创业板上市的公司仅有 355 家，在中小企业板上市的公司仅有 701 家，相对于庞大的中小企业群体来说，只有极少数的企业能够借道资本市场融资。

（六）债券市场

从债券市场来看，债券市场产品主要有公司债、短期融资券、中期票据、企业债、可转换公司债券、集合票据等，总体来看，中小企业通过债券市场融资的难度也是比较大的。首先，许多债券产品的发行门槛较高，如公司债和企业债等都对企业的资本金和利润等有具体的要求，中小企业通常较难达到这些要求；其次，中小企业通过债券融资面临的利率常常较高，这也给中小企业带来了一定的压力；最后，债券融资需要投入一定成本，但如果债券发行的规模小，这些发行成本占比就会较高，这也对债券发行量通常较小的中小企业通过债券进行融资带来一定影响。2012 年，债券市场累计新债发行总规模达到 8 万亿元，其中，中小企业参与较多的集合企业债和集合票据发行额为 86 亿元，占比仅为千分之一②。

四、金融市场基础建设尚不完善

（一）社会信用体系建设比较滞后

社会信用体系建设覆盖全社会各个层面，它是以规范信用行为的法律法规为依据，以信用活动的参与者为主体，以提供合法、规范、权威、有效的信用信息为基础，旨在形成激励守信、惩戒失信的机制。当前我国正处于经济社会转型过程中，社会诚信缺失问题比较突出，部分企业在市场交易中存在的产品质量低劣、制假售假、合同欺诈等不诚信行为，破坏了市场环境和社会秩序，增加了社会成

---

① 本段以下数据来自《2012 年深圳证券市场概况》，载深圳证券交易所网站，http://www.csrc.gov.cn/pub/zjhpublic/G00306204/zqscyb/201301/t20130122_220685.htm。
② 数据来源：Wind 数据库。

本和风险，降低了经济和社会的运行效率。可以说，信用状况差已成为影响和制约我国经济社会发展的一个薄弱环节和突出因素。

从国际上的情况看，比较完善的社会信用体系，通常包括信用法律法规体系、信用数据和信息技术支撑体系、企业信用服务体系、信用市场监管体系、诚信教育体系和失信惩戒机制等。同发达国家相比，我国在企业征信平台的基础建设方面仍然有较大差距。受征信立法滞后、部门管理条块分割的制约，目前我国企业的信用信息分散在工商、税务、海关、公安、法院、技术监督、财政、统计等多个政府部门，水、电、煤、气公用事业单位，以及通信、保险等非政府机构，缺乏集中的企业信息平台。金融机构收集非信贷信息的壁垒比较高，在对中小企业进行资信调查时往往面临数据被屏蔽、查询费用高、耗时长等问题，阻碍其对中小企业信贷业务的积极开展。

（二）中小企业信用担保体系不健全

担保行业主要包括政策性、商业性和互助性担保三类。在美、日等发达国家，信用保证制度是中小企业使用率最高且效果最好的一种金融支持制度。美、日政府部门虽然也为中小企业发展提供直接的资金支持，但参与中小企业投资或借贷的规模并不大，而是主要通过为中小企业提供担保，实现信用增级，从而达到获取信贷资金的标准。

目前我国很多地方都建立了政策性担保公司，但是普遍存在资金规模小、覆盖面有限、担保能力有限、抗风险能力不强等问题。目前地方财政对担保公司的投入普遍为小规模的一次性资金或资产划入，缺乏稳定、持久的资金支持。从规模上看，虽然总量投入很大，但是分摊到单个担保公司的资金规模往往有限。一些省级担保公司的资本金仍停留在几亿元甚至几千万元左右，抗风险能力有限。此外，一些政府性担保公司缺乏明确的定位，在追求盈利和执行政府支持小企业发展的政策之间存在一定的矛盾和冲突。

（三）股权投资的市场化退出渠道不足

由于生命周期、企业规模、行业特性和经济环境等情况千差万别，中小企业融资需求各不相同，且在不断发展变化。根据为中小企业提供融资所需的服务成本和面临的风险，需要由不同运营成本和风险偏好的机构或组织来为不同企业提供融资服务。概括来说，处于初创期、成长期、新兴产业的中小企业风险高，更多需要创业投资或股权投资基金来为其提供股权融资，更多需要依靠政策性融资机构的扶持或民间融资等非正式的融资渠道。只有在生产经营较为稳定的阶段，才适合商业银行的债权投入。

因此，股权投资是中小企业融资的重要渠道。它可以覆盖中小企业生命周期的各个主要阶段，除了提供中小企业急需的资金之外，还能为这些企业提供不同方面的增值服务。当企业仅具有商业概念尚未产生收入时，早期风险投资者和天使投资人即可提供启动资金，用于产品研发、产品概念评估和发展；当企业开始产生收入但仍未实现稳定盈利时，典型的风险投资基金会选择介入，支持其进一步发展；而在企业进入盈利期后、上市融资之前，会有资金实力更强的私募基金提供成长资金，帮助企业扩大产能、发展市场及进一步改进技术产品。而风险投资与私募股权投资基金的盈利，需要通过所投资企业公开上市或股权转让来实现。

近年来我国对股权投资的支持力度在逐步加大，但目前股权投资市场仍处于起步阶段，制约股权融资进一步发展的主要问题在于缺乏完善的退出机制。一方面，风投机构难以通过公开市场发行上市退出。对于致力于投资初创期、成长期中小企业的风险投资机构而言，其多数投资对象难以在3~7年的投资周期内达到我国资本市场在企业营业收入及净利润等方面的要求，投资的企业难以上市，因而限制了此类早期风险投资的发展。另一方面，许多城市的产权交易规模较小，流动性不足，股权投资转让不易，一定程度上制约了股权融资的发展。

第三节　关于进一步增强融资公平性的政策建议

为更好地发挥金融对经济结构调整和转型升级的支持作用，更好地发挥市场配置资源的基础性作用，更好地发挥金融政策、财政政策和产业政策的协同作用，优化社会融资结构，持续加强对重点领域和薄弱环节的金融支持，切实防范化解金融风险，2013年7月1日，国务院发布《国务院办公厅关于金融支持经济结构调整和转型升级的指导意见》（国办发〔2013〕67号，以下简称《意见》），综合提出了推动重点领域与行业转型和调整、加大对小微企业和"三农"等国民经济薄弱环节的支持、推动消费升级、支持企业"走出去"、加快发展多层次资本市场、充分发挥保险的保障作用、扩大民间资本进入金融业等多方面政策措施。《意见》的内容体现了几个重要考量：一是要让市场在金融资源配置中发挥基础性作用，比如要稳步推进利率市场化改革，更大程度地由市场来决定资金价格。二是切实转变政府职能，一方面积极放宽管制，例如提出要扩大民间资本进入金融业，探索民间资本发起设立自担风险的民营金融机构，要扩大银行不良贷款自主核销权限等；另一方面强化政府维护产权和公共服务职能，例如鼓励地方人民政府建立小微企业信贷风险补偿基金，支持小微企业信息整合，加快推进中小企业信用体系建设，支持地方人民政府加强对小额贷款公司、融资性担保公司监管，鼓励地方人民政府出资设立或者参股融资担保公司等，积极弥补小微企业融资问题上的市场失灵缺陷。三是注重政策协同配合，《意见》高度重视金融政策与其他政策的协同作用，例如对于化解产能过剩，《意见》配合"消化一批、转移一批、整合一批、淘汰一批"的产业政策要求，提出相应的金融政策，共同促进抑制消化过剩产能，支持先进产能。四是要坚持两手抓，一手抓金融支持经济结构调整和转型升级，一手抓防范和化解金融风险。在防范金融风险的前提下促进经济转型发展，在促进经济转型发展的过程中增强防范金融风险的能力。从上述内容来看，这是一份把金融服务聚焦到支持经济结构调整和转型升级上去的重要文件，其落地实施能够对国民经济持续健康发展起到非常积极的作用。根据我国金融体系发展现状，结合《意见》中提出的有关政策要求，我们就下一阶段如何进一步推进金融市场化改革，建设更为公平的融资环境，纾解中小企业融资难题提出以下政策建议。

一、完善综合配套措施，稳步推进利率市场化改革

在推动利率市场化改革的进程中，需要不断完善和实施各项综合改革配套措施，为改革的顺利推进打好体制基础和市场基础。

（一）进一步推动形成统一的市场基准利率

目前，一年期存贷款利率、国债回购利率、央票发行利率和银行间同业拆借利率等都部分承担着基准利率的功能。下一步，应加快提高债券市场的广度和深度，不断丰富债券品种和期限结构，优化做市商机制，改进债券市场报价制度，逐步构建完善的国债收益率曲线，为利率市场化提供市场定价基础。同时，适时适度推进存款利率市场化，着力完善上海银行间同业拆借利率（Shibor）的运行机制和市场功能，推动统一市场基准利率的形成。

（二）加快推进金融机构改革转型

在利率市场化的过程中，金融市场运行表现出新的特点，市场利率水平波动幅度逐步加大，银行体系存贷利差逐步收窄。这些因素加大了银行体系所面临的利率风险、流动性风险，并使得银行业的盈利能力下降，迫使银行改变原有的运营模式，寻求转型发展。国际经验表明，在利率市场化的进程中，风险管理和定价能力较弱的中小金融机构为参与竞争，往往不得不以较高的存款利率和较低的贷款利率吸引客户，导致成本和风险上升，容易出现经营困难。比如美国和日本，在利率市场化过程中都遭遇了规模不等的银行危机。20世纪70年代后，美国加快利率市场化改革，取消利率管制，储蓄贷款机构吸收存款成本骤然增加，但由于经营管理水平和风控意识较差，加上负债稳定性下降、资产负债期限不匹配等风险因素，最终导致

上千家储贷机构倒闭,爆发了储贷危机。日本的商业银行在利率市场化过程中,大幅提高了房地产贷款占比,但没有及时有效地加强风险管理,在20世纪90年代房地产泡沫破裂后,日本商业银行的坏账率大幅上升,多家银行破产。

面对利率市场化带来的各种影响,我国银行业金融机构应根据自身实际科学确定发展战略,改变盲目争抢国有大企业和中心城市的做法,因地制宜转变经营策略和经营模式,逐步建立符合自身竞争优势的目标客户群,提升针对不同产品和客户的风险定价能力,使贷款定价全面覆盖资金成本。同时,加快完善全面风险管理体系,有效控制利率市场化改革和业务转型中的风险。

(三)取消贷款规模控制

现实情况表明,因规模管制而无法放贷的银行资金中,有相当部分通过种种手法,以其他金融机构为通道进入体外循环。由于这些绕贷款规模的方式需要经过多个市场主体和多个交易环节,虽然表面上银行风险资产的规模扩张有所控制,但实际上非信贷融资的规模快速扩大,且在风险管控上不及信贷资产,增加潜在金融风险。同时,贷款规模控制会加剧资金价格双轨现象,以及资金在不同金融市场的套利行为,导致金融资源配置低效、实体经济融资成本上升等问题。因此,信贷规模管制应尽快取消,而更多运用资本充足率、杠杆率等银行监管指标来控制银行的资产过度扩张,促进利率市场化顺利推进。

(四)建立健全市场退出机制

目前,我国债券市场、银行理财和信托产品等在地方政府、金融机构的人为"保护"下处于"零违约"状态,由于企业和金融产品自身的风险被各种"兜底"因素所掩盖,导致风险溢价下降,相关融资产品的利率偏低,市场价格未能反映真实的风险状况。金融机构也存在政府隐性担保问题,可能引发道德风险,不利于建立"优胜劣汰"的市场秩序。此外,由于金融市场缺乏退出机制,投资者认为风险有政府埋单,容易忽视相关企业和产品的基本面,丧失风险意识,无法有效发挥市场的监督作用。应加快完善金融机构破产立法和存款保险制度,使隐性担保显性化,同时推动债券、理财、信托等产品真实的风险暴露,建立科学的风险分担制度,促进金融市场健康发展,提高金融资源的配置效率。

二、加快健全社会信用体系

现代市场经济是建立在法制基础上的信用经济,"市有信则立,市无信则废",完备的社会信用体系是市场经济运行的基石,通过对信用主体失信行为的记录、揭示和预警,使作假失信者受到惩戒,使诚实守信者得到保护,有助于在全社会培育良好的诚信文化。近年来,我国着力加强社会诚信建设。"十二五"规划提出,要"加快社会信用体系建设"。国务院于2013年年初颁布《征信业管理条例》,自2013年3月15日起施行。党的十八大报告进而提出,要"加强政务诚信、商务诚信、社会诚信和司法公信建设"。

参考发达国家的情况,社会信用体系建设主要有两种模式。其一,是以美国为代表的以信用中介机构为主导的模式,完全依靠市场经济的法则和信用管理行业的自我管理来运作,政府仅负责提供立法支持和监管信用管理体系的运转。信用中介服务行业主要分为三大类,一是资本市场上的信用评估机构,主要包括对国家、银行、证券公司、基金、债券及上市大企业的信用进行评级的公司,如穆迪(Moody)、标准普尔(Standard and Poor's)和惠誉(Fitch)等;二是商业市场上的信用评估机构,是对各类大中小企业进行信用调查评级的公司,主要业务是在企业之间进行交易时或企业向银行贷款时,对企业进行信用评级,如邓白氏集团公司(Dun& Bradstreet);三是对消费者进行信用评估的机构,在美国叫信用局或消费信用报告机构,其主要业务是合法地制作和有偿传播消费者个人信用调查报告,用于在金融机构发放个人消费信贷、商场向顾客发放购物卡、租赁类公司考察个人用户、公用事业公司开通服务、雇主了解工作应征者品行等情况下提供参考,在美国主要有益百利(Experian)、全联(Trans Union)、EQUIFAX三大信用局。其二,是以欧洲为代表的以政府和中央银行为主导的模式,政府通过建立公共的征信机构,强制性地要求企业和个人向这些机构提供信用数据,并通过立法保证这些数据的真实性,由中央银行对信用管理机构承担主要的监管职能。欧洲模式同美国模式的主要差别在于,信用信息服务机构是作为中央银行的一个部门建立，而不是由私人部门发起设立，由于政府起主导作用，其建设的效率比较高。

我国现行的做法更接近于欧洲模式。从理论上说，全国性的征信数据平台具有地方性或行业性征信机构不可比拟的便利性和规模优势。目前，我国在人民银行征信中心建有基础数据库，但大量的个人和企业信用记录分割散落在多个行政管理部门。应完善相关法律法规建设，加强政府各部门之间的协调，加快解决跨部门信息互通中存在的行政性和技术性瓶颈，在整合人民银行征信系统等现有分散的基础数据库和其他信息资源的基础上，建设全国统一的集中化信用数据平台。在此基础上，引入市场化管理机制，积极培育本土信用评级机构，开展企业信用评级服务，增强评级的专业性和公信力，尤其是要根据中小企业特点开发有针对性的征信产品和服务，培育中小企业信用意识，引导企业诚实守信，重视积累自身的信用记录，依法合规经营，同时，加强市场信用监督管理，完善失信惩戒机制。社会信用体系的健全，有助于金融机构更准确地了解企业的信用状况，为信用记录良好的中小企业提供更多的发展机会，从而改善中小企业融资环境。

三、积极推进银行分类监管，扩大民间资本进入金融业

目前，我国银行监管体系的划分主要基于历史上银行设立方式的不同，分为大型商业银行、股份制商业银行、城市商业银行、农村金融机构、外资银行等类别，在引导不同规模、不同经营管理水平的银行实行差异化发展方面的效果不太显著。因此，应研究进一步改进我国银行业分类方法，综合考虑银行的资产规模、资本实力、风险状况、内控能力等因素，对其进行监管评级和分类，实行差别化监管。探索有限牌照管理制度，不同种类持牌机构业务范围不同，比如对监管评级较高、风险管理能力较强的银行，可确定为全牌照银行，经营的业务范围和地域范围比较广泛；而对于监管评级较低、风险管理能力相对不足的银行，确定为有限牌照银行，限制其在一定地域范围内、一定业务范围内开展经营活动，尤其

是地区性中小金融机构，通过有限牌照管理，可引导其向社区银行或专业银行发展，鼓励其"深耕"本地市场，限制盲目扩张。同时，根据经济环境变化和商业银行发展变化情况，实施动态评级分类和监管，以激发银行体系内生动力和发展活力。

在银行业改革与发展过程中，应更充分地调动民间资本积极性，发挥其在推动中小金融机构改革和新型农村金融机构设立等方面的重要作用。目前，民间资本已是我国银行业资本金的重要组成部分。民间资本参与了部分大型商业银行和股份制商业银行的首次公开募股（IPO）和股权优化。不少民间资本还成为股份制商业银行的主要股东。截至2012年年底①，股份制商业银行总股本中民间资本占比达到45%，城市商业银行总股本中民间资本占比达到54%，农村中小金融机构股本中民间资本占比超过90%；其中，城镇银行股本中，民间资本占比为73.3%。2012年5月，银监会又发布《关于鼓励和引导民间资本进入银行业的实施意见》（以下简称《实施意见》），明确支持民营企业参与商业银行增资扩股，鼓励和引导民间资本参与城市商业银行重组；支持民营企业，特别是符合条件的农业产业化龙头企业和农民专业合作社等涉农企业参与农村信用社股份制改革或参与农村商业银行增资扩股；支持民营企业参与村镇银行发起设立或增资扩股；支持农民、农村小企业作为农村资金互助社社员，发起设立或参与农村资金互助社增资扩股；支持民营企业投资信托公司、消费金融公司；支持符合相应条件的民营企业投资企业集团财务公司、金融租赁公司和汽车金融公司。为鼓励民间资本投资村镇银行，《实施意见》调整了村镇银行主发起行的最低持股比例要求，由原来的不低于20%降低到15%。村镇银行进入可持续发展阶段后，主发起行可与其他股东按照有利于拓展特色金融服务、防范金融风险、完善公司治理的原则调整各自的持股比例。《实施意见》还强调，符合规定的小额贷款公司可以依法改制为村镇银行。这些政策措施有利于创造良好的市场竞争环境，有利于改善金融对实体经济的服务。下一步，应加强相关政策措施的实施推进，要在加强风险

---

① 本段以下数据来自《中国银行业监督管理委员会2012年报》，载中国银监会网站，http://www.cbrc.gov.cn/chinese/home/docViewPage/110007.html。

监管，保障银行业金融机构稳健经营，保护存款人和社会公众利益的前提下，增加政策的可操作性和透明度，切实有效地推进扩大民间资本进入金融业。

四、加大对中小企业的扶持力度

对大多数国家来说，中小企业已成为新增就业岗位和技术创新的重要源泉，在国家的经济发展中具有重要的战略性地位，但由于小企业融资困难，各国政府都在政策上予以一定程度的扶持。以美国为例，美国政府对中小企业的扶持主要表现在以下几个方面：第一，健全法律法规，切实保护小企业。为对抗市场垄断，美国相继出台了《谢尔曼法》《克莱顿法》等法案。1953年通过的《小企业法案》成为保护小企业的基本法。1980年出台的《小企业经济政策法》规定，美国总统每年要向国会递交有关小企业情况报告。1982年出台的《小企业技术创新开发法》规定，联邦政府机构签订研究与发展项目合同时，小企业必须占有法律规定的最低比重。第二，政府设立专门机构为中小企业提供服务，包括隶属于国会的中小企业委员会、隶属于白宫的总统中小企业会议、隶属于联邦政府的小企业管理局（SBA）三个机构。其中，小企业管理局在扶持中小企业方面发挥了重要的协调职能，如向小企业提供资金援助，以担保方式或少量贷款帮助小企业从商业银行获得贷款；保证小企业在政府采购中占有相应份额；为小企业提供信息、培训、咨询等公共服务，资助小企业发展中心和帮助小企业投资公司开展业务。第三，对小企业进行财税扶持。向小企业提供优惠的研究创新补助金，实行特别的科技税收优惠以及企业科研经费增长额税收抵免，减少对企业新增投资的税收，降低公司所得税税率，推行加速折旧等。第四，以政府为主投资设立技术创业中心，同时以大专院校、科研单位为依托，对科技型小企业提供技术、法律咨询、融资等服务，促进企业起步。此外，小企业管理局联合地方政府、科研院所等建立了覆盖全美的小企业服务网络，如商业信息中心，免费提供管理教育、训练与咨询服务。

与国外类似，我国也从立法、财政支持、税收优惠、融资便利、信息服务等多个方面对中小企业发展进行了扶持，但很多工作还有待进一步深化和加强。其中尤为重要的是，要充分发挥财政政策在扶持中小企业发展方面的导向作用，加快设立政府中小企业发展基金，通过参股和提供融资担保等方式，吸引社会资本尤其是私人和企业资本的参与，用财政资金引导社会资金流向符合产业结构调整方向的部门、产业和企业。具体可考虑加强以下几个领域的财政补贴：一是加强研发补贴，重点支持中小企业在战略性新兴产业、节能减排等重点领域的技术创新，促进产业结构调整。二是加强贷款贴息，对满足一定条件的中小企业，可在一定年限内由政府承担部分或全部贷款利息，使中小企业能够获得较为稳定的中长期信贷资金支持。三是就业和创业补贴。在当前经济由过去持续多年的高速增长向中高速增长转变的特殊阶段，中小企业总体上经营困难加大，部分企业稳岗压力上升，要给予提供就业机会的中小企业更多的财政补贴，帮助企业维持好生产经营活动。对于失业者和就业困难群体，要根据社会需求，更多地给予职业培训补贴和创业补助，帮助其顺利就业和创业。四是进一步健全中小企业信用担保体系。从世界各国实践经验看，政策性担保公司往往在小企业融资担保体系中占据主导地位。各级政府应集中投入，整合资源，推动跨地域政策性担保公司或再担保公司的建立和持续经营。为提高效率，政策性担保机构应探索与银行合作的新模式，由银行负责对客户进行审查，符合条件的由政策性担保公司提供担保，并与银行建立风险分担机制，支持小企业融资业务的发展。

五、发展多层次直接融资市场

现代经济金融体系中，比较成熟的直接融资市场具有优化金融资源配置、满足多样化投融资需求、鼓励技术创新和创业投资、分散金融体系风险等诸多功能，有助于提高一国的经济发展速度和运行效率。尤其是在促进创业投资、科技发展方面，资本市场具有其他金融服务方式所不可替代的作用。从全球发展的经验来看，最近半个世纪来，全球最重要的几大新兴产业，如计算机、互联网、通信和生物制药等，无一不是通过资本市场发现和推动成长起来的。美国的资本市场与高科技紧密结合,从天使投资、风险投资一直到创业板的上市,一路为美国创新型企业在全球的领先发展提供源源不断的动力。

当前,我国的资本市场正在成为市场经济运行和投融资活动的重要平台,但还存在尚待完善的地方。首先,相对于间接融资,直接融资的股票市场和债券市场明显失衡,直接融资规模远远不够。目前,银行贷款在社会融资规模中的比重约为五成,同时,在近年来以债券、信托为代表的快速增长的直接融资产品中,有相当比重的资金实际来自银行体系。截至2013年6月末,中国债券市场总托管量为28.2万亿元,其中银行间债券市场债券托管量为26.6万亿元,占总托管量的94.4%[①]。在银行间债券市场上,银行是最大的购买主体。其次,资本市场层次结构还不够健全,市场品种和工具还有待进一步丰富。我国资本市场是一个自上而下的发展过程,从数量上看,参与资本市场的企业数量构造成为一个"倒金字塔",从场外市场、创业板、中小板、主板,越往上企业数量越多,这与成熟市场的结构正好相反。

在这样的市场结构下,资本市场的运行效率和服务功能是不足的。从分散风险的角度看,原来积聚在银行体系内的风险,并未因为债市等直接融资市场的规模扩张而得以有效转出。从金融服务的角度说,由于银行机构对直接融资市场的广泛深入参与,银行谨慎经营的特性使得其难以有效支持风险程度较高的中小企业,资本市场自身层次结构不丰富、容量不足,难以有效满足实体经济不同层次市场主体的融资需要。

党的十八大报告中提出,要深化金融体制改革,健全促进宏观经济稳定、支持实体经济发展的现代金融体系,加快发展多层次资本市场。从资本市场的现状来说,要改变市场、产品结构过于单一的局面,发展多层次资本市场,第一,要继续完善主板、中小企业板和创业板市场的制度安排,深化新股发行制度市场化改革,适当放宽创业板对创新型、成长型企业的财务准入标准,支持符合条件的科技类、文化类、现代服务类、现代农业等企业利用资本市场发展壮大。要进一

---

① 见《2013年6月份金融市场运行情况》,载中国人民银行网站,http://www.pbc.gov.cn/publish/goutongjiaoliu/524/2013/20130730155147845302732/20130730155147845302732_.html。

步简化行政审批,强化资本约束、市场约束和诚信约束,遵循"放松管制,加强监管"的思路,不断提高上市公司质量,严惩内幕交易操纵市场、欺诈上市、虚假披露等各种违法违规行为,健全退市制度。第二,要探索构建全国性和区域性市场协调发展的多层次股权交易市场,扩大代办股份转让系统的试点,稳步推进全国中小企业股份转让系统建设,规范发展区域性股权市场,吸引更多投资者的参与,增强市场活力,为风险投资提供顺畅的退出渠道。第三,大力发展债券市场,加快建立健全有关市场准入、信息披露、资信评级、投资者甄选和投资者保护等方面的制度,促进场内、场外市场互联互通,完善中小企业私募债券试点相关制度和规则,不断推出符合市场需求的信用债券品种。第四,继续推进金融产品创新和多元化,不断丰富资本市场产品品种结构。资本市场应面向社会上不同层次的投融资偏好,尤其是针对数量众多的中小企业庞大的融资需求,开发出更多差异化、个性化的创新产品,不断提高市场配置资金的效率。

六、深入推进财税体制改革和国有企业改革

在参与金融市场的主体中,国有大中型企业、直接或间接隶属于政府的机构(如地方政府融资平台)由于有政府隐性担保,相较于广大中小企业,天然地具有信用优势和市场竞争优势,从银行信贷市场、债券市场和股票市场的运行实际看,出于安全性与盈利性并重的考虑,也更倾向于接纳这类融资主体。在此大背景下,部分地方政府融资平台企业和国有企业不顾预算约束,存在过度负债倾向。以地方政府融资平台为例,审计署于 2011 年 3 月至 5 月组织的对 31 个省(自治区、直辖市)和 5 个计划单列市本级及所属市(地、州、盟、区)、县(市、区、旗)三级地方政府的债务情况进行了全面审计[①],发现一些地方政府性债务资金的举借、管理和使用不够规范,部分地区和行业偿债能力弱。2012 年年末到 2013 年年初,审计署抽查了 36 个地方政府本级政府性债务,发现部分地区债务规模增

---

① 参见审计署审计结果公告《2011 年第 35 号:全国地方政府性债务审计结果》,载国家审计署网站,http://www.audit.gov.cn/n1992130/n1992150/n1992500/2752208.html。

长较快,一些省会城市本级的债务风险凸显①。36 个地方政府本级中,从债务率(债务余额与地方政府综合财力的比率,为衡量债务规模大小的指标)看,有 16 个地区 2012 年政府负有偿还责任和担保责任的债务率超过 100%;从偿债率(当年还本付息额与地方政府综合财力的比率,为衡量当期偿债压力的指标)看,有 14 个地区 2012 年政府负有偿还责任债务和担保责任的偿债率超过 20%。此外,地方政府逾期债务率也在上升。

客观地看,地方政府性债务的形成有其历史原因,用于弥补地方在城市建设和经济发展过程中的资金缺口。从资金投向看,主要用于交通运输、市政等基础设施和能源建设,以及教育、医疗、科学文化、保障性住房、农林水利建设等民生方面,对地方经济社会发展发挥了一定积极作用。国有企业方面,近年来随着国有经济布局结构调整,国有企业正在向两个方向集中,一种是功能定位于为国民经济发展和人民生活提供保障的国企,这类国企具有公益性质,兼顾为社会服务和企业持续发展的双重目标,在中央层面包括石油石化、电网、通信服务等领域的企业,在地方层面包括供水、供气、污水处理、公共交通等方面的企业;另一种是定位为在大企业层面提升国家的产业竞争力的国企,在规模经济要求很高的资金、技术密集型产业领域,竞争性国有大企业对提升国家的产业竞争力发挥着重要的作用。

党的十八大报告在"全面深化经济体制改革"部分提出,经济体制改革的核心问题是处理好政府和市场的关系,必须更加尊重市场规律,更好发挥政府作用。要毫不动摇巩固和发展公有制经济,推行公有制多种实现形式,深化国有企业改革,完善各类国有资产管理体制,推动国有资本更多投向关系国家安全和国民经济命脉的重要行业和关键领域,不断增强国有经济活力、控制力、影响力。毫不动摇鼓励、支持、引导非公有制经济发展,保证各种所有制经济依法平等使用生产要素、公平参与市场竞争、同等受到法律保护。健全现代市场体系,加强宏观

---

① 参见审计署审计结果公告《2013 年第 24 号:36 个地方政府本级政府性债务审计结果》,载国家审计署网站,http://www.audit.gov.cn/n1992130/n1992150/n1992500/3291665.html。

调控目标和政策手段机制化建设。加快改革财税体制，健全中央和地方财力与事权相匹配的体制，完善促进基本公共服务均等化和主体功能区建设的公共财政体系，构建地方税体系，形成有利于结构优化、社会公平的税收制度。党的十八大报告中提出的这些政策要求，触及相关矛盾和问题的根本，有助于科学确立政府的职责边界，处理好政府与市场、政府与社会的关系；有助于国有企业的规范发展，更好地发挥其对于经济社会发展的稳定器作用；进一步地，将有助于为中小企业营造更为公平、稳定的发展环境。

第十一章 调节收入分配

民生经济认为，公平分配既是经济发展的根本目的，也是重要手段。这里的公平主要指过程公平和机会公平，也就是本报告理论篇所论述的通过平等提升人力资本和平等获取就业创业机会，获得公平合理的收入。本章将全面回顾我国收入分配格局的发展过程，在深入分析存在问题的基础上提出收入分配制度改革的政策建议。

第一节 我国收入分配格局的演变历程

一、1978年以前的收入分配——差距小效率低

从完成社会主义改造到1978年开始进行改革的20多年间，中国大体上是一个收入相对平等的社会。根据研究文献，中国在改革前夕的基尼系数①比大多数发展中国家都要低。城市的基尼系数在0.2以下，农村的基尼系数在0.21~0.24之间；而在许多发展中国家，城市基尼系数在0.37~0.43之间，农村基尼系数则在0.34~0.40之间。这一时期我国只有城乡居民的收入差距比较大。据世界银行

---

① 基尼系数是衡量居民总体收入差距的重要指标。按照国际上通用的标准，基尼系数在0.2以下为高度平等，0.2~0.3为比较平等，0.3~0.4为差距适度，0.4~0.5为差距加大，0.5以上为高度不平等；0.4为国际公认的警戒线。

的计算，1979年中国城乡居民人均收入的比率是2.5，高于亚洲其他低收入国家（平均约为1.5），也稍高于中等收入国家（平均约为2.2）①。然而，这个时期较为平均的收入分配格局，是以经济的低效增长、社会资源的扭曲配置为代价的。特别是"文化大革命"期间，政治上坚持"以阶级斗争为纲"，经济上推行"大锅饭"式的生产生活状况，使得整个社会缺乏激励机制，创新、生产的活力严重不足。"国民经济比例严重失调，市场商品匮乏，人民生活困难"②，国民经济走到崩溃的边缘。据1978年文件记载，"几年来，国民经济的发展速度缓慢。一些地区，特别是云、贵、川、闽、浙、赣等省粮食产量下降，有些重点产量省吃粮靠调进。工业生产，一九七四、一九七六两年停滞不前。钢产量大幅下降，一九七六年只生产了二千零四十一万吨，低于一九七一年，倒退了五年。由于农业、工业发展不快，直接影响到市场供应和人民生活，影响到国家的财政收入。财政连续三年出现赤字。一九七六年财政收入只有七百五十亿元，相当于一九七一年的水平"③。

二、1978—2000年间的收入分配——差距拉大效率提高

自1978年开始的改革开放，是一次市场取向的改革。打破公有制一统天下的计划经济模式，引入多种经济成分，是经济体制改革的重要内容之一。与此相适应，中国出现了多种分配方式并存的格局，居民的收入分配格局也因此发生了很大的变化。

一是政府政策导向以鼓励效率为主。1978年以前，我国的收入分配主要是在国家的计划指导下，遵循平均主义的原则进行"大锅饭"式的分配，干多干少一个样，干好干坏一个样，这种分配制度不利于个人积极性的调动和生产效率的提

---

① 赵人伟、李实、李思勤，《中国居民收入分配再研究》，中国财政经济出版社1999年版，第178页。
② 房维中，《在风浪中前进——中国发展与改革编年纪事》，内部资料。
③ 国家计划委员会，《关于一九七七年国民经济计划几个问题的汇报提纲（摘要）》，1977年2月12日。

高。1977年国家计委汇报①提出,"坚持按劳分配,利用价值规律,是社会主义阶段的两个重大原则问题。要加快速度,必须解决好这两个问题"。特别提出了在贯彻各尽所能、按劳分配方面建议采取的6项举措。其中第6条是"把现行的附加工资同职工劳动好坏联系起来,分成几等,体现多劳多得、少老少得、劳动不好不得"。1978年,邓小平同志同国务院政治研究室胡乔木、邓力群谈话时指出:"要坚持按劳分配的社会主义原则;在分配问题上,只能是按劳分配,不能是按政,也不能是按资格。"不久,国务院发出了关于实行奖励和计件工资制度的通知。同年,党的十一届三中全会对传统的收入分配制度进行了修正,反对平均主义的做法,强调真正意义上的按劳分配,并鼓励一部分人先富起来。党的十一届三中全会文件提出:"各级经济组织必须认真执行按劳动分配的社会主义原则,按照劳动的数量和质量计算报酬,克服平均主义……"邓小平同志指出,收入分配的改革首要打破"平均主义"的"大锅饭","要允许一部分地区、一部分企业、一部分工人农民,由于辛勤努力成绩大而收入先多一些,生活先好起来"。②1984年党的十二届三中全会提出"允许和鼓励一部分地区、一部分企业和一部分人依靠勤奋劳动先富起来"。1987年党的十三大提出要"以按劳分配为主体,其他分配方式为补充;在促进效率提高的前提下体现社会公平"。1992年党的十四大提出要"以按劳分配为主体,其他分配方式为补充;兼顾效率与公平"。1997年党的十五大提出要"坚持按劳分配为主体,多种分配方式并存的制度,把按劳分配和按生产要素分配结合起来;效率优先,兼顾公平;允许和鼓励资本、技术等生产要素参与收益分配"。总体上看,这个时期,党的政策导向是不断扩大要素参与分配的程度,在公平和效率的问题上,强调效率优先,把蛋糕做大。

二是各地区、行业、收入人群的收入都有大幅提高。市场化改革使中国保持了近30年的高速经济增长,按现价计算,1978—2000年国内生产总值增长了26.2倍,同期,城镇居民家庭人均可支配收入增长了17.3倍,农村居民家庭人

---

① 国家计划委员会,《关于经济计划的汇报要点》,1977年11月18日、23日、25日给政治局汇报稿。
② 邓小平,《邓小平文选》(1975—1982),人民出版社1983年版,第142页。

均纯收入增长了 15.9 倍。而从城镇内部各个群体的情况来看，数据同样表明各群体的收入是"普涨"的：1978—2000 年，城镇在岗职工平均工资由 615 元增加到 9371 元，其中国有单位的职工平均工资由 644 元增加到 9552 元；其他单位职工平均工资由 1984 年（1978—1983 年缺乏数据）的 1048 元增加到 10984 元。另据有关计算①，扣除物价上涨因素，2001 年全国 20% 最穷人群的收入已经相当于 1981 年中等收入水平的 1.28 倍，相当于 1981 年最富人群收入水平的 61%。在这个时期，市场化改革让大多数人分享了经济增长。

三是居民收入差距总体上有所扩大，但还在适度的范围内。一般认为，改革开放初期，我国基尼系数保持了相对稳定，农民收入的大幅增长有利于缩小城乡二元结构带来的收入差距，有学者认为在 1978—1984 年间，我国基尼系数稳定在 0.16 左右的水平，1985 年后才开始上升，但直到 2000 年，都没有超过 0.4 的国际公认警戒线。②

四是收入差距扩大总体上反映了生产要素间的合理比价关系，收入的流动性较好。改革开放以来，我国逐步建立并完善了社会主义市场经济体制，生产要素更多地依靠市场而不是行政权力进行配置，社会财富也逐渐依据个人掌握不同生产要素的多少分配。在这个阶段，相对于劳动力，资本和技术极其稀缺，要素供需结构极不平衡，因此，资本和技术的拥有者，如外资业主、个体工商户等，凭借其所拥有生产要素的稀缺性，在财富分配上获取了较大份额。相比之下，劳动者拥有的份额开始下降，收入差距开始扩大。必须看到，这种分配格局对资本、技术产生了巨大吸引力，中国开始成为世界投资的热点，客观上极大促进了经济高速增长。

五是经济增长的效率大幅提高。考察经济增长，不仅要看总量，更要看质量，即经济增长的效率。这一时期，无论是技术效率③、资本配置的效率，还是能源

---

① 周文兴，《中国：收入分配不平等与经济增长》，北京大学出版社 2005 年版，第 20 页。
② 孙仁宏，《改善国民收入分配的思考与建议》，载《中国浦东干部学院学报》2011 年第 5 期，第 63 页。
③ 技术效率的概念最早由 Farrel 提出，用来衡量在现有技术水平条件下，生产者获得最大产出的能力，表示生产者生产活动接近其前沿边界（最大产出）的程度，也反映了现有技术的发挥程度。

效率,都有着大幅提高。从技术效率看,据有关研究①,这一时期虽然有一定的波动,但总体上呈上升趋势,1985 年,全国平均技术效率为 0.58,1988 年为 0.635,1995 年为 0.679,2000 年为 0.729。资本配置的效率也不断改善,特别是 1987—1992 年和 1993—1997 年间资本配置效率年均增长率最高,分别达到 1.93% 和 3.24%;对经济增长的贡献率也最高,分别达到了 16.57% 和 19.94%。② 从能源效率看,能源消费的技术效率这一时期一直处于上升期,其中 1981—1990 年平缓上升,1991—1998 年快速上升,达到效率值 1 的最优规模。③

三、2000 年至今的收入分配——差距拉大效率受损

进入 21 世纪以来,我国经济继续保持高速增长,居民收入分配的差距也不断扩大,各收入群体在收入分配方面不平等现象日益突出,持续发展的动力和可持续性受到冲击和影响。

一是各地区、行业、收入人群、城乡间的收入增长的幅度出现较大差异,收入差距逐渐扩大。进入 21 世纪以来,我国居民间收入分配不均衡的问题越来越严重,据世界银行报告,1% 的中国家庭掌握了全国 41.4% 的财富,而美国是 5% 的人口掌握了 60% 的财富,中国的财富集中度远远超过美国,成为全球两极分化最严重的国家之一。国家统计局局长马建堂 2013 年 1 月 18 日在国务院新闻办的新闻发布会上首次披露,从 2003 年到 2012 年,全国居民基尼系数分别为 0.479、0.473、0.485、0.487、0.484、0.491、0.490、0.481、0.477、0.474。马建堂表示,0.47~0.49 的基尼系数应该反映收入差距还是比较大的④。分区域看,各地

---

① 朱承亮、岳宏志、李婷,《中国经济增长效率及其影响因素的实证研究:1985—2007 年》,载《数量经济技术经济研究》2009 年第 9 期,第 52 页。
② 董宝奇、贾牧、王宏伟,《中国资本配置效率与经济增长的实证分析》,载《经济研究》2010 年第 11 期,第 42 页。
③ 曾胜、黄登仕,《中国能源消费、经济增长与能源效率——基于 1980—2007 年的实证分析》,载《数量经济技术经济研究》2009 年第 8 期,第 17 页。
④ 朱剑红、张芳曼,《0.47—0.49 统计局首次发布十年基尼系数略高于世行计算的数据》,载《人民日报》2013 年 1 月 19 日第 4 版。

区居民收入绝对差距每年都在扩大。例如，2010年城镇居民人均可支配收入最高的上海和最低的甘肃，收入绝对差距达到18649.5元。当年增加额最高的上海比最低的青海，增加额高低相差1837.2元，比2009年增加499.7元。农村居民人均纯收入的情况也类似，最高的上海和最低的甘肃，收入绝对差距为10553.3元（甘肃人均纯收入仅为3424.7元）。当年增加额最高的北京和最低的甘肃，增加额相差1149.1元，比2009年增加253.4元。分行业看，按98个行业分类，最高与最低行业之间的差距由2005年的7.8倍扩大到2009年的13.2倍。平均工资最高的金融业，年均增幅也最高，2003—2010年增长了260%，而全国各行业平均水平是165%。金融业中的证券业和银行业同期涨幅更高达302%和281%。2010年，收入最高行业的金融业平均工资为最低的农、林、牧、渔业的4.7倍。[①] 从不同收入人群看，按城镇家庭人均可支配收入从高到低排序分为7组。2000年最高收入组收入为最低收入组收入的5倍，2010年为8.6倍。农村居民高低收入户之间的差距则由2005年的7.3倍扩大到2009年的7.95倍。[②] 从城乡看，2000年，我国城乡居民收入比为2.9∶1，2010年已达到3.23∶1，"落差"幅度不仅远高于发达国家，也高于巴西、阿根廷等发展中国家。

二是中等收入群体出现萎缩。中等收入群体是现代社会发展和创新的中坚力量，同时也是社会发展的稳定器。这个群体的不断扩大，有利于促进消费升级，从而带动产业和产品的调整升级，推动经济增长。研究表明，一个拥有"相对同质的中产阶级社会的国家，会有较高的收入水平和经济增长；这些国家有较高的人力资本和基础设施建设的积累，社会动荡较少，并且城市化水平也较高"。发达国家中产阶级比重较高。比如美国在60%以上，日本有"一亿皆中流"的说法，1.2亿人口中有1亿人属于中等收入者，占总人口的80%以上。现代世界各国都力求建设一个以中产阶级为主体的"橄榄型社会"。一般研究中，通常把收入水平处于中位数收入的0.75~1.25倍的人群作为社会的中间收入层，我们把这

---

① 于弘文，《2010年不同行业和经济类型职工工资状况》，载《中国居民收入分配年度报告（2011）》，第69页。
② 国家发展和改革委员会编写、张平主编，《中华人民共和国国民经济和社会发展第十二个五年规划纲要》辅导读本，人民出版社2011年版，第309页。

个收入区段的人群大致视为中等收入群体。从 1988 年到 2007 年，我国的这一人群比重持续下降。从全国看，中等收入者的人群比重从 24.06% 下降到 18.97%，农村中从 37.11% 下降到 30.13%。而中位数 0.75 倍以下和中位数 1.25 倍以上人群上升百分比基本相当，都为 3~4 个百分点。因此，我国收入流动性表现出明显的两极分化特征，中间收入层人群持续流出，高端和低端收入层人群比重明显增加，中等收入者群体呈现一种不稳定的状态，在总人口中所占比例呈下降趋势。

三是收入差距扩大的原因更趋不合理。这个阶段的收入差距扩大，除了有不同要素参与分配、要素收益不同的原因外，由于体制问题、权利不平等、身份歧视及腐败等非市场化的原因越来越显现，收入差距越来越难以反映要素的合理比价，人民群众的不满也越来越大。例如，垄断行业凭借行政垄断地位和准入管制，获取了高额垄断收益，并通过各种形式化为本行业的高工资和高福利。据统计，目前，电力、电信、金融、保险、烟草等行业职工的平均工资是其他行业职工平均工资的 2~3 倍，如果再加上工资外收入和职工福利待遇上的差异，实际收入差距可能在 5~10 倍之间。事业单位改革滞后，很多事业单位既享受行政机关的福利，又享受企业化管理的创收机制，收入分配随意性也比较大。就是在国有企业内部，高层管理者的收入增幅也大大高于普通职工。在非国有企业内部，企业主普遍存在压低劳动者工资的现象，企业收入分配向资本倾斜，资本所得不断提高、劳动所得相对较低。城乡间，由于身份差异，农民和城镇职工同工不同酬的现象也很普遍，农民工在就业和创业上备受歧视。

四是经济增长的效率有所走低。2000 年以来，虽然经济增长的增速依然较高，保持在 9% 以上，但经济增长的效率却出现下滑。技术效率呈现逐年走低的趋势，全国平均技术效率 2000 年为 0.729，2001 年为 0.716，2003 年为 0.654，2005 年为 0.647，2007 年为 0.62。[①] 资本配置的效率也出现走低，资本不断流向生产率较低的部门，配置低效应问题凸显。特别是 2003—2007 年间，资本再配置

[①] 朱承亮、岳宏志、李婷，《中国经济增长效率及其影响因素的实证研究：1985—2007 年》，载《数量经济技术经济研究》2009 年第 9 期，第 52 页。

效应对经济增长的贡献已呈现负值。① 从能源效率看，1999—2007年能源效率呈现快速平滑的下降阶段，能源消费量与最优规模距离越来越远。虽然由于技术进步带来技术效率有所上升，但规模效率的低下越发严重，导致总体效率更趋低下。②

第二节 当前收入分配领域存在的主要问题

改革开放30多年来的分配格局及变化历程，总体上是差距不断拉大，而效率由低至高又出现下滑的过程。这种变化的趋势既是市场化进程的自然选择，也是政府政策选择的结果。扩大资本、技术等要素参与收入分配，适当拉开收入差距，有利于激发经济增长潜力，激励劳动者更多地投入，对于我国迅速地从"文革"后经济崩溃的边缘复苏，保持此后30多年的高增长，都发挥了重要的历史作用。但进入21世纪以来，收入差距的不断扩大对于经济社会发展的负面影响越来越明显。

一、劳动者劳动意愿下降，削弱经济增长的内生动力

我国改革开放能够取得举世瞩目的成效，最大的经验在于激发了广大劳动者的创造性和积极性，长期以来相对合理的收入分配格局是形成这种良性激励最重要的制度保障。然而，根据上述分析，进入第三阶段后，收入差距不断扩大，现有收入分配格局对劳动者的激励作用大幅下降。由于收入分配改革的滞后，没有对各种生产要素形成合理的比价关系，相对于资本和技术，劳动的贡献和收益不

---

① 董宝奇、贾牧、王宏伟，《中国资本配置效率与经济增长的实证分析》，载《经济研究》2010年第11期，第42页。
② 曾胜、黄登仕，《中国能源消费、经济增长与能源效率——基于1980—2007年的实证分析》，载《数量经济技术经济研究》2009年第8期，第17页。

断被低估,包括广大农民工在内的工人的工资增幅远低于其他收入群体收入增幅,收入差距不断扩大,极大地挫伤了广大劳动者的劳动积极性。据统计,2011年,外出农民工月均收入2049元,其中,在东部地区务工的农民工月均收入2053元,在中部地区务工的农民工月均收入2006元,在西部地区务工的农民工月均收入1990元。同年,全国城镇非私营企业在岗职工①的月平均工资为3538元,为外出农民工工资的1.72倍。加上农民工从事的多为最辛苦和危险的行业,劳动时间过长②,工资被拖欠情况更严重,升职希望渺茫等,使得"90后"新一代农民工看不到前途,导致"厌工"、不愿就业的现象普遍出现。同时,由于公共服务体系尚不健全,低收入群体难以保障健康状况,贫困家庭的孩子难以接受较好的教育、获得较高的劳动技能,更难以通过增加劳动收入获取创业的初始资本,经济增长所需的充满创造激情和劳动意愿的高素质的产业后备军严重不足,这些都会从根本上降低经济增长的内生动力,影响经济的可持续增长。

二、收入流动性下降,引发社会对立

关注收入差距问题,不仅要静态地看,更要动态地看。也就是说,不仅要关注一个社会在某一固定时点收入分配的状况,更要关注社会收入流动的变化。③收入流动性具有十分重要的现实意义。一般说来,较快的收入流动性意味着收入不平等状况得到较好改善,同时也可以大大减少不同收入阶层之间由于收入分配不平等所产生的社会心理压力以及社会矛盾。这样,即使在一个国家收入分配差距扩大的情况下,只要保持社会各阶层之间具有较强的收入流动性,特别是当向上的收入流动大于向下的收入流动时,收入分配不平等的程度以及由此所引发的社会冲突就会大大降低和减少。比如美国的基尼系数一直比较高,贫富差距很大,

---

① 主体为拥有城镇户籍的就业人员。
② 据统计,外出农民工平均在外就业时间是9.8个月,平均每个月工作25.4天,每天工作8.8小时。
③ 收入流动指某个特定的收入组人员的收入在经过一段时间的变化后,其所拥有的收入份额或者所在的收入组别所发生的变化。

但由于保持了良好的收入流动性，社会总体上比较稳定。我国目前还缺乏收入流动性的直接统计数据，但根据相关分析看，改革开放以来，我国收入流动性有一个变化过程，早期流动性相对较好，但 21 世纪以来向上的流动性越来越差，收入差距有固化的趋势。近年来，社会上频频曝光的"官二代""富二代"现象，引起了社会极大关注，说明家庭背景对一个人成长的影响越来越大。一个人未来生活状况的好坏，不是取决于其自身努力程度等后致性因素，而是更多地取决于父代经济状况这一先赋性因素，这与机会均等原则相违背，不利于公平竞争；同时，整个社会结构也将处于一种不流动的固化状态，不利于社会的可持续发展。流动性的固化必然带来阶级意识不断强化，引发越来越严重的社会对立。依据社会学家的研究，根据收入和职业的不同，现在的中国社会已经形成了七大阶层，而各个阶层之间的利益有很大差别，甚至出现了相当严重的利益冲突。①

三、城乡区域差距扩大，经济社会难以均衡发展

中国是一个幅员辽阔的大国，各地区的自然、经济、社会条件差异显著。经过多年发展，我国在促进城乡区域协调发展方面做了大量工作，取得了一定的成绩。但客观上看，目前城乡区域收入差距过大的问题仍然非常突出，而且，区域间农村居民的收入差距大于城镇，且呈现扩大趋势。这带来了很多问题。一是引起城乡对立，现行的城乡分割的二元体制结构，伴随着城乡收入差距的不断扩大，不可避免地会带来城乡间的对立情绪。最近出现的很多群体性事件，事件的起因往往很小，甚至根本就是虚假信息，但很快就能聚集大量人群，形成激烈对抗。这背后实质上是因为不同阶层间已经产生了很深的矛盾和对立，以新生代农民工为代表的失落的一代看不到未来的希望，郁积了大量的不满情绪，很容易寻机爆发。二是引发民族矛盾，民族矛盾的实质往往是区域间收入差距的矛盾。这几年，新疆和西藏等民族地区都爆发过非常恶劣的暴力行为，给各族人民群众生命财产

---

① 参见陆学艺主编《当代中国社会流动》，中国社会科学出版社 2004 年版，第 21 页；李培林、张翼、赵延东、梁栋《社会冲突与阶级意识》，社会科学文献出版社 2005 年版，第 139 页。

带来了极大损失。究其原因,有政治的、文化的,特别是海外敌对势力的调唆。经济上看,很多民族地区的少数民族群众没有与内地特别是东部地区同步享受到发展的成果,区域间收入差距不断扩大,这个内在原因不容小觑。收入分配差距过大的问题不解决,民族问题很难得到根治。三是影响经济社会进步,各区域的收入差距过大,必然伴随各地区经济社会发展水平的巨大差距,各地区发展的不平衡、不协调问题突出,难以实现各区域协调、共同地全面发展。

第三节 调整收入分配的政策建议

调整国民收入分配格局,是一项涉及面广、环节多、影响深、难度大的重大任务,必须立足当前、着眼长远,以整体思维和战略眼光正确处理收入分配问题,坚持增加社会财富与合理分配财富并重,让全体人民共享改革发展成果。

一、以提高劳动报酬为重点,逐步提高居民收入在国民收入分配中的比重

1. 进一步完善劳动报酬正常增长机制。一是以工资集体协商制度为重点,探索建立有中国特色的职工民主参与企业工资分配决策的机制。工资集体协商,是指职工代表与用人单位代表依法就企业内部工资分配制度、工资分配形式、工资支付办法、工资标准等事项进行平等协商,并在协商一致的基础上签订工资协议的行为。实现工资集体协商,是维护劳动者权益、构建和谐劳动关系的重要举措。早在1996年,劳动部、全国总工会、国家经贸委、中国企业家协会就联合发布了《关于逐步实行集体协商和集体合同制度的通知》,要求"形成工会代表职工与企业平等协商,政府依法调控的劳动关系调整体制",并指出"签订集体合同的双方具有平等的法律地位"。2008年起施行的《中华人民共和国劳动合同法》,则将"通过平等协商"加入订立集体合同的条款。目前我国工资集体协商所面临的主

要问题是协商主体的组织问题尚未解决。其包括基层工会的选举问题以及企业组织的选举问题两个方面。2012年上海市工商联的一项抽样调查显示,受访的263家工商联会员企业中,有160家建立了集体协商制度,但由于企业成本上涨、利润摊薄,劳资双方仍然存在矛盾。提高广大职工特别是一线职工劳动报酬,是收入分配体制改革的重点和难点。在市场经济条件下,破解这一难题并不容易,政府除了上调最低工资标准外,并不能强制企业涨工资。工资怎么涨,只能靠劳动关系双方协商来解决。目前,我国已经形成"区域谈底线、行业谈标准、企业谈增长"的多层次工资集体协商格局。区域工资集体协商只能为本区域协商出一条"底线";企业工资集体协商,要么困难重重,要么容易流于形式。相对来说,行业工资集体协商则能够集中劳动者一方的力量、降低协商成本,形成一个较高的行业标准。因此,下一步,我们要以职工工资、工作时间以及劳动定额、计件单价等劳动标准为重点,大力推动行业性、区域性工资集体协商。加强政府引导,健全协商程序,进一步提高集体协商合同的实效性。以吸纳农民工入会和以非公有制企业为重点,加强基层工会组织建设和工会人员培训,提高协商能力和水平。

二是继续完善以最低工资和"三条指导线"为主的工资宏观调控体系。至少在100年以前,世界上已经开始有国家执行最低工资制度。截至目前,全球的主要经济体,包括美国、欧盟、日本、韩国、澳大利亚、中国(包括港澳台等地区)均已经执行最低工资标准。我国现时推行最低工资制度始于2003年。2003年12月30日,中国劳动和社会保障部通过《最低工资规定》,并于2004年3月1日起施行。根据截至2012年6月全国范围的统计,全国已经有100多个城市开始执行最低工资标准,其中最低的是黑龙江的牡丹江与齐齐哈尔,每小时收入6元,月收入700元,最低月工资包含员工个人扣缴的社保和住房公积金,小时最低工资标准包含社保,但不包含公积金。最高的是广东省的深圳市,每月最低工资为1500元,非全日制小时最低工资标准为13.3元/小时,月工资包含社保个人部分,小时工资也包含社保个人部分。但总体上看,最低工资制度作为一项重要的劳动保护和收入分配制度,在我国尚处于起步阶段,无论是标准拟定、调整频率还是执行力度、实际效果,都与制度目标存在差异,也与国际标准差距较大。下一步,要继续重视这项工作,将劳动报酬增长纳入国民经济和社会发展中长期规划,通过规划引导和政策规定,进一步发挥工资指导线、劳动力市场工资指导价位和行业人工成本信息的调节作用。建立企业薪酬调查和信息发布制度。完善最低工资制度,逐年调整最低工资标准,且调整幅度保持与经济增长、物价水平相协调。三是继续推进机关事业单位工资制度改革。落实深化公务员工资制度改革的有关规定。健全国家统一的职务与级别相结合的公务员工资制度,规范地区津贴补贴标准,完善艰苦边远地区津贴制度。尽快建立公务员与企业相当人员工资调查比较制度,健全公务员工资正常增长机制。建立符合不同类型事业单位特点、体现岗位绩效和分级分类管理的事业单位收入分配制度。

2. 健全农民增收长效机制。一是稳步促进农民工市民化,缩小城乡居民工资性收入差距。这里说的农民工市民化,是指符合条件的农业人口逐步在城镇就业和落户。目前我国城镇居民收入是农村居民的3.1倍,人均消费也是农村居民的3.1倍。我国农业的土地生产率很高,但劳动生产率很低,主要原因就是存在大量的农村剩余劳动力。农民工进城,由从事农业生产转为从事工业和服务业生产,实质上是劳动生产率的提高,意味着经济发展质量和效益的提升。因此,只有减少农民,才能富裕农民。要提升城镇发展质量和水平,着力提高城镇综合承载能力,发挥好城市对农村的辐射带动作用,壮大县域经济。要给进城农民工及其家属提供基本公共服务,积极引导农村富余劳动力向非农产业和城镇有序转移,不断优化农民工就业和创业环境,切实保障农民工的各种合法权益。二是探索推进农村土地制度改革,创造条件让农民获得更多的财产性收入。加快农村土地确权登记颁证工作,推动建立归属清晰、权责明确、保护严格、流转顺畅的现代农村土地产权制度。有序开展农村土地综合整治,按照依法、自愿、有偿的原则,鼓励农村土地承包经营权流转,推动农村土地向适度规模经营集中。探索完善农村宅基地置换办法。三是大力发展现代农业,巩固并提高农民经营性收入。建立健全农产品价格形成机制,合理提高农产品价格,稳定农业生产资料价格。推进农业产业化经营,壮大和提升农村二、三产业。加强农业综合生产能力建设,促进农村优势特色产业、农业技术推广和农民专业合作组织发展。四是继续加大"三农"支持力度,增加农民转移性收入。稳定和完善对农业、农民的补贴政策。继续实施主要农产品最低收购价政策,稳步提高收购价格。提高农村社会保障水平,逐步提高新型农村合作医疗筹资水平、政府补助标准和保障水平。实现新型农村社会养老保险制度全覆盖。逐步提高农村最低生活保障标准和补助水平。继续抓好扶贫开发工作,对农村低收入人口全面实施扶贫政策。

二、以促进基本公共服务均等化为重点,逐步调整政府收入在国民收入分配中的比重

1. 加强公共财政体系建设。从实际情况看,我国财政对于促进国民收入均衡分配的作用发挥得还不够充分,也不够公平。对于筹集政府收入高度重视,对于增加居民收入不够关注。政府性收入年年高于居民收入的增长,导致政府性收入在国民收入分配中所占的比重不断提高,高于居民收入的增长,而居民收入所占的比重逐步下降。公共财政如何综合参与国民收入分配结构的调整,是公共财政必须面对的一个重大课题。一是调整和优化财政支出结构。我国财政支出中,经济建设支出比重过大,主要是政府直接投入的基础设施建设支出规模仍然较大,公共服务和公共事业支出不够,还只能称为"建设型财政"。这就严重制约了公共财政作用的发挥,因此,从公共财政的公共性要求出发,实现由"吃饭型财政""建设型财政"向"公共服务型财政"的转变刻不容缓。财政支出要向民生领域倾斜,明确包括义务教育、公共医疗卫生、社会保障、就业、保障性住房等方面的民生支出比重的增长目标。通过完善和调整相关立法,确保各级政府的财政支出更多地转向公共服务和社会保障。针对当前民生领域存在的突出问题,通过完善人民代表审议政府支出安排的制度和有关部门审计政府支出的制度,督促各级政府改善财政支出结构,建立健全支持教育、医疗卫生、社会保障和住房保障等领域的长效机制。这里面尤其要强调对保障性住房的支出。对于广大低收入群体来说,能不能住有所居,是最关切的。而由于收入较低,难以在商品市场上购买到住房。为他们提供保障性住房,应该成为政府义不容辞的责任。事实上,

大部分国家和地区都有这方面的财政投入，我国香港建了50%的保障性住房，新加坡比例更高。而我国大部分地区长期以来，这方面的投入是严重不足的。对于保障性住房的投入，要以城镇常住人口全覆盖为原则，以10年左右的时间建设完成为目标，科学设定财政支持的力度和节奏。二是进一步完善转移支付制度。增加中央对地方的一般性转移支付规模。规范专项转移支付管理，进一步明确中央对地方专项转移支付的支出范围的具体承办事项，主要向中西部地区以及保基本的民生领域进一步倾斜，取消对财力困难地区中央投资项目的地方"资金配套"要求。加快推进省以下转移支付制度建设，完善县级基本财力保障机制，增强基层政府提供基本公共服务的能力。三是加强政府非税收入管理。完善非税收入管理政策和国库集中收缴制度，逐步将土地出让金收入和各种行政事业收费都纳入预算管理。可考虑近期对行政事业性收费、政府性基金等非税收入进行全面排查清理，对不合理的收费坚决予以取缔，减轻企业和居民负担。同时，深化行政管理体制改革，减少对微观经济运行的干预，降低行政成本。

2. 深化税收体制改革。中国当前的税制结构并不利于缩小贫富差距。中国税收体系大致可分为流转税、所得税和其他税三大类。流转税在中国税收体系中占据着绝对主体的地位，而流转税的转嫁会形成各不相同的税负归宿，这无疑对收入再分配的最终格局产生影响。通常情况下，消费支出占人们收入总额的比例随着收入增长而呈现逐步下降的趋势，从而使流转税具有累退的特点，正是流转税累退的性质在一定程度上恶化了居民间的收入分配。所得税中，企业所得税一直占有相当大的比重。据研究，中国企业所得税中资本只承担了税负的83%左右，还有17%左右转嫁给劳动要素。而劳动要素大部分被低收入人群所持有，这明显反映出中国企业所得税制在收入分配方面的不公平。个人所得税结构性缺陷也不利于缩小贫富差距。中国个人所得税中工薪所得税约占55%，而且中国全部个人所得税的65%来自中低收入家庭。这说明中国工薪阶层正承担着与其总体收入格局状况不太相称的赋税，劳动收入的税负程度偏重，与其在收入分配中的实际地位不相称。而在美国，高收入者绝对是个人所得税的纳税主体，占纳税人比例5%的富人贡献了联邦个人所得税的57.1%。最后，财产性收入调节缺位，这进一步扩大了收入和财富的差距。资本利得无可争议地在个人总收入中占据了越来越重要的位置，而中国目前对股票转让所得暂免征收个人所得税。

我们建议，一是要进一步完善分税制。合理调整中央和地方政府的税收比例关系，解决地方政府对行政收费的依赖，将企业减负政策制度化。逐步提高直接税在政府税收总收入中的比重，减少间接税比重过高对初次分配公平与效率的干扰。完善流转税制度，适当扩大增值税征税范围，适当降低增值税和营业税税率。二是要完善财税的调节机制。目前我国名义税负偏高，而且税收征管体系存在漏洞，高收入阶层往往能规避税收负担。由此导致主要税收负担往往落在中等收入群体身上，使得这个本应培养壮大的群体不堪重负。因此，要继续加快个人所得税改革；实行综合与分类相结合的个人所得税制度，进一步规范税基、税率级距和税负水平，降低中低收入者税收负担；要建立健全财产税制度；推进房地产税制改革；研究开征遗产和赠与税；要完善消费税制度；将高档奢侈产品和高档消费纳入征税范围，完善计征办法，增强对高收入者的税收调节力度。三是要加快资源税改革步伐。扩大征收范围，实行从价计征，提高资源税税率，规范矿产资源及其他自然资源的收益分配秩序，增加资源产区分享资源收益的比重。四是要加大国有企业收益上缴力度。健全国有资本经营预算制度。在全国范围内全面正式编制国有资本经营预算，建立健全国有资本收益使用和管理办法。大幅度提高中央国有企业利润上缴比例，将上缴比例调整为10%、15%和20%三个档次，适当扩大缴费国企的范围，打破国有资本收益在国有企业内部循环的不合理局面。应尽快将全部国有资本经营收入调入公共预算，增加对用于社会保障体系和保障性住房等民生领域的投入。

三、进一步规范收入分配秩序

对于这个问题，有经济学家讲得很好，"我们应该把我们政策重点放在打击非法收入和关注少数生活有困难的弱势群体上面。如果是合法经营或者勤劳致富的收入，我们现在不可能也不应该把收入拉平，所以我们现在应该更多地打击非法收入和保护那些生活有困难的弱势群体。如果我们把注意力或者舆论过度放在贫富差距，反而给自己套上脚锁"①。只有打击非法收入才能真正规范收入分配的秩序，扬正气，刹邪气，引导建立正确的收入观和价值判断。

1. 切实保护合法收入。加快完善工资支付保障机制，以农民工和中小企业为重点，全面推行劳动合同制度，加强劳动执法监察，加大违法处罚力度。设立劳动仲裁院，积极发挥劳动人事争议仲裁在保障劳动者合法权益中的作用。规范劳务派遣用工管理，坚持同工同酬。切实保障城镇居民在拆迁补偿和农村居民在土地征用过程中的合法权益。

2. 坚决打击取缔非法收入。深入治理商业贿赂，严厉查处官商勾结、以权谋私、权钱交易的行为，堵住国企改制、土地出让、矿产开发等领域的漏洞。严厉打击走私贩私、偷税漏税、内幕交易、操纵股市、制假售假、骗贷骗汇等经济犯罪活动，切断违法违规收入渠道。加大反洗钱工作力度。

3. 整顿和规范灰色收入。严格规范国有企业特别是垄断行业的工资外收入，加强审计力度，使工资收入透明化。加大对机关事业单位、社会团体和国有企业"小金库"治理工作力度。深化事业单位工资制度改革，清理和规范工资外津贴补贴、非货币性福利等。推进公务用车制度改革。健全领导干部住房、投资、配偶子女从业等情况报告制度，推行财产定期申报及公示制度。

---

① 李剑阁，《政策不应太关注贫富差距　应打击非法收入》，在 2005 年《财经》年会上的发言。

第十二章　强化社会保障

社会保障是让全体劳动者更加平等地参与劳动创造，从而更加平等享有经济发展成果的重要保证。民生经济认为，不断完善社会保障体系，切实提高社会保障水平，不仅是扶危济困，更重要的是为经济持续发展提供强大内在动力。这种动力首先来自社会保障对劳动者劳动供给行为的深刻影响。由于社会保障具有使得经济资源在代际、人群之间进行转移支付的作用，同时又与个人积累密切相关，因而可以为劳动者的生育决策、劳动参与决策、职业流动决策提供有力引导和激励。同时，社会保障还深刻影响人们的消费行为。通过强化社会保障，增加持久预期收入，分担个人经济风险，能够有效降低人们进行预防性储蓄的动机，扩大用于消费的比重，从而提高即期消费水平。本章将在全面回顾我国社会保障体系演变历程的基础上，分析当前社会保障领域存在的突出问题，并提出解决相关问题的政策建议。

第一节　我国社会保障体系的演变历程

新中国成立以来，我国社会保障事业从无到有，逐步构建，特别是近年来发展较快，总的历程可以划分为四个阶段。

一、国家—单位（集体）保障制构建阶段（1949—1966 年）

新中国成立初期，百废待兴，但新政权还是迅速把构建社会保障体系提上议事日程，以苏联为师，开始构建以劳动保险为主的社会保障制度。当时的社会保障制度与计划经济体制相适应，制度安排是"国家—单位（集体）保障制"，具有国家负责、单位（集体）包办、板块结构、全面保障、封闭运行等特征。

1951 年，政务院颁布了适用于国营、公私合营、私营企业和合作社的全国统一的《中华人民共和国劳动保险条例》，具体规定了职工在疾病、伤残、死亡、生育及年老后获得必要物质帮助的办法，同时规定职工供养直系亲属都可以享受一定的保险待遇。这是新中国第一部全国统一的社会保障法规。根据此条例，国有大中型企业大部分都举办了以本单位职工为对象的福利事业，即职工福利。企业职工保险经费从企业收益中直接提取，自行组织实施，封闭式运营。由于福利设施的运营和管理，福利补贴都需企业支出，归企业所有，最终形成了企业办社会的局面。这一块也成为中国社会保障制度的主体。当企业收益不足以支撑单位保障时，国家财政通过补贴的方式来给予最后保证。

国家机关、事业单位的社会保障则区别于企业，单独制定政策，单独管理。1950 年以后，我国先后制定发布了《革命工作人员伤亡褒恤暂行条例》（1950）、《关于人民政府、党派、团体及所属事业单位的国家机关工作人员实行公费医疗预防措施的指示》（1952）、《关于各级人民政府工作人员在患病期间待遇暂行办法》（1952）、《关于女工生育假期的通知》（1955）等，对机关、事业单位工作人员的保障做了较详尽的规定。国家机关、事业单位的社会保障，以政府财政拨款为基础，由政府主管部门直接实施，其待遇水平略高于企业保险。

农村集体以社队为单位，农村居民通过所在社队集体获得有关社会保障，主要包括合作医疗、五保户供养及其他福利。经济来源为社队集体单位统一核算中的统一提留。

面向城市贫民、失业人员、无业游民、孤老残幼等的社会救济和社会福利体制也初步构建。救济方针是生产自救、群众互助，辅之以政府必要的政府救济。

总体看来，这个时期的社会保障制度分为国家保障、城镇单位保障、农村集体保障三大板块，相互分割，各司其职，封闭运行。单位作用十分重要，城市居民除了价格补贴，几乎所有生活保障事务均是通过所在单位来获得的，各单位福利只对本单位的成员负责，一些集体福利设施即使闲置也不会对外开放。乡村除灾民接受灾害救助外，也是依靠集体经济组织的分配和福利来获得生计与疾病医疗保障。在这个时期，一方面，保障范围广泛，项目多、覆盖面广，是一种不分险种的"一揽子"保险计划；另一方面，优势项目只覆盖部分人群（城镇人口），由于认为社会主义没有失业，所以没有失业保险项目，这与当时我国的高就业或者说"零失业"政策相一致。新的社会保障制度的建立意义重大，第一次把广大人民群众纳入了保障范围，但这个时期的保障制度也存在明显缺陷，这是一种权利义务单向（个人无须承担直接义务），缺乏社会组织参与的保障，保障和就业无法分离，总体水平低下，效率不高。

二、政府全包的集中保障时期（1966—1976年）

"文化大革命"时期，我国正常的政治经济生活遭受严重破坏，社会保障管理体制也出现倒退。各类社会组织和社会团体事实上已经被取缔，政治经济社会呈现政府独大的局面。相应地，社会保障管理模式也从由政府、工会分工合作的社会化管理模式倒退到由政府一家做主的集权化管理模式。

1968年国家计委发出通知，要求各地劳动部门把劳动保险工作统管起来，各地由此形成了政府部门独揽社会保险业务，劳动部门集劳动保险政策制定、业务管理和监督多种职能于一身的管理格局。

职工社会保障资金筹集方式也出现倒退：从由企业按比例提取劳动保险金统筹使用的社会保险形式变为在企业营业外列支的企业保险形式。1969年2月，财政部颁布的《关于国营企业财务工作中几项制度的改革意见（草案）》规定：国营企业一律停止提取劳动保险金，企业的退休职工、长期病号工资和其他劳保开支在营业外列支。这一做法使社会保险丧失了统筹调剂的职能,变成了"企业保险"。这种企业劳动保险是一种没有积累的保险,表面看,国有企业是社会保障的责任主体,但实质上,企业支付给职工的保险金最终由国家承担。这种劳动保险的实质是苏联的"国家保险",不过表现为给付由企业发放。

这个时期,中国社会福利分为两部分:一部分是企业福利,另一部分才是真正的社会福利。由于企业福利由并非为独立利益主体的国营企业负担,因此,各企业竞相提高本单位福利水平,导致企业福利过度,而社会福利不足,总体福利水平较低。

三、以社会保险为重点的社会保障改革探索阶段(1976—2003年)

改革开放以后,农村土地承包责任制的推行和城镇国有企业改革、劳动体制改革的推进,使原有社会保障制度失去了组织基础与经济基础。社会主义市场经济体制的确立与社会结构的分化,又对社会化的社会保障制度安排产生急切的需求。在这种形势下,中国社会保障制度进入全面改革时期。

1978年3月5日,五届全国人大一次会议通过《中华人民共和国宪法》修正案,1982年,五届人大五次会议通过新的《中华人民共和国宪法》修正案,均对劳动者休息、休养,国家机关企事业单位职工的退休保障,公民在养老、疾病或丧失劳动能力情况下有从国家和社会获得物质帮助的权利,公民教育,妇女权益等做出规定。1986年4月12日,六届全国人大四次会议通过《中华人民共和国国民经济和社会发展第七个五年计划》提出了"社会保障"概念,主要包括社会保险、社会救济、社会福利、优抚安置四项内容。1986年7月12日,国务院颁布《国营企业实行劳动合同制暂行规定》,规定劳动合同制工人的养老保险费由企业和工人本人分担缴纳,其中企业缴纳数额为劳动合同制工人工资总额的15%左右,工人缴纳数额不超过本人工资的3%,而且规定了合同制工人的退休养老实行社会统筹,并由企业和个人分担缴纳保险费。1993年11月14日,党的十四届三中全会通过《关于建立社会主义市场经济体制若干问题的决定》,社会保障制度被确认为市场经济正常运转的体制之一，社会保障被界定为市场经济体系的五大支柱之一。同时，该决定规定了"社会保障体系包括社会保险、社会救济、社会福利、优抚安置和社会互助、个人储蓄积累保障"，"实行社会统筹和个人账户相结合"。1994年，国务院发出《关于江苏省镇江市、江西省九江市职工医疗保障制度改革试点方案的批复》，确定了医疗保障改革试验方案，称为"两江试点"。同年7月18日，国务院发布《关于深化城镇住房制度改革的决定》。11月23日，财政部、国务院住房制度改革领导小组、中国人民银行颁发《建立住房公积金制度的暂行规定》。1998年全面实行住房体制改革。1999年建立城镇居民最低生活保障制度，2003年开始建立新型农村合作医疗。至此，国家—社会共同承担的社会保障体系逐步重新构建，新旧制度并存并呈现此消彼长态势。

但要看到，这个时期的社会保障改革仅仅是作为国有企业改革的配套改革之一得以推进，制度设计上更多地考虑了为企业卸担子，而不是着力构建完整的社会保障体系。社会保障是最重要的民生问题，是国家发展基石的理念并没有完全确立。因此，重视程度不高、制度设计不完整、个人分摊比例过高的问题比较突出。

四、社会保障制度建设完善时期（2004年至今）

2004年，"国家建立健全同经济发展水平相适应的社会保障制度"被写入宪法，标志着我国社会保障制度建设进入新阶段。社会保障的几个重头方面，包括养老、医疗、工伤、救助等多管齐下，同步推进。

2004年，企业年金开始试行，《军人抚恤优待条例》发布，《劳动保障监察条例》实行。当年修改的宪法第一次明确将社会保障制度载入条文，同时，中国政府第一次针对中国的社会保障状况和政策发布了白皮书。2005年的重头工作在原城镇职工基本保障制度和城市保障制度的融合上。财政部、劳动和社会保障部在这一年多次发文，就国有企业下岗职工基本生活保障制度、城市医疗救助制度试点、企业职工基本养老保险个人账户试点等问题推动改革；与此同时，城市医疗救助制度也开始试水。2006年，15个部门联合发出的《关于加强孤儿救助工作的意见》加上《农村五保供养工作条例》的颁布，意味着更大范围的工作被纳入社会保障体系建设的视野。农村五保制度由农民自己供养转向财政供养，也是一个意义重大的转变。国务院当年发布的《关于解决农民工问题的若干意见》在为若干涉农问题背书的同时，指明了与农村相关的社会保障体系建设的思路。而涉及企业离退休人员基本养老金的改革也仍在毫不停息地前进。这一年，在党的十六届六中全会公报中，提出了下一阶段社保工作的目标："2020年，覆盖城乡居民的社会保障体系基本建立，人人享有基本生活保障"，2012年前要初步建立具有中国特色的社会保障制度框架，2020年建立完善的中国特色的社会保障体系，并覆盖全国居民。2007年开始，社会保障建设各项工作表现出明显的加速倾向。《关于开展城镇居民基本医疗保险试点的指导意见》《关于在全国建立农村最低生活保障制度的通知》《廉租住房保障办法》《关于2008年调整企业退休人员基本养老金的通知》在短短几个月内密集出台，宣告了新社保体系几大核心中的城镇居民基本医疗保险制度和农村最低生活保障制度进入建设阶段，而住房保障和企业退休人员养老上的新动向，也都与人们最关切的问题息息相关。2008年，《残疾人保障法》通过并实施，围绕残疾人生活保障的多个政策纷纷出台。这一年，人事部、劳动和社会保障部的合并使得社会保障总指挥部的地位进一步确立，民政部内部机构的改革上体现出强化社会救助与福利慈善事业的倾向。新型农村合作医疗的试点工作在快速推进，而"社保卡全国统一"的提法也初见端倪。2009年，《城镇企业职工基本养老保险关系转移接续暂行办法》公布，乘《关于解决农民工问题的若干意见》的东风，彻底实现了农民工等流动就业群体跨地区转移基本养老保险关系。这一年最具标志性的事件，则是新型农村社会养老保险制度试点的启动，实现与城镇职工基本养老保险制度的合龙。农民历史上第一次获得了政府发给的养老金——这被称作取消农业税以后最大的惠农政策。而在农业之外，这一年《2009—2011年廉租住房保障规划》的公布、《关于试行社会保险基金预算的意见》的出台、全国工伤预防试点工作的启动也都是社保发展中的亮点。2010年，历经多年审议的《社会保险法》终于出台，成为当年社保领域最重大的事件。新型农村合作医疗保险的政府补助标准在这一年提高到120元/人，参合率超过90%。而《流动就业人员基本医疗保险关系转移接续暂行办法》的施行，意味着跨地区社保关系转移接续工作的推进；《工伤保险条例》也在这一年得到修订。2011年，城镇居民社会养老保险试点工作于7月1日启动，到2012年基本实现城镇居民养老保险制度全覆盖。国家也开始了下一步的计划：公布《社会养老服务体系建设规划（2011—2015年）》，发布《中国慈善事业发展指导纲要（2011—2015年）》。中国社会保障制度逐渐走上了政府主导、责任分担、社会化、多层次化的发展道路，制度框架初步形成，并日益呈现出"国家—社会保障制"的特征。

在这个时期，社会保障覆盖范围持续扩大。逐步从城市居民扩大到农村居民，从国有企业扩大到非国有企业，从单位职工扩大到灵活就业人员。截至2013年2月底，全国参加城镇基本养老、基本医疗、失业、工伤、生育保险的人数分别达到30361万人、54641万人、15720万人、18761万人、15405万人。享受城乡最低生活保障的人数分别达到5332.8万人和2127.9万人。城镇基本养老、基本医疗、失业、工伤、生育五项保险基金总收入4335亿元，总支出3806亿元，基金累计结余36278亿元。

社会保障待遇水平不断提高。我国从2005年起连续提高企业退休人员基本养老金水平，到2010年，待遇标准已从月人均714元提高到1370元，提高近一倍。2010年，城镇职工基本医疗保险、城镇居民基本医疗保险、新型农村合作医疗政策范围内的住院费用报销比例分别提高到72%、60%、60%以上，最高支付限额分别提高到当地职工年平均工资、居民可支配收入、农民人均纯收入的6倍。城镇居民最低生活保障平均标准从2005年的每人每月156元提高到2013年的每人每月330元，农村居民最低生活保障平均标准从2006年的70.9元提高到2013年的172元。城乡低保人均补助水平分别为231元/人月和101元/人月。

这一阶段是社会保障制度建设取得最重要进展的时期。基本确立了公平价值取向与全面协调发展的建制理念，国家财政投入逐年加大，法制化建设明显进步，实现了从被动配套到主动建设，从单向推进到综合推进，从双轨并存到全面建设新制度的转变。国家—社会保障机制得以建立,替代了国家—单位保障机制,社会保障从此全面走向社会化与去单位化。

第二节　当前我国社会保障体系存在的主要问题

新中国成立以来,特别是改革开放以来的实践表明,虽然历尽坎坷,但我国一直在努力推进社会保障体系的建设。但直到今天,我国的社会保障体系发展还很不完善,存在着诸多问题和不足,社会保障水平提高对经济增长的持续推动作用尚未显著体现。这表明,我国的社会保障体系对于促进人们普遍成为平等的劳动参与者和平等的成果享有者,并进一步成为经济持续增长的积极推动者的要求,还有明显的差距。存在的问题主要是:

一、社会保障支出水平总体偏低,对居民储蓄、人力资本投资等经济决策行为的影响十分有限

近年来我国用于社会保障的支出有了比较明显的增长,全国财政用于教育、社会保障和就业、医疗卫生等民生领域的投入分别从 2004 年的 331.56 亿元、1476.15 亿元、77.5 亿元增长至 2012 年的 21242.10 亿元、12585.52 亿元、7245.11 亿元,分别增长 64 倍、8.5 倍、93.5 倍,增速居世界之首。但与国际水平相比,我国社会保障支出仍处于较低水平。2009 年,我国社会保障总支出在 2.4 万亿元左右,占国内生产总值的比重在 7% 左右;2012 年,我国财政性社会保障支出 14185 亿元,占财政支出的比重约为 12.1%。而同期多数新兴市场经济国家的财政性社会保障支出占财政支出的 20% 至 30%,欧盟国家则高达 40% 至 50%。社会保障支出总体水平的明显偏低,导致社会保障制度对国民收入分配格局的调节力度十分有限,还没有达到足以明显影响居民消费行为、劳动力供给行

为的程度。广大低收入群体，特别是大量进城农民工和城市低收入群体，由于社会保障程度低，仅有的收入除去日常开销，大部分都用于储蓄，不能转化为消费行为。相应地，对经济增长的促进机制也没有完全形成。

二、各项社会保障制度都存在覆盖面不足、保障水平偏低等问题，居民生活仍然面临较大经济风险

虽然我国已经实现了基本医疗保障的全民覆盖，但是养老保障的覆盖率还比较低。目前尚有1000多万名60周岁以上的城镇老年居民没有养老保险，城镇灵活就业人员、农民工等群体还没有相应的养老保障制度。在我国3亿城镇就业人口中，有约1亿的非公有制企业和灵活就业人员没有参加城镇职工基本养老保险。截至2012年5月底，进城农民工参加基本养老、医疗、失业和工伤保险的人数分别为4245万人、4877万人、2472万人和6786万人，仅占1.5亿农民工总人数的28.3%、32.5%、16.5%和45.2%。被征地农民的社会保障问题也还没有得到有效解决。同时，各项保险的保障水平虽然每年都在持续提高，但绝对水平仍然较低。例如，我国从2005年起连续提高养老金待遇，但直到2010年人均也才达到1370元，相当于同期在职职工人均收入的44%。

三、制度分割、衔接不畅，削弱了社会保障促进公平发展、劳动力自由流动的能力

目前的社会保障体系是在地方试点、逐步推进的基础上发展起来的，城乡分割、人群分割、地区分割现象比较严重。从城乡来看，社会保障资源仍然主要向城镇倾斜，近年来，全国农村居民获得的转移性收入仅相当于城镇居民的10%。从人群来看，机关事业单位、企业、灵活就业和非就业人员的保障机制各不相同，并且待遇标准差别巨大。特别是部分企业反映社保负担较重。据相关统计显示，我国社会保险的缴费率在全球范围内处于高水平之列。五项社会保险法定费率较

高（41%），如果加上公积金，费率超过50%。仅看基本养老保险，我国企业与员工加起来所占工资基数比例达到30%，远高于美国12.4%的水平。而作为缴费基数的社会平均工资，近5年名义增长率达到14.9%。逐年增长的社保缴费给企业带来了很大负担，企业普遍表示企业人力成本太高，尤其是养老保险等社保费用缴纳负担沉重。缴费率过高也影响职工的当期收入，在经济下行期这一问题更加突出。从地区来看，我国社会保障统筹层次较低，做得最好的城镇职工养老保险，基本上实现了省级统筹，但大部分省份采取的是省级调节基金的办法，距离基础养老金全国统筹还比较远，而其他各项保险基金大多属于县（市）级统筹，层次明显偏低。

四、社会保险基金的自我平衡、良性循环问题突出，削弱了基金积累制度对个人努力的激励作用

我国基本养老保险实行统账结合的部分基金积累制，这本是着眼于权利与义务相统一、形成正确激励机制的制度安排，但是由于制度转轨过程中没有对历史欠账进行补偿，基本养老保险当期征缴入不敷出，导致养老保险个人账户长期空转，大部分还只是权益记录，没有实际资金。目前补发养老金历史拖欠解决这一问题的省份达到20个，还有1/3没有解决历史遗留问题。一些欠发达地区和老工业基金基地缺口较大，难以靠自身力量实现养老金的收支平衡。由于统筹层次低，基金不能互相调剂。如，深圳、广州外来劳动力多的城市，保险基金充盈，费率较其他省市低（广东单位缴费率为12%，河南是22%），其他省（较典型如江苏）也有这种情况，省内富裕、困难地区不能调剂，这不但削弱了养老基金的运行可靠性，更是在一定程度上切断了个人缴费与领取待遇之间的直接联系，难以对个人奋斗和工作努力形成有力的激励。由于社会保险基金缺乏有效的投资渠道，统筹基金和做实的基本养老保险个人账户资金难以实现保值增值的目标，贬值风险突出。以失业保险为例，《失业保险条例》规定，失业保险基金主要用于保障失业人员基本生活，用于促进就业的支出只有"职业培训和职业介绍"两项补贴。

由于失业保险受益面窄、待遇水平偏低，导致失业保险基金大量结余，截至2013年5月底，失业保险基金结余2452亿元。五项社会保险基金结余目前已超过3万亿元，缺乏安全、稳健、收益高的投资运营渠道，随着物价上涨，社保基金面临着严重的贬值风险。

第三节 关于加强社会保障的政策建议

目前，我国的改革发展已经进入了全面建成小康社会的阶段，与此相适应，我国社会保障制度的未来发展，应当以适度普惠为目标，从保障人的基本生存权利向保障人的自由平等发展权利转变。为此，必须大幅提高保障水平，逐步解决现有制度的"碎片化"、地区分割等问题，提升相关服务能力。根据民生经济的基本主张，就切实提高社会保障水平提出以下政策建议。

第一，进一步扩大社会保障覆盖面，提高保障水平。

将社会保障水平提高到一个与经济社会发展相适应的水平，是有效发挥社会保障分担风险、提升经济增长动力作用的基本条件。

扩大各项社会保障制度覆盖面方面。要在实现制度全覆盖的基础上进一步实现人群全覆盖。重点加快推进新农保试点工作，在"十二五"期间实现全国覆盖，尽快建立面向城镇非就业人员的城镇居民养老保险，将目标人群全面纳入覆盖范围。以更大力度解决历史遗留问题，坚持先保后征，确保被征地农民利益。同时，提高每一项社会保险的参保率，真正实现对各类人群"应保尽保"，一方面，要采取法律的手段，在总结实践经验的基础上，推动《社会保险法》《工伤保险条例》等法律的修订和完善，加大执法检查力度，促使各缴费主体切实履行法定义务；另一方面，要不断完善各项保险制度本身，以经济手段增加参保的吸引力。特别是对目前实行自愿参保原则的新农保、新农合以及城镇居民基本医疗保险制度，通过强化政策激励，包括扩大保险报销项目范围，将门诊费用纳入基本医疗保险，将部分职业培训项目纳入失业保险等，引导符合条件的群众积极参保、长期参保，并对残疾人等困难群体参保给予更多支持。此外，要不断完善各项保险转移接续办法，实现养老、医疗保险缴费年限跨省互认，避免劳动者在流动过程中受到损失。

提高社会保障水平方面。首要的任务是进一步提高保障标准，要进一步降低基本医疗保险的起付线，提高最高支付限额，扩大保险支付药品和服务的种类，逐步把医疗费用中由居民个人承担的现金支出比例降低到30%以下。要延续近几年来按年度提高居民基本养老金标准的做法，进一步提高居民养老金平均水平，可以考虑逐步提高到上一年度在职职工平均收入的70%。应大幅度提高工亡待遇及相关工伤保险待遇标准，使之与社会发展水平相适应。

此外，需要大力推进地区间保障标准的统一，应当由中央政府根据科学的生活成本、医疗成本评估方法确定各地保障标准，使待遇水平与地区物价水平相适应，而不是与地方财力状况相适应。

第二，进一步整合各项社会保障制度，以实现全国范围内制度一体化为目标，完善各项社会保障制度。

公平是社会保障的首要原则，消除社会保障制度在地区之间、城乡之间、人群之间的分割状况，实现各项社会保障制度在全国范围内的一体化，是我国社会保障制度建设发展的必然要求。各项社会保障制度都需要从提高统筹层次、做好各项制度间的衔接入手，逐步走向全国性的制度统一。

养老保险方面。应从目前养老保险多元分割、交叉与缺漏并存的格局，向全国统一制度框架下的公职人员基本养老保险、职工基本养老保险和城乡居民养老保险有机统一的养老保障体系转化。首先，要在建立健全新型农村养老保险制度、城镇非就业居民养老保险制度的基础上，逐步实现二者的融合统一，并发展成为一体化的城乡居民养老保险制度。其次，要以基础养老金全国统筹、进一步做实个人账户为重点，大力完善城镇职工养老保险制度。实现基础养老金全国统筹，是养老保险制度的重大突破，符合社会保险的大数法则，既有利于在大范围分散风险，提高资金使用效率；又可以厘清中央与地方政府的责任，实现养老保险制度的统一、规范；还有利于实现养老保险关系在全国范围内顺畅转移接续，从体制上消除影响劳动力跨地区合理流动的障碍。为此需要逐步建立全国统一的经办机制，加大中央政府投入责任。最后，要根据"新老分离"原则改革机关事业单位退休制度，建立公职人员基本养老保险制度，建立适合我国国情的公务员年功年金制度。在科学、明确划分不同事业单位公益性质职能的基础上，推动事业单位养老保险制度分别向企业养老保险、公职人员养老保险并轨。此外，要积极推动企业年金及其他形式老年经济保障的发展，确保老年人的生活质量。

医疗保险方面。应从满足"病有所医"向实现"人人享有健康"发展。首先是制度结构要从现行的城镇居民医疗保险、农村新型合作医疗、城镇职工医疗保险"三足鼎立"格局逐步过渡到同一个制度。可先将城镇居民医疗保险与农村新型合作医疗制度并轨，统一为居民医疗保险，然后在条件成熟时，再与职工基本医疗保险并轨。其次，医疗保险的保障内容要立足于提高国民健康素质，从疾病医疗向健康保险发展，从主要承担居民治疗费用发展到兼顾疾病预防、保健服务。最后，医疗保险的统筹层次应当把当前的地区统筹提升为省级统筹，并逐步发展成全国统一的健康保险制度。这三方面的发展，都需理顺监管体制，统一经办机构，并进一步扩大医疗费用的直接支付方式。

社会救助制度方面。要在明确政府应当承担的责任、实行中央主导地方分责的基础上，实现从城乡分离的最低生活保障制度向城乡统一的综合型社会救助的转化。即以各种基本生活救助为主体，辅之以灾害救助、医疗救助、教育救助、住房救助、司法救助等各种专项救助，满足低收入人群的特殊解困需求。要按照生存权优先、受助权益平等和尊重受助者人格尊严的原则，在收入统计与家计调查的基础上，健全低收入家庭评估认证体系，完善低收入标准动态调整机制及救助程序。同时，建立受助者收入豁免制，以促进受助者就业；将基本生活救助及其他专项救助适度分离，把社会救助与推动贫困者的自我组织、社会参与结合起来，不断提高受助对象的素质与能力，防止社会排斥，杜绝"贫困陷阱"。

社会福利和慈善事业方面。以扶老、助残、救孤、济困为重点，逐步扩大社会福利保障范围，促进社会福利从补缺型向适度普惠型转变。创新慈善机构注册登记管理体制，在加强和规范的同时，以更加开放的环境促进慈善机构的培育发展。

第三，进一步增强社会保障资金筹措能力，保证社会保障制度发展的可持续能力。

尽管近年来我国不断加大财政社会保障投入力度，但与社会保障事业发展的客观需求相比，仍有较大差距。因此，需要通过健全财政支持机制，明确划分政府间的社会保障事权和支出责任，进一步完善转移支付制度，为社会保障事业发展提供更好的资金保障。应从多个方面入手，为社会保障制度发展开辟多渠道、多元化的资金来源，同时利用市场机制，提高社保基金运行效率。

一是持续提高财政资金投入力度。在完善社会保险基金预算的基础上，编制社会保障预算，强化社会保障收支的约束性。社会保障总支出占GDP比重、财政性社会保障支出占财政总支出比重等重要指标应有逐步提高的明确时间表，可以考虑用10年左右的时间，把社会保障总支出占GDP比重提高到15%，把财政性社会保障支出占财政总支出比重提高到20%。

二是加快建立社会保障制度的可持续机制。世界金融危机以来，发达国家都在反思债务危机背后隐藏的福利危机。作为经济发展水平还比较低，并且面临着"未富先老"挑战的我国，必须以此为戒，财政不能大包大揽，避免落入"福利陷阱"。对市场机制能够提供的保障职能，政府不要越俎代庖；对该由个人和单位承担的社会保障责任，政府也不要大包大揽。否则，既抑制了市场机制的效率空间，影响市场主体的积极性，政府也会因此背上沉重的包袱。

三是多方动员社会资源。推动公益慈善机构运行机制改革，提高其社会公信力；进一步完善公益性捐赠的税收优惠政策，促进慈善公益捐献资金不断提高；积极探索扩大公益彩票的规模，探索其他博彩方式，促使这一途径筹集的福利公益资金持续增长；大力发展企业年金、补充医疗保障等补充保障，扩充社会资源，努力实现社会保障资金来源渠道的多样化。

四是加大划拨国有资产充实社保基金的力度。国有资产是全民的劳动积累，应当成为社会保障的重要物质基础，包括国有企业收益、国有土地与集体所有土地等的收益,都应当成为增进全民福利的重要资金来源,并为这一制度的健康、持续发展提供相应的财力保障。应当逐步提高国有企业首发上市股权划拨社保基金的比例,并逐步将已上市流通的国有股权中的一定比例划拨给社保基金,作为国家偿还居民养老金历史欠账、做实个人账户、扩充社保基金的重要手段。

五是适当减少社会保险基金结余。近年来,社会保险基金结余的增速逐年加快。应在保障基金安全运行、加快基础养老金全国统筹、优化基金结构的同时,适当降低参保人员缴费水平,提高社会保险支付水平。

六是妥善处理中央政府与地方政府的职责分工与财力配置关系。根据事权与财权相匹配的原则,在统一的基本保障制度框架下,强化中央政府的责任并通过财政转移支付方式,确保地方政府承担社会保障职责时有相应的财力。同时,鼓励各地方政府依据不同财力状况,建立地区性福利制度。

第四,大力发展社会化的社保服务机构和相关服务产业,切实提高服务水平和能力。

提高社会保障服务机构的发展水平和服务能力,是让居民真正享受到社会保障的最终实现途径,在社保制度从无到有、快速发展的过程中存在的"重制度、轻服务"现象应当尽快得到消除。

一是要大力完善各级社保经办机构。按照适度集中原则,尽快建设好各类社会保障经办机构,包括规范经办机构的设置、统一名称与服务职责、合理规划人员编制、落实经费保障机制。同时,大力提升社保服务机构的信息化水平。将先进的信息技术系统建设作为社会保障制度建设的基础性工程,在统一的信息标准与管理标准基础上,建设全国统一的社会保险信息技术平台和社会救助信息平台。加快推进社会保障卡的推广使用,实现全国范围内的信息共享,为劳动力自由流动和社会保障转移接续提供条件。

二是要大力发展多种类型的社会化服务机构。以更高的效率、更低的成本有效地提供与社会保障相关的公共服务,更好地满足个人的社会福利服务需求,不能仅仅依靠公立服务机构,更要借助市场力量调动社会资本参与。要按照政府购买服务的理念,采取委托与外包方式,让各类社会机构具体承担相关社会保障服务任务。要尽快建立健全社会保障服务质量考评指标和工作人员素质评价体系，形成服务市场的准入与退出机制，引导各种社区服务网点、老年服务机构、残疾人康复事业、妇女儿童福利事业及具有福利性或者公益性的生活保障服务获得空前发展，形成竞争、有序的服务产业，不仅为国民生活提供有力保障，而且成为社会就业的广阔领域。同时，要鼓励私人医疗服务、私人养老服务等发展，满足不同层次人群的不同层次需求。

三是要大力促进社会工作职业化。要把社会工作者人才队伍建设作为社会保障制度持续健康发展的重要基础，尽快将社会工作纳入社会职业目录，建立相应的技术等级、职称评定等职业发展机制，以畅通的职业生涯发展通道来稳定社会工作和社区服务队伍，吸引更多有志于社会服务的年轻人积极参与，进一步提高人员总体素质，为专业化的服务提供高质量的人力资源。

第五，推动相关领域配套改革，整体推进居民保障和福利水平提升。

加大医疗、住房、就业等领域配套改革，对于提升社会保障水平具有重要作用。

一是推进医药卫生体制改革。医疗服务机构是城乡居民医疗保险服务的具体承担机构，其规范化、高质量的发展对于提高医疗保险服务水平具有重大意义，同时，医药卫生领域存在的过度医疗、以药养医等问题，是增加医疗保险基金运行风险的重要来源。要通过医药卫生体制改革，从外部约束、内部激励两个方面规范医疗机构行为。外部约束方面，要在"四分开"和提高政府监管能力的基础上，放开市场准入，鼓励社会资本兴办大型医疗机构，以充分的市场竞争规范医疗行为；要充分发挥医保基金作为医疗服务购买方的作用，加强对医疗机构的谈判能力，对其形成有力监督。内部激励方面，则是要完善公立医院财政补偿机制，让医疗工作者从合法渠道获得较高收入。

二是深化住房保障体制改革。住有所居是重要的民生目标，虽然住房保障没有被纳入社会保障基金的保障范围，但由于其对居民生活、收入以及其他经济行为影响巨大，应属于广义的社会保障。住房保障体制改革，首先应当明确政府责任范围，把居住条件的逐步改善作为政府责任。要根据不同人群的收入水平，确定不同的保障方式，实现"低端有保障、中端有支持、高端有市场"。要采用

"租售并举"的方法，改变把买房作为解决住房问题的主要渠道的做法，大幅度增加公共租赁住房的供给。

三是完善就业促进政策体系。要把失业保险、工伤保险与就业促进政策结合起来，建立失业监测、预警机制，与就业促进工作联动，充分发挥失业保险在预防失业、扩大就业方面的作用；要加强对工伤康复职工再就业支持力度，提高工伤康复职工重返工作岗位的比例。

第十三章　营造法治环境

民生经济强调以平等促发展，良好的法治环境对于维护规则平等、机会平等、权利平等至关重要。在经济社会深刻变革的今天，转型引发的体制机制改革需要法治加以确立，转型引发的规则变化需要法治加以厘清，转型引发的矛盾和冲突需要法治加以化解。全面推进社会主义法治建设，营造良好法治环境，是促进民生经济发展的重要保障。本章将全面阐述当前我国法治环境建设的基本状况，重点分析存在的主要问题，并提出进一步营造法治环境的政策建议。

第一节　当前我国法治环境总体状况

新中国成立以来，特别是改革开放以来，我国法治建设不断进步，一个公平正义的良好法治环境正在逐步形成。

法治国家建设全面展开。中央对加强法治建设的决心从未动摇。改革开放初期，我国提出发扬社会主义民主，健全社会主义法制；党的十五大报告提出坚持依法治国基本方略，建设社会主义法治国家；党的十六大报告提出坚持依法执政，改革和完善党的领导方式；党的十七大报告提出全面落实依法治国基本方略，加快建设社会主义法治国家；党的十八大报告提出坚持依法治国、依法执政、依法行政共同推进，坚持法治国家、法治政府、法治社会一体建设。在中央的一贯重视和推进下，法治建设不断取得新的成绩。2010年，中国特色社会主义法律体系正式形成。这是以宪法为统率，以宪法相关法、民法商法等多个法律部门的法律为主干，由法律、行政法规、地方性法规等多个层次法律规范构成的统一整体。[①] 由此，国家经济、政治、社会、文化各个方面基本做到了有法可依，法律在反映经济社会发展要求，协调各种利益关系方面的作用更加突出。中国特色社会主义法律体系获得了与世界其他主要法律体系平等对话的资格，成为引领和推动经济社会发展转型的重要力量。以中国特色社会主义法律体系建成为标志，我国法治建设的中心任务逐渐从制定和修改法律，转向以实施宪法法律为主、制定和修改法律为辅的新阶段。在这个过程中，法治建设的主体从立法机构逐渐扩展到行政、司法、监督等机构，依法行政和公正司法的水平不断提高，权力运行的透明度不断增强，对权力的监督和制约机制不断完善。[②]

法治政府建设加快推进。依法行政，建设法治政府是法治国家建设的核心任务。1997年，党的十五大提出依法治国，建设社会主义法治国家的基本方略。1999年，全国人大通过宪法修正案，将依法治国，建设社会主义法治国家写入宪法。2004年，国务院印发《全面推进依法行政实施纲要》，明确了建设法治政府的目标，提出了此后10年全面推进依法行政的指导思想和具体目标、基本原则和要求、主要任务和措施。2012年，党的十八大进一步提出，推进依法行政，切实做到严格规范公正文明执法，到2020年实现法治政府基本建成。目前，各级政府的行政权力已逐步纳入法治化轨道，规范政府权力取得和运行的法律制度基本形成，依法行政取得了重要进展。[③] 在建立行政法制体系方面，截至2011年，已制定行政法方面的法律79部和一大批规范行政权力的行政法规、地方性法规。在转

[①] 中华人民共和国国务院新闻办公室，《中国特色社会主义法律体系白皮书》，2011年10月。http://www.gov.cn/jrzg/2011-10/27/content_1979498.htm。
[②] 中华人民共和国国务院新闻办公室，《中国的法治建设》，2008年2月。http://www.chinalaw.gov.cn/article/xwzx/fzxw/200802/20080200030032.shtml。
[③] 同上。

变政府职能方面，从 2002 年开始推进行政审批制度改革以来，国务院共实施了 6 轮改革，取消和调整了 2497 项行政审批项目，占原有总数的 69.3%。① 在加强政务公开方面，2007 年颁布施行《政府信息公开条例》，2003 年开始实行审计结果公告制度，2010 年开始推进政府财政预算公开。2011 年，中央国家机关各部门各单位主动公开政府信息 149 万多条，31 个省（区、市）主动公开政府信息 2885 万多条。政务公开制度体系基本形成。②

法治社会建设提上日程。法治社会是法治国家的坚实基础，是法治政府的动力来源。近年来，人民群众的法律意识和法制观念普遍增强，维护自身合法权益、参与国家与社会事务管理、监督政府权力的愿望日益强烈。党和政府积极回应群众的法治建设诉求，一方面制定和完善了一系列保障人权的法律制度，从政治建设、经济建设、文化建设、社会建设、生态文明建设五个方面，为关系人民群众切身利益的问题提供法律和制度保障；另一方面，各级党和政府深入开展法律法规宣传，精心组织普法活动，弘扬社会主义法治精神，引导群众自觉遵守法律，营造崇尚法治、遵从法律的社会氛围。1985 年至今，我国已经完成了五个五年普法规划。普法教育的对象是全体人民，重点是各级党员干部。中共中央政治局率先垂范，从党的十六大至今，已经进行了 20 多次有关法治建设的集体学习。③ 各级党组织严格要求党员干部带头依法办事，带头遵守法律，以实际行动树立法律的权威。各级组织部门将能不能依法办事、遵守法律作为考察识别干部的重要条件。④

---

① 欧阳洁、成慧，《聚焦行政审批改革：拆掉市场的篱笆墙》，载《人民日报》2013 年 7 月 1 日第 17 版。
② 《全国政务公开与政务服务工作成效明显》，载《人民日报》2013 年 5 月 15 日第 19 版。
③ 中华人民共和国国务院新闻办公室，《中国的法治建设》，2008 年 2 月。http://www.chinalaw.gov.cn/article/xwzx/fzxw/200802/20080200030032.shtml。
④ 《依法治国依法执政依法行政共同推进　法治国家法治政府法治社会一体建设》，载《人民日报》2013 年 2 月 25 日第 1 版。

第二节　当前法治建设中存在的突出问题

一、重点领域立法亟待加强

一是行政组织和编制法体系不够完善。目前，我国只有20世纪80年代制定的国务院组织法与行政机构设置和编制管理条例，内容不够完整，法律规定过于抽象，可操作性不强。一些地方政府尚未制定组织法和编制法，地方政府的组织体制和职责权限经常变动，缺乏稳定性。一些地方和部门利用法律规定上的模糊性，虚设职位，出现副职成群，甚至权力寻租的现象。① 有学者质疑：一个西部某县总人口7万人，竟有7个副县长，另外一个地方政府的副秘书长有十几个。② 2012年，7省市清理吃空饷者7万多人，一年耗费财政至少3.5亿元。③ 2013年11月，中央电视台曝光河南省商丘市梁园区管辖的110公里道路上，有执法人员200人；财政无法负担人员开支，只能靠上路罚款，公路执法俨然成为政府部门的提款机。④ 两周后，河南省永城市女车主因不堪忍受路政部门巨额罚款，当场服毒自杀。⑤ 极端事件向我们揭示的是：编制管理漏洞造成人员超编，人员超编造成以罚养人，以罚养人进一步恶化公路超载状况。由此形成超员与超载的恶性循环。

二是行政程序法制不够健全。行政程序法是行政法制的核心，行政程序法典化是法治政府建设的关键。目前，我国已经制定了行政处罚法、行政许可法和行政强制法，主要行政行为已经纳入法制化轨道。但是，现有法律法规对行政决策

---

① 应松年、薛刚凌，《行政组织法研究》，法律出版社2002年版；翁玲玲，《行政组织法立法存在的若干问题及其完善》，载《商业文化》2012年第1期，第23—24页。
② 许志峰，《"财政饭"不能成"闲饭"》，载《人民日报》2013年5月20日第5版。
③ 张铁，《吃空饷背后的身份特权》，载《人民日报》2013年1月25日第5版。
④《行政组织编制必须实行法治化管控》，载《人民政协报》2013年11月11日。
⑤《女车主不堪巨额罚款　当执法者面服毒自杀》，载《京华时报》2013年12月1日。

的约束范围有限、约束力不强，造成一些地方和部门仍然长期存在红头文件泛滥、行政收费层出不穷、非行政许可审批边减边增等突出问题，利用行政手段设租寻租的现象屡禁不止。决策程序无法可依、决策失误无法问责等现象比较普遍，严重影响经济转型和可持续发展，严重损害党和政府的公信力。2001年，陕西"处女嫖娼案"受害人向法院提起行政诉讼，要求公安机关给予赔偿并公开道歉。法院却以没有法律依据为由，驳回原告的诉讼请求。① 如果说"处女嫖娼""钓鱼执法"和"扒坟焚尸"等案件的受害人还能够向司法机关提起行政诉讼的话，大量城管暴力执法案、暴力拆迁案的受害人则仍然处于诉讼无门的境地。

三是维护诚信行为的法律亟待完善。我国目前在信用及相关方面的立法有民法通则、合同法、反不正当竞争法、消费者权益保护法等，其中都有关于诚实守信的法律规则；刑法也有关于诈骗等犯罪行为的处罚规定。但还没有制定一部全国性的保障信用信息合理公开、有效传递的法律。现有的法律规定多是原则性的、禁止性的，其实践性、操作性不强。这直接影响到法律规定的执行，并给合法权益的维护者的诉讼行为造成困难，不利于保障和推动民生经济转型。小微企业是中国经济的基本细胞，在稳增长、促就业等方面具有不可替代的作用。目前，小微企业占企业总数90%以上，其最终产品和服务占国内生产总值60%，创造出一半以上的出口收入和财政税收，更提供了80%以上的城乡就业岗位。② 然而，全国工商联发布的数据显示，我国95%的小微企业未曾从金融机构获得过贷款,③ 信用体系缺失是其中重要的原因。

二、行政管理水平有待提升

一是法治精神有待强化。法治政府要求行政主体将法治精神一以贯之，而不

---

① 《陕西"处女嫖娼案"二审：原告获赔9135元场面混乱》，载新浪网2001年12月11日，http://news.sina.com.cn/c/2001-12-11/417484.html。
② 王国涛，《金融创新驱动小微企业梦》，载《人民日报》2013年7月8日第5版。
③ 辜胜祖，《把"迷失的货币"引入实体经济》，载《人民日报》2013年7月1日第17版。

是选择性地加以利用。目前，法治精神在一些地方和部门还停留在原则上、纸面上，一些党员干部对法治精神缺乏敬畏之心。一些地方和部门的干部对法治建设采取实用主义的态度，认为"大法不如小法，小法不如文件，文件不如讲话"。还有一些地方和部门存在经济效益先行、部门利益先行、领导意志先行的问题，把部门利益、小集团利益甚至个人私利包装在规范性条文中，损害政府形象。财政部、发改委公布的《2006年全国性及中央部门和单位行政事业性收费项目目录》显示，在58类314种收费中，有法律依据的不过区区60种。2006年11月16日的《人民日报》披露了这样一组数据：全国有7000多个"红头文件"被作为行政收费的依据，而其中严格意义上的法律不过30多件。①

二是决策科学化、民主化、规范化亟待加强。一方面，经济发展转型对人民群众切身利益的影响越来越直接，人民群众表达利益诉求的愿望越来越强烈；另一方面，行政主体在重大决策过程中，尚未建立充分吸纳民意诉求、全面评估经济和社会风险的体制机制。行政主体与行政相对人（群体）之间缺乏有效的联络沟通，由此产生的怀疑、对立甚至不理智情绪，经常成为诱发大规模群体性事件的重要原因。2007年6月厦门PX项目、2011年8月大连PX项目、2012年10月宁波PX项目、什邡钼铜项目、启东排海工程、2013年中国石油在昆明安宁的1000万吨/年炼油项目，均遭到当地民众的反对，并在公众抗议声中停摆。决策程序不科学、不民主、不规范、不透明不仅是引发群体性事件的重要原因，还给地方经济发展带来了重大负面影响。

三是行政执法水平不高，失范行为比较集中。一些地方和部门仍然存在有法不依、执法不严、违法不纠的问题，暴力执法、钓鱼执法等极端行为严重损害执法人员形象。同时，社会管理中的行政缺位现象比较严重。一些行政主体经常以法律法规不健全、职责不清、能力不足等借口，推脱、逃避行政责任。在安全生产、食品卫生、社会救助等领域，因行政管理缺位导致的矛盾纠纷、突发事件比较集中。执法部门内部监督机制薄弱，外部监督机制不健全，是导致行政执法失

---

① 吴睿鸫，《不合法的行政收费应统统去掉》，载《学习时报》2013年1月14日第4版。

范的主要原因。

三、司法公信力不足

一是司法地方化影响司法机关独立公正审判。司法地方化是指司法机关在审理案件、使用法律过程中，受到地方利益的影响或者地方权力的干预，地方保护主义演变为司法地方保护主义。司法地方化在一些地方造成地方保护主义盛行，党政机关越权干预司法工作，地方性法规文件凌驾于国家法律法规之上，严重影响国家法制统一，削弱了司法权对行政权的监督制约，妨碍司法公正，助长腐败之风。[1] 在立案过程中，一些地方法院在管辖权不明确或没有管辖权的情况下，抢先立案，一旦外地当事人应诉，管辖权就合法了。或者采取分拆立案的办法，审理时再变更诉讼请求。如果当事人是外地人，一些地方法院则推诿甚至刁难，使案件久申不立。在案件审理中，一些法院为本地当事人搜证提供最大便利，甚至不惜动用司法权力，一旦审理结果于本地当事人不利，法院则拖延审理，甚至胁迫外地当事人接受和解。在案件执行过程中，一些地方法院低价评估外地当事人资产，帮助本地当事人隐匿财产，逃避执行。[2]

二是司法行政化影响司法公正。主要表现为司法机构设置行政化，司法机构上下级关系行政化，司法业务运作方式行政化，司法机构人员管理行政化。司法行政化弱化了司法机构在当事双方之间裁决的中立性，使其易受到地方党政领导机构甚至个人的影响；弱化了司法工作人员的独立性，使其职业素养往往受制于行政升迁的考量；限制了司法公开的范围，使其受制于司法机构内部请示汇报的行政程序。一些法官在审理过程中，一手操作立案、调查取证、审理、裁判等全过程，审判权的行使得不到监督和制约，给法官偏袒一方创造了条件，难以保证实体公正的结果。合议庭与审判委员会审判分离，先定后审，不利于调动审判人员积极性。审判集体负责制，不利于违法审判责任追究。审判文书缺少判决法理

---

[1] 常明、张昌辉，《司法地方化透析》，载《理论观察》2006年第10期，第93—94页。
[2] 黎庆兴，《司法权地方化及其对策研究》，载《科教文汇》2007年第4期，第114—115页。

说明，难以说服当事人。

三是"执行难"问题依然突出。执行机构互不隶属，力量分散，装备薄弱，严重制约执行效率，影响执行效果；整个社会的协助执行观念仍很淡薄，对生效的法律文书缺乏应有的尊重；少数领导干部滥用权力，以权压法，公然非法干预人民法院的执行工作。当发生纠纷时，许多当事人要么"屈死不告状"，自认倒霉；要么以私了方式解决；更有甚者，雇用社会黑势力，以"黑"对"黑"，因经济纠纷引起杀人越货、绑架勒索的刑事案件时有发生，"执行难"已成为影响社会稳定的一大痼疾。最高人民法院的统计数据显示，最近两年全国法院的"执行标的到位率"（相当于执行兑现率）约为70%，仍有超过20%的案件得不到有效执行。此外，从各级法院信访内容上看，主要反映的问题是执行慢、执行拖、执行不力。①

四是司法腐败比较严重。司法腐败一般表现为权力寻租，知法犯法；滥用职权，违法办案；挪用钱物，贪污受贿；作风漂浮，失职渎职。近年来，司法腐败案件的群体性、团伙性案件比较突出，犯罪行为多是借助自由裁量权而发生，隐蔽性高、查处难度大。近年来，执法不公、司法腐败、司法不作为一直高居全国政法舆情的前三位，反映出司法腐败的形势相当严峻。② 2013年8月1日，有网友上传视频资料，举报上海市高级人民法院多名法官"集体嫖娼"。该视频在网络曝光后，迅速被网友转发，成为社会关注焦点。8月6日，上海市公布了相关事件的调查结果。调查表明，6月9日，上海市高级人民法院民一庭副庭长赵明华接受上海建工四建集团有限公司综合管理部副总经理郭祥华邀请，前往南汇地区的通济路某农家饭店共进晚餐，赵明华又邀市高院民一庭庭长陈雪明，市高院纪检组副组长、监察室副主任倪政文，市高院民五庭副庭长王国军一同前往。晚餐后，以上5人又和3名社会人员一起，前往位于惠南镇衡山度假村内的夜总会包房娱乐，接受异性陪侍服务。当晚，参与活动的一社会人员从附近某养生馆叫

---

① 吴晓静，《解决司法执行难问题之我见》，载《团结》2012年第3期，第36—38页。
② http://news.sohu.com/20100706/n273312889.shtml; http://news.jcrb.com/jxsw/201207/t20120702_895025.html.

来色情服务人员,赵明华、陈雪明、倪政文、郭祥华参与嫖娼活动。上海市纪委、市高级人民法院党组和有关部门决定,对涉事人员做出严肃处理,相关法官被开除党籍、提请开除公职。此外,根据《中华人民共和国治安管理处罚法》,上海市公安局已对赵明华、陈雪明、倪政文、郭祥华做出行政拘留10天的行政处罚。有关部门已责令衡山度假村停业整顿。① 上海市对这一事件的处理迅速有力,但"法官集体嫖娼"的恶劣影响已经造成,严重影响了人民群众对法制的信心。司法腐败的另一种表现是,司法机构和人员对司法腐败给人民群众造成的伤害缺乏同情心,缺少积极改进的动力,司法工作的目的往往不是让人民群众感受到公平正义,而是确保政府部门工作顺利完成。2006年,湖南省永州市市民唐慧未成年女儿被多人强奸并被逼卖淫。因为对有关部门处理涉案人的结果不满,她长期到有关部门上访。由于问题久拖不决,唐慧与相关部门及工作人员的矛盾冲突越来越激烈,多次出现闹访行为。2012年6月,永州市劳教委决定对唐慧实施劳动教养。在社会广泛关注下,永州市劳教委撤销了处罚决定。永州市劳教委领导在应诉过程中,坚持认为唐慧扰乱党政部门正常工作秩序,"不劳教唐慧就是失职"。② 也有乡镇干部反映,基层政府为稳控唐慧,至少耗资在80万元以上。虽然永州市劳教委领导承认,做出劳教的决定没有充分考虑当事人的具体情况,人文关怀不足,但实际上,唐慧因长年上访而承受的损失远不止劳教期间无法照顾未成年子女这一项。6年间,唐慧进京上访23次,到省城上访100多次,家庭负债10万多元。而造成唐慧持续上访的原因,正是一些司法机关和司法人员的失职、渎职、不作为。一些地方司法机关和司法干部人文关怀的丧失,使得司法权力日渐异化为服务于权力部门、权贵人士的特权,而不是给人民群众带来公平与正义的公权。目前,废除劳教制度已经列入司法改革的日程,但是,如何恢复司法机关对人民群众的人文关怀,如何重建人民群众对司法机关的信任,是更重要的问题。

---

① 郝洪、吴心远,《涉"夜总会娱乐事件"上海高院4名法官已被停职调查》,载《人民日报》2013年8月5日第9版;郝洪,《上海高院4法官被证实参与嫖娼 涉事法官受相关法纪严惩》,载《人民日报》2013年8月7日第8版。
②《永州劳教委:不劳教唐慧就是失职》,载《南方周末》2013年7月15日。

四、权力运行制约和监督体系需进一步加强

一是权力运行公开化程度不高。权力运行公开是权力运行制约和监督的前提条件。目前,我国政务公开程度与现实需求之间仍然存在较大差距。形式公开多,实质公开少;结果公开多,过程公开少;原则方面公开多,具体内容公开少;公众被动接受的多,主动申请获得的少;公开"正面"信息多,公开"负面"信息少。① 以 2012 年国务院部门透明度总体测评为例,测评结果显示,在 59 个国务院部门中,得分超过 60 分(满分 100 分)的部门仅有 5 个,占总数的 8.4%,低于 30 分的有 7 个部门,占总数的 11.8%。② 26 个地方省级政府透明度测评结果总体好于中央部委,得分超过 60 分的有 9 个省市,占总数的 34.6%。③

二是侵害群众合法权益的纠错机制不健全。地方和基层工作与群众的切身利益直接相关,因工作疏失或者权力滥用造成的权益侵害问题比较突出。在司法解决途径上,群众面临门槛高、难度大、观念冲突等问题;在信访解决途径上,群众面临效率低、权威性差、结果差异大等问题。由此,大量基层群众诉求长期累积,成为影响社会稳定、影响政府公信力的重要原因。2008 年,北京青年杨佳因不满上海交警处罚其无照骑自行车,在投诉一年多得不到满意答复后,实施报复行动,致 6 名民警死亡、2 名民警轻伤、1 名民警和 1 名保安人员轻微伤。④ 2011 年 5 月,江西抚州人钱明奇在因拆迁赔偿问题上访近 10 年,信访诉求长期得不到有效解决后,在抚州市临川区的行政中心、药监局、检察院实施了自杀式连环爆炸,造成 3 人死亡、5 人受伤。⑤ 2013 年 6 月 7 日,福建厦门市民陈水总因就业、低保问题长期得不到解决,在公交车上实施纵火,死亡 47 人,包括 7 名应届高考

---

① 黄庆畅、盖群,《信息公开"五多五少"待突围》,载《人民日报》2013 年 6 月 5 日第 17 版。
② 测评项目包括 5 个部分,分别是政府信息公开目录、工作信息、规范性文件、依申请公开、政府信息公开年度报告。《中国法治发展报告(2013)》,中国社会科学出版社 2013 年版,第 164—170 页。
③ 测评项目包括 7 个部分,分别是目录、政府公报、规范性文件、年度报告、环境保护、依申请公开、年度报告。《中国法治发展报告(2013)》,中国社会科学出版社 2013 年版,第 164—170 页。
④ 《上海高院终审裁定维持对杨佳死刑原判》,载《人民日报》2008 年 10 月 21 日第 10 版。
⑤ 《江西抚州发生爆炸案》,载《人民日报》2011 年 5 月 27 日第 9 版。

学生。① 这些极端事件的发生原因比较复杂，后果令人痛心，而侵害群众合法权益的纠错机制不健全，已经成为导致个别人极端行为的重要因素。

三是问责机制的全面性、权威性、规范性需要进一步提升。目前，我国行政问责主要集中在行政结果上，对行政决策本身的问责相对滞后，不当决策时有发生，甚至有人利用集体决策进行设租寻租，谋取不正当利益。全国及地方人民代表大会应是最权威的问责主体，但其实际作用尚未充分发挥出来。问责官员复出程序不透明、不规范，由此造成复出门槛低，制约监督流于形式。近期，西部某省一位县委书记因"吃空饷"问题被免职，但仅仅两个月后就被重新任命为市里某局副书记、副局长，主持全面工作。群众对此反映比较强烈，认为"免职"成了掩人耳目的招数，难免有"暗度陈仓"之嫌。② 另一西部某省近日传出县委书记要调动的信息，大量群众因担心县财政亏空严重，各项民生项目将得不到保障，纷纷到县委大院聚集。这不仅显示出当地党政官员已经在群众中形成"政策随人走""新官不理旧账"的印象，而且反映出群众在问责党政官员方面还缺少有效的参与途径。③

四是社会舆论监督存在情绪化、极端化的发展趋势。社会舆论监督权力运行的渠道和平台不断扩展，但社会舆论存在大量片面的、负面的甚至虚假的内容和信息。新兴媒体的兴起赋予少数民间意见领袖更大的影响力，却未能充分反映社会群体在意见诉求上多元化的真实状况。一些意见领袖甚至采取"用谣言倒逼真相"的错误做法，激化社会非理性情绪，弱化社会舆论监督的积极作用。2013年5月8日，北京市丰台区发生一起因非正常死亡案件引发的群体性聚集事件。事件起因是安徽省庐江县来京务工人员袁丽亚在工作地点坠楼身亡。死者男友歪曲事实真相，煽动同乡同学到事发地点聚集。相关不实信息通过互联网在4天内广泛传播，参与聚集的人员达到上千人。有关聚集事件的报道成为网络热点话题，

---

① 《厦门公交纵火案告破》，载《人民日报》2013年6月9日第1版。
② 郁樗，《莫把免职当策论》，载《人民日报》2013年1月30日第5版。
③ 曹鹏程，《神木人"定心丸"提醒了什么?》，载《人民日报》2013年7月18日第5版。

给警方妥善处置事件造成了很大压力。①"闹事"心理在社会舆论监督中的负面影响呈上升趋势。

第三节 营造良好法治环境的政策建议

一、加快重点领域立法，充分发挥立法工作的引领推动作用

一是加快完善行政组织编制法。党的十八大要求，深化行政体制改革，继续简政放权，推动政府职能向创造良好发展环境、提供优质公共服务、维护社会公平正义转变。稳步推进大部门制改革，健全部门职责体系。党的十八届三中全会决定要求，推进机构编制管理科学化、规范化、法制化。在新一轮机构改革任务完成后，为更好地实现用制度管权、管事、管人，巩固机构改革成果，宜用法律的形式将各行政机关的权限、职责、编制及调整程序固定下来，通过组织法、编制法从源头上规范行政权力，确保政府机关在法律框架内行使权力，防止部门权限重叠冲突，减少机构编制变化的随意性，为法治政府建设构建重要的框架基础。

二是加快行政程序法典化进程。统一、规范的行政程序规则是法治政府的重要指标，也是从源头上抑制权力寻租的必要条件。从20世纪80年代开始，我国立法机构就开始考虑制定行政程序法，但由于当时实践经验不足，转而采取分解实施的办法，先后制定了行政诉讼法、行政处罚法、行政复议法、行政许可法和行政强制法。党的十八大报告提出到2020年基本建成法治政府的要求。目前，距离实现这一目标的时间比较紧迫了。宜进一步加快行政程序立法进程，使其成为法治政府建设的指导性法律文件，在法治政府建设过程中发挥引领作用、推动作

---

① 《安徽女子北京坠亡引发人员聚集》，载《人民日报》2013年5月9日第8版。

用,而不是仅仅作为法治政府建成的经验总结和收尾之作。①

三是完善社会诚信法律体系。党的十八届三中全会决定明确提出,建立全社会房产、信用等基础数据统一平台,推进部门信息共享,为社会诚信法律体系建设创造重要条件。现代社会信用体系由信用信息公开机制、信用产品供求机制、失信的惩戒和守信的激励机制三部分构成。信用信息公开机制是社会信用体系运行的首要环节。为加快社会诚信体系建设,需要进一步完善民法、行政法和刑法等相关法律制度,加大对诚信缺失的直接制裁力度;需要制定保障社会信用体系有效运转的系列法律制度,推动建立集合金融、工商登记、税收缴纳、社保缴费、交通违章等信用信息的统一平台,实现资源共享。②

四是充分发挥立法的引领推动作用。中国特色社会主义法律体系形成后,立法的重点从制定新法转向修改完善已有法律。同时,随着改革进入深水区,法律需要调整的利益关系更为复杂,迫切需要法律的制定和修改发挥更大的引领和推动作用,总结归纳已有改革实践的立法模式已不能满足新时期改革发展稳定的现实需求。立法机关应在法律制定和修改中承担主导作用,在立法活动中,协调各方意见,加强顶层设计,推动法治国家、法治政府、法治社会的建设进程。立法过程的开放性应进一步扩大,防止部门主义的不利影响,尝试引入无利害关系的第三方参与立法工作,进一步完善专家论证、公开征询等制度,进一步提高立法工作的民主化、科学化水平。

二、加快推进法治政府建设,确保建设目标如期完成

一是切实加强公务人员特别是领导干部依法行政的意识和能力。领导干部要带头学法、尊法、守法、用法,牢固树立以依法治国、执法为民、公平正义、服务大局、党的领导为基本内容的社会主义法治理念,自觉把法治精神贯彻到行政

---

① 陈斯喜,《行政法发展的五大趋势》,载《学习时报》2009年3月2日第8版;傅达林,《通往行政法典化之路》,载《学习时报》2012年4月16日第5版。
② 石新中,《构建维护诚信的法律体系》,载《人民日报》2013年5月30日第7版。

过程中，切实提高运用法治思维和法律手段解决矛盾和问题的能力。重视提拔使用依法行政意识强，善于用法律手段解决问题、推动发展的优秀干部。认真推行依法行政情况考察和法律知识测试制度，建立法律知识学习培训长效机制，把培训情况、学习成绩作为考核内容和任职晋升的依据之一。

二是进一步提高科学决策、民主决策的水平。党的十八届三中全会决定提出，普遍建立法律顾问制度，完善规定性文件、重大决策合法性审查机制。落实上述要求，需要进一步规范行政决策程序，建立健全地方党委依法行政的体制机制。地县党政领导班子正职的拟任人选，应由省、市党委会提名，经党委会全体会议审议，进行无记名投票表决。进一步提高重大决策、重大事项和大额资金使用的规范化、程序化。党政主要负责人不得擅自改变集体研究决定的有关事项，只能对财务开支和人事工作进行审核和监督，不得在人事管理工作会议特别是干部任免会议上首先表态做导向发言，只能在议事中最后表态。完善行政决策风险评估机制，制定统一的重大事项社会稳定风险评估的规范和实施细则，拓展民众参与渠道，引进专业性评估主体进行稳定风险评估，把风险评估结果作为决策的重要依据，未经风险评估的，一律不得做出决策。加强重大决策跟踪反馈和责任追究，完善评估责任追究机制。

三是大力规范行政执法，提升政务服务水平。党的十八届三中全会决定对深化行政执法体制改革进行了具体部署，要求整合执法主体，减少行政执法层级，理顺行政执法体制，完善行政执法程序。落实上述要求，行政执法部门需要进一步严格依法履行职责，改进和创新执法方式，加强行政执法信息化建设，促进行政执法部门信息交流和资源共享。完善执法经费由财政保障的机制，切实解决执法经费与罚没收入脱钩问题。规范行政执法行为，强化程序意识，平等对待行政相对人，处理违法行为的手段和措施要适当适度。建立行政裁量权基准制度，科学合理细化、量化行政裁量权，避免执法的随意性。健全行政执法调查规则，规范取证活动。加强行政执法队伍建设，全面提高执法人员素质。加强执法评议考核，严格落实行政执法责任制。

三、推进司法公正和司法公开,提升司法公信力

一是以法院去地方化为突破口,确保审判机关依法独立行使职权。党的十八届三中全会决定提出,改革司法管理体制,推动省以下地方法院、检察院人财物统一管理,探索建立与行政区划适当分离的司法管辖制度,保证国家法律统一正确实施。建立省以下司法机构的垂直管理制度,从制度上保障各级人民法院都成为名副其实的国家审判机关,严格禁止地方操纵国家审判权,确保全国各级人民法院在中央的统一领导下成为"一盘棋",保障国家法制的高度统一,切实维护中央的绝对权威。落实上述改革举措,需要逐步实现司法经费与行政经费分离,研究制定独立的司法预算法;构建由省高级人民法院对下级法院直接统一管理和配置司法物质经费保障的工作机制,废除由上一级法院逐级下拨的经费保障模式。在改革的步骤上,可优先上收司法经费的保障及管理权,再逐步扩大到人事管理权等;在法院人事管理制度改革方面,可优先授权将基层法院和中级法院的院长的选举及其他法官的任免提升到省市自治区一级人大或人大常委会进行。落实改革举措还要大力推进法官职业化进程,建立健全国家法官制度,努力造就一支高素质的法官队伍,确保让人民群众在每一起司法案件中都感受到公平正义。①

二是以司法去行政化为突破口,提高司法权威度和公正度。逐步实现司法审判权和司法行政权的分离,让司法行政权归属于司法行政机关。在"二权分离"的基础上,将司法行政权上收,使之集中在省级层面行使。最高人民法院、高级人民法院以及最高检察院、省级检察院的司法行政权,在全国人大及其常委会的决策下由最高司法行政机关具体行使;基层人民法院、中级人民法院以及相应检察院的司法行政权在省级人大及其常委会的决策下,由省级司法行政机关具体行使。加强检察机关对民事审判和行政诉讼的法律监督,加强对执行活动的法律监督,切实解决实践中长期存在的起诉难、审判不公、申诉难以及执行难等问题,提

---

① 张千帆,《司法地方保护主义的防治机制》,载《华东政法大学学报》2012 年第 6 期,第 3—10 页;郝银钟,《司法权去地方化的制度设想》,载《人民法院报》2013 年 6 月 25 日。

高司法的公正度和权威性,不断健全和完善具有中国特色的司法体制和诉讼制度。①

三是改革审判方式,确保程序公正。党的十八届三中全会决定指出,改革审判委员会制度,完善主审法官、合议庭办案责任制,让审理者裁判,由裁判者负责。明确各级法院职能定位,规范上下级法院审级监督关系。审判方式的改革首先应以审判公开为核心,公开审判的实质就是要当庭举证、质证、认证和裁判,案件事实调查和认定的整个过程都应当在法庭公开。其次要改革审判方式。庭审方式要从询问制向对抗制转变,强调当事人举证,加强对证据的质证和开庭辩论,充分发挥当事人及其诉讼代理人参与诉讼的积极性。把开庭审理的过程真正变成调查案件事实、核实证据和双方当事人说理辩论的过程;审判方式要采取法官独立负责的责任制,改革现行合议制与审判委员会制,建立主审法官制。改变现行中的审判集体负责制,要改变审者不判、判者不审,审与判脱节的状况,取消层层审批制度,使参加案件审理的主审法官享有独立裁判的权力,同时让其真正独立地负起责任。合议庭与审判委员会应对主审法官起监督和指导作用,但不能代替主审法官承担责任,一旦出现错案,应由主审法官个人承担责任。同时还要确定法官独立审判必须遵守的行为规范,并且对违反该行为规范的后果做出具体规定,从而在制度上确保审判是在严格遵循诉讼程序的前提之下实现的。简化诉讼程序,真正体现"两便"原则,避免重复劳动,以最少的诉讼消耗,取得最佳的审判效果。扩大简易程序的适用范围,实现案件繁简分离,从机制上确保案件审理的快捷高效,使一般经济纠纷能得以及时处理,及时解决。凡是能够调解,当事人也愿意调解的,开庭前可以调解,庭上庭下也可以进行调解。调解不成的,应当及时依照民事诉讼法的有关规定由审判庭予以受理和审判,不应久调不决。

四是改革完善执行工作体制机制,保护当事人合法权益。改革完善执行工作的体制机制,设立独立执行局,统一管理协调执行工作,统一调度指挥执行装备和力量,组织进行集中执行;确定执行重点地区、重点案件,组织实施重大案件专项执行。强化执行措施,加大执行力度,依法惩处拒不执行生效裁判的犯罪行

---

① 汤维建,《司法"去行政化"是治理司法腐败的良药》,载《21世纪经济报道》2013年3月15日。

为,维护当事人合法权益。规范执行程序,增加执行工作透明度,应当公开的事项一律公开,自觉将人民法院的执行活动充分置于人民群众监督之下。加强对弱势群体的保护和执行救济,提高执行公信度。

五是强化司法监督机制,惩治司法腐败。建立健全错案追究制度。强化审判主体的制约监督,保障实体正义。对独任审判员错误裁判,由独任审判员承担责任。对合议庭成员评议案件时,故意歪曲事实,曲解法律,致使合议结果错误,造成错判的,由导致错误结果产生的成员承担责任。对审判委员会研究案件,违背事实,曲解法律,导致错案发生的,由有过错的审委会委员或主持人承担责任。对院长、庭长工作不负责任,好人主义,知错不纠,导致错判的,要由院长、庭长与有过错的法官分别承担相应的责任。客观分析产生错案的原因,准确界定错案范围,严格执行错案追究程序。区分错案性质、过错程度,把错案责任追究到人,保障实体正义价值的实现。对司法人员在司法程序中的职务犯罪行为,要根据刑事诉讼程序进行处理。[1]

四、创造条件,让人民更好地监督权力

一是循序渐进,使政务公开水平与群众行使知情权要求相适应。处理好信息公开和保密的关系,进一步厘清保密范围,消除法律法规的模糊性。政府主导、整体推进,以政府信息公开促进简政放权,推动服务型政府建设,实现政府因公开而进步,公民因知情而理智。坚持循序渐进的原则,从我国国情出发,推进政府信息公开程度,推进政府信息公开的能力,使政府信息公开水平和公众参与的要求相适应,以提升政府公共服务能力为基础,涉及公众利益和公众较熟悉的利益为突破口,逐步转换政府及其工作人员公共的价值取向,调整人民心理接受程度,循序渐进。[2]

---

[1] 金鑫、周文,《司法腐败惩防对策研究》,载国家预防腐败局官方网站,http://www.nbcp.gov.cn/article/lltt/201010/20101000010700.shtml?2。
[2]《政府信息公开条例上路三年 公开范围"被缩小"》,载《工人日报》2011年4月25日。

二是进一步完善权力运行监督体系。加强党内监督，落实党内监督条例，重点加强对领导干部特别是主要领导干部、人财物管理使用、关键岗位的监督，健全质询、问责、经济责任审计、引咎辞职、罢免等制度，有效防止权力失控、决策失误、行为失范。认真落实民主生活会、述职述廉、诫勉谈话、函询等制度，增强党内监督实效，以党内监督促进各方面的监督，以优良党风凝聚党心民心、带动政风民风。要加强民主监督，健全和完善民主党派监督机制，拓宽民主监督渠道，定期听取民主党派负责人和无党派人士对领导班子和领导成员的意见，每年就党风廉政建设和反腐败等工作向民主党派通报情况，邀请民主党派负责人参加党风廉政建设情况介绍，充分发挥各党派、各团体、各阶层、各界人士的民主监督作用。加强法律监督，支持人民代表大会及其常委会通过询问、质询、执法检查、听取和审议有关部门工作报告以及预算审查等监督职权，加强对"一府两院"的监督，加强对政府全口径预算决算的审查和监督。完善监督的法律制度，确保人大监督有法可依。完善宪法和法律监督制度，确保国家宪法和法律的贯彻实施。完善司法监督机制，加强对行政机关、司法机关及其工作人员的司法活动的合法性监督，确保行政机关依法行政，司法机关依法独立行使审判权、检察权。加强和改进舆论监督，加快舆论监督的法治建设，建立健全舆论监督引导机制、纠错机制、反馈机制，提高舆论监督的针对性和实效性。各级领导干部要善待媒体、善用媒体、善管媒体，提高通过舆论监督发现问题、改进工作、密切党群关系的意识和能力。①

---

① 《如何健全权力运行制约和监督体系？》，载新华网 2013 年 1 月 24 日，http://news.xinhuanet.com/politics/2013-01/24/c_114480429.htm。

附录一：我国近年来关于"中等收入陷阱"问题的研究综述

近年来，"中等收入陷阱"问题成为政府和学术界越来越关注的一个热点问题。本文对有关研究成果初步综述如下。

一、关于"中等收入陷阱"概念

"中等收入陷阱"概念最初来源于2006年世界银行《东亚复兴：关于经济增长的观点》报告。该报告提出东亚避免"中等收入陷阱"主要面临缺乏规模经济挑战和以要素积累为基础的发展战略的挑战。拉丁美洲和中东地区这两个典型例子数十年都未能跳出这个陷阱。"中等收入国家被主导成熟产业的、低工资的穷国竞争者和主导技术迅速变化产业的、追求创新的富国挤压在了中间。"2010年世界银行对"中等收入陷阱"概念进一步阐述为："几十年来，拉美和中东的很多经济体深陷'中等收入陷阱'而不能自拔；面对不断上升的工资成本，这些国家作为商品生产者始终挣扎在大规模和低成本的生产性竞争之中，不能提升价值链和开拓以知识创新产品与服务为主的高成长市场。"[①]

从世界经济发展的历史实践经验看，"二战"以后许多国家经过努力，都先后进入中等收入国家之列，但由于在"中等收入转型"中，大多数国家经济结构和社会结构转换滞后，一直徘徊在中等收入水平线上。只有少数国家如日本、韩

---

① The World Bank, *Robust Recovery, Rising Risks*, World Bank East Asia and Pacific Economic Update 2010, Volume 2. Washington, DC. November 2010, p. 27.

国、新加坡以及中国的台湾、香港实现转型并进入高收入经济体行列。《人民论坛》杂志在征求50位国内知名专家意见的基础上，列出了"中等收入陷阱"国家的十个方面的特征，包括经济增长回落或停滞、民主乱象、贫富分化、腐败多发、过度城市化、社会公共服务短缺、就业困难、社会动荡、信仰缺失、金融体系脆弱。

总体而言，"中等收入陷阱"是指一些发展中国家经济发展水平虽然超过人均GDP 3000美元进入中等收入国家行列，却很少有国家能够顺利进入高收入国家行列，长期徘徊在中等收入区间，或陷入增长与回落的循环，或较长期处于增长十分缓慢甚至停滞的状态。

二、关于"中等收入陷阱"产生的原因

世界银行和有关机构与学者在讨论"中等收入陷阱"案例国家时，主要将目光集中在拉美、东亚和中东地区的有关国家和经济体。在分析典型的陷入"中等收入陷阱"国家和地区的案例时，大家主要列举巴西、阿根廷、墨西哥、智利，以及东南亚的马来西亚等国家。主要原因是这些国家和地区早在20世纪70年代均进入中等收入国家行列，但是直到2007年，这些国家仍然挣扎在人均GDP 3000~5000美元的发展阶段，并且看不到经济持续快速增长的动力和希望。

在分析许多国家陷入"中等收入陷阱"的原因方面，王一鸣认为陷入"中等收入陷阱"的原因主要包括：一是错失发展模式转换时机，二是难以克服技术创新瓶颈，三是对发展公平性重视不够，四是宏观经济政策出现偏差，五是体制变革严重滞后。① 辜胜阻认为陷入"中等收入陷阱"国家的主要原因有：城市化进程加快导致城市问题的凸显、产业结构调整困难导致升级的难题、金融体系的脆弱导致应对国际风险的能力较低、劳动力转移困难等。② 蔡昉认为，在中等收入的发展阶段上，导致国家之间产生分化的因素很多，包括资源环境状况、改革与

---

① 王一鸣，《"中等收入陷阱"的国际比较和原因分析》，载《学习时报》2011年4月6日。
② 辜胜阻，《中国要避开中等收入国家的经济陷阱》，载《IT时代周刊》2011年第6期。

调整的进程、社会稳定程度以及国际市场的影响，等等。但许多因素的效果，都在一定程度上与收入分配政策及其作为结果的收入分配状况相关。① 刘伟认为陷入"中等收入陷阱"的原因包括：不能保持持续的制度创新，经济和社会发展缺乏持久的动力，技术创新能力不足，不能通过稳定地提高效率来保持经济增长，经济发展失衡导致资源配置恶化和供需失衡，发展中对外部世界过度依赖，经济活动缺乏内在的稳定性。② 姚洋认为：一个国家之所以陷入"中等收入陷阱"大概有两个原因，一个是随着财富的高度集中，使得一些强势利益集团把整个经济垄断了，其他市场主体根本没有办法进入，社会失去了发展动力；另一个是能力差距的拉大，经过一段时间的发展之后一部分人能力水平非常高，有一些人还是很差，而且在进入中等收入之后，这个能力差距的拉大会形成一个非常关键的瓶颈。③

总之，陷入"中等收入陷阱"的主要原因是由于技术创新不足，经济发展方式不能及时有效转变等导致一个国家产业结构升级困难，经济发展丧失了持续发展的动力；国民收入分配恶化导致社会不公平、不和谐程度加剧，从而导致经济发展长期徘徊在中等收入水平，难以实现向高收入发展水平的突破。

三、关于我国面临"中等收入陷阱"的风险与对策

（一）中国面临"中等收入陷阱"的挑战

刘世锦认为，再过 3～5 年，中国人均 GDP 将达到 11000 国际元（1990 年国际元），除非出现重大挫折或反复，中国落入拉美和苏联国家曾经经历的那种含义的"中等收入陷阱"的可能性已经很小。中国的增长形态，看起来与成功追赶型经济体更为接近或相似。④

张卓元认为，我国当前有五大失衡：一为储蓄与消费失衡或投资与消费失衡，

---

① 蔡昉，《中国经济如何跨越"低中等收入陷阱"?》，载《中国社会科学院研究生院学报》2008 年第 1 期。
② 刘伟，《突破"中等收入陷阱"的关键在于转变发展方式》，载《上海行政学院学报》2011 年第 1 期。
③ 姚洋，《包容性增长避免陷入中等收入陷阱》，载《人民论坛》2011 年第 12 期。
④ 刘世锦、张军扩、侯永志、刘培林，《陷阱还是高墙——中国经济面临的真实挑战与战略选择》，载《比较》2011 年第 54 辑。

消费率太低；二为一、二、三产业失衡，第三产业发展滞后；三为经济增长付出的资源环境代价过大；四为生态环境总体恶化趋势未扭转；五为居民收入差距过大，基尼系数接近0.5。中国面临着陷入"中等收入陷阱"的风险：收入分配差距的扩大伴随着各社会群体收入的绝对增加；城市化进程的相对缓慢减轻了城市问题突出的程度；产业结构调整困难孕育着经济发展的最大风险；对外经济关系的不断扩展和加深使我国频繁受到国际经济波动的冲击。①

（二）中国跨越"中等收入陷阱"的对策建议

马晓河认为，能否实现"中等收入转型"，顺利进入高收入国家行列，关键是要看其经济结构特别是需求结构、产业结构能否顺利实现调整和升级。②

张卓元认为，为避免"中等收入陷阱"，中国经济必须从追求数量扩张型转变为注重质量效益型，这就要求转变经济发展方式和对经济结构进行战略性调整。要致力于转方式、调结构，实现又好又快发展，就要适当放缓经济增速，不再通过大规模粗放扩张追求经济的两位数增长。转方式、调结构，当前最重要的是着力深化改革和调整政策，前者应以政府转型和财政转型为重点，后者包括放松政府对各类资源和生产要素价格的管制、降低服务业税负、放宽民间资本进入垄断行业的政策等等。③

郑秉文认为，中国要积极应对"中等收入陷阱"的挑战：避免"转型陷阱"，抓住增长方式转变的历史机遇；防止"拉美陷阱"，实现"包容性增长"；跨越"福利陷阱"，保持社保制度与经济增长的同步发展。④

蔡洪滨认为，避免"中等收入陷阱"最核心的因素是社会流动性。他认为只有保持较高的社会流动性才能保持动态的机会平等，调动所有人的积极性进行人

---

① 张卓元，《转方式调结构是避开"中等收入陷阱"的正确选择》，载《新视野》2011年第2期。
② 马晓河，《迈过"中等收入陷阱"的结构转型——国际经验教训与中国挑战》，载《农村经济》2011年第4期；另参见马晓河《迈过"中等收入陷阱"的需求结构演变与产业结构调整》，载《宏观经济研究》2010年第11期。
③ 张卓元，《转方式调结构是避开"中等收入陷阱"的正确选择》，载《新视野》2011年第2期。
④ 郑秉文，《"中等收入陷阱"与中国发展道路——基于国际经验教训的视角》，载《中国人口科学》2011年第1期。

力资本投资，提高生产要素质量，使经济在效率驱动阶段仍然能持续增长。①

王一鸣认为，跨越"中等收入陷阱"的战略选择是：坚持扩大内需战略，推进产业转型升级，增强科技创新能力，积极推动绿色发展，积极稳妥推进城镇化，实施区域发展总体战略，调整收入分配结构，坚定不移推进改革。②

刘伟认为，克服"中等收入陷阱"的关键在于转变发展方式：微观上资源配置方式的变化，从体制改革中寻求增长的动力和效率，从产业组织和市场结构的改进中寻求技术创新的能力提升；宏观上转变宏观经济调控方式。③

总体而言，转变经济发展方式，加强自主创新能力建设，积极推进产业结构持续优化升级，努力确保我国经济在今后较长时期保持持续增长，有效改善国民收入分配结构，积极加强社会保障体系建设，努力构建和谐社会，同时积极深化改革开放，解决经济社会发展中面临的重大突出问题，那么我国完全有可能跨越"中等收入陷阱"。

---

① 蔡洪滨，《中国经济转型与社会流动性》，载《比较》2011年第53辑。
② 王一鸣，《跨越中等收入陷阱的战略选择》，载《中国投资》2011年3月14日。
③ 刘伟，《突破"中等收入陷阱"的关键在于转变发展方式》，载《上海行政学院学报》2011年第1期。

附录二：各种经济学思想对人的发展与经济发展关系的认识

把经济发展归结为人的发展，是经济学作为一门学说诞生以来，众多伟大的经济思想家共同的认识。最彻底地坚持这个观点的首先当数马克思主义经济学。马克思和恩格斯明确把劳动作为生产力各因素中最能动的因素，并以劳动价值论为基础，充分论证了劳动者的自由发展是社会发展的必然归宿。同时，在西方主流经济学的发展长河中，从亚当·斯密开始，就已经把劳动者的发展当作经济增长的重要原因，虽然此后经历了李嘉图劳动价值论的解体，以及边际学派、新古典主义等学派对劳动发展的忽略，但最后仍然伴随着现代经济增长理论的发展特别是人力资本理论的发展，再次成为经济学讨论的核心内容。

一、人的发展是经济发展的原因、内容和必然归宿

人的发展是经济发展的原因、内容和必然归宿始终是马克思主义经济学旗帜鲜明的理论观点。

马克思主义作为关于人类解放的学说，始终是从"现实的人"出发分析解释社会发展和经济发展，从劳动者发展和劳动形式发展的角度来理解经济发展的历史过程。这种思想和方法论集中体现在以下几个方面。

1. 马克思关于生产力的理论充分阐述了人的发展对生产力发展的重要意义

马克思的生产力理论在《德意志意识形态》中基本形成，在《资本论》中得到成熟的表述和应用。这一理论中关于人与生产力关系的观点可以主要概括为：

（1）劳动是构成生产力诸因素中的一个重要方面。

马克思在《资本论》中提出了生产力的基本构成要素和主要因素。在劳动过程中构成生产力的基本要素主要包括"有目的的活动或劳动本身，劳动对象和劳动资料"①。在劳动过程中诸要素的有机结合，形成了现实的生产力。在这里，"有目的的活动或劳动本身"被作为第一个构成要素，这种把人的因素作为生产力重要因素的观点，是马克思针对当时资产阶级经济学普遍见物不见人的观念所做出的革命性的变革。马克思批判了这种把生产力看作与人的主体本质无关、仅仅是外在财富的发展的观点，他指出："工业的历史和工业的已经产生的对象性的存在，是一本打开了的关于人的本质力量的书，是感性地摆在我们面前的人的心理学；对这种心理学人们至今还没有从它同人的本质的联系上，而总是仅仅从外表的效用方面来理解。"②

（2）劳动是构成生产力诸要素中最能动的要素。

马克思把人的因素当作生产力诸因素中最能动的因素，从而将人作为最强大的一种生产力。因为人不仅是生产过程的主体，还是生产工具的创造者、使用者，生产活动的发起者，是生产力中活的要素。生产力中的其他要素只有同人相合，才能形成现实的生产力。

首先，人的发展所形成的多方面需要，构成物质生产力发展的推动因素。马克思认为，"人的新的需要创造出生产的观念上的内在动机"，这是生产的前提。

其次，人的体力和智力的发展构成生产力发展中"动因的力量"。在《资本论》中，马克思提出了影响生产力发展的因素主要包括：工人的平均熟练程度，科学的发展水平和它在工艺上应用的程度，生产过程的社会结合，生产资料的规模和效能，以及自然条件。这里前三个因素都与劳动者的教育、健康等体力智力发展紧密相关，尤其是科学的发展和应用，被马克思认为是一种属于人的"动因的力量"，这种力量在大工业时期发挥着更加重要的作用。马克思认为，"随着大工业的发展，现实财富的创造较少地取决于劳动时间和已耗费的劳动量，较多地

---

① 马克思，《资本论》，《马克思恩格斯全集》第23卷，人民出版社1972年版，第202页。
② 马克思，《1844年经济学哲学手稿》，《马克思恩格斯全集》第42卷，人民出版社1979年版，第127页。

取决于在劳动时间内所运用的动因的力量,而这种动因自身……取决于一般的科学水平和技术进步,或者说取决于科学在生产上的应用"①。

此外,人的社会交往的发展将创造新的生产力。人的社会交往的发展体现为"生产过程的社会结合",它不但促进生产力的发展,而且本身就是一种新的生产力。分工和竞争是马克思常用的社会交往的例证,他认为,"许多人在同一生产过程中,或在不同的但互相联系的生产过程中,有计划地一起协同劳动,这种劳动形式叫作协作"②。"单个劳动者的力量的机械总和,与许多人手同时共同完成同一不可分割的操作(例如举重、转绞车、清除道路上的障碍物等)所发挥的社会力量有本质的差别。在这里,结合劳动的效果要么是个人劳动根本不可能达到的,要么只能在长得多的时间内,或者只能在很小的规模上达到。这里的问题不仅是通过协作提高了个人生产力,而且是创造了一种生产力,这种生产力本身必然是集体力。"③"在大多数生产劳动中,单是社会接触就会引起竞争心和特有的精力振奋,从而提高每个人的个人工作效率。"④

(3)人的发展是衡量经济发展的重要原则。

由于人的发展本身既是生产力发展的必然内容,同时也是生产力发展的推动力量和发展结果,因而必然是衡量经济发展的重要尺度。这种新的发展观念,将随着对当时的"工业社会制度"的变革而逐步建立起来。马克思认为,"一旦人们不再把工业看作买卖利益而是看作人的发展,就会把人而不是把买卖利益当作原则"⑤,在这种新的发展观念下,经济增长的意义只能存在于对人的发展的促进之中。马克思对资产阶级从工业革命以来所创造的比过去一切时代所创造的生产力总和还要多的生产力给予了高度评价,因为从历史发展的角度来看,"在这里

---

① 马克思,《政治经济学批判(1857—1858年草稿)》,《马克思恩格斯全集》第46卷(上),人民出版社1979年版,第217页。
② 马克思,《资本论》,《马克思恩格斯全集》第23卷,人民出版社1972年版,第362页。
③ 同上书,第362页。
④ 同上。
⑤ 马克思,《评弗里德里希·李斯特的著作〈政治经济学的国民体系〉》,《马克思恩格斯全集》第42卷,人民出版社1979年版,第258页。

人第一次占有他自己的和自然的力量,使自己对象化,为自己创造人的生活的条件"①。

2. 马克思关于人的解放的学说坚持把实现每个人权利的平等作为实现人的发展的根本途径

资本主义生产方式下各种问题的出现,包括贫富的对立、阶级的对立,都是因为不同的人、集团或阶层所享有的权利是不平等的,特别是对于占人口绝大多数的劳动者阶级,在历史上的不同时期都是权利受到损害最多、遭受的束缚和压迫最多的阶级。马克思认为,资本主义社会的无产阶级是被彻底的锁链束缚的阶级,"它的痛苦不是特殊无权,而是一般无权",因此它获得解放的途径也就"不能再求助于历史权利,而只能求助于人权,……它本身表现了人的完全丧失,并因而只有通过人的完全恢复才能恢复自己"②。也就是要从各方面全面恢复人的平等权利。

(1)实现社会成员对生产资料的平等权利,在马克思提出的社会变革中居于核心位置。

马克思主义认为,平等是一个历史范畴,人们关于"平等、自由"的观念以及社会公平的实现程度,都取决于社会生产力以及在此基础上的社会生产方式的性质,"权利永远不能超出社会的经济结构以及由经济结构所制约的社会的文化发展"③。而生产资料的占有方式决定着社会生产方式的性质,也就决定着实际上可以实现的平等的性质,因而在马克思的理论中占有核心位置。马克思认为,"在分配是产品的分配之前,它是(1)生产工具的分配,(2)社会成员在各类生产之间的分配(个人从属于一定的生产关系)——这是上述同一关系的进一步规定。这种分配包含在生产过程本身中并且决定生产的结构,产品的分配显然只是这种分配的结果"④。

---

① 马克思,《评弗里德里希·李斯特的著作〈政治经济学的国民体系〉》,《马克思恩格斯全集》第42卷,人民出版社1979年版,第257页。
② 马克思,《〈黑格尔法哲学批判〉导言》,《马克思恩格斯选集》第1卷,人民出版社1972年版,第14页。
③ 马克思,《哥达纲领批判》,《马克思恩格斯全集》第19卷,人民出版社1963年版,第22页。
④ 马克思,《〈政治经济学批判〉导言》,《马克思恩格斯全集》第12卷,人民出版社1962年版,第746页。

因此，马克思主义对社会主义运动提出的首要任务就是让无产阶级以国家的名义占有生产资料，实现全体社会成员对生产资料的平等的共同占有，最终的目标则是通过"自由人的联合体"，做到"重建个人所有制"。马克思和恩格斯曾明确地提出："无产阶级将取得国家政权，并且首先把生产资料变为国家财产。"[1]这一行动的直接后果就是造就了全体社会成员对生产资料的平等权利，从而造就了消除一切社会不平等现象的经济条件，而由此带来的生产的发展，将使得"人终于成为自己的社会结合的主人，从而也就成为自然界的主人，成为自己本身的主人——由自的人"[2]。

（2）实现社会成员对社会消费资料的平等权利，是马克思所设想的社会发展的重要内容。

消费是生产的最终目的，也是人的权利在生产结果中的体现，社会成员在消费中拥有权利的平等程度反映着人类的福利水平和社会进步的程度。因此，在消费资料的分配过程中实现平等，是社会主义运动贯穿始终的一个主题。马克思主义经济学对此也有明确的主张。

在马克思设想的共产主义第一阶段，就是"按劳分配"的方式。而"在共产主义社会高级阶段上，在迫使人们奴隶般地服从分工的情形已经消失，从而脑力劳动和体力劳动的对立也随之消失之后；……社会才能在自己的旗帜上写上：各尽所能，按需分配！"[3]

同时，马克思也认为，任何一种分配方式所包含的平等权利都不是绝对的平等，它们都具有辩证的性质。虽然按劳分配这一社会主义按劳分配原则是一个历史的进步，在这里"平等就在于以同一的尺度——劳动——来计量"[4]，它对所有社会成员都实行统一原则，但是这种平等也是有局限的。它在形式上把平等推广到了整个社会，但在内容上，"它默认不同等的个人天赋，因而也就默认不同等

---

[1] 恩格斯，《社会主义从空想到科学的发展》，《马克思恩格斯全集》第19卷，人民出版社1963年版，第242页。
[2] 同上书，第247页。
[3] 同上书，第22页。
[4] 同上书，第21页。

的工作能力是天然特权。所以就它的内容来讲，它像一切权利一样是一种不平等的权利"①。只有在生产力高度发达的共产主义社会，这种局限性才能得到克服，这种克服就是将"按劳分配"发展为"按需分配"。

（3）无产阶级关于平等的最终要求，是要消除三大差别和阶级对立，使每个人都拥有平等发展的机会。

不同历史时期的不同阶级都有自己关于平等的要求，每一次平等观念的进步都体现了社会的进步和人的发展，同时也受制于生产力和生产关系的时代状况。从这个意义上讲，只有在生产力高度发达的共产主义社会，才能实现最终的平等，这种平等就是消除一切在起点上、结果上、过程中阻碍着每个人发展的因素，实现人的全面和自由的发展。而这种平等的实现，必然意味着由旧式分工产生的工农差别、城乡差别、脑力劳动和体力劳动的差别的消除，意味着阶级对立的"现存状况"的消灭。②

马克思认为，建立在私有制基础上的旧式分工极大地限制了处于不同领域的劳动者平等享有发展机会的可能性，使人片面地、畸形地发展。在资本主义社会，随着机器大工业的发展，社会分工越来越精细，"每一个人都只隶属于某一个生产部门，受它束缚，听它剥削，在这里，每一个人都只能发展自己才能的一方面而偏废了其他各方面，只熟悉整个生产的某一个部门或者某一个部门的一部分"③，这就使不同的劳动者处于不同的发展条件之下，从而丧失了平等的发展机会，也造成了职业之间、城乡之间的社会矛盾和对立。"劳动生产了美，但是使工人变成畸形。劳动用机器代替了手工劳动，但是使一部分工人回到野蛮的劳动，并使另一部分工人变成机器。"④ 因此，只有实现劳动者在不同职业、不同地域之间流动的平等机会，才能够促进人的全面自由发展。

阶级差别和阶级对立，是社会不平等更为深刻的根源。马克思认为，在阶级

---

① 恩格斯，《社会主义从空想到科学的发展》，《马克思恩格斯全集》第 19 卷，人民出版社 1963 年版，第 22 页。
② 马克思恩格斯在《德意志意识形态》中指出："我们所称为共产主义的是那种消灭现存状况的现实的运动。"（《马克思恩格斯全集》第 3 卷，人民出版社 1960 年版，第 40 页。）
③ 恩格斯，《共产主义原理》，《马克思恩格斯选集》第 1 卷，人民出版社 1995 年版，第 242 页。
④ 马克思，《1844 年经济学哲学手稿》，《马克思恩格斯选集》第 1 卷，人民出版社 1995 年版，第 43 页。

对立中,"一些人靠另一些人来满足自己的需要,因而一些人(少数)得到了发展的垄断权;而另一些人(多数)经常地为满足最迫切的需要而进行斗争,因而暂时(在新的革命的生产力产生以前)失去了任何发展的可能性"①。因此,无产阶级的解放斗争不是要争取阶级特权,而是要消灭任何阶级统治;无产阶级的公平要求,不只是"公平的工资",而是"消灭私有制";不只是消灭"阶级特权",而是要"消灭阶级本身"。所以,恩格斯认为"无产阶级平等要求的实际内容都是消灭阶级的要求"。②

3. 马克思的劳动价值理论坚持"劳动是商品价值的唯一源泉",为分析人的发展和劳动者平等权利的历史趋势奠定了最坚实的理论基础

劳动价值论是马克思经济学的基础。马克思从"劳动是商品价值的唯一源泉"出发,剖析了商品生产的历史和资本主义生产方式的产生,通过以劳动价值论为基础的剩余价值理论,分析了资本主义生产方式的运行过程和历史发展趋势。在这个过程中,马克思把劳动和劳动形式的发展与人的发展、社会形态的发展紧密联系在一起,成为无产阶级认识世界和主张权利的强大工具。

在马克思创立劳动价值论之前,古典政治经济学劳动价值论因为李嘉图学派不能解决两个"等量交换"难题而解体。马克思接受并重新构建劳动价值一元论,首先是从劳动的社会性质出发,把劳动理解为"生产的灵魂",把价值理解为"人与人交换劳动"的社会关系,把利润、地租、工资等经济范畴理解为价值在不同阶级间的分配和转化,进而揭示一系列经济范畴之间的相互关系。

马克思在唯物史观基础上对劳动价值论的重建,发端于《1844年经济学哲学手稿》,它比较充分地体现了马克思的劳动本体论思想。在这里,他把劳动当作人的本质的体现,把劳动形式的变化作为理解人类社会发展变化的基础,进而认为劳动是唯一恰当的价值论基础。其逻辑过程大体如下:

(1) 劳动是人类社会生存的基础。

马克思认为:社会主义"是从把人和自然界看作本质这种理论上和实践上的

---

① 马克思、恩格斯,《德意志意识形态》,《马克思恩格斯全集》第3卷,人民出版社1960年版,第507页。
② 恩格斯,《反杜林论》,《马克思恩格斯选集》第3卷,人民出版社1995年版,第448页。

感性意识开始的"①。而劳动,作为人类社会与自然界之间的物质交换过程,把这二者联系起来,并使自然界成为对人来说的一种存在。"因为,首先,劳动这种生命活动、这种生产生活本身对人说来不过是满足他的需要即维持肉体生存的需要的手段。"②

（2）劳动构成了人的"类生活"即人的社会属性。

马克思认为:"通过实践创造对象世界,即改造无机界,证明了人是有意识的类存在物,也就是这样一种存在物,它把类看作自己的本质,或者说把自身看作类存在物。"③"正是在改造对象世界中,人才真正地证明自己是类存在物。这种生产是人的能动的类生活。通过这种生产,自然界才表现为他的作品和他的现实。"④

（3）劳动的发展构成人类历史发展的本质,劳动形式的变化构成了历史的发展变化。

马克思认为:"在社会主义的人看来,整个所谓世界历史不外是人通过人的劳动而诞生的过程,是自然界对人说来的生成过程,所以,关于他通过自身而诞生、关于他的产生过程,他有直观的、无可辩驳的证明。"⑤

在《1844年经济学哲学手稿》中,马克思用"异化劳动"这一概念阐述了劳动形式变化与历史发展的关系。

在马克思看来,人类劳动在最初的历史阶段体现为劳动者与自身劳动过程和产品的直接统一,但是发展到一定阶段,就出现了劳动的异化,不但劳动产品与劳动者相对立,劳动过程与劳动者相对立,劳动本身也与人的"类本质"相对立,这就产生了私有财产、人与人的阶级对立等。但是,当这种异化劳动发展到一定程度,就会为自身的扬弃,为人类的解放准备好物质条件。

同时,马克思认为,"异化劳动"以及由"异化劳动"产生的"私有财产"

---

① 马克思,《1844年经济学哲学手稿》,《马克思恩格斯全集》第42卷,人民出版社1979年版,第131页。
② 同上书,第96页。
③ 同上书,第96页。
④ 同上书,第97页。
⑤ 同上书,第131页。

这一对概念的矛盾运动，可以发展为对所有经济范畴的解释，因而可以作为价值论的基础。

马克思认为：" 正如我们通过分析从异化的、外化的劳动的概念得出私有财产的概念一样，我们也可以借助这两个因素来阐明国民经济学的一切范畴，而且我们将发现其中每一个范畴，例如商业、竞争、资本、货币，不过是这两个基本因素的特定的、展开了的表现而已。"①

（4）对异化劳动的扬弃包含了关于人的自由发展的社会主义和共产主义理想。

马克思认为："共产主义是私有财产即人的自我异化的积极的扬弃，因而是通过人并且为了人而对人的本质的真正占有；因此，它是人向自身、向社会的（人的）人的复归，这种复归是完全的、自觉的而且保存了以往发展的全部财富的。这种共产主义，作为完成了的自然主义，等于人道主义，而作为完成了的人道主义，等于自然主义。"②

在此后的《1857—1858 年经济学手稿》和《1861—1863 年经济学手稿》中，"异化劳动"和"私有财产"发展为"雇佣劳动"和"资本"这一对更加成熟的概念，并在此基础上建立了剩余价值理论、生产价格理论等。

总的来讲，马克思从"劳动是生产的真正灵魂"这一点出发，在此基础上构建劳动价值一元论，既是对古典政治经济学合理内核的继承，也是马克思早期人本主义思想的体现，表现了马克思对人的价值的重视。特别是通过"异化劳动"这一概念对资本主义生产方式下"物的世界的增值同人的世界的贬值成正比"的批判，充分体现了对劳动者的同情和尊重。但是对我们的研究最有价值的是马克思把劳动的发展构成人类历史发展的本质，认为劳动形式的变化构成了历史的发展变化的观点。这一观点是马克思以劳动为基础构建价值论的最核心的原因，也是迄今为止仍有很强生命力的观点。从这一点出发，我们可以认为，劳动者以怎样的形式、怎样的地位参与生产过程，能够获得怎样的发展状态，其实是衡量社会发展水平、判断社会进步程度的核心指标。

---

① 马克思，《1844 年经济学哲学手稿》，《马克思恩格斯全集》第 42 卷，人民出版社 1979 年版，第 101 页。
② 同上书，第 120 页。

二、西方主流经济学对人的发展与经济发展关系的认识经历了一个曲折的过程

从西方的古典经济学时代以来,在各个时期主流经济学的代表人物对劳动、劳动者在经济发展中的地位和作用的论述中,劳动从商品价值的唯一源泉和物质财富的重要创造者,逐步下降为生产过程中所投入的若干种生产要素之一,后来又上升为推动经济持续内生增长的首要因素——人力资本,表现出一种曲折的发展过程。

1. 18世纪古典政治经济学对劳动和劳动者给予高度评价,把劳动作为价值的唯一源泉,把劳动者的发展作为推动生产力增长的重要力量

在整个古典经济学时期,西方主流经济学也是从价值创造和财富创造两个方面来认识商品生产过程,从而对劳动和劳动者的作用进行评价的。特别是亚当·斯密和大卫·李嘉图,作为劳动价值论的代表人物和坚定支持者,充分肯定了劳动和劳动者在生产过程中的首要作用,体现了资本主义在上升阶段所拥有的唯物主义和人本主义思想。

从古典经济学的发展脉络来看。在古典经济学开创之前,普遍的经济思想是重商主义,它认为财富就是货币甚至是黄金等贵金属本身;此后兴起的重农主义对此进行了批判,魁奈明确提出:"构成国家财富的是人。"英国早期古典派的威廉·配第则提出了"土地是财富之母,劳动是财富之父"的著名论断,标志着古典经济学时期对劳动重要性的不断提升的认识。

亚当·斯密作为古典经济学理论体系的创立者,也是最早对劳动生产力和劳动价值论进行系统阐述的经济学家。斯密在其代表作《国富论》中,一开篇就明确地提出:"一国国民每年的劳动,本来就是供给他们每年消费的一切生活必需品和便利品的源泉。"① 同时,他还提出了增进劳动生产力的关键在于促进劳动分

---

① 亚当·斯密,《国民财富的性质和原因的研究》上卷,郭大力、王亚南译,商务印书馆1972年版,第1页。

工和资本积累。这样，斯密就从根本上扭转了重商主义见物不见人的错误，把劳动和劳动生产力置于经济理论的核心位置。尤其是他把对劳动分工的研究作为《国富论》的第一篇，并用一个制针手工场的分工案例，开创了经济学对分工进行分析的先河。斯密对分工的分析充分表明，他把劳动者自身的发展（包括熟练程度的提高、专业知识的积累等），以及劳动形式的发展（包括劳动协作、工艺流程的改进等）都当作了推进经济增长的重要方面。这种观点在整个古典经济学时期被普遍传播和接收。

在讨论了分工、交换之后，斯密鲜明、完整地提出了他的劳动价值论。他认为："只有劳动才是价值的普遍尺度和正确尺度，换言之，只有用劳动作标准，才能在一切时代和一切地方比较商品的价值。"① 斯密的劳动价值论，从其提出的背景来看，其实也是针对此前重商主义把货币、黄金作为衡量价值的尺度。斯密把货币称作价值的"名义尺度"，把劳动称作"真实尺度"，支持和反对都旗帜鲜明，正是劳动者阶级用自己的辛勤和汗水推动着资本主义生产和积累这一历史事实在理论上的反映。

但是，斯密的劳动价值论有其自身的矛盾，主要是斯密坚持所有价值都必然分为工资、利润、地租三种收入的"斯密教条"，从而在不同的篇章中提到过"三种收入构成商品价值"的思想。大卫·李嘉图作为一个坚定的劳动价值论者，反对从分配过程"倒果为因"地理解价值，而是坚持从生产过程来理解劳动的作用和劳动价值。李嘉图认为，不仅在"原始"社会，一切产品都是劳动的产物从而劳动是价值的唯一源泉，就是在资本（其实李嘉图谈论的"资本"始终是机器设备等生产工具）出现以后，劳动仍然是价值的唯一源泉，因为一方面资本也都是劳动的产物，另一方面资本的使用仅仅是辅助劳动进行生产，主要是增加了物品的效用或使用价值。在李嘉图的理论中，资本要素是从属于劳动的，这应当是当时劳资矛盾尚未激化，资本的力量尚未充分展现这样一种现实的理论反映。

---

① 亚当·斯密，《国民财富的性质和原因的研究》上卷，郭大力、王亚南译，商务印书馆1972年版，第32页。

2. 19世纪末随着劳动价值论逐步退出西方主流经济学，劳动在新古典经济学时期主要被看作成本方面的投入要素之一，对劳动数量增减的关注远远超过了对劳动者发展的关注

由于欧洲资本主义生产秩序逐步稳定下来并确立了牢固的统治地位，也因为李嘉图学派的劳动价值论不能解决劳动与资本如何等价交换、等量资本如何获取等量利润这两个根本问题，主流经济学的研究重点逐步从对价值创造的讨论转向对经济运行的分析。特别是随着边际学派的兴起，对投入—产出的数量分析逐步取代了对劳动—资本关系的分析，主流经济学在这一时期主要从成本角度来讨论劳动的作用。

萨伊是最早、最系统地把亚当·斯密的学说介绍到欧洲大陆的经济学家，也是古典经济学时期较早脱离劳动价值论的代表人物。萨伊偶尔也谈论"劳动创造价值"，但劳动已经不再是唯一的价值创造者，并且他更多地是致力于论述各种要素共同创造了财富。在他的主要著作《政治经济学概论》中，他从一开始就混同了价值创造过程和财富创造过程，混同了价值和使用价值。他认为："物品的效用就是物品价值的基础，而物品的价值就是财富所由构成的"[①]，"财富是由协助自然力和促进自然力的人类的劳动所给予各种东西的价值组成的"[②]。在混同价值与财富的基础上，萨伊更主要地从财富创造的角度，提出了他的生产要素价值论，他认为："所生产出来的价值，都是归因于劳动、资本和自然力这三者的作用和协力，其中以能耕种的土地为最重要因素但不是唯一的因素。"[③] 以三要素价值论为基础，萨伊提出了"三位一体"的分配论。可以看出，萨伊的理论是效用论、要素价值论、生产费用论的混合体，这种理论适应了19世纪初法国比较彻底地完成了资产阶级革命后，建立常态化的资本主义生产秩序的需要，劳动不再是一个突出的因素，而是更加强调各种生产要素的和谐和平衡。

整个19世纪，随着李嘉图学派的不断解体，特别是在以约翰·穆勒经济学为代表的折中主义下，劳动创造价值的观点在主流经济学中不断被弱化，劳动在推

---

① 萨伊，《政治经济学概论》，陈福生、陈振骅译，商务印书馆1963年版，第59页。
② 同上书，第69页。
③ 同上书，第76页。

动经济增长中的重要性也日益淡化。19世纪70年代兴起的边际学派，把主流经济学的研究推进到了一个没有劳动价值的时代。英国的杰文斯、奥地利的门格尔、瑞士的瓦尔拉斯在不同的国家几乎同时系统地阐述了边际效用价值论，认为经济研究的核心不是生产过程，而是消费过程，即"人类欲望的满足"；决定物品价值的，不是投入其中的劳动，而是个人对物品效用的主观评价。这样，劳动的作用就被排除在了经济学研究的核心范围之外，仅仅是居于从属地位。边际学派还提出了一些影响深远的观点，例如，把劳动作为一种"痛苦"而与消费所带来的"快乐"对立，通过二者的平衡来确定经济的均衡点；同时，为保证效用最大化问题从数学上有解，边际学派坚持效用递减和生产力递减的前提假设，认为随着劳动力投入的增加，其生产力必然是逐步降低的。此外，门格尔还提出，评价劳动的作用，必须以劳动产品的效用大小为依据，劳动的意义是一种由消费派生的产物。

边际学派奠定了现代主流经济学的方法论基础，并将经济学的研究领域从生产成本方面扩展到了消费需求方面。随着主流经济学对资本主义生产运行过程的研究逐步深入，以19世纪末20世纪初的马歇尔经济学为代表，综合了古典经济学和边际学派对供给和需求的研究，逐步用对经济均衡的研究取代了对价值本源的讨论。在马歇尔经济学体系中，一方面建立了以效用为基础的需求理论，另一方面建立了以成本为基础的供给理论，然后以市场供需为基础建立了经济均衡的理论，从而完整地构建起了新古典主义以经济均衡为中心的理论体系。在这种新古典理论体系中，劳动因素主要被归结为成本之一，经济学家对劳动要素的讨论主要集中于劳动投入数量如何随着人口数量、市场需求的变化而增减，劳动者本身的发展问题，以及劳动对于经济增长的独特作用问题，都处于边缘化的位置。在对劳动因素的重要性进行评价时，马歇尔主张把劳动力可以提供的未来服务价值的折现作为劳动力的价值，而所谓的服务价值只能是工资。这样，马歇尔对劳动的认识其实没有超出萨伊"三位一体"公式的范围，整个新古典主义经济学也是如此。但是，值得注意的一点是，马歇尔在分析供给过程所投入的生产要素时，把萨伊的三要素扩展成了劳动、资本、土地、管理四要素，这为以后经济理论的发展埋下了一个重要的伏笔。

3. 20世纪50年代以来随着主流经济学对经济增长因素认识的深化以及人力资本理论的提出，再次把劳动者自身发展作为推动经济持续内生增长的主要动力

"二战"以后，西方经济得到了快速发展，但是经济学界对经济增长原因的认识却出现了一些困惑，特别是一些经济学家在研究美国经济增长时发现，美国的产出增长率大大高于劳动和资本等要素投入的增长率之和，形成所谓的增长"余值"。一些经济学家试图用"技术进步""资源配置效率"和"全要素生产率"等因素来解释余值。其中，爱德华·丹尼森在《美国经济增长之源与我们面临的选择》一书中，对1929—1957年间美国经济增长源泉进行了计量分析，并得出结论认为：美国年经济增长率的23%归功于美国教育的发展。这一研究成果表明主流经济学已经不再把劳动投入单纯地看作一种简单的数量投入，而是包含了此前被忽略的强劲增长源泉。

这一时期，西奥多·舒尔茨、加里·贝克尔等人提出了现代人力资本理论，系统地阐述了蕴含在劳动者身上、除了简单劳动之外，还存在推动经济增长的人力资本这一思想，使人们对经济增长的认识有了质的提升，也使得人们对劳动推动经济持续内生增长的重要作用有了更加明确的认识。

舒尔茨在1960年美国经济学会年会上发表了题为《人力资本的投资》的演讲，标志着现代人力资本理论的诞生。在这次演讲中，舒尔茨对人力资本在推动经济增长中的作用给予了高度评价，他认为人力资本对经济增长的贡献大于物质资本，人力资本是生产要素中最主要的因素。同时，他还明确界定了人力资本投资的范围和内容，主要包括五个方面：医疗和保健，职业培训或非正规教育（主要指企业为增进员工的技能而进行的各种培训），正规学校中的初等、中等或高等教育（正规教育），在企业外举行的各种技术培训（包括农业技术推广项目），个人或家庭为变换就业机会而进行迁移。此外，舒尔茨还利用美国1929—1957年间的经济增长数据，专门针对人力资本中最重要的教育这一因素进行了投资收益率的测算，并得出结论认为教育投资所形成的人力资本对美国这一时期经济增长的贡献率高达33%。

贝克尔则主要是从主流经济学关于微观经济主体决策问题的基本模型出发，

分析了个人进行人力资本投资的行为路径以及推动经济增长的微观机制。他在《人力资本》一书中建立了人力资本投资均衡模型、人力资本导向的收入分配模型，并运用他的基本经济模型考察了一个人或家庭终生的物品与时间最优配置的问题。此外，他还将人力资本分析方法运用于人口增长研究，建立了一个人口内生增长模型。贝克尔的研究，最大贡献就在于构造了人力资本理论的微观经济基础，并使之数学化。他以微观经济主体行为为基础的分析使人力资本理论发展成为确定劳动收入分配的一般理论，更为其他经济学家把人力资本思想运用于经济增长研究提供了一个一般性的理论框架和基本的数学工具，极大地推动了人力资本理论成为主流经济学的经典理论。

4. 20世纪50年代以来西方经济增长理论的发展演变过程表明，劳动、劳动者作为经济持续内生增长的首要动力已经得到主流经济学的普遍认同

"二战"以来西方经济增长理论的发展经历了以哈罗德—多马模型为代表的起步阶段，以索洛模型为代表的新古典增长理论阶段，以罗默的内生增长模型和卢卡斯等人的人力资本增长模型为代表的现代新增长理论阶段。从这些具有代表性的经济增长模型可以看出，经济学界关于劳动因素对经济增长贡献的认识不断发展并已达到了一个比较成熟完善的水平。

（1）哈罗德—多马模型

哈罗德—多马模型是"二战"以后主流经济学对宏观经济增长进行分析的初步探索。它的基本公式是：

$$K = VY$$

其中，K是一个经济体的资本存量，Y是总产出，它们之间存在一定的比例关系，即资本—产出比，表示为V。

此外，经济体的储蓄率s可以定义为$s = S/Y$，那么经济增长率$G = dY/Y = S/V$。

它表明，当经济处于均衡时，国民收入增长率等于该社会的储蓄率除以资本产出比。而要实现经济稳定增长，就必须使实际经济增长率等于有保证的经济增长率，等于人口增长率，即

$$G_A = G_W = G_n$$

哈罗德—多马模型充分表现了 19 世纪末以来主流经济学对劳动的忽视，劳动因素甚至没有进入模型的基本公式，而仅仅是在模型的一系列假设条件中给予了规定，即规定资本和劳动要素按照固定比例投入生产。这样在这个模型中劳动对经济增长的贡献就只能体现为人口的增长。

（2）索洛模型

索洛模型是罗伯特·索洛教授在 1956 年建立的新古典经济增长模型。这个模型采用了规模报酬不变的科布—道格拉斯生产函数，假定了外生的储蓄率、人口增长率、技术进步率，以及可内生变化的资本劳动比率。其基本公式为：

$$Y = F(K, AL)$$

此外，社会储蓄转化为资本，用于补偿资本折旧，为新增人口装备资本，用公式表示为：

$$\dot{K} = sY - \delta K$$

该模型得出结论，认为通过资本与劳动的相互替代，经济体总是可以把人均资本水平调整到一个合适的水平，从而实现经济的稳定增长，且增长率等于外生的人口与技术增长速度之和，即

$$\frac{\dot{Y}}{Y} = n + g$$

通过把人均资本 k 设定为内生变量从而论证稳态增长的可行性，是索洛模型对哈罗德—多马模型的一大进步。但是由于把技术进步率、人口增长率都当作了外生变量，从而导致索洛模型不能有效地解释经济的长期稳定增长源泉。

索洛模型表明这一时期主流经济学仍然把资本作为解释经济增长的核心因素，但是与劳动者素质密切相关的技术进步已经进入主流经济学家的视野。特别是随着经济学界利用索洛模型对美国经济进行计量分析后发现存在很多不能由资本和劳动的数量投入所解释的"索洛余值"，并由此引起了经济学界对教育、效率等因素的大量分析。可以说，索洛模型本身虽没有体现出劳动要素的特别重要之处，但是它开启了人们认识劳动要素的特别重要性的大门。

（3）新增长理论模型

20 世纪 90 年代，主流经济学的新增长理论沿着两条路径，拓展了对劳动要

素如何促进经济持续内生增长的研究。一条路径是把知识的积累作为生产过程的一部分，认为社会在进行商品生产的同时，还在进行知识的生产，并且社会可以通过增加知识积累的力度，实现经济内生增长。这类模型的基本公式是：

$$Y = [(1 - a_K) K]^{\alpha} [A(1 - a_L) L]^{1-\alpha} \qquad (1)$$

$$\dot{A} = G(a_K K, a_L L, A) \qquad (2)$$

其中，(1) 式是社会商品生产函数，(2) 是知识 A 的生产函数。这两个基本公式表明，一个经济体把 a_K 份额的物质资本 K 和 a_L 份额的劳动力 L 投入到知识 A 的生产过程中，然后利用这些知识，加上 $1-a_K$ 的资本和 $1-a_L$ 的劳动力来生产商品。经济体可以通过调节知识生产的规模来实现经济的稳定增长，这样，经济的长期增长就可以用知识这一内生变量来解释。

第二条路径就是把劳动者理解为劳动力和人力资本两种要素的拥有者，把人力资本的积累作为社会生产过程的一部分。这类模型的基本公式是：

$$Y = K^{\alpha} H^{\beta} (AL)^{1-\alpha-\beta} \qquad (3)$$

$$\dot{K} = s_K Y \qquad (4)$$

$$\dot{H} = s_H Y \qquad (5)$$

其中，(3) 是社会的生产函数，表示社会生产既需要物质资本 K、劳动力 L 等传统意义上的生产要素的投入，还需要人力资本 H 的投入。(4) 和 (5) 则表明，社会把总产出的 s_K 份额用于增加物质资本，把总产出的 s_H 份额用于增加人力资本，这样，即使人口数量和传统意义上的技术进步是外生的，经济体也可以通过调整物质资本和人力资本的积累速度和方式，来实现经济的稳定持续增长。

这两条研究路径及其基本模型，成为此后主流经济学研究经济增长问题的基本方法，众多经济学家在此基础上发展起了对教育、科技研发、干中学等社会行为的研究，并较好地解释了不同国家、地区、人群之间经济增长和收入增长的差异性。这些丰富的研究成果，一方面表明劳动因素对经济增长的重要性已经得到主流经济学的共同认可，另一方面也为我们研究中国当前和未来的经济增长问题提供了可供参考借鉴的研究路径。

后 记

本书由国家社科基金项目"民生经济学"（项目编号：09◎ZH023）课题报告扩展而成，共分两篇（"理论篇""政策篇"）13章。全书由袁纯清提出主要思路和主要论点并负责统稿，吴松、颜色、吴萨、尚英、盛磊、兰一、熊利平、曾红颖等参与写作。北京大学光华管理学院蔡洪滨教授等在资料收集、研究论证方面提供了十分有益的帮助，在此一并致谢！